高等职业教育"十四五"规划教材

语文

主　编　李玲倩　曹元媛　杨坤芬

副主编　赵海滔　李清芳　王建平

参　编　杨家钰　李金花　李　玥　赵珂瑜
　　　　李俊林　杨　崴　张　燕　杨明艳
　　　　刘佳兵　邓　洁　刘　莉

华中科技大学出版社
http://press.hust.edu.cn
中国·武汉

内 容 简 介

本书共分为九个专题,包括基础知识专题、标点符号专题、病句修改专题、修辞手法专题、文学常识专题、古诗词鉴赏专题、文言文专题、现代文阅读专题、作文写作专题。本书力求贴近职业院校学生实际情况,由浅入深,内容翔实,在全面检查学科考点的掌握情况、应用能力等方面有较强的实用性和针对性。

图书在版编目(CIP)数据

语文 / 李玲倩,曹元媛,杨坤芬主编. —武汉:华中科技大学出版社,2024.5
ISBN 978-7-5772-0871-8

Ⅰ.①语… Ⅱ.①李… ②曹… ③杨… Ⅲ.①大学语文课-高等职业教育-教材 Ⅳ.①H193.9

中国国家版本馆 CIP 数据核字(2024)第 092907 号

语文
Yuwen

李玲倩 曹元媛 杨坤芬 主编

策划编辑:胡天金
责任编辑:周江吟
封面设计:原色设计
责任校对:李 弋
责任监印:朱 玢
出版发行:华中科技大学出版社(中国·武汉)   电话:(027)81321913
　　　　　武汉市东湖新技术开发区华工科技园   邮编:430223
录　排:华中科技大学惠友文印中心
印　刷:武汉乐生印刷有限公司
开　本:889mm×1194mm 1/16
印　张:15.5
字　数:492千字
版　次:2024 年 5 月第 1 版第 1 次印刷
定　价:75.00 元

PREFACE 前 言

　　根据职业技术院校发展的现实需要及学生的实际情况,为了提高学生的语文基础知识水平、阅读兴趣及文化修养,特编写本书。

　　本书在编写过程中充分考虑语文的学科特点及实际运用情况,具有明显的知识性、实用性及辅助性,供学生在使用教材的基础上配套练习、复习使用,全书内容丰富,模块分明,具有以下特点。

　　1. 契合教材,知识丰富

　　本书认真剖析和扩展语文知识,为教师教学和学生自我训练提供了便利,重在指导学生归纳整理所学知识,巩固基础知识,突破重点和难点,抓住提分点。

　　2. 精编习题,题型全面

　　本书题型全面,覆盖语文综合知识要点,能够对学生进行系统训练,从而帮助学生把握重点,掌握解题方法和技巧。

　　3. 专题呈现,解题透析

　　本书以专题形式呈现,相关专题配有练习题,结构合理,语言简洁,内容详略得当。

　　最后,由衷希望本书能给广大师生带来实质性帮助!本书因编写时间有限,难免有不足之处,敬请读者提出宝贵的修改建议。

　　本书习题参考答案可扫描下方二维码查看。

参考答案

Contents 目 录

第一章　基础知识专题

第一节　语　音

一、普通话

普通话是以北京语音为标准音，以北方话为基础方言，以典范的现代白话文著作作为语法规范的现代汉民族共同语。

二、汉语拼音

1. 声母

声母共有 21 个，y、w 为特别声母。

b	p	m	f	d	t	n	l
g	k	h	j	q	x		
zh	ch	sh	r	z	c	s	

2. 韵母

韵母表

单韵母

a o e i u ü

复韵母

ai ei ui ao ou iu ie üe er

前鼻韵母　　　　　　　后鼻韵母

an en in un ün　ang eng ing ong

3. 声调

阴平	阳平	上声	去声
ā	á	ǎ	à

4. 拼写规则

声调符号标在主要元音上。

【口诀】

有 a 不放过，没 a 找 o、e，

i、u 并列标在后，i 上标调把点抹。

ü 遇到 j、q、x、y，两点要舍去。

ü 拼 n 和 l，两点舍不得。

5. 隔音符号

相连的两个元音，不属于同一个音节，中间需要加隔音符。

【例】答案　da'an

前一个音节以 n、ng 结尾，后一个音节以元音开头，中间需要加隔音符。

【例】平安　ping'an

第二节　文　　字

文字是记录语言的符号。汉字是记录汉语的符号。汉字属于表意文字，是形、音、义的统一体。

同音字是音相同，形、义不同的字。

汉字造字法"六书"：象形、指事、会意、形声、转注、假借。前四种是造字法，后两种为用字法。

一、汉字类型

1. 象形字

象形字（独体字）：由图画演化而来的字。

【例】人、口、手、足、舍、牙、耳、目、金、木、水、火、山、石、田、土、虫、贝、鱼、鸟、羊、犬、龟、丝、麻、毛、皮、竹、禾、米、谷、日、月、星、云、电、风、雨、衣、行、父、母、儿、女、出、入、开、关、坐、卧、立、走、西、南、北、前、左、右、刀、戈、弓、失、牛、马、车、舟、羽、角、齿、革、瓜、果、豆。

2. 指事字

指事字（独体字）：当没有或不方便用具体形象表现文字时，借用抽象符号表示的字。

【例】一、二、三、四、五、六、七、八、九、十、上、下、中、天、亦、尺、寸、叉、尤、曰、甘、只、音、兮、乎、本、末、朱、血、刃、凶、卒。

3. 会意字

会意字（合体字）：由两个或者两个以上的独体字组合而成，根据各字的意义组合成新的字。

【例】武、森、林、雀、宗、男、步、岩、妇、孙、杏、包、灶、晶、炙、集、兵、众、友、明、益、香、磊、劣、歪、冤、碧、好、炎、嵩、安、休、取、涉、祭、吠、弄、祝、看、出、析、信、伐、比、使、闯、采、奋、从、灾、牧、甜、尖、分、耸、焚、获、删、监、弃、宿。

4. 形声字

形声字（合体字）：由形旁加声旁两个部分组成，其中形旁表示该字的大体意义，声旁表示该字的读音。

（1）左形右声。

【例】抢、饭、桥、泥、偏、铜、冻、证、秧、江、鲤、材。

（2）右形左声。

【例】战、飘、削、期、颈、鹋、领、故。

（3）上形下声。

【例】草、简、花、室、管、露、爸、崖、宵。

（4）下形上声。

【例】想、盒、盲、恕、案、慈、贡、凳、裴、膏。

（5）内形外声。

【例】闻、问、闷、床。

（6）外形内声。

【例】园、府、围、病、固、阁、运、庭、匾、阀。

练习题

1．下列全是形声字的一组是（　　）。
  A．雨、唱、莫、明、势   B．船、牧、刃、就、水
  C．囤、绍、采、雅、悲   D．椅、依、姑、宇、银

2．下列全是会意字的一组是（　　）。
  A．休、手、血、寸   B．笔、杨、刃、户
  C．尘、从、苗、牧   D．耳、北、河、中

3．从造字法角度看，下列说法完全正确的一项是（　　）。
  A．"人、目、采、衣"是独体字   B．"休、晶、江、火"是合体字
  C．"材、战、芳、旗"是形声字   D．"炙、射、步、月"是会意字

4．下列汉字属于形声字的一组是（　　）。
  A．相、尘、峰、界   B．歌、杆、田、菜
  C．瞪、刺、露、袋   D．苗、供、旷、河

5．下列全是象形字的一组是（　　）。
  A．川、马、上、伐   B．炙、摸、战、甘
  C．虫、巾、舟、禾   D．旦、盲、瓦、心

6．下列各组全是会意字的一组是（　　）。
  A．且、甜、焚、亦   B．鸣、囚、坐、炎
  C．尾、灾、木、删   D．本、闲、间、阁

7．下列各组全是指事字的一组是（　　）。
  A．上、本、曰、十   B．七、羽、木、井
  C．下、末、弓、面   D．朱、刀、丁、丹

二、易混淆字

1．同音字
【例】贡和供、怄和呕、度和渡。

2．多音多义字
【例】①"好"，读"hǎo"，如：好人、好话、好坏、好心情等；读"hào"，如：爱好、喜好、好逸恶（wù）劳等。

②"和"，读"hé"，如：和平、心平气和、风和日丽、缓和等；读"hè"，如：应和、随声附和、附和、唱和等；读"huò"，如：和药、拌和、捏和等；读"huó"，如：和面、和泥等；读"hú"，如：和了等。

③"壳"，读"ké"，如：贝壳、外壳、卡壳、弹壳等；读"qiào"，如：地壳、金蝉脱壳、甲壳等。

④"载"，读"zǎi"，如：记载、转载、三年两载等；读"zài"，如：载运、载重、载货、载歌载舞等。

⑤"脯"，读"pú"，如：胸脯、脯子等；读"fǔ"，如：果脯、肉脯、杏脯等。

⑥"差"，读"chā"，如：差别、差异、差错、差强人意等；读"chāi"，如：差遣、差事、出差、差役等；读"chà"，如：差不多、差劲、差生、相差等；读"cī"，如：参差不齐、差肩、差互等。

⑦ "数"，读 "shù"，如：数学、次数、负数、数据等；读 "shǔ"，如：数落、数叨、数说、数伏等；读 "shuò"，如：数见不鲜等。

⑧ "处"，读 "chǔ"，如：处分、处方、处理、惩处等；读 "chù"，如：住处、暗处、去处、痛处等。

⑨ "传"，读 "chuán"，如：传奇、宣传、传递、传统、言传身教等；读 "zhuàn"，如：经传、自传、传记、传叙等。

⑩ "创"，读 "chuàng"，如：创造、开创、创新、原创；读 "chuāng"，如：创伤、创口、创痛等。

3. 形近字

【例】己、已、巳；戊、戌、戍 [记忆口诀：横戌（xū）点戍（shù）戊（wù）中空]；戎、戒。

练习题

1. 给下列形似字注音并组词。

析（　）	折（　）	拆（　）	坼（　）
哀（　）	衷（　）	衰（　）	裹（　）
瞻（　）	赡（　）	詹（　）	谵（　）
澡（　）	躁（　）	噪（　）	燥（　）
稍（　）	捎（　）	梢（　）	艄（　）
缀（　）	辍（　）	掇（　）	啜（　）

2. 下列词语中没有错别字的一组是（　　）。

　　A. 暄闹　　讹诈　　妄加揣测　　抑扬顿挫

　　B. 濒临　　愧怍　　通宵达旦　　不卑不亢

　　C. 慰藉　　收敛　　换然一新　　警报迭起

　　D. 笨拙　　玷污　　怒不可遏　　嘎然而止

3. 下列词语中没有错别字的一组是（　　）。

　　A. 风骚　　旁逸斜出　　端详　　待价而沽

　　B. 休憩　　黯然失色　　瞻仰　　高谈阔论

　　C. 威仪　　龙盘虎据　　珍馐　　万恶不赦

　　D. 妥协　　试目以待　　慰藉　　牵强附会

4. 下面没有错别字的一项是（　　）。

　　A. 按照上级布署，他们认真组织了一系列观摩课，师生反应热烈。

　　B. 别看他俩在一起有说有笑，其实是貌和神离。

　　C. 我们都迫不急待地想知道，究竟是谁获得了冠军。

　　D. 这哥俩，一个标新立异，一个循规蹈矩，差别太大了。

5. 下列词语中没有错别字的一项是（　　）。

　　A. 嘹亮　　笙萧　　肆无忌惮　　坦荡如砥

　　B. 孤僻　　辍泣　　流连忘返　　首当其冲

　　C. 濡湿　　涸辙　　义愤填膺　　寥寥可数

　　D. 谛听　　琐屑　　水泻不通　　悬崖绝壁

6. 下列词语中有错别字的一项是（　　）。

　　A. 缄默　　一霎时　　姗姗来迟　　别出新裁

　　B. 羸弱　　戈壁滩　　一如既往　　豁然贯通

　　C. 深邃　　颤巍巍　　更胜一筹　　狂妄自大

　　D. 娴熟　　文绉绉　　重峦叠嶂　　混为一谈

第三节 词　汇

一、基本知识

词：词是语言里最小的，能够自由运用的单位。

词和字区分：有无意义；能否独立运用。

【例】"枇杷"表示一种水果，能够独立运用，为词。

"杷"由一定的笔画组成，没有实际意义，也不能独立运用，为字。

"雨"由一定的笔画组成，有实际意义，能独立运用，所以既是字，也是词。

二、单义词和多义词

（一）单义词

单义词只有一项意义，一般为事物的名称、专有名词、科学术语等。

1. 表示事物名称的词

（1）表示自然名称的词语。

【例】天空、河流、田野、溪流。

（2）表示物品名称的词语。

【例】衣服、牙刷、桌子、板凳。

（3）表示人物名称的词语。

【例】老师、学生、父亲、奶奶。

（4）表示水果名称的词语。

【例】桃子、柠檬、西瓜、樱桃。

（5）表示蔬菜名称的词语。

【例】白菜、黄瓜、生姜、葱段。

2. 专有名词

专有名词主要指人名、地名、江河湖海名、书名、标题名、歌曲名、机构名、月份、节日等。

（1）人名。

【例】高尔基、爱因斯坦、马克·吐温、海伦·凯勒。

（2）地名。

【例】北京、美国、首尔、亚洲。

（3）江河湖海名。

【例】长江、黄河、西湖、南海。

（4）书名、标题名、歌曲名。

【例】《呼啸山庄》（书名）、《奔跑》（歌曲名）、《记忆》（音乐剧《猫》的主题曲）。

（5）机构名。

【例】联合国教科文组织、亚太经济合作组织、中国中央电视台。

（6）月份。

【例】一月、九月。

（7）节日。

【例】春节、端午节、劳动节、中秋节。

3．科学术语

科学术语是在科学上的专用语言，有特定的意义，与日常语言有时略有不同。比如盐，化学名称就是氯化钠；水，化学名称就是氧化氢。

（1）常用临床医学术语。

【例】急性病、并发症、典型症状、生命体征、呼吸急促。

（2）药品专用术语。

【例】处方药、非处方药、仿制药、原研药。

（3）语文专业术语。

【例】比喻、对偶、夸张、排比。

（4）数学专业术语。

【例】代数、几何、平均数、概率、函数。

（二）多义词

多义词有几项不同意义，且意义互相联系。

1．基本义

基本义是最常用、最基本的意义。

2．引申义

引申义由基本义转化、发展而来。引申方式有三种：直接在本义上发展起来的叫作直接引申，如从"老"到"老年人"；通过比喻产生新义的方式为比喻引申，如把"老师"比作"园丁"；通过借代用法使词产生新义为借代引申，如用"干戈"（两种兵器）指代"战争"。

【例】①海。

　　　基本义——大洋靠近陆地的部分。如"大海、东海"。有的大湖也叫"海"，如"黑海"。

　　　引申义——大的。如"你真是海量"。

　　　比喻义——比喻连成一片的很多同类事物。如"人海茫茫""这里已是一片火海"。

　　　②算账。

　　　基本义——计算账目。如"你别打扰他，他正在算账呢"。

　　　引申义——吃亏或失败后与人较量。如"这次算你赢，下次再跟你算账"。

　　　③包袱。

　　　基本义——包衣物用的布。如"把你的包袱拿好"。

　　　比喻义——比喻某种负担。如"你不要有思想包袱"。

　　　④黄色。

　　　基本义——黄的颜色。如"她穿着黄色的上衣"。

　　　引申义——象征腐化堕落，特指色情。如"不要看黄色录像"。

　　　⑤水分。

　　　基本义——物体内所含的水。如"植物是靠它的根从土壤中吸收水分的"。

　　　比喻义——比喻某种情况中夹杂的不真实的成分。如"他说的话里有很大的水分"。

练习题

下面句子中加粗字词的意义分类完全正确的一项是（　　　）。

①听了他的一席话，心就**宽**了一半。

②生活水平提高了，手头比过去**宽**多了。

③敌人在桥头修了个**堡垒**。

④我们要向科学的**堡垒**进军。

⑤盐的**结晶**是白色的。

⑥这部著作是他十年心血的**结晶**。

  A. 本义：①③⑤ 引申义：②④ 比喻义：⑥

  B. 本义：③⑤ 引申义：①② 比喻义：④⑥

  C. 本义：①③ 引申义：④⑤⑥ 比喻义：②

  D. 本义：①⑤ 引申义：③⑥ 比喻义：②①

三、同（近）义词和反义词

（一）同（近）义词

意义完全相同，一般可以相互替换的称同义词，如"脚—足"；意义相近，不能相互替换的称近义词，如"支援—声援"。

【例】爱慕—喜爱 安然—安稳 遨游—游览 奥秘—神秘

    机灵—灵巧 积累—积存 疾驰—飞奔 寄托—寄予

    勉励—鼓励 勉强—牵强 藐视—轻视 泯灭—消灭

    吸收—汲取 希冀—希望 稀罕—稀奇 吓唬—恐吓

    别具一格—独具匠心 不可计数—不计其数 风俗世情—风土人情

    毫不犹豫—坚决果断 绞尽脑汁—费尽心机 筋疲力尽—力倦神疲

    迥乎不同—截然不同 举世闻名—闻名遐迩 聚精会神—全神贯注

1. 词义的轻重

【例】"爱惜"意为一般性的重视，"珍惜"意为像爱护珍宝那样爱惜，所以"珍惜"词义重于"爱惜"。

2. 范围的大小

【例】"战争"指整个过程，范围较大；"战役"指"战争"的某一阶段，范围较小。

3. 搭配对象

【例】"交流"一般与抽象事物搭配，如"交流思想"；"交换"一般与具体事物搭配，如"交换礼物"。

4. 运用场合

【例】"盐"为普通用语，"氯化钠"为专业用语，二者表示同一种物质，但运用场合不同。

（二）反义词

反义词是指意义相反的词。

【例】聪明—愚笨 空虚—充实 伶俐—笨拙 勇敢—懦弱

    穷苦—富裕 精致—粗糙 健康—虚弱 寂静—热闹

    特殊—普通 异常—平常 简陋—豪华 光明—黑暗

    敏捷—迟钝 危险—安全 常常—偶尔 兴旺—衰败

    沸沸扬扬—鸦雀无声 翻来覆去—简单明了 悔过自新—执迷不悟

    吵吵嚷嚷—冷冷清清 暴跳如雷—心平气和 理直气壮—理屈词穷

    粗制滥造—精雕细刻 安居乐业—颠沛流离 全神贯注—心不在焉

四、词的色彩

词的色彩是指词在基本义之外包含的因主观态度产生的附加意义，包括感情色彩和语体色彩。

（一）感情色彩

词的感情色彩不仅表示事物、现象，而且带有说话人的感情。一般表示赞许、肯定的词称为褒义词，如赞许、肯定。表示贬斥、否定的词称为贬义词，如顽固、武断。词语本身无所谓好坏的称为中性词，如保护。

1. 褒义词

【例】聪明、伟大、团结、尊敬、善良、坚强、勇敢、果断、爱护、一身正气、临危不惧、光明磊落、博学多识、大智大勇、力挽狂澜、虚怀若谷、谨言慎行、专心致志、孜孜不倦、谈笑风生、和蔼可亲、不屈不挠、兢兢业业。

2. 贬义词

【例】罪恶、虚荣、卑鄙、蛮横、贪婪、伪善、奸诈、阴险、庇护、处心积虑、笑里藏刀、道貌岸然、背信弃义、尖酸刻薄、忘恩负义、厚颜无耻、见利忘义、自私自利、贪生怕死、华而不实、弄虚作假、自欺欺人、装腔作势。

3. 中性词

【例】策划、帮手、发动、结果、决断、命令、呻吟、道德、无奇不有、无声无息、南征北战、少安毋躁、自知之明、小心翼翼、兴致勃勃、千变万化、按部就班、念念不忘。

举例如下。

①"节约"和"吝啬"。

a. 这个人平时一个钱也舍不得花，真节约。

b. 这个人平时一个钱也舍不得花，真吝啬。

【解析】上述两个句子虽然只有最后一个词语不同，但表达的却是两种不同的态度和情感：a 句因"节约"为褒义词，所以表达的是对"这个人"的赞扬；b 句因"吝啬"为贬义词，所以表达的是对"这个人"的排斥。

②"美英联军"和"占领军"。

美英在伊拉克的军队，西方媒体在报道时全都称为"美英联军"，而伊拉克 100 多家各种背景、各种色彩的报纸全都称其为"占领军"。

【解析】"美英联军"是个中性词，没有什么感情色彩；而"占领军"显然是个贬义词，包含了伊拉克人民对美英在伊军队的敌对、排斥情绪。两个称呼反映的是西方媒体与伊拉克人民完全不同的立场。

③在当前的涨价风潮中，有的商品确系成本增加而导致终端消费价格上涨，但是也有不少商品位于无须涨价之列，只不过看到其他产品涨价，便想搭上涨价的顺风车，为自己_____私利。这种跟风涨价的势头，政府必须采取有力措施坚决_____。

填入画横线部分最恰当的一项是（　　）。

A. 牟取　　遏制		B. 谋取　　遏制
C. 牟取　　遏止		D. 谋取　　遏止

【解析】"谋取"与"牟取"意思相近，但前者为中性词，后者为贬义词。对应"私利"可知，作者在句中持贬义，故应选"牟取"。"遏制"是去阻止，侧重阻止的过程。"遏止"是指阻止，侧重结果。对于"跟风涨价的势头"不能仅仅是控制，要彻底阻止，强调结果，因此用"遏止"更恰当。综上所述，本题答案为 C。

（二）语体色彩

词的语体色彩是指某个领域里使用的语言的特点，词义中反映词的语体倾向、特征、烙印，一般包括书面语、口语和行业用语：书面语一般比较庄重正式，如"联袂""母亲"；口语常用于日常生活中，生动活泼，如"溜达""哥们儿"；行业用语用于特定行业，如"斡旋"。

1.口头语和书面语

举例如下。

①"小气"和"吝啬"。

【解析】二者都指过分看重自己的财物，但"小气"是口头语，"吝啬"是书面语。

②"老套"和"窠臼"。

【解析】二者都指陈旧、过时，但"老套"是口头语，"窠臼"是书面语。

2.行业用语

以常见的外交辞令为例。

①我很生气。——我们认为您的举动是没有善意的（或者对我们的利益是可能造成影响的）。

②我很担心。——我们对您的活动表示关切。

③你打算找碴儿吗？——我们对您的举动表示担忧。

④我不相信你的话。——我们对您的话表示谨慎的担心。

五、成语

成语是语言在长期使用过程中，形成的固定结构形式和固定用法，表示一定的意义，在语句中作为一个整体来应用的固定短语。

一般成语辨析从以下几方面进行。

（1）看感情色彩是否恰当。

（2）看成语含义，切莫"望词生义"。

（3）看词义轻重是否得当。

（4）看成语是否"一语多用"。

（5）看成语的形容对象是否正确合理。

（6）看语体色彩是否合乎语境。

（7）看成语与其他成分搭配是否恰当。

（8）看成语是否符合使用习惯。

第四节 语 法

语法是语言组合的规律和规则，包括词的构成和变化、词组和句子的组织。学习语法可以掌握语言的组合规律、规则，提高理解语言、运用语言的能力。

一、词的分类

词按语法功能和语法意义可分为实词和虚词。实词是有实在意义，能够单独充当句子成分的词，可分为名词、动词、形容词、数词、量词、代词六类。虚词是没有实在意义，不能单独充当句子成分的词，具有表示一定语法意义的作用，可分为副词、介词、连词、助词、叹词、拟声词六类。

二、短语类型

1.并列短语

【例】报纸杂志

2. 偏正短语

【例】多么可爱

3. 动宾短语

【例】盖房子

4. 补充短语

【例】洗得干净

5. 主谓短语

【例】心情愉快

6. 介宾短语

【例】对这个问题

7. 固定短语

【例】你一言我一语

三、句子

构成句子的词或词组间有一定的语法关系，根据不同的语法关系可分为主语、谓语、宾语、定语、状语、补语等几种成分。

（一）句子成分

1. 主语

定义：被陈述或被说明的对象。

特点：经常由名词、代词、名词性短语充当；一般表示谓语所说的是"谁"或"什么"。

符号：双行线。

2. 谓语

定义：用来说明陈述主语。

特点：经常由动词、形容词充当；一般表示主语"怎么样"或"是什么"。

符号：单行线。

3. 宾语

定义：表示谓语动词涉及对象的语言单位。

特点：经常由名词、代词、名词性短语充当；一般表示谓语"怎么样"或"是什么"。

符号：波浪线。

凡能愿动词，如"希望、想、可以、说"等词后面的一般都作宾语处理。

4. 定语

定义：用在主语和宾语前面，起修饰和限制作用的语言单位。

特点：经常由名词、形容词、动词、代词充当；一般定语与中心词之间有"的"字连接。

符号：小括号（　　）。

5. 状语

定义：用在动词、形容词谓语前，起修饰和限制作用的语言单位。

特点：经常由副词、形容词、动词，以及表示处所和时间的名词与方位词充当；一般状语与中心词之间有"地"字连接。

符号：中括号〔　　〕。

6. 补语

定义：谓语后面的附加成分，对谓语起补充说明作用，回答"怎么样""多久""多少"（时间、处所、结果）之类问题的语言单位。

特点：经常由动词、形容词、副词充当；一般补语与中心词之间有"得"字连接。

符号：单书名号〈 〉。

一般完整的句子成分的排列为：

定语（修饰主语）＋主语＋状语＋谓语＋补语＋定语（修饰宾语）＋宾语

【口诀】

主谓宾、定状补，主干枝叶分清楚。

定语必居主宾前，谓前为状谓后补。

状语有时位主前，逗号分开心有数。

句子成分划分示例（注：一般助词"的、地、得、着、了、过"不划入成分）。

①　我　［静静地］　站在　（黎明前的）　操场上　〈发呆〉。

②（林牧场）　场长　‖［仿佛］　看　〈透〉了　（我）的　心事　。

③（隔壁）的　大娘　‖［已经］　吃　〈完〉　饭　了。

（二）句子类型

句子按结构可分为单句和复句两大类。一般由一套主谓结构构成的句子称为单句，由两个或两个以上意义紧密联系，结构相互独立的单句组成的句子称为复句。分句之间有短暂的语音停顿，书面上用逗号或分号表示。分句之间的关系常用连词、副词以及一部分起关联作用的短语来表示，复句中的分句之间有着一定的逻辑关系，根据分句之间不同的逻辑事理关系，可以把复句分为并列、承接、递进、选择、转折、因果、假设、条件等类型。常见复句类型如下。

1. 并列复句

并列复句由两个或两个以上的分句并列组合而成，叙述相关的几件事情，或说明相关的几种情况，分句之间没有主次之分。常用的关联词语有"既……又……""也""同时""还""一方面……另一方面……"。

【例】①他既善于发现问题，又善于分析问题。

②他不是医生，而是教师。

③单丝不成线，独木不成林。

④不是意识决定存在，而是存在决定意识。

2. 承接复句

承接复句也称顺承复句、连贯复句。几个分句表示连续发生的事情或动作，彼此顺序不能动。常用的关联词语有"又""a，于是 b""首先……然后……""a，接着 b""a，便 b"。

【例】①过了那林，船便弯进了汉港，于是赵庄便真在眼前了。

②他们俩手拉着手，穿过树林，翻过山头，回到草房。

3. 递进复句

递进复句由两个有递进关系的分句组成，后一个分句表示意思比前一个分句进了一层。常用的共联词语有"不但（不光、不只）a，而且（还、又）b""而且""并且""尚且 a，何况 b""别说 a 就连（就是）b"。

【例】①鲁迅不但是伟大的文学家，而且是伟大的思想家和革命家。

②他不仅学习好，而且工作好，尤其是思想好。

4. 选择复句

选择复句几个分句分别说出几种情况，要求从中选择一种，表示"或此或彼""非此即彼""与其这样不如那样"等意思。常用关联词语有"或者（或）a，或者（或）b""不是 a 就是 b""是 a 还是 b""与其 a，不如 b""宁可……也……"。

【例】①与其夸夸其谈，不如从头做起。

②要么我们被困难吓倒，要么我们把困难解决。

③不在沉默中爆发，就在沉默中灭亡。

5. 转折复句

转折复句由两个有转折关系的分句组成，几个分句的意思不是顺着前一个分句的意思说下去，而是来一个转折，转到相反的意思。常用的关联词语有"虽然 a，但是 b""a，不过 b""可是""然而""尽管……却……"等。

【例】①梅园新村的名字很动听，大有诗的意味，然而实地的情形却和名称完全两样。

②自然是伟大的，然而人类更伟大。

6. 因果复句

因果复句由两个有因果关系的分句组成，分句之间是说明原因和结果的关系。常用的关联词语有"因为 a，所以 b""既 a，就（那么）b""因此""因而"。

【例】①由于各拱相连，所以这种桥叫作联拱石桥。

②既然懂得了时间的宝贵，那么就从今天开始不浪费一分一秒。

③因为他有坚定的信念，所以遇到困难从不气馁。

7. 假设复句

假设复句由两个有假设关系的分句组成，前一个分句假设存在或出现了某种情况，后一个分句说明由这种假设的情况产生的结果，常用关联词语有"如果（倘若）a，就（那么）b""即使（纵然）a，也 b""再 a，也 b""假如""假使""假若""要是"。

【例】①即使工作再困难些，他也不会退缩的。

②如果美是专指"婆娑"或"旁逸斜出"，那么白杨树算不得树中的好女子。

③假如产品质量不好，数量再多，也没有使用价值。

8. 条件复句

条件复句由两个有条件关系的分句组成，前一个分句提出一个条件，后一个分句说明在这种条件下产生的结果。常用关联词语有"只要 a，就 b""只有（除非）a，才 b""无论（任凭）a，都（也）b"。

【例】①只有孔乙己到店，才可以笑几声。

②对于传闻，不论是谁说的，我们都应当进行一番思考。

第五节　语　　音

【标写声调符号】

第一声：tang ti wen shi ying yu jiao ji

第二声：shi zai jiang ke guo cheng zhang

第三声：mei fen zhong yue ti zhi ge

第四声：wen shi si wei de xiang dao ke

（提示：依据拼写规则 a 母出现，a 上标，没有 a 母找 o、e、i、u、ü。）

范例参考：第一声：tāng tī wēn shī yīng yū jiāo jī

练习题

1. 给下列加点字注音。

虔诚（　　）　　跬步（　　）　　桎梏（　　）　　冗员（　　）

鹰隼（　　）　　　休憩（　　）　　　联袂（　　）　　　收讫（　　）

掮客（　　）　　　瀑布（　　）　　　箴言（　　）　　　编纂（　　）

机杼（　　）　　　渣滓（　　）　　　寻衅（　　）　　　伫立（　　）

亘古（　　）　　　凫水（　　）　　　褰白（　　）　　　唆使（　　）

龋齿（　　）　　　耄耋（　　）　　　咫尺（　　）　　　狡黠（　　）

2. 下列词语中加点字注音全对的一项是（　　）。

A. 吝啬（sè）　　　恫吓（xià）　　　浸渍（zì）　　　喋血（dié）

B. 龟裂（jūn）　　　日啖（dàn）　　　允许（yǔn）　　　造诣（yì）

C. 物候（huó）　　　典籍（jí）　　　归咎（jiù）　　　萎靡（mí）

D. 匹配（pǐ）　　　倾轧（yà）　　　天壤（rǎng）　　　旖旎（qí）

3. 下列加点字注音有错误的一组是（　　）。

A. 刚愎自用（bì）　　　穷兵黩武（dú）　　　审时度势（duó）　　　命运多舛（chuǎn）

B. 差强人意（chā）　　　相形见绌（chù）　　　户枢不蠹（dù）　　　蛊惑人心（gǔ）

C. 牝鸡司晨（pìn）　　　恪守不渝（gé）　　　功亏一篑（kuì）　　　心无旁骛（wù）

D. 前仆后继（pū）　　　三缄其口（jiān）　　　草菅人命（jiān）　　　振聋发聩（kuì）

4. （2022·云南真题）下列词语中加点字的注音全对的一组是（　　）。

A. 倨傲（jù）　　　懊悔（ào）　　　寒伧（chàn）　　　掌舵（duò）

B. 酒馔（zhuàn）　　　庇佑（bì）　　　龌龊（chuò）　　　怯弱（qiè）

C. 瞋视（zhēn）　　　伺候（cì）　　　戏谑（xuè）　　　呜咽（yè）

D. 橄榄（gǎn）　　　屋檐（yán）　　　倘使（tǎn）　　　给予（jǐ）

5. （2021·云南真题）下列词语中加点字的注音全对的一组是（　　）。

A. 沉淀（diàn）　　　矜持（jīn）　　　迸溅（bìng）　　　忏悔（chàn）

B. 羸弱（yíng）　　　迟钝（dùn）　　　凛冽（lǐn）　　　炽热（chì）

C. 累赘（zhuì）　　　契约（qì）　　　叱咤（zhà）　　　俯瞰（kàn）

D. 澎湃（pài）　　　崎岖（qū）　　　可汗（hán）　　　蹒跚（mán）

6. （2020·云南真题）下列词语中加点字的注音有误的一组是（　　）。

A. 霎时（shà）　　　寒暄（xuān）　　　鲜腴（yú）　　　屑头（càn）

B. 凋谢（diāo）　　　寒伧（chēn）　　　暴虐（nüè）　　　俨然（yǎn）

C. 邈远（miǎo）　　　冠冕（miǎn）　　　租赁（lìn）　　　玄虚（xuán）

D. 亲昵（nì）　　　骜进（bié）　　　寒窣（sū）　　　颇圮（pǐ）

7. （2019·云南真题）下列词语中加点字注音全对的一项是（　　）。

A. 龟（jūn）裂　　　沮（zǔ）丧　　　挟（xié）持　　　圣旨（zhǐ）

B. 忌讳（huì）　　　日啖（dàn）　　　允（yǔn）许　　　管辖（xiá）

C. 诽谤（bàng）　　　信笺（jiān）　　　骁（yáo）勇　　　湮（yān）灭

D. 匹（pǐ）配　　　倾轧（yà）　　　天壤（rǎng）　　　伫（chù）立

8. 下列加点字的注音有错误的一组是（　　）。

A. 论语（lún）　　　干涸（hé）　　　沮（jǔ）丧　　　造诣（yì）

B. 吝啬（sè）　　　旖旎（qí）　　　期（jī）年　　　诽（fěi）谤

C. 形骸（hái）　　　草茎（jīng）　　　桎梏（gù）　　　咫（zhǐ）尺

D. 厌恶（wù）　　　折断（zhé）　　　咽喉（yān）　　　归咎（jiù）

9. 下列词语中加点字的注音全对的一项是（　　）。

A. 戕（qiāng）害　　　铁砧（zhēn）　　　不啻（chì）　　　嘉猷（yǒu）

B. 梁枋（fāng）　　　缂（kè）丝　　　棕榈（lú）　　　愀然（qiǎo）

C. 跬（guǐ）步　　　　起碇（dìng）　　　　平仄（zè）　　　　脚踝（huái）

D. 鬓（bìn）发　　　　渺邈（mǎo）　　　　癖（pǐ）好　　　　吞噬（shì）

10. 下列词语中加点字的注音全对的一项是（　　）。

A. 满载（zài）　　　氛围（fèn）　　　　思忖（cǔn）　　　　佣（yōng）金

B. 脑髓（suǐ）　　　热忱（chéng）　　　桂棹（zhào）　　　粗犷（guǎng）

C. 拙（zhuó）劣　　　癖（pǐ）好　　　　胡髭（zī）　　　　湔（jiān）雪

D. 脚踝（huái）　　　豇（jiāng）豆　　　蜷（quán）曲　　　愤懑（mèn）

11. 下列词语中加点字的注音全对的一项是（　　）。

A. 瑰（guī）丽　　　憎（zèng）恶　　　　重创（chuàng）　　诓（kuāng）骗

B. 栈（zhàn）桥　　　啮啮（niè）　　　　渲（xuàn）染　　　粗犷（guǎng）

C. 熨（yùn）帖　　　剥削（xiāo）　　　　亵（xiè）渎　　　　徽（huī）章

D. 追悼（diào）　　　惬（qiè）意　　　　称（chēn）颂　　　砥（dǐ）砺

12. 下列词语中加点字的注音全对的一项是（　　）。

A. 浸渍（zì）　　　惩创（chuàng）　　　抹（mǒ）杀　　　　搽（cá）粉

B. 揩（kǎi）油　　　惺（xīng）忪　　　　嘈（cāo）杂　　　下劣（liè）

C. 执拗（niù）　　　弄（nóng）堂　　　　攒（cuán）射　　　山脊（jǐ）

D. 菲（fěi）薄　　　稔（rěn）知　　　　　靡（mí）费　　　倔（jué）强

13. 下列词语中加点字的注音全对的一项是（　　）。

A. 敦（dūn）厚　　　疙（gē）瘩　　　　肺腑（fǔ）　　　　涤（tiáo）荡

B. 田埂（gěng）　　　冗（rǒng）长　　　痴（chī）心　　　煨（wēi）熟

C. 麦秸（jiē）　　　偌（nuò）大　　　　攒（cuán）集　　　泾（jìng）阳

D. 刁（diāo）钻　　　侮（wǔ）辱　　　　碾（niǎn）压　　　熨（yù）平

14. 下列词语中加点字的注音全对的一项是（　　）。

A. 阜（fù）盛　　　敕（chì）造　　　　脊（jí）梁　　　　发酵（jiào）

B. 作揖（yī）　　　蹂（róu）躏　　　　讪（shà）笑　　　下榻（tà）

C. 要塞（sè）　　　瞋（chēn）视　　　　吞噬（shì）　　　阔绰（chuò）

D. 呜咽（yè）　　　炮（páo）烙　　　　嫡（dí）亲　　　　讥诮（qiào）

15. 下列词语中加点字的注音全对的一项是（　　）。

A. 马厩（jiù）　　　悖（bó）论　　　　恫（dòng）吓　　　铿（kēng）锵

B. 戕（qiāng）害　　　宁谧（mì）　　　炮（pào）烙　　　刀俎（zǔ）

C. 氯（lǜ）气　　　巨擘（hò）　　　　付梓（zǐ）　　　　省（shěng）亲

D. 流岚（lán）　　　游弋（yì）　　　　苍虬（qiú）　　　逡（qūn）巡

16. 下列词语中加点字的读音全都正确的一组是（　　）。

A. 酣（gān）眠　　　踱（duó）步　　　　霎（shà）时　　　参（cēn）差

B. 蓊（wěng）郁　　　袅娜（nà）　　　　敛（liǎn）足　　　国粹（cuì）

C. 自诩（xǔ）　　　给（jǐ）予　　　　冠冕（miǎn）　　　蹩（bié）脚

D. 譬（bì）如　　　脉脉（mò）　　　　倩（qiàn）影　　　独处（chǔ）

17. （2022·云南真题）下列词语中没有错别字的一组是（　　）。

A. 经世致用　　雷霆万钧　　郎郎上口　　磅礴

B. 以讹传讹　　津津乐道　　不求甚解　　逻缉

C. 礼尚往来　　残羹冷炙　　门庭若市　　蹉跎

D. 光阴荏苒　　鸦雀无声　　交头接耳　　鞭苔

18. （2022·云南真题）下列句子中没有错别字的一项是（　　）。

A. 读好文章，如饮醇酒，其味无穷，久而弥笃。

B. 这证明屋顶不但是几千年来广大人民群众所喜闻乐见的，并且是我们民族所最骄傲的成就。

C. 我国辐员广阔，不同的地区有不同的特征。

D. 冬季日短，又是雪天，夜色早已笼罩了全市镇。

19. （2021·云南真题）下列词语中没有错别字的一组是（　　）。

A. 沥尽心血　迥乎不同　深不可测　崩溃

B. 契而不舍　家喻户晓　可歌可泣　谄媚

C. 戳然不同　一泻千里　以身作则　澄清

D. 卓有成效　念念有辞　语无伦次　驰骋

20. 下列词语中没有错别字的一项是（　　）。

A. 疾言厉色　游目骋怀　烟燃火燎　空暇

B. 胡作非为　震耳欲聋　如愿以尝　臧否

C. 物力惟艰　义无反顾　运筹帷幄　涪陵

D. 粗制滥造　摧山坼地　溘然长逝　崛起

21. 下列词语中没有错别字的一项是（　　）。

A. 招摇撞骗　一望无垠　妄费心机　忌惮

B. 蓬荜生辉　呕心沥血　含辛茹苦　琥珀

C. 惨绝人寰　缄口不言　磬竹难书　绯闻

D. 望风披靡　脍炙人口　蜂涌而上　沉溺

22. 下列词语中没有错别字的一项是（　　）。

A. 要言不繁　冉冉升起　俯拾皆是　波澜

B. 纷至沓来　似是而非　声色俱厉　徘徊

C. 出其不意　试目以待　应接不暇　勒索

D. 含辛茹苦　比比皆是　以偏盖全　迂回

23. 下列词语中没有错别字的一项是（　　）。

A. 谈笑风生　明知故犯　顶顶大名　拾掇

B. 鬼使神差　自惭形秽　心急如焚　憧憬

C. 蓬荜生灰　攻城略地　委曲求全　驰骋

D. 摩拳擦掌　侧隐之心　求全责备　脊梁

24. 不列词语中没有错别字的一组是（　　）。

A. 谈笑风生　明知故犯　顶顶大名　玩世不恭

B. 鬼使神差　自惭形秽　心急如焚　惊惶失措

C. 蓬荜生灰　攻城略地　委曲求全　百折不挠

D. 摩拳擦掌　冠冕堂皇　百无聊赖　寻人启示

25. 下列句子中有错别字的一项是（　　）。

A. 素有"天下第一行书"美誉的《兰亭序》是学习行书的首选字帖。

B. 夜晚，春风沉醉，和平安详，这是一幅多么让人心驰神往的画面啊。

C. 太原市晋祠公园于10月1日重新开园，经过近半年的整修，面目焕然一新。

D. 快意同舒适像是一对孪生兄弟，时而相傍相依，时而南辕北辙。

26. 下列语句中有错别字的一项是（　　）。

A. 不管在什么地方，他都不会给人鹤立鸡群、喧宾夺主的感觉。

B. 雷！你轰隆隆的，桀骜不驯，响彻云宵，是你车轮子滚动的声音？

C. 书有的只需读其部分，有的只需大体涉猎、浅尝辄止，否则得不偿失。

D. 几个世纪以来，满腹经纶的学者们绞尽脑汁，却始终解不开它的奥秘。

27. 判断正误，正确的打"√"，错误的打"×"。

(1) 形声字由形旁和声旁两部分组成。形旁表示字的相同或相近发音，声旁则指示字的意思或类属。（　　）

(2) 指事是用象征性符号来构字的造字法，如"刃"是指事字。（　　）

28. 下列句子中，加点成语的使用正确的一项是（　　）。
　A. 众多的莘莘学子，在9月踏上了求学的路。
　B. 哥哥和弟弟从小青梅竹马，一直在同一所学校学习。
　C. 街头行乞的老人们筚路蓝缕，看上去十分可怜。
　D. 爷爷的耳提面命让我懂得了很多人生道理。

29. 下列句子中，加点成语使用正确的一项是（　　）。
　A. 这次我与好友在北京天安门广场萍水相逢，真是喜出望外。
　B. 生活中要少一些怨天尤人的叹息，多一些脚踏实地的追求。
　C. 经过父母的调解劝导，兄弟俩又重归于好，相濡以沫了。
　D. 学习要循序渐进，不学好基础题就急于做难题，这种喧宾夺主的做法是不可取的。

30. 下列各句中加点成语使用不恰当的一项是（　　）。
　A. 人类的智慧与大自然的智慧相比实在是相形见绌。
　B. 青藏高原上飞驰的火车，淋漓尽致地表现出了铁路人的豪情壮志。
　C. 他走到天黑都还没有走到目的地，前面不知还有多远的路，真是日暮途穷呀。
　D. 博物馆是侗式吊脚楼，依山傍水建在寨子边上一座精美的花桥旁边。

31. 下列句子中，加点成语使用正确的一项是（　　）。
　A. 这四凸二字历来用的人最少，如今作茶楼之名，更觉不落窠臼。
　B. 小明看到新闻上发布了本地的疫情数据，立即向同学通风报信。
　C. 疫情期间，每个人都自觉在家，减少出行，整座城市万人空巷。
　D. 小明平时学习粗心，总是目无全牛，以致很简单的题也常出错。

32. 下列句子中，加点成语使用正确的一项是（　　）。
　A. 近年来，一些正值豆蔻年华的小伙子沉迷在网吧里，荒废了学业，浪费了青春，真让人痛惜不已。
　B. 一个国家需要的是有远大理想、有创造激情、有头脑且精神高扬的国民，而不是拾人牙慧、思想浅薄、斤斤于物质生活和低级趣味的民众。
　C. 特大矿难发生后，一些死难矿工家属面对记者表达了自己的黍离之悲和对一些煤矿领导的愤慨。
　D. 昨天上午，无动力伞飞越长江挑战赛顺利进行，他经过数次努力，最终夺冠，铩羽而归。

33. 下列加点词解释有误的一项是（　　）。
　A. 息息相通（呼吸）　素昧平生（不了解）　丰赡（丰富）　自诩（夸耀）
　B. 漫不经心（随便）　举一反三（类推）　纷乱（多）　焚香（烧）
　C. 物力维艰（保持）　坚韧不拔（移动）　斐然（有文采）　废墟（荒芜）
　D. 挥斥方遒（热情奔放）　专心致志（尽，极）　群芳（花卉）　何妨（妨碍）

34. 下列加点字解释有误的一项是（　　）。
　A. 沉沦之渐（沾染）　相形见绌（不足）　天作之合（结合，配偶）　峥嵘岁月（不平凡）
　B. 坚韧不拔（移动）　销声匿迹（消失）　应运而生（天命，时机）　百舸争流（大船）
　C. 云蒸霞蔚（聚集）　自鸣得意（表示）　至高无上（最）　举一反三（类推）
　D. 手足无措（措施）　有恃无恐（依仗）　大彻大悟（明白）　比比皆是（一个挨一个）

35. 下列句子中没有语病的一项是（　　）。
    A. 在书中，李大猷博士用一百多种中草药名来作为各篇题头的"注解"，成就了该书独特的表达方式，被称为"中国社会的本草纲目"。
    B. 新落成的湖州高铁车站的配套设施较以前的普通车站有了明显改善，高清大屏幕不间断地提醒旅客警惕防骗防盗。
    C. 推行有偿使用塑料袋，主要是通过经济手段培养人们尽量减少使用塑料袋，这无疑会对减少白色污染、净化环境产生积极作用。
    D. 在科学技术是第一生产力的观念深入人心的今天，谁能不信高科技会给人类带来福音？难怪骗子们也要浑水摸鱼，打出高科技的幌子了。

36. 下列句子中没有语病的一项是（　　）。
    A. 一项好的政策照理会带来好的效果，但在现阶段，必须强化阳光操作、民主监督等制约措施，因为好经也要提防不被念歪。
    B. 一个孩子学习绘画，即使基础不太好，但是如果老师能夸奖夸奖，哪怕给一个鼓励的微笑，他也会感到非常高兴，越画越有信心。
    C. 人的素质的提高，不仅体现在物质条件和生活水平的改善上，也体现在精神生活和思想素质的提高上。
    D. 马老师对自己的教学严格要求，对年轻教师悉心指导，所以我们选他做学科带头人是当之无愧的。

37. 下列句子中没有语病的一项是（　　）。
    A. 今年四月以来，我市大部分地区都呈现降温的态势。
    B. 为了防止这类事故的不再发生，我们强化了领导问责制。
    C. 节日的解放碑，张灯结彩，人山人海，处处洋溢着欢乐的笑脸。
    D. 历史上那一位著名的文学家给我们留下了优秀的许多文学作品。

38. 下列句子中没有语病的一项是（　　）。
    A. 一个人如果获得了理解，就等于拥有了一切世界上最宝贵的财富。
    B. 这次实践活动使我们开阔了眼界，增长了知识。
    C. 迟回家，我真担心被唠唠叨叨的妈妈挨骂。
    D. 山上的水宝贵，我们把它留给晚上来的人喝。

39. （2021·云南真题）下列句子中没有歧义的一项是（　　）。
    A. 作为演员，一定要演好戏。
    B. 小兵和小英的爸爸来家里了。
    C. 那个刚来不久的美女谁都瞧不起。
    D. 孩子们很喜欢李阿姨，一来到这里就有说有笑，十分高兴。

40. 下列句子中，不会产生歧义的一项是（　　）
    A. 这个人谁都不认识。
    B. 他走了一个多钟头了。
    C. 天色晚了，自行车没修好，修车的急坏了。
    D. 请需要打针的在注射室外等候。

41. （2019·云南真题）下列语句排序最恰当的一组是（　　）。
在儒家传统中，孔孟总是形影相随，＿＿＿＿＿＿＿＿＿
①既有《论语》，则有《孟子》。
②孔曰"成仁"，孟曰"取义"，他们的宗旨也始终相配合。
③今人冯友兰也把孔子比作苏格拉底，把孟子比作柏拉图。

④《史记》说："孟子序诗书，述仲尼之章。"

⑤既有大成至圣，则有亚圣。

  A. ④②①③⑤ B. ①②④⑤③ C. ①④②③⑤ D. ⑤①②④③

42. 在下面一段文字横线处填入语句，衔接最恰当的一组是（　　）。

  陶渊明在"采菊东篱下，悠然见南山"的情境中觅得了闲适淡远；_____；朱自清在月下荷塘的美景中偷得了片刻的宁静和欢愉；_____。我们离不开大自然。_____。

①在"明月松间照，清泉石上流"的优美意境中，王维找到了精神归宿

②王维在"明月松间照，清泉石上流"的优美意境中找到了精神归宿

③李乐薇在"烟雾之中、星点之下、月影之侧的空中楼阁"里构建了自己的精神家园

④在"烟雾之中、星点之下、月影之侧的空中楼阁"里，李乐薇构建了自己的精神家园

⑤大自然不仅是我们的精神依托，也是我们的生存环境

⑥大自然不仅是我们的生存环境，也是我们的精神依托

  A. ①④⑥ B. ②④⑥ C. ②③⑥ D. ①③⑤

第二章　标点符号专题

一、问号

（一）选择、倒装，句末问

【例】①你是坐飞机来呢，还是坐汽车来呢，还是坐轮船来呢？（选择类）

②"这究竟是怎么一回事呢，同志们？"厂长问。（倒装类）

（二）连续问句，每句问

【例】除了他能去，谁还能去呢？你吗？你能去吗？

（三）无疑问句，不用问

【例】①我不知道他叫什么。

②我不知道发生了什么事。

二、顿号

（一）并列套用，大并列逗，小并列顿

【例】这个经济协作区，具有大量的科技信息，较强的工业基础，巨大的生活资料、生产资料市场，较丰富的动植物、矿产、海洋、旅游等资源。

（二）并列谓和并列补，不打顿号打逗号

【例】你要不断进步，识字，生产。

（三）集合词语要连紧，不要插进顿

【例】这个县有 30 多所中小学。

（四）概数约数不确切，也别带上顿

【例】他看上去十七八岁，一副瘦骨伶仃的样子。

（五）引号、书名号并用，中间不插顿

【例】①这时课堂里响起了"向孔繁森学习""向孔繁森致敬"的口号。

②郁达夫的代表作有《沉沦》《春风沉醉的晚上》。

（六）连词（和、及、或）前面不带顿

【例】尼罗河、亚马孙河、长江和密西西比河是世界四大河流。

（七）并列词语带语气，不打顿打逗

【例】妈妈经常给我讲她的纺线啊，织布啊，做军鞋啊等故事。

三、冒号

（一）提示下文用冒号，总结上文要带冒；一般管到句号处，两边内容画等号

1．提示下文

【例】下午他拣了好几件东西：两条长桌，四把椅子，一副香炉烛台，一杆台秤。

2．总结上文

【例】教师爱护学生，学生尊敬老师：师生关系非常融洽。

（二）一句不两冒（一个句子不能出现两个冒号）

【例】会议刚开始，王校长大声宣布：今天有两个好消息告诉大家，一是我校德育工作受到省里表扬，二是……

（三）小停顿不冒

【例】本省三位中年作家——叶蔚林、韩少功、彭建明在一起畅谈往事。

【解析】冒号应一管到底，可是这里只能管到三位作家"叶蔚林、韩少功、彭建明"，却不能管到最后一句"在一起畅谈往事"，所以，应用破折号，起局部解释作用。

（四）（出现对话时）前面说，用冒号；中间说，用逗号；最后说，用句号

1．前面说

【例】张建斌想了想说："这个问题，让我好好考虑考虑。"

2．中间说

【例】"什么话！"他嚷道，"难道世界上竟然有这种傻子？"

3．最后说

【例】"怎么回事，亲爱的？"他说。

四、分号

（一）无逗不分

【例】我们过苦日子时，他来了；我们过好日子时，他却走了。

（二）分项列举的各项之间用分号

【例】有的学会烤烟，自己做挺讲究的纸烟和雪茄；有的学会蔬菜加工，做的番茄酱能吃到冬天；有的学会蔬菜腌渍、窖藏，使秋菜接上春菜。

五、书名号

（一）考试名称、活动主题、丛书名、单位、专业课程不用书名号

【例】①对于"雅思（IELTS）考试"人们已耳熟能详，如今一个全新的同样来自英国的职业外语水平测试——"博思（BULATS）考试"，也已由国家人力资源和社会保障部考试中心推出。

②中职一年级的学生已经学习了"语文基础模块"上册。

（二）书名号中有书名号，外双里单

【例】《读〈石钟山记〉有感》《教育部关于提请审议〈高等教育自学考试试行办法〉的报告》。

六、省略号

与"等"不套用

【例】①桂林的旅游景点有漓江、象鼻山、龙脊梯田等。

②桂林的旅游景点有漓江、象鼻山、龙脊梯田……

七、破折号

（一）声音延长或中断

【例】①（表声音的延长）"卖——西瓜啦!"

②（表声音的中断）"班长他牺——"小马话没说完就大哭起来。

（二）意思递进与转换

【例】①（表意思递进）每年——特别是水灾、旱灾的时候，这些在厂里有门路的带工……

②（表意思转换）"今天好热啊! ——你什么时候去上海?"

（三）主要任务作解释，时在结尾时中间

【例】带工老板或者打杂的拿着一叠叠名册，懒散地站在正门口——好像火车站剪票处一般的木栅子前面。

（四）与"即""就是"不套用

【例】①最近，我们有机会参观了他的故居——聊斋。

②最近，我们有机会参观了他的故居，即聊斋。

练习题

1.（2022·云南真题）下列句子中，标点符号使用正确的一项是（　　）。

A. 她们母、女俩坐上了最后一趟开往北京的动车。

B. 参加 2022 年北京冬奥会的有中国、美国、俄罗斯……等国家。

C. 孔子曰："三人行，必有我师焉。"

D. 请勿高声喧哗!!

2.（2021·云南真题）下列句子中，标点符号使用正确的一项是（　　）。

A. 孔子说："不义而富且贵，于我如浮云"。

B. 这么好的书你一天的时间只读了三、四页，你这人怎么了?

C. "你要吗? 多好玩儿!"他望望我问了句。

D. 杜甫诗也有"山青花欲燃（像要燃烧似的）"的句子。

3.（2019，云南真题）下列各项中标点符号使用错误的一项是（　　）。

A. 火灾掳掠，外加经营不当，完全摧毁了宫殿式的豪华府第和数不清的附属建筑。

B. 这儿原先也该有牛栏、马厩，有牛、有马，有谷仓、还有干草垛。

C. 她们轻轻划着船，船两旁的水，哗——哗——哗——

D. 那时候刚好下着雨，柏油路面上湿冷冷的，还闪烁着青、黄、红颜色的灯光。

4. 下列句子中，标点符号使用正确的一项是（ ）。

A. "你好，"他笑着说："可以帮个忙吗？"

B. 这里有牡丹、玫瑰、荷花……等十几种花卉。

C. 别人没想到的事，你想到了；别人想到的事，你做到了。

D. "万芳……。"我站在过道里不肯再往前走。

5. 下列句子中，标点符号使用正确的一项是（ ）。

A. 杨峰的学生这样点评她：无事，绝不惹事，有事，绝不怕事。

B. 读宋词，往往会读出感动、哀怨、忧思……等情感。

C. 你参加《翰墨飘香》主题书法大赛了吗？获得了第几名？

D. 纸质书、电子书、手抄本、印刷本，书的载体、形式变了，喜欢阅读应不拘泥于是什么书。

6. 下列句子中，标点符号使用正确的一项是（ ）。

A. 老人最后的嘱咐是扬起这只扎伤的手，老人说："信客信客就在一个信字，千万别学我。"

B. 有一个信客，年纪不小了，已经长途跋涉二、三十年了。

C. 回家变卖典质，父亲还了亏空。又借钱办理丧事。

D. 河南全境，除豫北之新乡、安阳、豫西之灵宝、阌乡、豫南之确山、信阳、潢川等地尚有残敌外，已全部为我军解放。

7. 下列句子中，标点符号使用正确的一项是（ ）。

A. 许多人以为乐观主义的人不过是"嬉皮笑脸""随随便便""一切放任""得过且过""唯唯诺诺"。

B. 我们要领会"俯首甘为孺子牛。"这句话的深刻意义。

C. 看台上，同学们一个劲地喊着："加油！加油！"的口号，为运动员鼓劲。

D. 一个没有理想的人，不但不知道明天走到哪里？做什么？就连今天做什么？为什么要这样做？都弄不清楚。

8. 下列句子中，标点符号使用有误的一项是（ ）。

A. 有时凝视久了，自己也仿佛进入画中，"徜徉于山水之间"，甚得其乐。

B. "这头母牛卖多少钱？老婆婆。"那人问道。

C. "你是我的榜样。"有个人说，"我要练成你这样就好了！"

D. 有人说，一个从不阅读文学作品的人，纵然他有"硕士""博士"或者更高的学位，他也只能是一个"高智商的野蛮人"。

9. 下列句子中，标点符号使用正确的一项是（ ）

A. 我们班的同学来自全国各地，有山东的、浙江的、黑龙江的、贵州的……等。

B. 为支援灾区，全国各地为玉树灾区送去了帐篷、食物、药品、与一些恢复重建需要的其他物资。

C. 这次出去旅游，你打算去北京游长城呢？还是去上海看世博会？

D. 佛典里有一句话："福不唐捐。"唐捐就是白白地丢了。我们也应该说："功不唐捐！"没有一点努力是会白白地丢了的。

10. 下列句子中，标点符号使用正确的一项是（ ）。

A. 绿色是多么宝贵呀！它是生命、它是希望、它是安慰、它是快乐。

B. 被郁郁苍苍的扁柏、蒲葵、一品红、木麻黄环绕着的三元里抗英斗争烈士纪念碑，在晴空下，金色的字迹正闪闪发光。

C. 今年我们公司的新年联欢晚会有以下节目大合唱、男女声独唱、诗歌朗诵、舞蹈和杂技。

D. 我不知道这件事怎么会变成这个样子？但是，无论如何我们都应该竭尽全力把这件事情处理好。

11. 下列句子中的标点符号使用正确的一项是（　　　）。

A. 没有理想，没有纪律，就会像旧中国那样一盘散沙，那我们的革命怎么能够成功？我们的建设怎么能够成功？

B. 本来约好下午两点钟碰面，可我足足等了二、三个小时，他才来。

C. 还有不少因素使铁容易生锈，如水中有盐，铁制品表面不干净，表面粗糙，铁中杂有其他金属……等等。

D. 请以《我和祖国》为题，写一篇文章。要求：文体不限，字数在1000字以内，严禁抄袭。

12. 下列句子中的标点符号使用正确的一项是（　　　）。

A. 这次受到沙尘暴袭击的共三省、五十六个县（市）。

B. "锲而舍之，朽木不折；锲而不舍，金石可镂。"（荀子《劝学篇》）。

C. 成才的关键有三条：一是身体健康；二是作风踏实；三是耐得住寂寞。

D. 我国的四大发明——火药、印刷术、指南针、造纸术，对世界历史的发展有重大的贡献。

13. 下列句子中，标点符号使用有误的一项是（　　　）。

A. 人的一生，总是在不停地尝试，尝试拥有，尝试放弃，人的一生，又始终在不断地追求，追求自由，追求幸福。

B. 墙上挂着一幅画，画的题目取自宋朝临川（今属江西）诗人谢逸《千秋岁·咏夏景》中的"人散后，一钩新月天如水"。

C. 闲聊之中，我忍不住问她：为什么还要回到这曾让她伤心流泪的地方？她摇摇头，无奈地笑了。

D. "还愣着干吗？"妈妈大声地训斥我："还不快去把房间收拾收拾，等会儿老师来了，看你怎么办……"

第三章　病句修改专题

修改病句涉及的知识范围广泛，我们不仅要了解语法方面的知识，还需要注意修辞、逻辑等方面的内容。要想快速地辨析语病，还需掌握以下 6 种方法。

一、语感审读法

语感审读法就是凭借语感对句子是否有语病做出判断。对于结构比较简单、语病比较明显的句子，这是一种快捷而有意义的方法。

【误例】为了防止这类交通事故不再发生，我们加强了交通安全的教育和管理。

【操作示范】

第一步：题目一般都是四个选项，初读四个选项，在感觉"别扭"处进行标注。

第二步：对比筛选，假定一个选项是"正确"的。

第三步：深入分析，验证排除，得出答案。

本处只举了一例，一读就会发现"防止……不再发生"是不合逻辑的。

二、主干压缩法

一句话的主干：主语中心词＋（否定词）＋谓语中心词＋宾语中心词。相当一部分病句是由主语中心词、谓语中心词、宾语中心词搭配不当造成的，这些病句可以用找句子主干的方法来判断。通过找出主干我们可以查出句子成分是否残缺或赘余，成分搭配是否恰当。

【误例】自从中国作家莫言获得诺贝尔文学奖之后，他早年的多部小说吸引了很多读者的关注，"莫言热"在国内正在持续升温。

【操作示范】

第一步：分析句子，找出主语、谓语、宾语等成分。小说（主语）吸引（谓语）→关注（宾语），"莫言热"（主语）→升温（谓语）。

第二步：对主干成分进行检查，确认主干成分是否残缺，主谓、动宾、主宾是否搭配。通过分析，我们发现"吸引"与"关注"不搭配，应将"吸引"改为"引起"或把"关注"改为"目光"。

三、理顺枝叶法

如果通过找主干没有发现病因，我们不妨理一下枝叶，看一看附加成分修饰、限制、次序是否恰当。

【误例】国家环保部门最近公布了第三批通过国家有机食品生产基地审核的企业名单，我市首次有多家农产品生产基地跨进国家有机食品生产基地门槛。

【操作示范】

如果主干没有问题，便检查句子枝叶成分。重点检查有没有定语和中心词、状语和中心词、中心词和补语搭配不当的问题，有没有定语、状语或补语残缺的问题。通过理顺枝叶，我们就会发现修饰语"首次"与"有多家农产品生产基地"语序不当，应调为"我市有多家农产品生产基地首次跨进国家有机食品生产基地门槛"。

四、造句类比法

就是仿照自己拿不准正误的句子，造出类似的句子，看看能不能成立，以此判定拿不准的句子是不是病句。对于一些似是而非、正误不易分辨的句子可以采用这种方法。

【误例】这个经验值得文教工作者特别是中小学教师的重视。

【操作示范】

第一步：对该句进行压缩简化。压缩简化为"经验值得××的重视"。

第二步：比照压缩简化后的句子结构仿造一个日常用的句子。所造句子为"这值得他们的学习"或"这值得我们的参观"。

第三步：与日常正确的说法相比，以确定正误。所造句子及例句与日常说法相比多了一个"的"字，可见例句错误，应将"教师的重视"中的"的"删去。

五、逻辑分析法

有的语病从语法上不好查找，就得从事理上进行分析，要看概念使用、判断、推理是否得当，语句的前后顺序、句间的关系是否合适，前后语句是否呼应等。

【误例】高层建筑火灾的预防十分重要，因此，建筑物的设计要从内部的通道、设施和外部的交通等诸方面因素考虑。

【操作示范】

先从语法上分析，主要分析句子结构。从语法上，看不出误例有什么毛病，不存在语序不当、搭配不当、成分残缺或赘余等问题。再从概念使用、判断、推理方面考虑是否得当。误例从语法上似乎也没有明显问题，但这个句子的"通道"与"设施"从逻辑上看存在着包含关系，二者不能并列。

六、标志规律法（"10 看"辨析法）

有些病句具有特殊的标志，掌握了这些标志就能帮助我们快速辨析句子出了什么毛病。

我们可以概括为如下"10 看"。

（一）看并列短语

句子中的并列短语容易出现的语病主要有以下几种。

1. 搭配不当

【例】有关部门对极少数不尊重环卫工人劳动、无理取闹甚至殴打侮辱环卫工人的事件，及时进行了批评教育和严肃处理。（"事件"与"批评教育"搭配不当）

2. 语序不当

【例】公民对父母、子女、配偶有扶养、赡养、抚养的义务。（并列短语"扶养、赡养、抚养"应调整为"赡养、抚养、扶养"）

3. 不合逻辑

【例】在一篇报道里，赵小东说，即使拥有同样的阳光、空气、水以及一切有益的东西，也未必都能长成参天大树。（"阳光、空气、水"和"一切有益的东西"是包含关系，不能并列）

4. 表意不明

【例】近日新区法院审结了这起案件，违约经营的小张被判赔偿原告好路缘商贸公司经济损失和诉讼

费三千余元。（表意不明，是"经济损失和诉讼费"共计"三千余元"，还是单"诉讼费"就有"三千余元"，有歧义）

（二）看关联词语

句子中的关联词语容易出现的语病主要有以下几种。

1. 搭配不当

【例】无论干部和群众，毫无例外，都必须遵守社会主义法制。（"无论"不能与"和"搭配，与"还是"搭配才合理）

2. 语序不当

【例】这次补习，只能去一个人，他因为去了，所以，我就不去了。（当复句中的两个分句陈述的对象不同时，关联词要放在陈述对象前，而不能放在陈述对象后，应将"他"置于"因为"之后）

3. 不合逻辑

【例】只要经常复习，就能取得好成绩。（必要条件误为充分条件）

4. 强加逻辑关系

【例】这本书已经出版多年了，所以作者最近又做了较大的修改。（"出版多年"与"做了较大的修改"之间不存在因果关系，应删去"所以"）

（三）看数量短语

在数量短语上容易出现的语病主要有产生歧义、语序不当、倍数用错、成分赘余等。

1. 产生歧义

【例】几个办公室的老师都在篮球场上打篮球。（是"几个办公室"，还是"几个老师"，表意不明）

2. 语序不当

【例】一位优秀的有20多年教学经验的国家队的篮球女教练。（数量短语应放在表领属的词语之后）

3. 倍数用错

【例】我市每千户人家的录像机拥有量，从5年前的50台，到今年的200台，增加了4倍。（"4倍"应为"3倍"）

4. 成分赘余

【例】国产轿车的价格低，适于百姓接受，像"都市贝贝"市场统一售价才6.08万元，"英格尔"是6.88万元，新款"桑塔纳"也不过十几万元左右。（"十几万元"本为约数，不可以再用"左右"）

（四）看否定词

句子中出现否定词，可能造成的语病有以下几种。

1. 多重否定造成表意相反

【例】她告诉我，近几年来，她无时无刻不忘收集、整理民间故事与民歌。（"无时无刻不"是"每时每刻都"的意思，再加上"忘"就与原句表达的意思相反了）

2. 否定词和反问句连用造成表意相反

【例】在20世纪80年代的今天，有谁能否认地球不是绕着太阳转的吗？（反问句本身即一重否定，再用"否认"就与原句表达的意思相反了）

3. 否定词和带有否定意义的词语连用造成表意相反

【例】抄写文稿，难免不漏字，必须认真核对。（"难免"即"不容易避免"，再用"不"就与原句表达的意思相反了）

（五）看两面词

两面词指的是句中出现的诸如"能否""是否""成败""好坏"之类的词语。两面词容易出现的语病主要是前后不对应。

【例】我们能不能培养出"四有"新人，是关系到我们党和国家前途命运的大事，也是教育战线的根本任务。（此句后面是"根本任务"，故前面只能是肯定，不能是"不能"）

但也不能看到句子中有两面词，就断定句子是病句，须认真分析。

（六）看被动词

句中出现被动词可能会造成的语病有三种。

1. 被动词与有被动意义的词语重复

【例】这位热爱农村的退伍军人，被当选一村之长。（句中"当选"即"被选上"的意思，再用"被"就造成了语意重复）

2. 主动与被动颠倒

【例】剧团下乡下厂演出，到处被观众热烈地欢迎。（该句应为主动句，误为被动句）

3. 结构混乱

【例】这首交响曲是作者在列宁格勒被法西斯围困，并叫嚣要占领这座城市的时候赶写的。（将"在列宁格勒被法西斯围困"改为"在法西斯围困列宁格勒"，结构就清晰了）

（七）看介词或介词宾语

在介词上容易出现的语病主要有以下几种。

1. 淹没主语

【例】由于《古文观止》具有特色，自问世以后近三百年来，广为传布，经久不衰，至今仍不失为一部好书。（该句滥用介词"由于"，导致全句没有主语）

2. 主客颠倒

【例】汉字改革的种种好处，对于每一个同文字打交道的人都是深有体会的。（句子的陈述主体应是"每一个同文字打交道的人"，而不是"汉字改革"）

3. 语序不当

【例】新来的刘老师背着书包，从清早走宿舍，跑饭堂，一直干到很晚才休息。（介宾短语"从清早"是修饰"干"的，而不是修饰"走"的，应置于"一直"前）

4. 搭配不当

【例】我们要下决心，花大气力，争取在本世纪末把我国的教育事业达到世界先进水平。（"把……事业"是介宾短语，与谓语"达到"搭配不当，不能构成"把……达到……"的说法）

5. 句式杂糅

【例】对高考材料作文应该如何开头这个问题上，两位作者的看法很不一致。（该句有两种结构形式，其一是"对……问题"，其二是"在……上"）

6. 表意不明

【例】大家对护林员揭发林业局带头偷运木料的问题，普遍感到非常气愤。（大家"普遍感到非常气愤"的可以是"护林员揭发林业局带头偷运木料"，也可以是"林业局带头偷运木料"，表意不明）

（八）看代词

1. 表意不明

【例】谢晋老人在80岁的时候，还清楚地记得老师在毕业典礼上对自己的评价：一个温情主义者。（"自己"到底是指"谢晋老人"还是指"老师"，有歧义）

2. 成分赘余

【例】我们必须拿出自己的正版计算机游戏软件，否则，不出新软件，就难以抵制不健康的盗版软

件。（成分赘余，"否则"即"如果不这样"的意思，与"不出新软件"重复）

（九）看助词

常见的助词是"的""了"等，使用助词容易出现的语病主要有以下两种。

1．不合逻辑

【例】该店青年服务员正努力保持和发扬了传统特色。（句中"正"表示正在出现，助词"了"表示已经出现，前后矛盾）

2．滥用助词

【例】我国向太平洋预定海域发射的首枚运载火箭圆满成功。（滥用助词"的"，致使句子主谓配搭不当）

（十）看固定结构、下定义

句子语病可能是结构混乱。

【例】它是把事件的结局先写出来，然后再按时间顺序叙述事件发生、发展经过的写法叫倒叙。（结构混乱，可删去"它是"）

第四章　修辞手法专题

一、比喻

（一）含义

比喻就是"打比方"，即抓住两种不同性质的事物的相似点，用一事物来喻另一事物。

（二）类型

比喻分为明喻、暗喻和借喻。

1. 明喻

明喻即本体、喻体和比喻词都存在，形式为"甲像乙"。

【例】天上的云从西边出来一直烧到东边，红彤彤的，好像是天空着了火。

2. 暗喻

暗喻即本体和喻体出现，比喻词不出现，用"是""成了""变成"等词语连接起来。形式为"甲是乙"。

【例】小兴安岭一年四季景色诱人，是一座美丽的大花园，也是一座巨大的宝库。

3. 借喻

借喻即本体不出现，只出现喻体，形式为"甲代乙"。

【例】落光了叶子的柳树上挂满了毛茸茸、亮晶晶的银条儿。

不要把有"像""好像"的句子都看成比喻句。多数情况下，"像""好像""仿佛"表示比喻，但是要注意以下几种情况不是比喻。

（1）表示比较。

【例】他长得很像他哥哥。

（2）表示推测、揣度。

【例】他刚才好像出去了。

（3）表示列举。

【例】本次考试很多同学的进步很大，像张昊、李疏桐等。

（4）表示想象。

【例】闭了眼，树上仿佛已经满是桃儿、杏儿、梨儿。

（三）作用

化平淡为生动；化深奥为浅显；化抽象为具体；化冗长为简洁。比喻用在记叙、说明、描写中，能使事物生动、形象、具体，给人以鲜明的印象；用在议论文中，能使抽象道理变得具体，使深奥的道理变得浅显易懂。

（四）答题格式

生动形象地写出了＋对象＋特性。

二、借代

（一）含义

借代不直接说出所要表述的人或事物，而用与其相关的事物来代替。

（二）类型

1．特征代本体
【例】大胡子凶神恶煞地吼叫着。

2．具体代抽象
【例】不拿群众一针一线。

3．专名代泛称
【例】我们的时代需要千千万万个雷锋。

4．人名代著作
【例】我们要多读点鲁迅。

（三）作用

起到突出形象，使之具体、生动的效果。

三、夸张

（一）含义

夸张指为追求某种表达效果，对原有事物刻意进行合乎情理的扩大或缩小。

（二）类型

1．扩大夸张
【例】飞流直下三千尺，疑是银河落九天。

2．缩小夸张
【例】五岭逶迤腾细浪，乌蒙磅礴走泥丸。

3．超前夸张
【例】看见这样鲜绿的麦苗，就嗅出白面馍馍的香味来了。

（三）作用

烘托气氛，增强联想，给人启示。夸张可以引起丰富的想象，更好地突出事物的特征，引起读者的强烈共鸣。

（1）可以突出事物的某个特征，或者揭示事物的本质，给读者留下鲜明、深刻的印象。

（2）表达作者强烈的感情，用以讽刺或歌颂，感染读者。

（3）可以引起读者的联想、深思和共鸣。

四、对偶

（一）含义

对偶是把字数相等或大致相等，结构相同或相似，意义相关或相反的两个短语或句子对称排列在一起。

（二）类型

1. 按对偶句数分类

（1）单句对偶：用一句对一句。

【例】天有多高，山有多高。

（2）偶句对偶：用两句对两句。

【例】六王毕，四海一。蜀山兀，阿房出。

（3）多句对偶：用三句对三句，或用更多的句子相对。

【例】登高而招，臂非加长也，而见者远；顺风而呼，声非加疾也，而闻者彰。

2. 按内容分类

（1）正对：上下句意思相似、相近、相补、相衬的对偶形式。

【例】羁鸟恋旧林，池鱼思故渊。

（2）反对：上下句意思相对或相反的对偶形式。

【例】忧劳可以兴国，逸豫可以亡身。

（3）串对：又称"流水对"，是上下句意思具有承接、递进、因果、假设、条件等关系的对偶形式。

【例】读书破万卷，下笔如有神。

3. 按形式分类

（1）工对：字数、词性、结构、平仄、用字等均按对仗要求。

（2）宽对：基本符合对仗要求，但某些方面稍有出入，形式要求稍宽松一点。

4. 按结构分类

（1）成分对偶。

【例】山水本无知，蝶雁亦无情；但它们对待人类最公平，一视同仁，既不因达官显贵而呈欢卖笑，也不因山野渔樵而吝丽啬彩。

（2）句子对偶。

【例】墙上芦苇，头重脚轻根底浅；山间竹笋，嘴尖皮厚腹中空。

（三）作用

（1）形式整齐，结构对称，可以起到一种均衡的美感效果。

（2）词句凝练概括，富有表现力，能够把相关事物间的关系表现得集中鲜明；使对立事物间的对比强烈，褒贬分明。

（3）节奏鲜明，音韵和谐，读起来朗朗上口，便于传诵记忆。

五、排比

（一）含义

排比由三个或三个以上结构相同或相似，内容相关，语气一致的短语或句子组合而成。

（二）类型

1. 短语排比

【例】这个秋夜，是寂静的，是温和的，是梦幻的。

2. 句子排比

【例】思考是开向智慧的一扇明窗，思考是刺向未知迷障的一把利剑，思考是通向成功的一座伟大桥梁。

3. 段落排比

【例】在沁凉如水的夏夜中，有牛郎织女的故事，才显得星光晶亮；在群山万壑中，有竹篱茅舍，才显得诗意盎然；在晨曦原野中，有拙重的老牛，才显得淳朴可爱。

（三）作用

排比可增强语言的气势，强调内容，加重感情。排比用来说理，可把道理阐述得更严密、更透彻；用来抒情，可把感情抒发得淋漓尽致。排比能增加文章气势，增加感染力、说服力。

（1）排比句结构整齐匀称，音律铿锵，使语言具有节奏感和音乐美。

（2）在议论、说明文中，排比可以使论点阐发得更严密、更透彻，使条理更清楚。

（3）排比可以抒发强烈的感情，增强文章的气势或感染力。

六、设问

（一）含义

设问是"无疑而问"，往往明知故问，自问自答或提出问题不需要确定答案。

【例】①什么叫自律？自律就是自己管束自己的行为。

②学好语文要背书吗？一定要！

（二）作用

（1）引起读者思考。

（2）用在标题上，能吸引读者，启发读者思考，更好地体现文章的中心。

（3）用在一段话的开头或结尾，除引起思考外，还有承上启下的作用。

（4）用在议论文中，能使论证深入，脉络清晰。

七、反问

（一）含义

反问的特点也是"无疑而问"，用疑问句的形式表示确定的意思，句末一般打问号。

【例】①难道我们能浪费时间吗？——强调要珍惜时间，突出时间的重要性。

②难道我们不应该学习他的精神吗？——强调我们该学习他的精神。

③那怎么是一样的呢？——说话者在强调那是不一样的。

④如果上课不认真听讲，作业会做吗？——强调上课不认真就不会做作业。

⑤怎么能不承认错误呢？——强调要勇于承认错误。

（二）作用

加强语气，增强表达效果，起强调作用。

八、比拟

（一）含义

比拟是把物当作人来写，或把人当作物来写，或把此物当作彼物来写。其形式特点是将事物"人化"，或人"物化"，或甲物"乙物化"。其作用是使所写"人"或"物"色彩鲜明，描绘形象，表意丰富。

（二）类型

1. 拟人

【例】杜甫川唱来柳林铺笑，红旗飘飘把手招。

2. 拟物

【例】咱们老实，才有恶霸，咱们敢动刀，恶霸就得夹着尾巴跑。

（三）作用

（1）运用比拟，能托物言志。

（2）寓情于物，表达作者强烈的爱憎感情。

（3）增强讽刺感和幽默感，增强文章的战斗力。

（4）把无形的抽象的事物描写得有声有色，可见可闻。

（5）使叙述生动形象。

（6）制造气氛，借以传情达意。

九、反复

（一）含义

两个相同的词语或句式构成反复。反复是为了强调某个意思或突出某种情感而重复使用某些词语或句子，所要表达的侧重点在于重复的词语或句子上。

（二）类型

1. 词语反复

为凸显某种感情或某种行为，连续两次及以上使用同一词语，达到强调的目的。

【例】沉默呵，沉默呵！不在沉默中爆发，就在沉默中灭亡。（鲁迅《记念刘和珍君》）

鲁迅先生在这里多次使用"沉默"一词，表达自己对段祺瑞政府的愤怒和对民众觉醒的期盼之情。

2. 词组或句子反复

有时出于表达内容或者结构安排的需要，要连续两次及以上使用同一个词组或句子。

【例】大山原来是这样的！月亮原来是这样的！核桃树原来是这样的！香雪走着，就像第一次认出养育她成人的山谷。（铁凝《哦，香雪》）

这里连续三次反复使用"原来是这样的"，表明香雪当时的快乐心情。

3. 语段反复

语段反复在诗歌和小说中最为常见。

鲁迅在小说《祝福》中，不惜笔墨，连续两次出现以"我真傻，真的"开头的一大段，表达祥林嫂丧夫失子后的痛苦心情，同时也反映鲁镇上的人们对她的冷漠，有力地批判了摧残中国劳动妇女的封建礼教。

（三）作用

主要起强调作用。

除此之外，文学作品中常用的修辞手法还有反讽（反语）、通感、双关（谐音双关、语义双关）、借代等。

练习题

1. （2022·云南真题）对下列句子中修辞手法的运用判断正确的一项是（　　）。
   A. 误落尘网中，一去三十年。（比喻、夸张）
   B. 几个妇女有点失望，也有些伤心，各人在心里骂着自己的狠心贼。（比喻）
   C. 流连戏蝶时时舞，自在娇莺恰恰啼。（通感）
   D. 秋天，这北国的秋天，若留得住的话，我愿把寿命的三分之二折去，换得一个三分之一的零头。（借代）

2. （2021·云南真题）对下列句子中修辞手法的运用判断正确的一项是（　　）。
   A. 横眉冷对千夫指，俯首甘为孺子牛。（对比）
   B. 江山如此多娇，引无数英雄竞折腰。（拟人）
   C. 月亮一露面，满天的星星惊散了。（比喻）
   D. 飞流直下三千尺，疑是银河落九天。（夸张）

3. 下列句子中，运用了拟人修辞手法的一项是（　　）。
   A. 树林是一片绿色的海洋，轻风是海洋的呼吸。
   B. 珍珠是贝痛苦的结晶，是海的泪。
   C. 岸边的华灯倒映在河水中，好像无数的银蛇在游动。
   D. 太阳从地平线上露出笑脸，用她那柔美的金色手指，悄悄地捡走了草地上的珠玑。

4. 下列句子中，运用了比喻修辞手法的一项是（　　）。
   A. 烟囱发出呜呜的声响，犹如在黑夜中哽咽。
   B. 被暴风雨压弯了的花草伸着懒腰，宛如刚从睡梦中苏醒。
   C. 远处林舍闪闪发亮，犹如姑娘送出的秋波，使人心潮激荡。
   D. 偎依在花瓣、绿叶上的水珠金光闪闪，闪烁着光华。

5. 下列句子中运用的修辞手法与其他三项不同的一项是（　　）。
   A. 这几天跟过节一样热闹。
   B. 那里的蔬菜跟水果一样贵。
   C. 他的脸色跟纸一样白。
   D. 这里的老鼠跟猫一样大。

6. 对下列句子中修辞手法的运用判断正确的一项是（　　）。
   ①打印社广告："不打不相识。"
   ②皮鞋油广告："某某牌皮鞋油，为足下添光。"
   ③儿童牙刷广告："我叫小白兔，小朋友如果喜欢我，就请到百货商店来找我。"
   A. ①反复　②拟人　③夸张
   B. ①双关　②双关　③拟人
   C. ①双关　②比喻　③比喻
   D. ①反复　②拟人　③比喻

7. 对下列句子中修辞手法的运用判断错误的一项是（　　）。
   A. 油蛉在这里低唱，蟋蟀们在这里弹琴。（拟人）
   B. 徜徉在故事的海洋里，陶渊明的悠然遐思，李太白的潇洒飘逸，杜子美的济世情怀，岑嘉州的边塞放歌，无不让人荡气回肠。（排比）
   C. 大家都很喜欢她，因为她长得很像一位明星。（比喻）
   D. 谁能断言那些狼藉斑斑的矿坑不会是人类自掘的陷阱呢？（反问）

8. 对下列句子中修辞手法的运用判断错误的一项是 （　　　）。

　　A. 层层的叶子中间，零星地点缀着些白花，有袅娜地开着的，有羞涩地打着朵儿的。（拟人）

　　B. 譬如秋风忽至，再有一场早霜，落叶或飘摇歌舞或坦然安卧。（比喻）

　　C. 繁盛的花木掩映着古墓荒冢，绿色的苍苔披覆着残砖废瓦。（对偶）

　　D. 即使能活得好，我就那么在乎法国的面包和雷诺牌汽车？（借代）

9. 下列句子中，没有使用修辞手法的一项是 （　　　）。

　　A. 秋天是美丽的，在曼妙的韵律中舞着她的裙摆。

　　B. 一个人的涵养，不在心平气和时，而是心浮气躁时；一个人的理性，不在风平浪静时，而是众声喧哗时；一个人的慈悲，不在居高临下时，而是人微言轻时。

　　C. 李医生给人看病，药方没开，病就好了三分。

　　D. 天擦黑的时候，此起彼落的鞭炮轰炸着村庄，空气里弥漫着丝丝缕缕的火药味儿。

10. 下列诗句中，没有运用比喻这种修辞手法的一项是 （　　　）。

　　A. 云鬓花颜金步摇，芙蓉帐暖度春宵

　　B. 春风桃李花开夜，秋雨梧桐叶落时

　　C. 中有一人字太真，雪肤花貌参差是

　　D. 玉容寂寞泪阑干，梨花一枝春带雨

11. 对下列句子中修辞手法的运用判断错误的一项是 （　　　）。

　　A. 上面坐着两个老爷，东边的一个是马褂，西边的一个是西装。（借代）

　　B. 中国妇女的境遇是极其平等的，一切道理都已不错，一切状态都已够好。（反语）

　　C. 这秋蝉的嘶叫，在北平可和蟋蟀耗子一样，简直是家家户户都养在家里的家虫。（比喻）

　　D. 十九日，夜的下半夜，人衰弱到极点了。天将发白时，鲁迅先生就像他平日一样，工作完了，他休息了。（讳饰）

12. 对下列句子中修辞手法的运用判断错误的一项是 （　　　）。

　　A. 我将深味这非人间的浓黑的悲凉。（通感）

　　B. 传统文化产生于过去，带有过去时代的烙印。（拟人）

　　C. 老栓看看灯笼，已经熄了，按一按衣袋，硬硬的还在。（借代）

　　D. 工商文明不是虚幻的和不可捉摸的，而是由一系列具体可见的工商文明"基因"组成的。（比喻）

第五章　文学常识专题

第一节　中国古代文学

一、先秦时代

（一）先秦时代——诗歌

1.《诗经》

《诗经》是我国第一部诗歌总集，共收录了从西周初年至春秋中叶的诗歌305篇，也称《诗》或《诗三百》。《诗经》开创了我国诗歌创作的现实主义传统。

（1）分类标准：风、雅、颂。

风：民歌。

雅：贵族所作的乐歌，分大雅和小雅。

颂：宗庙祭祀的乐歌。

（2）表现手法：赋、比、兴。

赋：铺陈直叙。

比（类比）：以彼物比此物。

兴（起兴）：先言他物以引起所咏之词。

（3）六义：风、雅、颂、赋、比、兴。

（4）语言特点：四言为主，兼有杂言。

（5）代表作品：①《关雎》，《诗经》的首篇，表现了青年男女的恋情；②《硕鼠》，反映了社会的不平与人民的反抗情绪。

2.“楚辞”和《楚辞》

（1）“楚辞”：由屈原所创，产生于中国古代楚国的一种新诗体，开创了中国诗歌浪漫主义的传统。

屈原：中国文学史上第一位伟大的爱国主义诗人。

代表作：《九章》、《九歌》、《天问》、《离骚》（我国古代最长的政治抒情诗）。

（2）《楚辞》：由西汉刘向收录屈原、宋玉、东方朔等人作品编辑而成，为我国最早的浪漫主义诗歌总集。

【补充】

“风骚”指《诗经·国风》和《楚辞·离骚》。

（二）先秦时代——历史散文

1.《左传》

《春秋左氏传》简称《左传》，又名《左氏春秋》。《左传》为春秋末年鲁国史官左丘明所著，是我国第一部叙事详细的编年体史书，主要记载了东周前期240多年间各国政治、经济、军事、外交和文化事件，以记事为主。

【补充】

《春秋》，孔子编订，为我国第一部编年体史书。

春秋三传：《左传》《公羊传》《谷梁传》。

2.《国语》

《国语》是我国第一部国别体史书，以记言为主。

3.《战国策》

《战国策》是西汉刘向根据史料编定的战国时期各国言论的汇编，共33篇，主要为纵横家的言论和著述。

（三）先秦时代——诸子散文

1. 儒家学派

(1)《论语》是孔门弟子记录孔子言行的语录体散文，共20篇。

孔子：名丘，字仲尼，春秋末期著名思想家、教育家，被尊称为"圣人"，儒家学派的创始人，提倡"仁政"。

代表作：《子路、曾皙、冉有、公西华侍坐》（选自《论语》）。

(2)《孟子》是孟子言行的记录，包括孟子的治国思想和政治策略，由孟子和他的弟子记录并整理而成，共7篇。

孟子：名轲，字子舆，战国时期鲁国邹人，我国著名的思想家、教育家、文学家，后世尊其为"亚圣"，提倡"仁政"，提出"性善说"。

代表作：《鱼我所欲也》（选自《孟子》）。

(3)《荀子》是战国末年著名唯物主义思想家荀况的著作。

荀子：名况，战国末期赵国人，著名思想家、文学家，荀子是先秦儒家学派的最后一位代表人物，人们尊称他为"荀卿"。荀子提出"人定胜天"的思想，在人性问题上，主张"性恶论"。

代表作：《劝学》（选自《荀子》），为《荀子》首篇。

2. 道家学派

(1)《老子》又称《道德经》，是道家的主要经典。

老子：道家学派创始人，与庄子并称"老庄"，为道家学派的主要代表人物。

(2)《庄子》是战国中期思想家庄周和他的门人及后学所作，我国古代道家的代表著作。《庄子》共33篇，分内篇、外篇和杂篇。《庄子》内容想象奇特，文风汪洋恣肆，多以寓言故事阐发哲理。

庄子：名周，字子休，后人称其为"南华真人"，战国时期宋国蒙人，著名的思想家、哲学家、文学家。

代表作：《逍遥游》（选自《庄子》），为《庄子》首篇。

【补充】

魏晋时期：《庄子》《周易》《老子》并称为"三玄"。

唐代：《庄子》被称为"南华真经"。

此外，还有墨家学派的代表作《墨子》以及法家学派的代表作《韩非子》。

二、西汉时期

司马迁：西汉历史学家、文学家。

《史记》：原名《太史公书》，共一百三十篇，分为"十表""八书""十二本纪""三十世家""七十列传"，为中国历史上第一部纪传体通史，记载了从黄帝到汉武帝长达三千年的历史，其人物传记开我国史传文学的先河，被鲁迅誉为"史家之绝唱，无韵之离骚"。司马迁与司马光并称为"史界两司马"，与班固并称"班马"。司马迁另有《报任安书》，记述了他下狱受刑的经过和著书的抱负，其坚毅之品质为历代传颂。

代表作：《鸿门宴》（节选自《史记》中的《项羽本纪》）。

三、东汉时期

乐府民歌继承了《诗经》的现实主义传统，形式上出现了五言。东汉末年，文人五言诗也得到发展。

代表作：《孔雀东南飞》（我国古代现存最早的长篇叙事诗）。

【补充】

"乐府双璧"：《孔雀东南飞》、《木兰辞》（北朝民歌）。

"乐府三绝"：《孔雀东南飞》、《木兰辞》、《秦妇吟》（唐·韦庄）。

四、魏晋南北朝

魏晋南北朝诗歌的最大成就体现在五言诗的创作上，即出现了田园诗和山水诗。

（一）田园诗代表

陶渊明：名潜，字元亮，世称"靖节先生"（不为五斗米折腰），自号五柳先生，东晋著名诗人、文学家，田园诗派的创始人，后世称其"百世田园之主，千古隐逸之宗"。陶诗语言通俗、淳朴，风格清新、自然，赞美劳动生活，歌咏农村景物。

代表作：诗歌，《归园田居》《饮酒》；散文，《桃花源记》《五柳先生传》；辞赋，《归去来兮辞》。

（二）山水诗代表

谢灵运：山水诗创始人。

五、隋代

五言、七言诗在形式和格律上有了极大发展。

六、唐代

唐代诗歌全面成熟，体裁更加完备，既有近体诗（包括律诗、绝句），也有歌行、新乐府诗等；诗人众多，流派纷呈；除诗歌外，散文也有很高的成就。

（一）唐代——诗歌

（1）李白：字太白，号青莲居士，又号"谪仙人"；盛唐最杰出的诗人，也是我国文学史上继屈原之后又一伟大的浪漫主义诗人，有"诗仙"之称。

李白的诗歌蔑视权贵，追求理想，歌颂祖国的壮丽山河，歌颂自由的生活，赞美人间美好的情感，也表达了对不合理的现实和有才不得施展的愤慨。

李白诗风豪放雄奇，想象丰富，极富浪漫特色。

杜甫曾说李白"笔落惊风雨，诗成泣鬼神"。

代表作：《将进酒》。

（2）杜甫：字子美，自号少陵野老，世称"杜拾遗""杜工部"，盛唐时期伟大的现实主义诗人，被誉为"诗圣"。由于生活在唐朝由盛转衰的历史时期，其诗多涉笔社会动荡、政治黑暗、人民疾苦，对现实有深刻的认识，同情人民的疾苦，极富现实主义精神，因而其诗被誉为"诗史"。

杜甫诗风沉郁顿挫。

代表作："三吏"（《石壕吏》《潼关吏》《新安吏》）；"三别"（《新婚别》《垂老别》《无家别》）。

（3）白居易：字乐天，号香山居士，中唐著名现实主义诗人，有"诗魔"和"诗王"之称。白居易和元稹共同倡导了新乐府运动，世称"元白"。他主张"文章合为时而著，歌诗合为事而作"，其"讽喻诗"反映了劳动人民的痛苦生活，揭露了统治阶级的腐朽和罪恶。

代表作：《长恨歌》《琵琶行》《卖炭翁》。

（二）唐代——散文

韩愈：字退之，中唐著名文学家、哲学家；世称"韩吏部"，又称"韩昌黎"，又因死后谥"文"，故称"韩文公"。他和柳宗元是唐代古文运动的倡导者，宋代文学家苏轼曾誉他"文起八代之衰"。后世尊他为"唐宋八大家"之首。

古文运动：主张废弃六朝以来浮华的骈文，务去陈言，写作切合实用的、质朴的"古文"。韩柳的散文平正通达，感情充沛，现实性强，虽号为"古文"，实际上是新体散文。

【补充】

初唐四杰：王勃、杨炯、卢照邻、骆宾王。

大李杜：李白、杜甫。

小李杜：李商隐、杜牧。

张若虚：其作品《春江花月夜》"孤篇压全唐"，被闻一多称为"诗中的诗，顶峰上的顶峰"。

七、宋代

宋代以词最为兴盛，散文也有极高的成就。

（一）宋代——词

宋词是继唐诗之后的又一种文学体裁，分为婉约派（包括花间派）和豪放派两大类。

1. 婉约派代表人物

（1）柳永：字耆卿，原名三变，北宋时期词人；因排行第七世称"柳七"，又称为"柳屯田"。柳永大量创作慢词，其词语言通俗形象，极富感染力。人称"凡有井水饮处，皆能歌柳词"。

代表作：《雨霖铃·寒蝉凄切》，把离别的愁绪与清秋的佳景交融在一起，创作出诗意的境界，将离愁别绪表达得缠绵悱恻。

（2）李清照：号易安居士，北宋末、南宋初期女词人，被誉为"千古第一才女"。

代表作：《如梦令》《声声慢》《一剪梅》《武陵春》。

2. 豪放派代表人物

（1）苏轼：字子瞻，号东坡居士，与其父苏洵、其弟苏辙并称"三苏"。苏轼打破了词为"艳科"的传统，把词推向了广阔的社会人生，扩大了词境，开创了豪放的词风。

苏轼在诗歌上与黄庭坚齐名，合称"苏黄"。苏轼扩大词的表现范围，开宋代豪放词先河，词风与辛弃疾相近，世人将二人合称为"苏辛"。苏轼是"唐宋八大家"之一，他的散文也非常出色。

代表作：《江城子》、《题西林壁》、《念奴娇·赤壁怀古》（熔写景、抒情、议论于一炉，气势奔放，感情激荡）。

（2）辛弃疾：字幼安，号稼轩，南宋伟大的爱国词人，有"人中之杰，词中之龙"之称，与苏轼同为豪放派代表，继承了苏词豪放的传统，用词来表现爱国情怀，其词风格沉郁顿挫。

代表作：《稼轩长短句》。

（3）陆游：字务观，号放翁，以大量爱国诗篇在文学史上享有盛誉。

代表作：《示儿》《书愤》《钗头凤》。

（二）宋代——散文

唐宋八大家：韩愈、柳宗元、苏轼、苏洵、苏辙、欧阳修、王安石、曾巩。

【补充】

南宋二安：李清照和辛弃疾。

南宋四大家：陆游、尤袤、范成大、杨万里。

书法宋四家：苏轼、黄庭坚、米芾、蔡襄。

千古文章四大家：韩愈、柳宗元、欧阳修、苏轼。

八、元代

元代的文学包括杂剧和散曲，最高成就是杂剧。

（一）元代——杂剧

关汉卿：《窦娥冤》。

王实甫：《西厢记》。

纪君祥：《赵氏孤儿》。

（二）元代——散曲

元代散曲包括小令和套数两种形式。

马致远的小令《天净沙·秋思》，景中含情，情景交融，在独特的画面中展示出独特的意蕴。张养浩的《山坡羊·潼关怀古》借怀古之题，表现出不论兴废存亡，受苦的都是百姓这一深刻的见解。

元曲四大家：关汉卿、白朴、马致远、郑光祖。

九、明清

（一）明清——戏曲

汤显祖：《牡丹亭》。

孔尚任：《桃花扇》。

（二）明清——小说

1. 元末明初

（1）罗贯中的《三国演义》，是中国第一部长篇章回体历史演义小说，在三国史实的基础上经艺术加工创造出来的历史小说。

（2）施耐庵的《水浒传》以农民起义为题材，描写了北宋末年梁山英雄好汉的故事，以宋江起义为主要故事背景，真实地展现了人民对残暴、腐朽的封建统治的反抗和勇敢机智的斗争。

2. 明代

吴承恩的《西游记》，描写了孙悟空保唐僧去西天取经，一路降妖伏魔的故事，是我国古代第一部浪漫主义长篇神魔小说。

3. 清代

（1）蒲松龄的《聊斋志异》是文言短篇小说的代表，是中国古代讽刺小说的高峰。《聊斋志异》创造了一系列生动的花妖狐鬼形象。

（2）吴敬梓的《儒林外史》是讽刺文学的巨著，描述了科举时代读书人的生活和思想感情，辛辣地嘲讽了科举制度的腐败和士子争夺功名利禄的丑态。

（3）曹雪芹的《红楼梦》，又名《石头记》，是我国古典小说最高成就，被誉为"中国封建社会的百科全书"。《红楼梦》以贾、史、王、薛四大家族为背景，以贾宝玉、林黛玉的爱情悲剧为主线，通过一个官僚地主家庭的变迁，深刻批判了封建社会末期的腐朽和封建礼教的虚伪。

【补充】

四大名著：《三国演义》《水浒传》《西游记》《红楼梦》。

第二节　中国现代文学

（1）郁达夫：原名郁文，浙江富阳人，现代著名小说家、散文家，以"自叙传"抒情小说而著称。其散文以率真、坦诚、热情的自我剖析而著称。1921 年郁达夫与郭沫若、成仿吾、张资平等人在日本东京成立了"五四"新文化运动早期的文学团体——创造社。

代表作：《沉沦》《春风沉醉的晚上》等。

（2）朱自清：字佩弦，江苏东海（今连云港市东海县平明镇）人，原籍浙江绍兴；现代杰出的散文家、诗人、学者、民主战士。毛泽东称他表现了我们民族的英雄气概。朱自清的散文纯正、朴实、优美，被称为"美文"。

代表作：《背影》《荷塘月色》《桨声灯影里的秦淮河》《春》《匆匆》等。

（3）巴金：原名李尧棠，字芾甘，四川成都人。他的长篇小说集《家》《春》《秋》合称"激流三部曲"，描写了五四时期青年的觉醒及同封建势力的斗争，宣告了封建制度必然覆灭的命运。其中，《家》是他的代表作。另有"爱情三部曲"（《雾》《雨》《电》），第一部长篇小说《灭亡》及《寒夜》等作品。

巴金撰写的散文集《随想录》，内容朴实、感情真挚，充满作者的自省，巴金因此被誉为"二十世纪中国文学的良心"。《小狗包弟》选自《随想录》。

（4）鲁迅：原名周树人，字豫才，浙江绍兴人。我国现代伟大的文学家、思想家、革命家。1918 年在《新青年》上发表的我国第一篇现代白话文小说《狂人日记》，是新文学的奠基之作。

小说集：《呐喊》《彷徨》《故事新编》。《阿 Q 正传》《药》选自《呐喊》，《祝福》选自《彷徨》。

散文集：《朝花夕拾》。

散文诗集：《野草》。

杂文集：《华盖集》《二心集》《而已集》等。他的杂文集被称为"匕首和投枪"式的作品。

（5）茅盾：原名沈德鸿，字雁冰。他的长篇小说《子夜》，展现了 20 世纪 30 年代中国社会生活的壮阔画面，表现了民族资产阶级与买办金融资本家的矛盾，《春蚕》《林家铺子》等则为其短篇小说的代表作。

农村三部曲：《春蚕》《秋收》《残冬》。

（6）叶圣陶：现代著名作家、教育家。长篇代表作有《倪焕之》，短篇代表作有《多收了三五斗》等。

（7）老舍：原名舒庆春，字舍予，现代小说家，著名作家，中华人民共和国第一位获得"人民艺术家"称号的人。

代表作：长篇小说《骆驼祥子》《四世同堂》。

话剧：《茶馆》《龙须沟》。

（8）夏衍：著名的剧作家，在报告文学方面也极有成就，他的《包身工》揭露了帝国主义、封建势力对包身工进行剥削、压榨的罪恶。

（9）臧克家：现代著名诗人，有《烙印》《罪恶的黑手》《运河》等诗集。

（10）曹禺：现代话剧剧作家，代表作《雷雨》为中国现代话剧成熟的标志。其他代表作有《日出》《原野》《北京人》。

第三节　外国文学

（1）巴尔扎克：法国小说家，著名的批判现实主义作家，被称为"现代法国小说之父"。他的小说合称"人间喜剧"，被誉为"资本主义社会的百科全书"。

代表作：《守财奴》（选自《欧也妮·葛朗台》）。

（2）普希金：19世纪俄罗斯最伟大的民族诗人，俄国浪漫主义文学的主要代表和批判现实主义文学的奠基人，被高尔基称为"俄国文学之始祖"。

代表作：《叶甫盖尼·奥涅金》。

（3）莫泊桑：法国著名的短篇小说家，19世纪后半叶法国批判现实主义作家，有短篇小说三百余篇，与俄国契诃夫和美国欧·亨利并称为"世界三大短篇小说巨匠"。

代表作：《羊脂球》《项链》《我的叔叔于勒》等。

（4）欧·亨利：美国批判现实主义作家。

代表作：《麦琪的礼物》《最后一片叶子》《警察与赞美诗》等。

（5）契诃夫：俄国19世纪末期最后一位批判现实主义作家，世界级短篇小说巨匠。

代表作：《套中人》《变色龙》《小公务员之死》。

（6）裴多菲：匈牙利伟大的爱国诗人。1842年开始用民歌体写诗，题材也取自民间。他倾向于资产阶级民主革命，反对奥地利殖民政策，以热情洋溢的诗表现对祖国的爱。他的爱情诗非常优美，感情健康。

代表作：《我愿意是急流》《自由，爱情》。

（7）莎士比亚：英国文学史上最杰出的戏剧家，欧洲文艺复兴时期最伟大的作家。

代表作："四大悲剧"（《哈姆雷特》《奥赛罗》《麦克白》《李尔王》）；"四大喜剧"（《威尼斯商人》《仲夏夜之梦》《第十二夜》《皆大欢喜》）。

【补充】

"世界四大吝啬鬼"：夏洛克（出自英国莎士比亚的《威尼斯商人》）、葛朗台（出自法国巴尔扎克的《欧也妮·葛朗台》）、泼留希金（出自俄国果戈理的《死魂灵》）、阿巴贡（出自法国莫里哀的《悭吝人》）。

练习题

1.（2022·云南真题）《史记》是中国历史上第一部（　　）史书。

    A. 编年体   B. 章回体

    C. 断代体   D. 纪传体

2.（2022·云南真题）打破了词为"艳科"的传统，开创了豪放词风的词人是（　　）。

    A. 辛弃疾   B. 柳永

    C. 李清照   D. 苏轼

3.（2022·云南真题）被誉为"中国封建社会的百科全书"的古典文学作品是（　　）。

    A.《西游记》   B.《水浒传》

    C.《红楼梦》   D.《聊斋志异》

4.（2022·云南真题）韩愈的《师说》是一篇（　　）。

    A. 记叙文   B. 说明文

C. 议论文　　　　　　　　　　　　　　　　D. 散文

5. （2022·云南真题）下列有关文学常识的表述不正确的一项是（　　）。

    A. 范仲淹在他的名篇《岳阳楼记》中提出了"天下兴亡，匹夫有责"的正直士大夫的行事准则。

    B. "落霞与孤鹜齐飞，秋水共长天一色"的作者是初唐诗人王勃。

    C. 《古诗十九首》被刘勰誉为"五言之冠冕"。

    D. 吴敬梓的《儒林外史》是一部讽刺文学巨著。

6. （2021·云南真题）《论语》的体例是（　　）。

    A. 对话体　　　　　　　　　　　　　　　　B. 语录体

    C. 专论体　　　　　　　　　　　　　　　　D. 评述体

7. （2021·云南真题）孔子思想的核心是（　　）。

    A. 仁　　　　　　　　　　　　　　　　　　B. 义

    C. 礼　　　　　　　　　　　　　　　　　　D. 信

8. （2021·云南真题）宋代首先大量创作慢词的词人是（　　）。

    A. 苏轼　　　　　　　　　　　　　　　　　B. 柳永

    C. 李清照　　　　　　　　　　　　　　　　D. 辛弃疾

9. 下列对文学文化常识的解说，不正确的一项是（　　）。

    A. 《左传》是我国第一部叙事详细的编年体史书。

    B. 《诗经》是我国最早的诗歌总集，共收录从西周初年到春秋中叶的诗歌305篇。

    C. 《孟子》是法家经典之一，是一部以记言为主的语录体散文集，主要采用语录和对话的形式。

    D. 《史记》是我国第一部纪传体通史。

10. 受儒、道两家不同思想影响，培养了"猛志逸四海"和"性本爱丘山"两种志趣的诗人是（　　）。

    A. 李白　　　　　　　　　　　　　　　　　B. 陶渊明

    C. 王维　　　　　　　　　　　　　　　　　D. 孟浩然

11. 《诗经》中的"风"按照地域分为十五国风，《蒹葭》所属的是（　　）。

    A. 卫风　　　　　　　　　　　　　　　　　B. 郑风

    C. 王风　　　　　　　　　　　　　　　　　D. 秦风

12. 《秋水》一文的主要特点除了运用寓言和善于援譬设喻，还运用了（　　）。

    A. 归纳法　　　　　　　　　　　　　　　　B. 连锁推理法

    C. 对话形式　　　　　　　　　　　　　　　D. 演绎法

13. 《战国策》是一部（　　）。

    A. 编年体史书　　　　　　　　　　　　　　B. 纪传体通史

    C. 国别体史书　　　　　　　　　　　　　　D. 哲学著作

第六章　古诗词鉴赏专题

　　赏析古诗词作品，其实就是要求同学们在诵读古诗词的过程中，有意识地积累、感悟和运用，以此提高自己的欣赏品位和审美情趣。我们在赏析古诗词的时候，要有自己的情感体验，初步领悟作品的内涵，从中获得对自然、社会、人生的有益启示，能把握作品的思想感情倾向，能联系文化背景作出自己的评价，能对作品中感人的情境和形象说出自己的体验，品味作品中富有表现力的语言。因此我们将赏析古诗词的方法总结成一个口诀。

　　古诗词鉴赏口诀：知诗人，晓诗意。
　　　　　　　　　　看朝代，辨诗风。
　　　　　　　　　　解意向，知情感。
　　　　　　　　　　审题意，寻答案。

　　这也是赏析古诗词的几个主要方法，我们可以根据自己的积累程度来选择其中一种赏析方式，也可以综合运用。接下来我们为大家展开讲解古诗词赏析方式。

一、"知人论世"赏析法

（一）"知人"——知诗人，晓诗意

　　"知人"是指鉴赏作品时必须了解作者的身世、经历、思想状况及写作动机等信息，通过这些信息，我们可以展开联想和想象，在脑海中塑造出诗人的形象，再将诗人形象代入诗歌营造的场景，从而切身体会诗人的情感。

　　以下为大家列举一些具有代表性的诗人生平。

1. 李白（701—762）

　　字太白，号青莲居士，唐代伟大的浪漫主义诗人。其诗风豪放飘逸，想象丰富，语言流转自然，音律和谐多变。

　　25岁时只身出蜀，开始了广泛漫游生活，南到洞庭湘江，东至越州（会稽郡），寓居在安陆、应山。直到天宝元年（742），因道士吴筠的推荐，李白被召至长安，供奉翰林，后因不能见容于权贵，在京仅两年半，就被赐金放还，然后由高天师授箓济南（今山东省济南市）的道观紫极宫，成为一名真正的道士，过着漫游生活。

　　他的诗歌总体风格清新俊逸，既反映了时代的繁荣景象，又揭露了统治阶级的荒淫和腐败，表现出蔑视权贵、反抗传统束缚、追求自由和理想的积极精神。诗中常综合运用想象、夸张、比喻、拟人等手法，从而形成瑰丽动人的意境。他讴歌祖国山河与美丽的自然风光，风格雄奇奔放、俊逸清新，富有浪漫主义精神，达到了内容与艺术的完美统一。他被贺知章称为"谪仙人"，其诗大多描写山水和抒发内心的情感。李白的诗具有"笔落惊风雨，诗成泣鬼神"的艺术魅力，这也是他的诗歌最鲜明的艺术特色。李白的诗富于自我表现的主观抒情色彩，感情的表达具有一种排山倒海、一泻千里的气势。

2. 杜甫（712—770）

　　字子美，自号少陵野老，河南巩县（今河南巩义）人，唐代伟大的现实主义诗人，被后人称为"诗圣"。他的诗被称为"诗史"。杜甫出生在一个世代"奉儒守官"的家庭，家学渊博。759年杜甫弃官入川，虽然躲避了战乱，生活相对安定，但仍然心系苍生，胸怀国事。早期作品主要表现理想抱负和所期

望的人生道路。另一方面则表现他"致君尧舜上，再使风俗淳"的政治理想，其间许多作品反映当时的民生疾苦和政治动乱、揭露统治者的丑恶行径，从此踏上了忧国忧民的生活和创作道路。随着唐玄宗后期政治越来越腐败，他的生活也一天天地陷入贫困失望的境地。

3．辛弃疾（1140—1207）

原字坦夫，改字幼安，别号稼轩，历城（今山东济南）人。出生时，中原已为金兵所占。辛弃疾21岁参加抗金义军，不久归南宋，历任湖北、江西、湖南、福建、浙东安抚使等职，一生力主抗金。他的艺术风格多样，以豪放为主。辛词以其内容上的爱国思想，艺术上的创新精神，在文学史上产生了很大影响。与辛弃疾以词唱和的陈亮、刘过等，或稍后的刘克庄、刘辰翁等，都与他的创作倾向相近，形成了南宋中叶以后声势浩大的爱国词派。

4．苏轼（1037—1101）

字子瞻，又字和仲，号东坡居士，终年64岁。南宋高宗朝，赠太师，追谥号"文忠"。他是眉州眉山（今四川眉山）人，北宋著名文学家、书画家、散文家、诗人、词人。首次进京应试，就受到主考官欧阳修的称赞，一时声名大噪。曾上书力言王安石新法之弊，后因作诗讽刺新法而下御史狱，贬黄州。宋哲宗时任翰林学士，曾出知杭州、颍州，官至礼部尚书。后又贬谪惠州、儋州。多惠政。学识渊博，喜奖励后进。

其诗题材广阔，清新豪健，善用夸张比喻，独具风格，与黄庭坚并称"苏黄"。词开豪放一派，与辛弃疾并称"苏辛"。又工书画。有《东坡七集》《东坡易传》《东坡乐府》等。

多次到黄州城外的赤壁山游览，写下了《赤壁赋》《后赤壁赋》《念奴娇·赤壁怀古》等千古名作，以此来寄托他谪居时的思想感情。

5．李清照（1084—1155）

字易安，号易安居士，有"千古第一才女"之称，婉约词派代表。李清照出身于书香门第，早期生活优裕。其父李格非藏书甚富，她小时候就在良好的家庭环境中打下坚实的文学基础。出嫁后与夫赵明诚共同致力于书画金石的搜集整理。金兵入据中原时，流寓南方，境遇孤苦。

前期：真实地反映了她的闺中生活和思想感情，题材集中于写自然风光和离别相思。

后期：主要是抒发伤时念旧和怀乡悼亡的情感，表达了自己在孤独生活中的浓重哀愁、孤独、惆怅。

形式上善用白描手法，自辟途径，语言清丽。论词强调协律，崇尚典雅，提出词"别是一家"之说，反对以作诗文之法作词。能诗，留存不多，部分篇章感时咏史，情辞慷慨，与其词风不同。

6．柳永（约987—约1053）

崇安（今福建武夷山）人。北宋词人，婉约派创始人。原名三变，字景庄。后改名永，字耆卿。排行第七，又称"柳七"。宋仁宗朝进士，官至屯田员外郎，故世称"柳屯田"。由于仕途坎坷、生活潦倒，他由追求功名转而厌倦官场，耽溺于旖旎繁华的都市生活，在"倚红偎翠""浅斟低唱"中寻找寄托。作为北宋第一个专力作词的词人，他不仅丰富了词的题材内容，而且制作了大量的慢词，发展了铺叙手法，促进了词的通俗化、口语化，在词史上产生了较大的影响。其词多描绘城市风光和歌妓生活，尤长于抒写羁旅行役之情。词作流传极广，"凡有井水饮处，皆能歌柳词"。有《乐章集》传世。

7．陶渊明（365—427）

东晋末期南朝宋初。又名潜，字元亮，号五柳先生，私谥"靖节"，被称为"千古隐逸之宗"。汉族，浔阳柴桑（今江西省九江市）人。曾任江州祭酒、建威参军、镇军参军、彭泽县令等，做彭泽县令八十多天便弃职而去，从此归隐田园。曾祖父陶侃，是东晋开国元勋，军功显著，官至大司马，都督八州军事，荆、江二州刺史，封长沙郡公。祖父陶茂、父亲陶逸都做过太守。他是田园诗派的开创者。

代表作：《饮酒》《归园田居》《桃花源记》《五柳先生传》《归去来兮辞》。

8．王维（701—761）

唐朝诗人、画家，字摩诘，号摩诘居士，因笃信佛教，有"诗佛"之称。汉族，唐朝河东蒲州（今山西省运城市），祖籍山西祁县。

王维的大多数诗都是山水田园之作，在描绘自然美景的同时，流露出闲居生活中潇洒闲逸的情趣。王维的写景诗篇，常用五律和五绝的形式，篇幅短小，语言精美，音节较为舒缓，用以表现幽静的山水和诗人恬适的心情，尤为相宜。

五言或七言绝句，感情真挚，语言明朗自然，不用雕饰，具有淳朴深厚之美，可与李白、王昌龄的绝句比美，代表了盛唐绝句的最高成就。

9. 孟浩然（689—740）

唐代襄州襄阳（今湖北襄阳）人，世称"孟襄阳"。

比李白大十二岁，是李白所敬仰的盛唐时期的著名诗人。除了四十岁时到长安应过一次科考，一直在家乡鹿门隐居读书、写诗自娱。

他前期主要写政治诗与边塞游侠诗，后期主要写山水诗。孟浩然是盛唐主要的山水田园诗人，与王维齐名，合称"王孟"。

代表作：《春晓》《过故人庄》《望洞庭湖赠张丞相》《秋登兰山寄张五》《夏日南亭怀辛大》。

10. 王昌龄（约690—756）

字少伯，诗以写宫怨、边塞、送别为佳，边塞诗气势雄浑，格调高昂。绝句与李白齐名，尤长于七绝，有"七绝圣手"之称，时人推为"诗家天子"。

开元十五年进士，一生只做过中下级官吏，安史之乱时，于还江宁途中被亳州刺史间丘晓杀害。

11. 高适（702—765）

年少穷苦落魄，四十岁后举有道科中第，授封丘县尉，不久即辞去，后来在河西节度使哥舒翰幕中掌书记，接触了大漠雄奇风光和戍边士卒的艰苦生活。

高适写了大量边塞诗，其诗直抒胸臆，不尚雕饰，气势雄浑，想象丰富，色彩瑰丽，热情奔放，感情真挚，富有浪漫主义特色。以七言歌行最富特色，与岑参齐名，合称"高岑"。

12. 韩愈（768—824）

字退之，自称郡望昌黎，世称"韩昌黎"。

幼孤贫刻苦好学，德宗贞元八年进士。曾任监察御史，因上疏请免关中赋役，贬为阳山县令。后随宰相裴度平定淮西，迁刑部侍郎，又因上表谏迎佛骨，贬潮州刺史。做过吏部侍郎，死谥文公，故世称"韩吏部""韩文公"。

韩愈是唐代古文运动领袖，主张文道合一，在文章内容上提倡言之有物，在形式上提倡散文，反对骈文，文风力求险怪新奇，雄浑重气势。与柳宗元合称"韩柳"。

13. 刘禹锡（772—842）

字梦得。贞元九年进士，登博学鸿词科，授监察御史。因参加王叔文变法，反对宦官和藩镇割据势力，失败后被贬为朗州司马，迁连州刺史。后因宰相裴度力荐，任太子宾客，加检校礼部尚书，世称"刘宾客"。与柳宗元交好，人称"刘柳"；又与白居易常相唱和，并称"刘白"，诗风格清新，婉转含蓄，善用比兴寄托手法，为时人推崇。

其诗善于吸收民歌的精华，并多反映社会生活。其政治讽刺诗观点鲜明，风格刚健爽朗，讽刺辛辣有力。

14. 杜牧（803—852）

字牧之，人称杜紫薇，又与李商隐齐名，并称"小李杜"。

其诗风格一类是豪迈的，另一类是香艳的。前者以咏史抒怀为主，豪爽清丽，自成风格。后者受晚唐诗歌辞藻华丽的总趋向影响，也有注重辞采的一面。

15. 李商隐（约813—约858）

字义山，号玉溪生。

因卷入牛李党争的政治旋涡而备受排挤，一生困顿不得志。

擅长律、绝，想象丰富，富于文采，构思精密，形象优美，情致婉曲，多有清词丽句，具有独特风格。常用含蓄手法，把深厚的感情细致而又曲折地表现出来，耐人回味，能引起人们不少联想，尤其是一些爱情诗写得缠绵悱恻，为人传诵。但过于隐晦迷离，难于索解。

16. 王安石（1021—1086）

字介甫，号半山，临川人，北宋著名的思想家、政治家、文学家、改革家。

其创作分为两个阶段，在内容和风格上有较明显的区别。前期创作主要是"不平则鸣"，注重社会现实，反映底层人民的痛苦，倾向性十分鲜明，风格直截刻露；晚年退出政坛后，心情渐趋平淡，大量的写景诗、咏物诗取代了前期政治诗的位置。

17. 陆游（1125—1210）

字务观，号放翁。汉族，越州山阴（今绍兴）人，南宋文学家、史学家、爱国诗人。

生逢北宋灭亡之际，少年时即深受家庭爱国思想的熏陶。因坚持抗金，屡遭主和派排斥，投身军旅，因此写了大量坚持抗金、讨伐投降派的爱国诗篇。不久即因"嘲咏风月"罢官归居故里。抗敌理想屡屡受挫后，陆游长期蛰居山阴，留下了大量充满闲情逸趣的田园诗歌。另外，陆游年轻时曾和前妻唐婉有着一段刻骨铭心的感情经历，他悼念前妻的诗歌，情真意切，令人动容。

陆游一生笔耕不辍，诗词文俱有很高成就，其诗语言平易晓畅、章法整饬谨严，兼具李白的雄奇奔放与杜甫的沉郁悲凉，尤以饱含爱国热情对后世影响深远。

【对应练习】

对比下列杜甫的三首古诗词，完成习题。

望　岳

岱宗夫如何？齐鲁青未了。造化钟神秀，阴阳割昏晓。

荡胸生曾云，决眦入归鸟。会当凌绝顶，一览众山小。

旅夜书怀

细草微风岸，危樯独夜舟。星垂平野阔，月涌大江流。

名岂文章著，官因老病休。飘飘何所似，天地一沙鸥。

登　高

风急天高猿啸哀，渚清沙白鸟飞回。

无边落木萧萧下，不尽长江滚滚来。

万里悲秋常作客，百年多病独登台。

艰难苦恨繁霜鬓，潦倒新停浊酒杯。

1. 以上均为诗人杜甫的作品，请赏析三首诗分别表达了作者怎样的情感。

2. 三首诗中作者的形象相同吗？请描述。

（二）"论世"——看朝代，辨诗风

"论世"是指我们要联系作者所处的时代背景，了解时代特征，从而去品味诗歌内容和作品风格，进一步把握作者的思想情感，揣摩诗歌的情感主旨。

以下为常用古诗词时代背景与诗歌类型。

1. 北朝

多征战尚武。

2. 南朝

多男女恋情。

3. 唐朝

注重抒情。

（1）盛唐时期：山水诗、田园诗（歌颂大好山河）、边塞诗（从军思乡、爱国壮志）、抒怀杂感诗（仕途失意、伤时等）。

（2）晚唐时期：政治诗（怜悯百姓、揭露政治黑暗）、边塞诗（战争、思乡、忧国伤时、壮志难酬）、抒怀杂感诗（漂泊思乡、隐逸等）。

4. 宋朝

注重说理。

（1）北宋时期：政治诗（抨击统治者无能、抨击政治黑暗、国破家亡、失地难收、忧国忧民）、战争边塞诗（抗金、爱国报国、壮志难酬）、抒怀杂感诗（男女恋情、生活感想等）、山水田园诗（对山河田园的美好向往）。

（2）南宋时期：以爱国诗人居多（爱国报国、忧国忧民、壮志未酬）。

5. 明朝

注重忠义。

【对应练习】

阅读下列诗词，回答问题。

过零丁洋

文天祥（南宋）

辛苦遭逢起一经，干戈寥落四周星。

山河破碎风飘絮，身世浮沉雨打萍。

惶恐滩头说惶恐，零丁洋里叹零丁。

人生自古谁无死？留取丹心照汗青。

1. 诗的颔联"山河破碎风飘絮，身世浮沉雨打萍"写了什么内容？抒发了怎样的感情？（提示：在不了解诗人生平的前提下，可从诗人所处的朝代出发答题。）

2. 请根据诗歌整体内容赏析概括诗人形象。

破阵子·为陈同甫赋壮词以寄之

辛弃疾

醉里挑灯看剑，梦回吹角连营。八百里分麾下炙，五十弦翻塞外声，沙场秋点兵。

马作的卢飞快，弓如霹雳弦惊。了却君王天下事，赢得生前身后名。可怜白发生！

1. 读了此词，你心目中的辛弃疾是怎样的形象？请简要概括。

2. 请结合全词，解释"壮词"的含义，并从中找出体现壮词的语句。

二、意象赏析法

(一)"意在象中"——解意向，知情感

意象就是客观物象经过创作主体（作者）独特的情感活动所创造出来的一种艺术形象。古诗在表达思想感情时，往往通过寄情于物的方式，把复杂深刻的内心情感投射到具体生动的客观物象上，使诗人的思想感情——"意"和客观物象——"象"，相互交融，相互渗透，相互统一，从而构成诗中的"意象"。

(二)古诗词常见意象分类——以情感分类

1. 送别类意象

送别类意象或表达依依不舍之情，或叙写别后的思念。

(1)杨柳。它源于《诗经·小雅·采薇》"昔我往矣，杨柳依依；今我来思，雨雪霏霏"，杨柳的依依之态和惜别的依依之情融合在一起。"柳"与"留"谐音，汉代以来，常以折柳相赠来表达依依惜别之情。

(2)长亭。古代路旁置有亭子，供行旅停息休憩或饯别送行。"长亭"成为一个蕴含着依依惜别之情的意象，在古代送别诗词中不断出现。如柳永《雨霖铃》中"寒蝉凄切，对长亭晚"等。

(3)南浦。南浦多见于南方水路送别的诗词中。南朝之后，南浦在送别诗中明显多了起来；到唐宋送别诗词中出现得则更为普遍，如白居易《南浦别》中的"南浦凄凄别，西风袅袅秋"等。

(4)酒。酒在排解愁绪之外，还饱含着深深的祝福。将美酒和离情联系在一起的诗词多不胜举，如王维《渭城曲》中的"劝君更尽一杯酒，西出阳关无故人"，白居易《琵琶行》中的"醉不成欢惨将别，别时茫茫江浸月"等，都是以酒抒写别离之情。

2. 思乡类意象

思乡类意象或表达对家乡的思念，或表达对亲人的牵挂。

(1)月亮。一般说来，古诗中的月亮是思乡的代名词。如李白《静夜思》的"床前明月光，疑是地上霜。举头望明月，低头思故乡"；苏轼《水调歌头·明月几时有》的"但愿人长久，千里共婵娟"，从良好的祝愿出发，写兄弟之情，意境豁达开朗，意味深长，用深邃无底而又美妙无边的自然境界体会人生。

（2）鸿雁。鸿雁是候鸟，每年秋季奋力飞回故巢的景象，常常引起游子思乡怀亲和羁旅伤感之情，因此诗人常常借雁抒情。有时借雁回而自己不能回来表达思乡之情，有时托鸿雁传书表达对亲人的牵挂。

（3）莼羹鲈脍。该词典出《晋书·张翰传》。传说晋朝的张翰当时在洛阳做官，因见秋风起，思家乡的美味"莼羹鲈脍"，便毅然弃官归乡，从此引出了"莼鲈之思"这个表达思乡之情的成语。后来文人以"莼""莼鲈秋思"借指思乡之情。

（4）双鲤。鲤鱼代指书信，古时人们多以鲤鱼形状的函套藏书信，因此不少文人也在诗文中以鲤鱼代指书信。如宋人晏几道的《蝶恋花》："蝶去莺飞无处问，隔水高楼，望断双鱼信。"

（5）捣衣。捣衣属于行为类意象，表达对亲人的牵挂。月下捣衣，风送砧声这种意境，不仅易使思妇伤情，也最易触动游子的情怀，因此捣衣意象也是思乡主题的传统意象之一。如李白的《子夜吴歌·秋歌》："长安一片月，万户捣衣声。秋风吹不尽，总是玉关情。何日平胡虏，良人罢远征。"

3. 愁苦类意象

愁苦类意象或表达忧愁、悲伤的心情，或渲染凄冷、悲凉的气氛。

（1）梧桐。在中国古典诗歌中，梧桐是凄凉悲伤的象征。如李清照《声声慢》"梧桐更兼细雨，到黄昏，点点滴滴"以梧桐叶落来写凄苦愁思。

（2）芭蕉。芭蕉在诗文中常与孤独忧愁，特别是离情别绪相联系。如李清照《添字丑奴儿》"窗前谁种芭蕉树，阴满中庭。阴满中庭，叶叶心心，舒卷有余情"把伤心、愁闷都倾吐出来。

（3）流水。水在我国古代诗歌里和绵绵的愁丝连在一起，多传达人生苦短、命运无常的感伤与哀愁。如李白的《宣州谢朓楼饯别校书叔云》："抽刀断水水更流，举杯消愁愁更愁。人生在世不称意，明朝散发弄扁舟。"

（4）猿猴。古诗词中常常借助猿啼表达一种悲伤的感情。如杜甫的《登高》："风急天高猿啸哀，渚清沙白鸟飞回。"

（5）杜鹃鸟。古诗中的杜鹃为凄凉、哀伤的象征。李白的《蜀道难》"又闻子归啼夜月，愁空山"以杜鹃鸟的哀鸣来表达哀怨、凄凉或思归的情思。

（6）乌鸦。在古诗词中，乌鸦有衰败荒凉之意。如李商隐的《隋宫》："于今腐草无萤火，终古垂杨有暮鸦。"

（7）鹧鸪。在古诗词中，鹧鸪有两种意思。①表达游子的离愁别绪。如辛弃疾的《菩萨蛮·书江西造口壁》："江晚正愁余，山深闻鹧鸪。"②象征历史盛衰、沧桑变迁。如李白的《越中览古》："宫女如花满春殿，只今惟有鹧鸪飞。"

（8）西楼。"西楼"在古诗词中已经摆脱了字面"西边的楼"之意，而是孤苦和愁苦的代名词。如李清照的《一剪梅》："云中谁寄锦书来，雁字回时，月满西楼。"

（9）斜阳（夕阳、落日）。该词多传达凄凉失落、苍茫沉郁之情。如李商隐的《乐游原》："夕阳无限好，只是近黄昏。"

（10）落花。落花多表达花落春归、伤春悲秋、青春易逝等。

4. 抒怀类意象

抒怀类意象或托物显示高洁的品质，或抒发感慨。

（1）菊花（黄花、东篱）。菊花临秋而开，颜色淡雅，凌冰傲霜，不畏权贵，淡泊名利，不求闻达，隐士君子。

菊花一直受到文人墨客的青睐，有人称赞它坚强的品格，有人欣赏它清高的气质。东晋田园诗人陶渊明，写了很多咏菊诗，将菊花素雅、淡泊的形象与自己不同流俗的志趣十分自然地联系在一起，如"采菊东篱下，悠然见南山"。宋人郑思肖的《寒菊》中"宁可枝头抱香死，何曾吹落北风中"，宋人范成大的《重阳后菊花二首》中"寂寞东篱湿露华，依前金靥照泥沙"等诗句，都借菊花来表现诗人的精神品质。

（2）梅花。梅花在严寒中最先开放，然后引出春光中烂漫的百花，因此梅花傲雪、坚强、不屈不挠的品格，受到了诗人的敬仰与赞颂。宋人陈亮的《梅花》"一朵忽先变，百花皆后香"抓住梅花最先开放的特点，写其不怕打击挫折、敢为天下先的品质，既是咏梅，也是咏自己。王安石《梅花》"遥知不是雪，为有暗香来"既写出了梅花的暗香幽远，又含蓄地表现了梅花的纯净洁白，起到了香色俱佳的艺术效果。陆游的著名词作《咏梅》"零落成泥碾作尘，只有香如故"借梅花来比喻自己备受摧残的不幸遭遇和不愿同流合污的高尚情操。元人王冕《墨梅》"不要人夸颜色好，只留清气满乾坤"也是以冰清玉洁的梅花来写自己不愿同流合污的品质，言浅而意深。

（3）松柏。《论语·子罕》中说："岁寒，然后知松柏之后凋也。"作者借赞扬松柏的耐寒来歌颂坚贞不屈的人格，形象鲜明，意境高远。李白《赠书侍御黄裳》："愿君学长松，慎勿作桃李。"韦黄裳一向谄媚权贵，李白写诗规劝他，希望他做一个正直的人。刘禹锡《将赴汝州，途出浚下，留辞李相公》诗中的"后来富贵已凋落，岁寒松柏犹依然"也以松柏来象征孤直坚强的品格。

（4）竹。竹亭亭玉立，挺拔多姿，以其"遭霜雪而不凋，历四时而常茂"的品格，赢得古今诗人的喜爱和称颂。苏轼的《于潜僧绿筠轩》有咏竹名句："宁可食无肉，不可居无竹。无肉令人瘦，无竹使人俗。人瘦尚可肥，士俗不可医。"苏轼将竹视为名士风度的最高标识。郑板桥一生咏竹画竹，留下了很多咏竹佳句，如"咬定青山不放松，立根原在破岩中。千磨万击还坚劲，任尔东西南北风"赞美了立于岩石之中的翠竹坚定顽强、不屈不挠的风骨。

（5）黍离。"黍离"常用来表示对国家昔盛今衰的痛惜伤感之情。后世遂以"黍离"之思表示昔盛今衰等亡国之悲。如姜夔《扬州慢》中有："予怀怆然，感慨今昔，因自度此曲。千岩老人以为有《黍离》之悲也。"

（6）冰雪。古代诗歌中，常以冰雪的晶莹比喻心志的忠贞、品格的高尚。如王昌龄的《芙蓉楼送辛渐》"洛阳亲友如相问，一片冰心在玉壶"，以"冰心在玉壶"比喻个人光明磊落的心性。再如张孝祥《念奴娇·过洞庭》中的名句"应念岭海经年，孤光自照，肝肺皆冰雪"表明自己的襟怀坦荡和光明磊落。

（7）草木。古代诗歌常以草木繁盛反衬荒凉，以抒发盛衰兴亡的感慨。杜甫的《蜀相》："映阶碧草自春色，隔叶黄鹂空好音。"一代贤相及其业绩都已消失，如今只有映绿石阶的青草，年年自生春色，黄鹂白白发出这婉转美妙的叫声，诗人慨叹往事空茫，深表惋惜。

5. 爱情类意象

爱情类意象用以表达爱恋、相思之情。

（1）红豆。红豆又称"相思子"，常用以象征爱情或相思。如王维《相思》："红豆生南国，春来发几枝。愿君多采撷，此物最相思。"诗人借生于南国的红豆，抒发了对友人的眷念之情。

（2）莲。莲与"怜"同音，所以古诗中有不少诗句，借莲表达爱情。如南朝乐府《西洲曲》"采莲南塘秋，莲花过人头。低头弄莲子，莲子清如水"采用谐音双关的修辞，表达了一个女子对所爱男子的深长思念和纯洁爱情。

（3）连理枝、比翼鸟。连理枝，两棵树的枝条连生在一起；比翼鸟，传说中的一种鸟，雌雄在一起飞，古典诗歌里用作恩爱夫妻的比喻。如白居易的《长恨歌》："七月七日长生殿，夜半无人私语时。在天愿作比翼鸟，在地愿为连理枝。"

6. 战争类意象

战争类意象或表达对战争的厌恶，或表达对和平的向往。

（1）长城。用"万里长城"指守边的将领。如陆游的《书愤》："塞上长城空自许，镜中衰鬓已先斑。"

（2）楼兰。常用"楼兰"代指边境之敌，用"破（斩）楼兰"指建功立业。如王昌龄的《从军行》："青海长云暗雪山，孤城遥望玉门关。黄沙百战穿金甲，不破楼兰终不还。"

（3）柳营。柳营指军营。后代多以"柳营"称纪律严明的军营。

（4）羌笛。边塞诗中经常提到。如王之涣《凉州曲》："羌笛何须怨杨柳，春风不度玉门关。"羌笛发出的凄切之音，常让征夫怆然泪下。

7．闲适类意象

闲适类意象或表达清闲恬淡的心情，或表达对隐居生活的向往。

（1）五柳。"五柳"是隐者的代称。如王维的《辋川闲居赠裴秀才迪》："寒山转苍翠，秋水日潺湲。倚杖柴门外，临风听暮蝉。渡头馀落日，墟里上孤烟。复值接舆醉，狂歌五柳前。"

（2）东篱。陶渊明的《饮酒》中有"采菊东篱下，悠然见南山"的句子，后来多用"东篱"表现辞官归隐后的田园生活或娴雅的情致。

（3）三径。陶渊明的《归去来兮辞》中有"三径就荒，松菊犹存"的句子，后来"三径"就用来指代隐士居住的地方。

（三）古诗词常见意象分类——以物种分类

1．花草类

（1）菊：隐逸、高洁、脱俗。

（2）梅：傲雪、坚强、不屈不挠、逆境。

（3）兰：高洁。

（4）牡丹：富贵、美好。

（5）禾黍：黍离之悲。

（6）花开：希望、青春、人生的灿烂。

（7）花落：凋零，失意，人生、事业的挫折，惜春，对美好事物的留恋、追怀。

（8）草：生命力强，生生不息，希望，荒凉，偏僻，离恨，身份、地位的卑微。

（9）莲：出淤泥而不染，与"怜"同音，借以表达爱情。

（10）丁香：愁思或情结。

（11）梅子的成熟：比喻少女的怀春。

2．树木类

（1）树的曲直：事业、人生的坎坷或顺利。

（2）黄叶：凋零、美人迟暮、新陈代谢。

（3）绿叶：生命力、希望、活力。

（4）松柏：坚挺、傲岸、坚强、生命力。

（5）竹：气节、积极向上。

（6）梧桐：凄苦悲伤。

（7）柳：送别、留恋、伤感、春天的美好。

3．风霜雨雪水云类

（1）海浪：人生的起伏。

（2）东风：春天、美好。

（3）春风：旷达、欢愉、希望。

（4）露水：人生的短促、生命的易逝。

（5）天阴：压抑、愁苦、寂寞。

（6）海浪的汹涌：人生凶险、江湖诡谲。

（7）狂风：作乱、摧毁旧世界的力量。

（8）西风：落寞、惆怅、衰败、游子思归。

（9）雪：纯洁、美好。

（10）小雨：春景、希望、生机、活力、潜移默化式的教化。

(11) 烟雾：情感的朦胧、惨淡，前途的迷惘、渺茫，理想的落空、幻灭。

(12) 暴雨：残酷、热情、政治斗争、扫荡恶势力的力量、荡涤污秽的力量。

(13) 霜：人生易老，社会环境的恶劣，恶势力的猖狂，人生路途的坎坷、挫折。

(14) 江水：时光的流逝、岁月的短暂、绵长的愁苦、历史的发展趋势。

4. 动物类

(1) 子规：悲惨、凄恻。

(2) 鱼：自由、惬意。

(3) 鸿鹄：理想、追求。

(4) 猿猴：哀伤、凄厉。

(5) 乌鸦：小人、俗客庸夫。

(6) 沙鸥：飘零、伤感。

(7) 狗、鸡：生活气息、田园生活。

(8) （瘦）马：奔腾、追求、漂泊。

(9) （孤）雁：孤独、思乡、思亲、音信、思乡怀亲之情和羁旅伤感。

(10) 鹰：刚劲、自由、人生的搏击、事业的成功。

(11) 鹧鸪：艰险旅途、离愁别绪。

5. 器物类

(1) 玉：高洁、脱俗。

(2) 簪缨（冠）：官位、名望。

6. 颜色类

(1) 白：纯洁、无暇，丧事。

(2) 红：热情奔放、青春、喜事。

(3) 绿：希望、活力、和平。

(4) 蓝：高雅、忧郁。

(5) 黄：温暖、平和。

(6) 紫：高贵、神秘。

(7) 黑：黑暗、绝望、庄重、神秘、对死者的怀念、命运的多舛。

7. 其他类

(1) 英雄：追慕、自愧自叹。

(2) 小人：鄙夷、明志、自省、鞭挞。

(3) 古迹：怀旧明志、昔盛今衰（国家）、衰败。

(4) 草原：辽阔、人生境界、人的胸襟。

(5) 仙境：飘逸、美妙洁净、远离世俗。

(6) 天地：人类的渺小、人生的短暂、心胸的广阔、情感的孤独。

(7) 乡村：思归、厌俗、田园风光、生活气息、淳朴美好、安逸宁静。

(8) 城市（市井）：繁荣热闹、富贵奢华。

(9) 破晓：初现希望。

(10) 朝阳：希望、朝气、活力。

(11) 夕阳：失落、消沉、珍惜美好而短暂的人生。

(12) 深夜：愁思怀旧。

(13) 浮云：比喻在外漂泊的游子或遮蔽阻挡、困难。

【对应练习】

阅读下列诗词，完成练习。

天净沙·秋思

马致远

枯藤老树昏鸦，小桥流水人家，古道西风瘦马。夕阳西下，断肠人在天涯。

1. 全曲中，暗含题目中"秋"字的最直接的景象是哪些？

2. "小桥流水人家"描写了一幅什么样的画面？有何作用？

3. 文中描写了什么景色？有哪些意象？表达了作者什么样的情感？

雨霖铃

柳　永

寒蝉凄切，对长亭晚，骤雨初歇。都门帐饮无绪，留恋处，兰舟催发。执手相看泪眼，竟无语凝噎。念去去，千里烟波，暮霭沉沉楚天阔。

多情自古伤离别，更那堪，冷落清秋节！今宵酒醒何处？杨柳岸，晓风残月。此去经年，应是良辰好景虚设。便纵有千种风情，更与何人说？

1. 本词上阕描写了一幅什么样的场景？从哪些意象可以看出？

2. 本词下阕主要表达什么样的情感？从哪些意象可以看出？

（四）古诗词鉴赏题型与答题格式——审题意，寻答案

赏析古诗词，非常重要的一个步骤就是审题，有时候同一个答案会有很多种问法，很多同学明明掌握了赏析方法，但因为审题失误，结果答非所问，遗憾丢分，因此审题非常关键。

1. 分析形象型

1）提问方式

（1）这首诗塑造了什么样的形象？

（2）试说说这首诗中的形象特点。

（3）诗中的形象塑造表现了诗人怎样的情感？

2）解答分析

形象（意象）：人（诗歌中塑造的人物形象或抒情主人公）；物（咏物诗或杂诗中的物象）；景（写景诗或杂诗中的景象）。

（1）懂得意象合成意境，意境凸显形象。

（2）形象蕴涵诗人的思想和情感。

（3）分析诗歌形象要根据诗歌描写的具体物象和画面识别其性质，在读懂诗歌的基础上概括出诗歌的象征意义和社会意义。

3）答题步骤

（1）概说塑造了什么形象。

（2）结合诗句内容或表达技巧具体分析形象特点。

（3）揭示形象表现的意义（情感、理想、追求、品性等）。

【答题示例】

早　梅

张　渭

一树寒梅白玉条，迥临村路傍溪桥。

不知近水花先发，疑是经冬雪未消。

问：诗人是如何借梅展示自我形象的？

答：［步骤（1）］本诗展现了早梅耐寒而立、迎风而发的形象。［步骤（2）］"寒"字点明早梅生存条件的恶劣；"迥"字表现出早梅的孤单；"白玉条"之喻、疑梅为雪之错觉，鲜明地表现出早梅冰清玉洁之质。［步骤（3）］作者以梅自喻，展示了一个孤寂傲世、坚忍刚强、超凡脱俗的自我形象。

2. 分析意境型

1）提问方式

（1）这首诗营造了一种怎样的意境，表达了诗人怎样的思想感情？

（2）这首诗描绘了一幅怎样的画面，表达了诗人怎样的思想感情？

（3）某几句诗描写了什么样的景物，抒发了诗人怎样的情怀？

2）解答分析

这是一种常见的题型。意境是指寄托诗人情感的物象（即意象）综合起来构建的让人产生想象的境界。它包括景、情、境三个方面。答题时三方面缺一不可。

3）答题步骤

（1）描绘诗中展现的图景画面。

考生应抓住诗中的主要景物，用自己的语言再现画面。描述时一要忠实于原诗，二要用自己的联想和想象加以再创造，语言力求优美。

（2）概括景物营造的氛围特点。

一般用两个双音节词即可，例如孤寂冷清、恬静优美、雄浑壮阔、萧瑟凄凉、明净绚丽、幽静深寂等，注意要能准确地体现景物的特点和情调。

（3）分析作者表达的思想感情。

切忌空洞，要答具体。比如只答"表达了作者感伤的情怀"是不行的，应答出为什么而"感伤"。

【答题示例】

绝句二首（其一）

杜　甫

迟日江山丽，春风花草香。

泥融飞燕子，沙暖睡鸳鸯。

【注】此诗写于诗人经过"一岁四行役"的奔波流离之后，暂时定居成都草堂之时。

问：此诗描绘了怎样的景物，表达了诗人怎样的感情？请简要分析。

答：[步骤（1）]此诗描绘了美丽的初春景象：春天阳光普照，四野青绿，江水映日，春风送来花草的馨香，泥融土湿，燕子正繁忙地衔泥筑巢；日丽沙暖，鸳鸯在沙洲上静睡不动。[步骤（2）]这是一幅明净绚丽的春景图。[步骤（3）]表现了诗人结束奔波流离生活后愉悦闲适的心境。

3. 分析技巧型

1）提问方式

（1）这首诗用了怎样的表达技巧（表现手法、艺术手法、艺术技巧）？

（2）请分析这首诗的表现手法（艺术手法、表达技巧）。

（3）诗人是怎样抒发自己的情感的？有何效果？

（4）这首诗（某诗句）在写景（抒情、描写人物等）上有什么特点？

2）解答分析

这类提问注重的是诗歌整体的艺术表现特色，主要应从诗歌的整体构思、诗歌整体的艺术技巧方面来解答。

3）表达技巧

（1）表达方式：记叙、描写、抒情、议论。

（2）表现手法。

①修辞手法：比喻、拟人、夸张、借代、对偶、设问、反问、双关、谐音、互文、反语、通感、排比、反复等。

②抒情手法：a. 直接抒情（直抒胸臆）；b. 间接抒情：借景（物）抒情、触景生情、乐景写哀情、寓情于景、情景交融；托物言志；借古抒怀（借古讽今）。

③其他方法：a. 动静结合（以动衬静、以静衬动）；b. 虚实结合（虚实相生、由实到虚、由虚到实）；c. 正侧结合（正面描写与侧面描写）；d. 点面结合（以点写面、以面写点）；e. 远近结合；f. 抑扬结合（先抑后扬/欲扬先抑、先扬后抑/欲抑先扬）；g. 褒贬结合（似贬实褒/寓褒于贬/正话反说、似褒实贬/寓贬于褒/反话正说）；h. 明暗结合；i. 声色结合；j. 细节描写；k. 比兴；l. 白描；m. 工笔；n. 象征；o. 对比；p. 衬托（正衬、反衬）；q. 烘托；r. 渲染；s. 用典；t. 铺陈；u. 联想想象；v. 以小见大；w. 侧面描写；x. 对写法（即作者不先写自己对对方如何，而是通过写对方对作者如何来委婉含蓄地表达自己的思想情感，此法多用于思乡怀人诗中，如高适的《除夜》中的"故乡今夜思千里"）。

（3）篇章结构：首句标目、开门见山、曲笔入题、卒章显志、以景结情、总分得当、层层深入、过渡照应、伏笔铺垫、浑然天成、画龙点睛等。

（4）常见的情感、主旨。（例问：表达了作者什么情感？）

①忧国伤时类。

a. 揭露统治者的昏庸、腐朽、无能。

b. 反映离乱的痛苦。

c. 同情人民的疾苦。

d. 对国家民族前途命运的担忧。

e. 揭露统治者穷兵黩武。

②建功报国类。

a. 建功立业的渴望。

b. 保家卫国的决心。

c. 报国无门的悲伤。

d. 山河沦丧的痛苦。

e. 理想不为人知的愁苦心情。

③思乡怀人类。

a. 羁旅愁思。

b. 思亲念友。

c. 边关思乡。

d. 闺中怀人。

④生活杂感。

a. 寄情山水、田园的悠闲。

b. 昔胜今衰的感慨。

c. 借古讽今的情怀。

d. 青春易逝的伤感。

e. 仕途失意的苦闷。

f. 告慰平生的喜悦。

g. 年华消逝、壮志难酬的悲叹。

⑤送别感怀。

a. 依依不舍的留念。

b. 情深意长的勉励。

c. 坦陈心志的告白。

4）答题步骤

（1）明手法：准确指出用了何种手法。

（2）释理由：结合诗句阐释为什么是用了这种手法。

（3）析作用：此手法怎样有效传达出诗人怎样的感情。

【答题示例】

早　行

陈与义

露侵驼褐晓寒轻，星斗阑干分外明。

寂寞小桥和梦过，稻田深处草虫鸣。

问：此诗主要用了什么表现手法？有何效果？

答：〔步骤（1）〕主要用了反衬手法。〔步骤（2）〕天未放亮，星斗纵横，分外明亮，反衬夜色之暗；"草虫鸣"反衬出环境的寂静。〔步骤（3）〕两处反衬都突出了诗人出行之早，心中由漂泊引起孤独寂寞的感觉。

4. 分析语言特色型

1）提问方式

（1）这首诗在语言上有何特色？

（2）请分析这首诗的语言风格。

（3）谈谈此诗的语言艺术。

2）解答分析

这种题型不是揣摩个别字词运用的技巧，而且要品味整首诗（词）表现出来的语言风格。常见错误是从语言的使用上去揣摩作者的炼词、炼字，阐述字词运用巧妙，要注意语言的特色不能等同于语言的使用。

用来答题的词语一般有：清新自然、明快清新、平淡自然、朴实无华、明快浅显、明快直露、明白晓畅、流畅自然、多用口语、通俗易懂、华美绚丽、辞藻华丽、深沉隽永、委婉含蓄、含蓄深沉、雄浑豪放、笔调婉约、缠绵哀怨、温婉悲凉、庄谐俱见、简练生动、简练传神、准确精练、生动形象、准确传神等。

3）答题步骤

（1）明特色：用一两个词准确点明语言特色。

（2）列例证：用诗中有关语句具体分析这种特色。

（3）析作用：指出表现了作者怎样的感情。

【答题示例】

春 怨

金昌绪

打起黄莺儿，莫教枝上啼。

啼时惊妾梦，不得到辽西。

问：请分析此诗的语言特色。

答：[步骤（1）] 此诗语言特点是清新自然，口语化。[步骤（2）]"黄莺儿"是儿化音，显出女子的纯真娇憨。"啼时惊妾梦，不得到辽西"用质朴的语言表明了打黄莺是因为它惊扰了自己思念丈夫的美梦。[步骤（3）] 这样非常自然地表现了女子对丈夫的思念之情。

5. 炼字型

1）提问方式

（1）这一联中最生动传神的是什么字？为什么？

（2）某字历来为人称道，你认为它好在哪里？

（3）从某句诗中找出最能体现诗人感情的一个字，并作具体分析。

（4）某字在表情达意上的作用是什么？请作具体分析。

（5）对诗中某个字，你认为写得好不好？为什么？

（6）诗中某字用得好，你同意这种说法吗？为什么？

（7）诗句中某个字换成某字，你认为哪个更好？试作分析。

（8）此诗某句中某个字有的版本作某字，你认为哪个更好？为什么？

（9）这首诗（某句）的诗眼是某字，试作分析。

2）解答分析

古人作诗讲究炼字，这种题型是要求品味这些经锤炼的字的妙处。答题时不能把该字孤立起来谈，得放在句中，并结合全诗的意境情感来分析。组织答案时常用术语：深刻、含蓄、突出、生动、形象、传神等。

炼字的角度：动词、形容词（重叠运用的、活用作动词的、表色彩的）、数词、虚词。

3）答题步骤

（1）释含义：解释该字在句中的含义。

（2）描景象：展开联想把该字放入原句中描绘景象。

（3）点作用：点出该字烘托了怎样的意境，或表达了怎样的感情。

【答题示例】

南浦别

白居易

南浦凄凄别，西风袅袅秋。

一看肠一断，好去莫回头。

问：前人认为，"看"字看似平常，实际上非常传神，它能真切透露出抒情主人公的形象。你同意这种说法吗？为什么？

答：同意。[步骤（1）] 看，在诗中指回望。[步骤（2）] 离人孤独地走了，还频频回望，每一次回望，都令自己肝肠寸断。此字让我们仿佛看到抒情主人公泪眼蒙眬，想看又不敢看的形象。[步骤（3）] 只一"看"字，就淋漓尽致地表现了离别的酸楚。

6．分析题眼型

1）提问方式

（1）本诗是怎样以"某某字"统摄全篇的？请结合全诗进行简要赏析。

（2）诗题为"某某字"，通篇虽无"某某字"，但句句紧扣"某某字"。请作简要分析。

2）答题步骤

第一种提问：逐句式，即依原句的顺序一句一句简析。

第二种提问：析点式。这个点就是回答问题的"方面"或"角度"，多指表现手法的方方面面。具体步骤：①先指出"方面"或"角度"；②结合诗句简析。

【答题示例】

（1）第一种提问。

夜 归

周 密

夜深归客倚筇行，冷燐依萤聚土膝。

村店月昏泥径滑，竹窗斜漏补衣灯。

【注】筇：此代指竹杖。

问：本诗是怎样以"夜归"统摄全篇的？结合全诗简要赏析。

答：本诗写景扣住"夜"字，写情扣住"归"字。首句直接点明"夜深"，刻画出"归客"挂杖而行的疲惫之态。随后诗人以"冷燐""萤""月"等意象渲染夜色的凄凉，以夜深仍在田膝、泥径中孤身前行的艰难表现出归家的心切。而最末一句以深夜犹见"补衣灯"的感人画面收束全诗，与先前的艰难和凄清形成反差，更烘托出游子深夜归家的复杂心情，意味深长。

（2）第二种提问。

幽居初夏

陆 游

湖山胜处放翁家，槐柳阴中野径斜。

水满有时观下鹭，草深无处不鸣蛙。

箨龙已过头番笋，木笔犹开第一花。

叹息老来交旧尽，睡来谁共午瓯茶。

【注】①箨龙，就是笋。②木笔，又名辛夷花。两者都是初夏常见之物。

问：诗人写景是从哪几个方面突出表现一个"幽"字的？试作简要分析。

答：①［步骤（1）］以景写幽。［步骤（2）］用"湖山胜处""野径斜""水满""草深"写出初夏景色之幽美。②［步骤（1）］以动衬静。［步骤（2）］用"下鹭"衬托"水满"的幽静。③［步骤（1）］以声衬静。［步骤（2）］用"蛙鸣"衬托"草深"的幽静。

7．分析句意型

1）提问方式

（1）这句诗好在哪里？

（2）这句诗有什么含义和作用？表达上有什么特点？

（3）对某诗句进行简要赏析。

（4）某句蕴涵了哪些感情？

2）解答分析

一句诗可能是写景的，可能是抒情的，也可能是写人的。写人的方法包括动作描写、语言描写、心理描写、外貌描写以及细节描写等。理解一句诗一定要联系上下句并结合全诗进行。

3）答题思路

（1）阐明表义，有时要发掘深层意思。

（2）分析诗句的语言特点或艺术特点。

（3）在写景、抒情或写人方面的表达作用。

（4）简要说明艺术效果（营造的意境，抒发的情感）。

4）答题步骤

（1）释表义：说明诗句的表层意思或描述诗句所描绘的景象。

（2）明特点：抓住最突出的一点（如语言特点、艺术特点）简析。

（3）析作用：营造的意境、表达的内容、抒发的情感。

【答题示例】

望月有感

白居易

自河南经乱，关内阻饥，兄弟离散，各在一处。因望月有感，聊书所怀，寄上浮梁大兄、於潜七兄、乌江十五兄，兼示符离及下邽弟妹。

时难年荒世业空，弟兄羁旅各西东。

田园寥落干戈后，骨肉流离道路中。

吊影分为千里雁，辞根散作九秋蓬。

共看明月应垂泪，一夜乡心五处同。

问：本诗堪称白居易"用常得奇"的佳作。请结合全诗，对颈联"吊影分为千里雁，辞根散作九秋蓬"两句进行简要赏析。

答：[步骤（1）]手足离情，各在一方，犹如那纷飞的千里孤雁，只能吊影自怜；又像深秋中断根的蓬草，随风飘飞。[步骤（2）]诗人用比喻的手法，以"雁""蓬"比喻离散的手足。[步骤（3）]该联营造出一种孤苦凄凉的意境，抒发了饱经战乱的零落之苦。

8. 一词（句）领全诗型

1）提问方式

某词（句）是全诗的关键，为什么？

2）解答分析

古诗非常讲究构思，往往一个词（句）就构成全诗的线索、感情基调、思想，抓住这个词命题往往可以以小见大，考查考生对全诗的把握程度。

3）答题步骤

（1）解释含义：说明该词（句）的含义或寓意。

（2）结构作用：从该词（句）在诗中结构上所起的作用考虑。

（3）主旨作用：该词（句）对突出主旨所起的作用。

【答题示例】

东　坡

苏　轼

雨洗东坡月色清，市人行尽野人行。

莫嫌荦确坡头路，自爱铿然曳杖声。

【注】此诗为苏轼贬官黄州时所作。东坡，是苏轼在黄州居住与躬耕之所。荦确：怪石嶙峋貌。

问：第一句在全诗中有何作用？请简要赏析。

答：[步骤（1）]第一句是全诗的铺垫，描绘出一幅雨后东坡的月夜图，营造了一种清明幽静的气氛。［步骤（2）］该句映衬了作者心灵明澈的精神境界。

8. 情感主旨型

1）提问方式

（1）这首诗表达了怎样的思想感情？

（2）这首诗的主旨是什么？

（3）这首诗反映了怎样的社会现实？

（4）这首诗表现了怎样的情趣？

或者结合意境提问，或就某一句某一联发问。

2）解答分析

分析主旨往往需要关注以下几个方面：①涉及的文化常识、生活常识、历史典故、神话传说和自然现象；②某一诗句的大意或内涵；③诗人的思想倾向、政治主张、志向追求、生活经历；④时代背景、社会现实。

3）答题步骤

（1）诗歌各句（或相关的句子）分别写了什么内容。

（2）运用了何种表达技巧。

（3）抒发了什么情感。

【答题示例】

南柯子

王 炎

山冥去阴重，天寒雨意浓。数枝幽艳湿啼红。莫为惜花惆怅对东风。

蓑笠朝朝出，沟塍处处通。人间辛苦是三农。要得一犁水足望年丰。

【注】三农：指春耕、夏耘、秋收。

问：试分析下阕的内容以及作者在词中所抒发的思想感情。

答：［步骤（1）］描写了农民不避风雨、辛勤劳作的生活，发出了"人间辛苦是三农"的感叹。［步骤（3）］表达了农民盼望风调雨顺、五谷丰登的心情。［因为没有什么特别的表达技巧，所以步骤（2）跳过］。

9. 鉴赏景物型

1）提问方式

（1）这首诗是怎样描写景物的？

（2）这首诗在我们面前展示了一幅什么画面，是如何展示的？

2）解答方式

古代的诗人常常用一定的描写方法和修辞手法来描写景物；同时十分注意写景的角度，或动静结合，或由远及近，或形、声、色兼具，或视觉、听觉、嗅觉综合运用，使画面富有层次感、立体感、和谐感，体现出"诗中有画，画中有诗"的特点。

3）答题步骤

（1）准确说出表现手法和写景的角度。

（2）抓住主要景物具体描绘画面，要适当展开联想与想象。

（3）概括画面特征或分析思想感情。

【答题示例】

木兰花

宋 祁

东城渐觉风光好，縠皱波纹迎客棹。绿杨烟外晓寒轻，红杏枝头春意闹。

浮生长恨欢娱少，肯爱千金轻一笑。为君持酒劝斜阳，且向花间留晚照。

问：这首词的上阕是如何描写春色的？试对此进行分析。

答：［步骤（1）］运用拟人、比喻的修辞手法，写景由近到远，富有层次感。［步骤（2）］诗人首先看到了东风乍起，春波绿水，波光粼粼，如细皱沙纹；然后是杨柳初醒，嫩黄浅翠，遥望一片轻烟薄雾；再望去杏花怒放，如喷火蒸霞。［步骤（3）］这些景物描绘出一幅生机盎然的春景图。

10. 分析构思（结构思路）型

1）提问方法

（1）这首诗是怎样构思的？

（2）请分析这首诗的构思之妙。

2）解答分析

诗歌有思路，句与句之间存在密切的联系。那么，分析诗的结构思路，必须把握诗句的关系。有的诗先写景后抒情，有的先叙事后抒情，还有铺垫、过渡、烘托、起承转合之说。

3）答题步骤

（1）概述诗句的内容。

（2）揭示诗句之间的联系。

（3）指出这种构思传达出什么思想感情。

【答题示例】

山房春事

岑　参

梁园日暮乱飞鸦，极目萧条三两家。

庭树不知人去尽，春来还发旧时花。

问：请简析本诗的构思之妙。

答：［步骤（1）］一、二句写梁园的繁盛不再——仰望空中乱鸦翻飞，遥望前方一片萧条；三、四句以"旧时花"反衬现在的人去园空。［步骤（2）］一、二句烘托出凄凉的气氛，为全诗奠定了感情基调，三、四句在此基础上抒发感慨，显示主旨。［步骤（3）］本诗表达了物是人非、世事沧桑的悲凉之感。

11. 观点不同型

1）提问方式

（1）有人说这首诗某某，你同意这种观点吗？

（2）有人这样认为，有人那样认为，你觉得呢？

2）解答分析

依据原诗作答，一定要从原诗中找到理由、原因。

3）答题思路

（1）认真审题。

（2）深入阅读理解诗词。

（3）结合诗歌内容，结合评论答题。

4）答题步骤

（1）表观点：同意或不同意。

（2）析理由：紧扣诗歌内容说明同意或不同意的理由。

【注意】紧扣诗文内容，点面结合地分析；阐明理由时，紧扣评论关键词。

【答题示例】

赤　壁

杜　牧

折戟沉沙铁未销，自将磨洗认前朝。

东风不与周郎便，铜雀春深锁二乔。

问：有人曾用"一粒沙里见世界，半瓣花上说人情"来概括这首诗的艺术特色。你同意这种观点吗？请作简要说明。

解析：这是一首典型的诗词评价题型。诗歌本意很明了，但命题者借用西方一句诗来概括其艺术特色，回答时脑筋要稍稍转个弯。"一粒沙里见世界，半瓣花上说人情"就是以小见大、管中窥豹的写法。本文借出土的文物（折戟）和吴国二女（二乔）来展现三国时期的政治风云变幻。

答：［步骤（1）］同意这种观点。［步骤（2）］这是一首咏史诗，抒发的是对国家兴亡的感慨，可谓大内容、大主题，但诗人却通过"小物""小事"来表现。诗由一个小小的文物"折戟"，联想到汉末分裂动荡的年代，想到赤壁大战中的英雄人物，可谓是"一粒沙里见世界"。后两句把"二乔"不曾被捉这件小事与东吴霸业、三国鼎立的大主题联系起来，写得具体可感，有情味，有风韵，可谓"半瓣花上说人情"。

12. 比较鉴赏型

1）提问方式

指出这两首诗在某某方面的异同点，并作简要分析。

2）解答分析

给出两首或几首诗词，要求学生比较阅读后，对其异同点进行分析评价。

3）答题思路

（1）要通读这几首诗词，把握其思想内容和主要的写法，包括作家作品的背景知识。

（2）要结合题干中的比较角度（思想感情、内容主旨、意境氛围、艺术手法、语言特色等）来寻求诗词的差异。

（3）要注意点面结合，既有总体分析，又有具体分析。表述时要注意条理清楚，层次分明。

【答题示例】

齐安郡中偶题

杜　牧

两竿落日溪桥上，半缕轻烟柳影中。

多少绿荷相倚恨，一时回首背西风。

暮热游荷池上

杨万里

细草摇头忽报侬，披襟拦得一西风。

荷花入暮犹愁热，低面深藏碧伞中。

问：这两首诗都运用了什么表现手法来刻画"荷"的形象？请指出两首诗中"荷"所表现出来的不同情感特点，并作简要分析。

解析：题目有两问，第一问是问表现手法上的共同点，不要求分析，所以只写出表现手法就可以，当然如果具体说明，也没错。第二问要求分析这两首咏物诗表达出的情感的不同，因此答题时，要按照情感主旨型模式答全两方面的内容。

答：第一问：都用了拟人的表现手法。第二问：［步骤（1）］前一首的"绿荷"有"恨"而"背西风"，［步骤（2）］含有诗人之恨，表露了伤感不平之情，基调凄怨低沉；［步骤（1）］后一首的"荷花"被西风吹动而躲藏于荷叶之中，似是"愁热"，却呈现娇羞之态，［步骤（2）］表露了作者的怜爱喜悦之情，基调活泼有趣。

三、课内精练

（一）《诗经》二首①

关　雎②

《诗经》

【课文导读】

《关雎》是《诗经》的第一首，写青年男子对"窈窕淑女"的钟情、爱慕与追求。诗歌运用了"比""兴"的手法，由雎鸠而引起下文，以采摘荇菜比喻对"窈窕淑女"的追求，是我国爱情诗歌的开山之作。

关关雎鸠③，在河之洲④。窈窕⑤淑女⑥，君子好逑⑦。

参差荇菜⑧，左右流⑨之。窈窕淑女，寤寐⑩求之。

求之不得，寤寐思服⑪。悠哉悠哉⑫，辗转反侧。

参差荇菜，左右采之。窈窕淑女，琴瑟友之⑬。

参差荇菜，左右芼⑭之。窈窕淑女，钟鼓乐之。⑮

【巩固训练】

1. 填空。

（1）（2021·云南真题）关关雎鸠，＿＿＿＿＿＿＿＿＿＿＿＿＿。

（2）《诗经·关雎》中表现主人公思念"窈窕淑女"而不能入眠的诗句是：＿＿＿＿＿＿＿＿＿＿＿＿＿＿，

＿＿＿＿＿＿＿＿＿＿＿＿＿。

2. 判断正误，正确的打"√"，错误的打"×"。

（1）（2020·云南真题）《关雎》是《诗经》的开篇，是一首民间爱情抒情诗。（　　　）

（2）《关雎》一诗中最能体现全诗的精神，抒发求之不得的忧思的句子是"窈窕淑女，君子好逑"。

（　　　）

3. 对"悠哉悠哉，辗转反侧"一句的意思理解正确的一项是（　　　）。

　　A. 表现相恋的喜悦　　　　　　　　　B. 表现男女相会时的兴奋之情

　　C. 表现相思的缠绵　　　　　　　　　D. 表现求之不得后的痛不欲生

---

① 选自《诗经注析》，中华书局，1991年版，有改动。《诗经》是我国最早的一部诗歌总集，收录了从西周到春秋时期的诗歌305篇，分为风、雅、颂三个部分。风，又叫"国风"，是各地的民歌。

② 选自《诗经·周南》。雎，读 jū。《诗经》中诗的标题一般取自该诗的第一句。

③ 关关雎鸠（jiū）：雎鸠不停地鸣叫。关关，拟声词。雎鸠，一种水鸟，一般认为就是鱼鹰，传说它们雌雄形影不离。

④ 洲：水中的陆地。

⑤ 窈（yǎo）窕（tiǎo）：文静美好的样子。

⑥ 淑女：善良美好的女子。

⑦ 好（hǎo）逑（qiú）：好的配偶。逑，配偶。

⑧ 荇菜：一种可食的水草。

⑨ 流：求取。

⑩ 寤（wù）寐（mèi）：这里指日日夜夜。寤，醒时。寐，睡时。

⑪ 思服：思念。服，思念。

⑫ 悠哉悠哉：形容思念之情绵绵不尽。悠，忧思的样子。

⑬ 琴瑟友之：弹琴鼓瑟对她表示亲近。

⑭ 芼（mào）：挑选。

⑮ 钟鼓乐之：敲钟击鼓使她快乐。

4. 《诗经》开篇《关雎》流传几千年，已经成为妇孺皆知的诗篇。其中"关关雎鸠，在河之洲"两句，更是为人们所传颂。请你用一句通俗的话对这两句作解释。

5. 诗歌开头用"关关雎鸠"起兴，有什么作用？

6. 诗中的女子，为何会让君子"寤寐思服"？请用自己的话概括。

蒹 葭

《诗经》

【课文导读】

　　《蒹葭》选自《诗经·秦风》，《秦风》有诗十首，《蒹葭》是第四首。《蒹葭》通过对实际情景的描写和对想象、幻想的描述，淋漓尽致地表达了主人公对意中人的强烈思念之情。

> 蒹葭苍苍，白露为霜。
> 所谓伊人，在水一方。
> 溯洄①从之，道阻且长。
> 溯游从之，宛②在水中央。
>
> 蒹葭萋萋，白露未晞③。
> 所谓伊人，在水之湄。

---

① 溯洄：逆流而上。

② 宛：宛然，真好像。

③ 晞（xī）：干。

溯洄从①之，道阻且跻②。
溯游从之，宛在水中坻③。

蒹葭采采，白露未已。
所谓伊人，在水之涘④。
溯洄从之，道阻且右⑤。
溯游从之，宛在水中沚⑥。

【巩固训练】

1. 填空。

(1) 蒹葭苍苍，＿＿＿＿＿＿＿＿＿＿＿。

(2) 所谓伊人，＿＿＿＿＿＿＿＿＿＿＿。

(3) ＿＿＿＿＿＿＿＿＿＿＿，道阻且长。

(4) ＿＿＿＿＿＿＿＿＿＿＿，宛在水中央。

2. 《蒹葭》一诗选自（　　）。

    A.《诗经·卫风》　　　　　　　　B.《诗经·齐风》

    C.《诗经·秦风》　　　　　　　　D.《诗经·唐风》

3. 《蒹葭》的主要形式特点是（　　）。

    A. 四言为主，偶见五言　　　　　B. 两两对偶，对仗工稳

    C. 重章叠句，一唱三叹　　　　　D. 一章一韵，平仄对应

4. "白露为霜""白露未晞""白露未已"体现了（　　）。

    A. 空间的转移　　　　　　　　　B. 时间的推移

    C. 情感的升华　　　　　　　　　D. 景观的变化

5. 《蒹葭》主要的意象特点是（　　）。

    A. 飘忽不定　　　　　　　　　　B. 朦胧含蓄

    C. 失落惆怅　　　　　　　　　　D. 重章叠句

6. 《蒹葭》这首诗歌中运用了景物描写，这些景物描写向我们展示了一幅怎样的画面？

7. 你如何理解《蒹葭》这首诗所抒发的感情？

---

① 从：追寻。

② 跻（jī）：上升，这里指地势渐高，需要攀登。

③ 坻：水中小洲，小岛。

④ 涘（sì）：水边。

⑤ 右：向右迂曲。

⑥ 沚：水中的小块陆地，比坻稍大。

（二）古诗二首

短歌行①

曹 操

【课文导读】

《短歌行》是一首脍炙人口的四言乐府诗。曹操是一位伟大的政治家，他戎马一生，渴望实现统一大业，这首诗抒写了他的政治抱负和壮志未酬的忧思。从表面上看，曹操是在抒写个人之情，时光易逝，人生短暂，因而要及时地建功立业，实际上却是在巧妙地召唤贤才。"越陌度阡，枉用相存""周公吐哺，天下归心"，抒发了他渴望招纳贤才、建功立业的宏图大愿。

对酒当歌②，人生几何③！

譬如朝露，去日苦多④。

慨当以慷⑤，忧思难忘。

何以解忧？唯有杜康⑥。

青青子衿，悠悠我心⑦。

但为君故，沉吟⑧至今。

呦呦鹿鸣，食野之苹。

我有嘉宾，鼓瑟吹笙⑨。

明明如月，何时可掇⑩？

忧从中来，不可断绝。

越陌度阡⑪，枉用相存⑫。

契阔谈䜩⑬，心念旧恩。

月明星稀，乌鹊南飞。

绕树三匝⑭，何枝可依？

山不厌高，海不厌深⑮。

---

① 选自《曹操集·诗集》，中华书局，2013 年版。

② 对酒当歌：面对着酒与歌，即饮酒听歌。当，也是"对"的意思。

③ 几何：多少。

④ 去日苦多：可悲的是逝去的日子太多了。这是慨叹人生短暂。

⑤ 慨当以慷：即"慷慨"。这里指宴会上的歌声激越不平。当以，没有实义。

⑥ 杜康：相传是最早造酒的人。这里代指酒。

⑦ 青青子衿（jīn），悠悠我心：语出《诗经·郑风·子衿》，原写姑娘思念情人，这里用来比喻渴望得到贤才。子，对对方的尊称。青衿，指代周代读书人青色交领的服装。衿，衣服的交领。悠悠，长远的样子，形容思虑连绵不断。

⑧ 沉吟：沉思吟味。这里指思念和倾慕贤人。

⑨ 呦呦鹿鸣，食野之苹。我有嘉宾，鼓瑟吹笙：语出《诗经·小雅·鹿鸣》。苹，艾蒿。《鹿鸣》是宴客的诗，这里用来表达招纳贤才的热情。

⑩ 掇：拾取，摘取。一说同"辍"，停止。

⑪ 越陌度阡：穿过纵横交错的小路。陌，东西向的田间小路。阡，南北向的田间小路。

⑫ 枉用相存：屈驾来访。枉，这里是枉驾的意思。用，以。存，问候、探望。

⑬ 契阔谈䜩（yàn）：久别重逢，欢饮长谈。

⑭ 三匝（zā）：三周。匝，周、圈。

⑮ 山不厌高，海不厌深：这里是仿用《管子·形势解》中的话："海不辞水，故能成其大；山不辞土石，故能成其高；明主不厌人，故能成其众。"该句表示希望尽可能多地接纳人才。

周公吐哺①，天下归心。

【巩固训练】

1. 填空。

(1) 曹操的《短歌行》中的"＿＿＿＿＿＿＿＿＿＿，＿＿＿＿＿＿＿＿＿＿"被唐代文学家刘禹锡在《陋室铭》中化用为"山不在高，有仙则名；水不在深，有龙则灵"的千古名句。

(2) (2021·云南真题) ＿＿＿＿＿＿＿＿＿＿，乌鹊南飞。

2. 下列词语中加点字的注音全对的一组是（　　）。

A. 譬如（pì）　　慷慨（kǎi）　　青衿（jīn）

B. 笙箫（shēng）　　阡陌（mò）　　契合（qiè）

C. 周匝（zā）　　哺育（pǔ）　　鼓瑟（sè）

D. 沉吟（yín）　　拾掇（duō）　　呦呦（āo）

3. (2022·云南真题) 曹操的《短歌行》中的"青青子衿，悠悠我心"表达了作者（　　）。

A. 对女子的思念　　　　　　　　B. 对贤才的思慕

C. 对理想的追求　　　　　　　　D. 对往事的追忆

4. (2020·云南真题) 下列属于《短歌行》中的用典句是（　　）。

A. 青青子衿，悠悠我心　　　　　B. 月明星稀，乌鹊南飞

C. 山不厌高，海不厌深　　　　　D. 何以解忧？唯有杜康

5. 下列各项中，加点的字没有活用的一项是（　　）。

A. 何时可掇　　　　　　　　　　B. 乌鹊南飞

C. 天下归心　　　　　　　　　　D. 榆柳荫后檐

6. 下列对诗句的解说不正确的一项是（　　）。

A. "对酒当歌，人生几何"和"何以解忧？唯有杜康"几句诗表达了功业未成的曹操悲观厌世的一面。

B. "青青子衿，悠悠我心"运用了"青衿"的典故，意在表达作者求贤若渴的心情。

C. 根据当时的时代背景，诗人"忧从中来"的"忧"来自壮志未酬却已年过半百的忧虑，来自对社会动荡、国家统一前途未卜的担忧等。

D. "月明星稀，乌鹊南飞。绕树三匝，何枝可依"两联借乌鹊绕树表达"良禽择木而栖，贤臣择主而事"之意，希望天下贤士归于自己。

7. 下列对相关文化常识的表述，有误的一项是（　　）。

A. "青青子衿"中的"子"是对对方的尊称，"衿"是"衣服的交领"，"青衿"是周代读书人青色交领的服装，这里指代有学识的人。

B. 《短歌行》是曹操的作品，他的诗歌受乐府民歌的影响很深，但富有创造性，婉转含蓄，情调苍凉悲壮。

C. 曹操是建安文学新局面的开创者，他的作品除五言外，四言诗也有不少优秀之作，如《短歌行》《观沧海》。

D. "三曹"指的是曹操与其子曹丕、曹植的合称。

8. 下列说法有误的一项是（　　）。

A. 朝露：比喻人生短暂。

B. 月明星稀，乌鹊南飞：比喻贤才投主。

---

① 周公吐哺（bǔ）：《史记·鲁周公世家》记载，周公广纳贤才，正吃饭时，听到门外有士子求见，来不及咽下嘴里的食物，把食物一吐就赶紧去接见。这里借用这个典故，表示自己像周公一样热切殷勤地接待贤才。吐哺，吐出嘴里的食物。

C. 山不厌高，水不厌深：比喻自己渴望多纳贤才。

D. "周公吐哺"的典故：用这个典故表达了诗人希望能够一统天下的雄心壮志。

9. "青青子衿，悠悠我心""呦呦鹿鸣，食野之苹"这四句诗运用了何种修辞手法？

10. 全诗反复出现"忧"字，诗人"忧"什么？

归园田居①

陶渊明

【课文导读】

东晋义熙二年（406），即陶渊明辞去彭泽县令后的次年，他写下了著名诗篇——《归园田居》五首，这是第一首。这首诗叙述了诗人归隐田园的原因，以及归隐田园后的闲适生活和喜悦心情，表现了诗人对当时社会的不满和对田园风光的由衷热爱，体现了诗人不愿与黑暗势力同流合污的情操。

该诗选用清新质朴、自然流畅的语言，描绘出一幅有声有色、动静结合、形象鲜明的画面，将诗人的爱憎表达得淋漓尽致。

少无适俗韵，性本爱丘山。
误落尘网②中，一去三十年。
羁③鸟恋旧林，池鱼思故渊。
开荒南野际，守拙④归园田。
方宅十余亩，草屋八九间。
榆柳荫后檐，桃李罗堂前。
暧暧⑤远人村，依依⑥墟里烟。
狗吠深巷中，鸡鸣桑树颠。
户庭无尘杂，虚室有余闲。
久在樊笼⑦里，复得返自然。

【巩固训练】

1. 填空。

（1）榆柳荫后檐，_____。

（2）久在樊笼里，_____。

（3）（2021·云南真题）_____，池鱼思故渊。

---

① 选自《陶渊明集笺注》卷二，中华书局，2003 年版。《归园田居》共有五首，这是第一首。

② 尘网：指世俗的种种束缚。

③ 羁：笼络，拴缚。

④ 守拙：谓自守本性。拙，愚笨，自谦之辞。

⑤ 暧暧：朦朦胧胧，模糊不清。

⑥ 依依：隐约的样子。

⑦ 樊笼：关鸟兽的笼子，这里比喻束缚本性的俗世。

2．下列加点字的注音有误的一项是（　　）。

    A．芙蓉（fú）　　　　　譬如（pì）　　　　　呦呦鹿鸣（yōu）

    B．羁鸟（jī）　　　　　吐哺（bǔ）　　　　　鼓瑟吹笙（shēng）

    C．三匝（zā）　　　　　暧暧（ài）　　　　　何时可掇（duó）

    D．枉用（wǎng）　　　　樊笼（fán）　　　　　越陌度阡（mò）

3．下列词语中有错别字的一组是（　　）。

    A．盈盈　泣涕　朝露　羁鸟　　　　　　B．俗韵　故渊　樊笼　忧思

    C．沉吟　尘杂　吐哺　深巷　　　　　　D．守苗　嘉宾　后檐　桃李

4．下列各句中，含有通假字的一项是（　　）。

    A．径须沽取对君酌　　　　　　　　　　B．但为君故，沉吟至今

    C．羁鸟恋旧林，池鱼思故渊　　　　　　D．久在樊笼里，复得返自然

5．下列诗句书写正确的一项是（　　）。

    A．羁鸟恋旧林，池鱼思故渊　　　　　　B．开荒南野际，守绌归园田

    C．狗吠深港中，鸡鸣桑树颠　　　　　　D．暧暧远人村，依依墟里烟

6．（2021·云南单招）《归园田居》中"误落尘网中，一去三十年"运用的修辞手法是（　　）。

    A．比喻　　　　　　　　　　　　　　　B．比拟

    C．借代　　　　　　　　　　　　　　　D．夸张

7．"尘网""樊笼"和"羁鸟""池鱼"这两组词语各比喻什么？诗人运用这些比喻表达了怎样的思想感情？

8．这首诗在描绘田园环境和生活时运用了什么手法？表现了诗人怎样的心情？

（三）唐诗二首

黄鹤楼①送孟浩然之②广陵③

李　白

【课文导读】

这首诗是李白为孟浩然所作，这首诗描写的是李白送别孟浩然时的情景，表达了朋友之间的依依惜别之情。情调轻松，充满了诗情画意。

李白，字太白，号青莲居士。伟大的浪漫主义诗人，有"诗仙"之美誉。其诗以抒情为主，表现出蔑视权贵的傲岸精神，对人民疾苦表示同情，又善于描绘自然景色，表达对祖国山河的热爱。诗风雄奇豪放，想象丰富，语言流转自然，音律和谐多变，善于从民间文艺和神话传说中吸取营养，构成其特有

---

    ①　选自《黄鹤楼诗词联文选》，武汉出版社，2000年版。黄鹤楼，故址在今湖北省武汉市的黄鹤矶上，传说曾有神仙在此乘黄鹤而去，故称"黄鹤楼"。

    ②　之：去，到。

    ③　广陵：扬州。

的瑰玮绚烂的色彩，达到盛唐诗歌艺术的巅峰。

故人西辞黄鹤楼，烟花①三月下扬州。

孤帆远影碧空尽，唯见长江天际②流。

【巩固训练】

1. 解释词语。

(1) 故人：＿＿＿＿＿＿＿＿＿＿＿   (2) 辞：＿＿＿＿＿＿＿＿＿＿＿

(3) 碧空：＿＿＿＿＿＿＿＿＿＿＿   (4) 唯：＿＿＿＿＿＿＿＿＿＿＿

2. 填空。

(1) ＿＿＿＿＿＿＿＿＿＿＿＿，烟花三月下扬州。

(2) (2019·云南真题) ＿＿＿＿＿＿＿＿＿＿＿，唯见长江天际流。

3. 下列选项不正确的一项是（ 　　）。

    A. 《黄鹤楼送孟浩然之广陵》——唐代——李白——七言律诗

    B. 《登高》——唐代——杜甫——七言律诗

    C. 《游子吟》——唐代——孟浩然——乐府

    D. 《登鹳雀楼》—唐代——王之涣——五言绝句

4. 赏析诗歌最后两句。

5. 后人评说此诗是"千古丽诗"。请结合诗歌说说"丽"的具体内容。

登　高③

杜　甫

【课文导读】

　　这是一首即景伤怀的七言律诗。这首诗以"悲"字为核心，通过写登高所见的秋江景色，倾诉了诗人长年漂泊、老病孤愁的复杂感情。诗歌的前四句写登高见闻，首联用"风急"二字领起，写夔州的特定环境。一个"哀"字不仅写出自然之悲（秋），而且写出了人生之艰难（霜鬓）。诗的后四句抒情，颈联中的"悲"和"独登台"不仅扣合首联的"哀"，而且表明诗人在高处远眺，把眼前景和心中情紧密联系在一起。"艰难苦恨"写出诗人潦倒的生活之苦和一生无法释怀的愁思。诗人由内心伤悲到登高遣悲，再到触景生悲，终借酒消悲，全诗起于"悲"，而终于"悲"。

　　内容上，本诗高度凝练，颈联包含羁旅之思、怀乡之情、垂暮之叹、多病之悲。形式上，本诗通体对仗，被誉为"古今七言律诗第一"。

----

　　① 烟花：形容柳如烟、花似锦的春景。

　　② 天际：天边，天地之间的地平线上。

　　③ 选自《杜诗详注》卷二十，中华书局，2015 年版。这首诗是唐代宗大历二年（767 年）杜甫流寓夔州（今重庆奉节）时的作品。登高，古人重阳节有登高的习俗。

风急天高猿啸①哀，渚②清沙白鸟飞回③。
无边落木④萧萧⑤下，不尽长江滚滚来。
万里⑥悲秋常作客，百年⑦多病独登台。
艰难苦恨繁霜鬓⑧，潦倒⑨新停⑩浊酒杯。

【巩固训练】

1．填空。

（1）风急天高猿啸哀，＿＿＿＿＿＿＿＿＿＿＿＿。

（2）＿＿＿＿＿＿＿＿＿＿＿＿，潦倒新停浊酒杯。

2．下列对诗句理解有误的一项是（　　　）。

　　A．"风急天高猿啸哀"点明了登高时风急天高猿悲啼的特定环境。

　　B．"渚清沙白鸟飞回"表明诗人将视线转向水中之渚，动静结合，境界开阔。

　　C．"无边落木萧萧下"描述了秋天树叶纷纷飘落的萧索景象。

　　D．"艰难苦恨繁霜鬓"表明登高时诗人因悲伤而头发突然变白。

3．下面对"万里悲秋常作客，百年多病独登台"理解有误的一项是（　　　）。

　　A．"万里"指诗人为生活所迫，漂泊异乡，离家很远。

　　B．"百年"指诗人离家时间很长，表达了对故乡无尽的思念。

　　C．"多病"指诗人疾病缠身，身体衰弱。

　　D．"独"是形容诗人独自一人登台，孤独寂寞的境况。

4．下列对《登高》这首诗理解有误的一项是（　　　）。

　　A．本诗是诗人在夔州期间写的一首即景伤怀的律诗，前四句写景，后四句抒情。

　　B．本诗是诗人垂暮之年、深秋时节登高望远的个人咏怀之作，不涉及忧国忧民之情。

　　C．本诗用字精当，对仗工整，情景交融，被赞为"古今七言律诗第一"。

　　D．本诗写出诗人晚年离开成都以后生活的艰辛，内心的凄苦。

5．为什么诗人咏"落木"而不咏"落叶"？

6．前两联写登高俯仰所见所闻，一连出现哪几个意象？渲染了秋江景物的什么特点？

---

①　啸：声音悠长的鸣叫。

②　渚：水中的小块陆地。

③　鸟飞回：鸟（在急风中）飞舞盘旋。

④　落木：落叶。

⑤　萧萧：草木摇落的声音。

⑥　万里：指远离故乡。

⑦　百年：这里借指晚年。

⑧　艰难苦恨繁霜鬓：一生艰难，常常抱恨于志业无成而身已衰老。艰难，指自己生活多艰，又指国家多难。苦恨，极恨。繁霜鬓，像浓霜一样的鬓。

⑨　潦倒：失意。

⑩　新停：刚刚停止。杜甫晚年因病戒酒，所以说"新停"。

（四）宋词二首

雨霖铃①

柳　永

【课文导读】

《雨霖铃》是词人在仕途失意，不得不离京都（汴京，今河南开封）时写的，是表现江湖流落感受中很有代表性的一篇。这首词写离情别绪，达到了情景交融的艺术境界。词的主要内容是以冷落凄凉的秋景作为衬托来表达和情人难以割舍的离情。宦途的失意和与恋人的离别，两种痛苦交织在一起，使词人更加感到前途的黯淡和渺茫。上阕主要写一对恋人饯行时难分难舍的别情，下阕着重写想象中别后的凄楚情景。

寒蝉凄切，对长亭晚②，骤雨初歇。都门帐饮③无绪④。留恋处，兰舟催发，执手相看泪眼，竟无语凝噎⑤。念去去，千里烟波⑥，暮霭沉沉楚天阔。

多情自古伤离别，更那堪，冷落清秋节！今宵酒醒何处？杨柳岸，晓风残月。此去经年⑦，应是良辰好景虚设。便纵有千种风情⑧，更与何人说？

【巩固训练】

1. 填空。

（1）执手相看泪眼，＿＿＿＿＿＿＿＿＿＿。

（2）＿＿＿＿＿＿＿＿＿＿？杨柳岸，晓风残月。

2. 下列对词句中加点词语的解释，有误的一项是（　　）。

  A. 帐饮无绪　　无绪：没有心思，意思是心情不好

  B. 兰舟催发　　兰舟：木兰木制造的船，这是文学作品中常用的对船的美称

  C. 竟无语凝噎　凝噎：哭泣

  D. 此去经年　　经年：年复一年

3. 下列对于这首词的赏析，不正确的一项是（　　）。

  A. 起首三句铺叙景物，交代时令和地点，渲染悲凉氛围，奠定全词感伤的情感基调。

  B. "沉沉"言暮霭浓密深沉，"阔"则言楚天广阔辽远，前途迷茫，道尽离愁之深。

  C. "念去去，千里烟波，暮霭沉沉楚天阔"为眼前实景，"杨柳岸，晓风残月"是想象的虚景。

  D. 全词上片摹话别之景，景中含情；下片抒别后之思，思中见景；双线并行，互为映衬。

4. "寒蝉凄切，对长亭晚，骤雨初歇"渲染了什么样的气氛？

---

① 选自《宋词选》，上海古籍出版社，1962年版。雨霖铃，词牌名。

② 对长亭晚：面对着长亭，正是傍晚的时候。

③ 都门帐饮：在京城郊外设帐饯别。

④ 无绪：没有心思，意思是心情不好。

⑤ 凝噎：因为激动，嗓子被气憋住，说不出话。

⑥ 烟波：意思是说遥望远处，水波渺茫如烟雾笼罩。这里形容旅途遥远迷茫。

⑦ 经年：年复一年。

⑧ 便纵有千种风情：就算是有多少风情。风情，风流情意。

5. "念"字在全词中起什么作用？

6.《雨霖铃》这首词的主要内容是什么？词中哪句话最能体现这个内容？

永遇乐·京口北固亭怀古①

辛弃疾

【课文导读】

《永遇乐·京口北固亭怀古》分上、下阕。上阕怀念历史上曾经积极抗敌的英雄人物孙权、刘裕，讽刺南宋王朝的屈辱求和，表现出作者对英雄业绩的向往；下阕借谴责刘义隆表明自己的抗金主张，借廉颇的故事抒发对南宋王朝的愤懑和自己的爱国热忱。

千古江山，英雄无觅孙仲谋处。舞榭歌台，风流总被雨打风吹去。斜阳草树，寻常巷陌，人道寄奴曾住②。想当年，金戈铁马，气吞万里如虎③。

元嘉草草④，封狼居胥⑤，赢得仓皇北顾。四十三年⑥，望中犹记，烽火扬州路⑦。可堪回首，佛狸祠⑧下，一片神鸦社鼓⑨。凭谁问：廉颇老矣，尚能饭否⑩？

【巩固训练】

1. 填空。

(1) 舞榭歌台，_____。

---

①　选自《稼轩词编年笺注》卷五，上海古籍出版社，1993年版。永遇乐，词牌名。这首词作于宋宁宗开禧元年（1205）。

②　寄奴曾住：寄奴是南朝宋武帝刘裕（363—422）的小名。刘裕的祖先移居京口，他在这里起事，晚年推翻东晋做了皇帝。

③　想当年，金戈铁马，气吞万里如虎：刘裕曾两次率领东晋军队北伐，收复洛阳、长安等地。

④　元嘉草草：南朝宋文帝刘义隆好大喜功，仓促北伐，遭到重创。元嘉，宋文帝刘义隆的年号（424—453）。草草，轻率。

⑤　封狼居胥：汉武帝元狩四年（前119），霍去病远征匈奴，歼敌七万余，封狼居胥山而还。封，登山祭天，以纪功勋。狼居胥，山名，即今蒙古国境内的肯特山。这里用"元嘉北伐"告诫南宋朝廷要汲取历史教训。《宋书·王玄谟传》载刘义隆对殷景仁说："闻王玄谟陈说，使人有封狼居胥意。"

⑥　四十三年：作者于宋高宗绍兴三十二年（1162）南归，到写这首词时正好四十三年。

⑦　望中犹记，烽火扬州路：登高望远，还能清楚记得当年扬州路上战火弥漫的景象（指1161年金兵南侵，当时扬州一带被敌占领）。

⑧　佛（bì）狸祠：北魏太武帝拓跋焘（408—452）小名"佛狸"。公元450年，他反击刘宋，兵锋南下，在长江北岸瓜步山上建立行宫，后称"佛狸祠"。

⑨　社鼓：社日祭祀土地神的鼓声。南宋时期，当地老百姓只把佛狸祠当作一般祠庙来祭祀供奉，而不知道它过去曾是北魏皇帝的行宫。

⑩　廉颇老矣，尚能饭否：据《史记·廉颇蔺相如列传》，战国时赵国名将廉颇被免职后跑到魏国，后来赵王想重新起用他，派人去探看他的身体状况。廉颇在使者面前吃下饭一斗、肉十斤，披甲上马，以示尚可大用。使者受廉颇仇人郭开的贿赂，回来报告赵王说："廉将军虽老，尚善饭，然与臣坐，顷之三遗矢矣。"（"矢"同"屎"）。赵王以为廉颇已老，遂不召。

(2) 斜阳草树，＿＿＿＿＿＿＿＿＿＿＿，人道寄奴曾住。

(3) 想当年，金戈铁马，＿＿＿＿＿＿＿＿＿＿。

2. 对"元嘉草草，封狼居胥，赢得仓皇北顾"中运用的典故理解最恰当的一项是（　　）。

    A. 批判刘义隆草率出兵，遭到惨败，感叹刘裕竟有这样不肖的儿子。

    B. 以刘义隆草率出兵，遭到惨败的历史教训，借古讽今，警告韩侂胄切勿草率出兵。

    C. 以刘义隆草率出兵，遭到惨败，类比南宋近期张浚北伐遭到大败，感叹南宋遭到挫败。

    D. 批判刘义隆草率出兵，遭到惨败，感叹南宋近期张浚北伐亦曾重蹈覆辙。

3. 下面对这首词的赏析，不正确的一项是（　　）。

    A. 作者以"千古江山"起笔，喷薄而出，力沉势雄，显示出作者非凡的英雄气魄和无比宽广的胸襟，但千古江山无处觅英雄，虽有江河不改，青山依旧，却有风云变幻、物是人非的意味。

    B. 作者由京口这一历史名城联想到与京口有关的历史英雄孙权与刘裕，以此顺势写来，自然流畅，感情直白朴实。

    C. "四十三年，望中犹记，烽火扬州路"一句，作者将笔锋从沉寂远去的历史拉向切近的自身，开始追忆往事，回顾自己一生。

    D. 从整体上来看，此词并非一首激情澎湃、斗志昂扬的豪放之文，而是一首沉郁顿挫、悲壮苍凉之作。

4. 《永遇乐·京口北固亭怀古》中辛弃疾引用宋文帝北伐惨败的故事目的是什么？

5. "元嘉草草，封狼居胥，赢得仓皇北顾"引用了哪两个人物的典故？词人通过这三句要表达什么观点？

（五）元曲二首

天净沙·秋思①

马致远②

【课文导读】

    曲兴于元代，又称散曲。《天净沙·秋思》中"天净沙"是曲牌名，"秋思"是题目。全曲采用寓情于景的方法，通过对秋天黄昏时景物的描写，表达了漂泊异乡的旅人的抑郁心情。全曲没有一个动词，不着一个悲字。在前三句中连缀了九个意象，构成一幅萧瑟凄凉的秋天景象，结尾用一抹夕阳点缀，秋之悲凉、羁旅愁思都跃然纸上。此曲被誉为"秋思之祖"。

---

    ① 选自《全元散曲》，中华书局，1981年版。天净沙，曲牌名。思，思绪。

    ② 马致远（约1251—约1321）：号东篱，一说字千里，大都（今北京）人，元代戏曲作家、散曲家，与关汉卿、白朴、郑光祖同称"元曲四大家"。

枯藤老树昏鸦①，小桥流水人家，古道西风瘦马。夕阳西下，断肠②人在天涯③。

【巩固训练】

1. 填空。

（1）全曲中，暗含题中"秋"字的三个最直接的景象是＿＿＿＿＿＿＿＿＿，＿＿＿＿＿＿＿＿＿，
＿＿＿＿＿＿＿＿＿。最能体现旅人（游子）思乡之情的景物是＿＿＿＿＿＿＿＿＿。体现"思"字
的一句是＿＿＿＿＿＿＿＿＿。

（2）马致远在《天净沙·秋思》中摄取九种景物来表现秋天的句子是＿＿＿＿＿＿＿＿＿，
＿＿＿＿＿＿＿＿＿，＿＿＿＿＿＿＿＿＿。

（3）＿＿＿＿＿＿＿＿＿，断肠人在天涯。

2. 判断正误，正确的打"√"，错误的打"×"。

（1）"枯藤老树昏鸦"点明时令是初冬。（　　）

（2）（2021·云南真题）马致远的《天净沙·秋思》，这首曲的点睛之笔是"小桥流水人家"。（　　）

3. "枯藤老树昏鸦"与"小桥流水人家"是两种截然不同的画面，你能理解这种不协调的用意吗？

4. 简要分析"夕阳西下"一句的表达作用。

山坡羊·潼关怀古④
张养浩⑤

【课文导读】

本曲通过写景和想象勾勒出王朝兴亡的景象，抒发了作者对祖国河山的热爱、对统治阶级残暴贪婪的痛恨和对广大劳动人民所受苦难的同情。

峰峦如聚，波涛如怒，山河表里⑥潼关路。望西都⑦，意踌躇⑧。伤心秦汉经行处⑨，宫阙万间都做了土。兴，百姓苦；亡，百姓苦。

【巩固训练】

1. 填空。

（1）揭示出历史是不断发展变化的，任何强大的统治者也避免不了最终的灭亡的句子是：＿＿＿＿＿＿＿＿＿。

---

① 昏鸦：黄昏时将要回巢的乌鸦。

② 断肠：形容悲伤到极点。

③ 天涯：天边，指远离家乡的地方。

④ 选自《全元散曲》，中华书局，1986 年版。《山坡羊》，曲牌名。

⑤ 张养浩（1270—1329），字希孟，号云庄，济南（今属山东）人，元代文学家，所作散曲以豪放著称。

⑥ 山河表里：外有黄河，内有华山，是为表里，形容潼关一带地势险要。

⑦ 西都：指长安。

⑧ 踌躇：迟疑不决。这里形容心潮起伏。

⑨ 秦汉经行处：途中所见的秦汉宫殿遗址。秦朝都城咸阳和西汉都城长安都在潼关西面。经行处，行程中经过的地方。

（2）"山坡羊"是＿＿＿＿＿＿＿＿＿＿，"潼关怀古"是＿＿＿＿＿＿＿＿＿＿。

2. 下面对《山坡羊·潼关怀古》的分析和理解，不正确的一项是（   ）。

    A. 这是一首元代散曲，"山坡羊"是曲牌名，"潼关怀古"是曲的题目。

    B. "山河表里潼关路"这句勾画出潼关外有黄河，内有华山，山河雄伟、地势险要的特点。

    C. 曲中的"聚"字赋予静止的峰峦以动感，"怒"字则生动地表现出波涛汹涌澎湃的情态。

    D. 词人在曲中表达出深深的伤感悲痛之情，他伤感悲痛的最主要原因是"宫阙万间都做了土"。

3.《山坡羊·潼关怀古》中写"兴，百姓苦；亡，百姓苦"。"亡，百姓苦"好理解，为何"兴"百姓也苦呢？

4. 这首散曲抒发了作者怎样的思想感情？

第七章 文言文专题

一、备考要点

（1）了解古今词义的差别。

（2）掌握常见的文言实词。

（3）了解常见的文言虚词的一般用法。

（4）了解常见的文言句式，特别注意与现代汉语不同的句式。

（5）能阅读和翻译浅显的文言文。

二、命题分析

具备阅读浅易文言文的能力，是对学生阅读能力的基本要求。一般高等职业技术院校招生考试文化课考试大纲对文言文考试的要求是了解古今词义的差别，掌握常见的文言实词，了解常见的文言文。学生在复习过程中要认真阅读文言文，领会古汉语的特点和规律，熟练地掌握通假字、古今异义词、多义词、虚词的用法、特殊句式、翻译方法等。命题方式上，考试对文言文的考查既有主观题，也有客观题。

1. （2022·云南真题）文言文阅读

水陆草木之花，可爱者甚蕃。晋陶渊明独爱菊。自李唐来，世人甚爱牡丹。予独爱莲之出淤泥而不染，濯清涟而不妖，中通外直，不蔓不枝，香远益清，亭亭净植，可远观而不可亵玩焉。

予谓菊，花之隐逸者也；牡丹，花之富贵者也；莲，花之君子者也。噫！菊之爱，陶后鲜有闻。莲之爱，同予者何人？牡丹之爱，宜乎众矣。

（1）下列加点的字解释不正确的一项是（　　）。

A．亵玩　　　　　　　　　　　　亵：执着

B．甚爱　　　　　　　　　　　　甚：非常

C．不染　　　　　　　　　　　　染：沾染

D．甚蕃　　　　　　　　　　　　蕃：多

【参考答案】A

【解题分析】A项，亵：亲近而不庄重。

（2）对"噫！菊之爱，陶后鲜有闻"一句翻译最贴切的一项是（　　）。

A．唉！对于菊花的热爱，陶渊明之后就很少说起。

B．唉！对于菊花的爱好，陶渊明之后就很少听到。

C．唉！陶渊明之后，就没有人爱好菊花。

D．唉！像陶渊明这样爱好菊花的人是越来越少。

【参考答案】B

【解题分析】"之"是助词，"菊之爱"一句意为"对于菊花的喜欢/喜爱"，"闻"指"听到"而不是"说起"，B选项正确。

（3）下列各组全都是莲花别名的一项是（　　）。

A.　缅桂、芙蕖、菡萏　　　　　　　　B.　荷花、芙蕖、菡萏

C.　含笑、芙蕖、菡萏　　　　　　　　D.　木兰、芙蕖、水芙蓉

【参考答案】B

【解题分析】A项，缅桂是白玉兰、白兰花的别称。C项，含笑指含笑花，不是荷花。D项，木兰指木兰花。莲花的别称较多，有荷花、芙蕖、菡萏、水芙蓉等。

（4）找出文中点明主旨的原句_____。

【参考答案】莲，花之君子者也

【解题分析】《爱莲说》运用了托物言志的写法，用"菊"和"牡丹"作正衬和反衬，表达自己洁身自好、不慕名利的生活态度，突出了文章的主旨"爱莲"，即爱君子之德。

（5）陶渊明以"逸"来保持自己的气节，本文作者不愿意隐逸，也不贪慕富贵，那他追求什么？

【参考答案】作者追求在污浊的世间，坚贞不渝地保持自己正直的操守。

【解题分析】作者开篇说："水陆草木之花，可爱者甚蕃"，这是为下文将要说到的"菊之爱""牡丹之爱""莲之爱"张本，是入题的准备。接下来入题，先以陶渊明爱菊和世人爱牡丹二事做烘托，然后用"予独爱莲"一语道出自己的心意。从"莲之出淤泥而不染"至"亭亭净植"几句，在描写中渗透作者对莲的无限赞美之情，突出了莲的洁净、单纯、雅致，到篇末，作者运用感叹的方式含蓄地表明了自己的人生态度：既不愿像陶渊明那样消极避世，又不愿像世人那样追逐功名富贵。他要在污浊的世间独立不移，永远保持清白的操守和正直的品德。

2.（2021·云南真题）文言文阅读

秋水时至，百川灌河。泾流之大，两涘渚崖之间，不辩牛马。于是焉河伯欣然自喜，以天下之美为尽在己。顺流而东行，至于北海，东面而视，不见水端。于是焉河伯始旋其面目，望洋向若而叹曰："野语有之曰：'闻道百，以为莫己若者。'我之谓也。且夫我尝闻少仲尼之闻而轻伯夷之义者，始吾弗信；今我睹子之难穷也，吾非至于子之门则殆矣，吾长见笑于大方之家。"

（1）下列句中加点的词解释不正确的一项是（　　　　）。

　　A.　吾非至于子之门则殆矣　　　　　　殆：危险

　　B.　野语有之曰　　　　　　　　　　　野语：俗语

　　C.　百川灌河　　　　　　　　　　　　河：河水

　　D.　闻道百，以为莫己若者　　　　　　道：道理

【参考答案】C

【解题分析】C项，"河"为古今异义词，古指"黄河"。

（2）下列句子翻译不正确的一项是（　　　　）。

　　A.　秋水时至。

　　翻译：秋天的雨水应时到了。

　　B.　以天下之美为尽在己。

　　翻译：以为天下的美都在自己这里了。

　　C.　望洋向若。

　　翻译：抬头向着海神若。

　　D.　我之谓也。

　　翻译：这是我说的啊。

【参考答案】D

【解题分析】D项，"我之谓也"是倒装句。"之"是助词，可译为"的"。这句话可译为"说的就是我啊"。

（3）下列句子有被动句式的一项是（　　　）。

    A. 吾非至于子之门则殆矣。   B. 吾长见笑于大方之家。

    C. 于是焉河伯欣然自喜。   D. 于是焉河伯始旋其面目。

【参考答案】B

【解题分析】A项，"于"是"在，到"，此句可译为：我如果不是来到您的门前，就危险了。B项，"于"表被动，此句可译为：我就要长久地被大方之家嘲笑了。C项，此句可译为：在这个时候河伯非常高兴。D项，此句可译为：在这个时候河伯才将头转过来。

（4）下列句子有通假字的一项是（　　　）。

    A. 少仲尼之闻而轻伯夷之义者。   B. 闻道百，以为莫己若者。

    C. 两涘渚崖之间，不辩牛马。   D. 东面而视，不见水端。

【参考答案】C

【解题分析】A项，此句可译为：有小看孔子的学问，轻视伯夷的义行的人。B项，此句可译为：听过很多的道理，就以为没有人能比得上自己了。C项，"辩"通"辨"，此句可译为：两岸和水中沙洲之间连牛马都不能分辨。D项，此句可译为：面向东看，看不见水的尽头。

（5）写出这段话中所包含的一个成语。

【参考答案】望洋兴叹（或大方之家）

【解题分析】望洋兴叹与大方之家都为四字成语。望洋兴叹：本义指在伟大的事物面前感叹自己的渺小，今多指要做一件事而力量不够，感到无可奈何（望洋：抬头向上看的样子）。大方之家：指专家学者；内行人。

3.（2020·云南真题）文言文阅读

苏子愀然，正襟危坐而问客曰："何为其然也？"客曰："'月明星稀，乌鹊南飞'，此非曹孟德之诗乎？西望夏口，东望武昌，山川相缪，郁乎苍苍。此非孟德之困于周郎者乎？方其破荆州，下江陵，顺流而东也，舳舻千里，旌旗蔽空，酾酒临江，横槊赋诗，固一世之雄也，而今安在哉？况吾与子渔樵于江渚之上，侣鱼虾而友麋鹿，驾一叶之扁舟，举匏樽以相属。寄蜉蝣于天地，渺沧海之一粟。哀吾生之须臾，羡长江之无穷。挟飞仙以遨游，抱明月而长终。知不可乎骤得，托遗响于悲风。"

（1）下列加点的字注音不正确的一组是（　　　）。

    A. 骤得（zhòu）   遨游（áo）   须臾（yú）   沧海（cāng）

    B. 蜉蝣（fú）   匏樽（páo）   扁舟（piān）   麋鹿（mí）

    C. 江渚（zhǔ）   渔樵（qiáo）   横槊（shuò）   舳舻（zhú）

    D. 酾酒（lì）   旌旗（jīng）   相缪（miù）   愀然（qiǎo）

【参考答案】D

【解题分析】"酾酒"的"酾"应读 shī；"相缪"的"缪"应读 liáo。

（2）下列加点的词解释不正确的一项是（　　　）。

    A. 酾酒   酾：酌酒

    B. 扁舟   扁：小船

    C. 挟   挟：携

    D. 下江陵   下：下面

【参考答案】D

【解题分析】D项，"下江陵"的"下"，意为"攻占"。

（3）下列句子加点的词是意动用法的一项是（　　　）。

    A. 况吾与子渔樵于江渚之上。

B. 侣鱼虾而友麋鹿。

C. 哀吾生之须臾。

D. 而今安在哉？

【参考答案】B

【解题分析】A项，"江渚"为名词，"江中的小洲"。B项，"侣""友"是名词的意动用法，"以……为伴侣""以……为朋友"，正确。C项，"生"为名词，"生命，一生"。D项，"安"意为"哪里"。

（4）下列句子翻译不正确的一项是（　　）。

A. 此非孟德之困于周郎者乎？

翻译：这不是曹操围困周瑜的地方吗？

B. 寄蜉蝣于天地。

翻译：寄托蜉蝣一样短促的生命于天地间。

C. 知不可乎骤得。

翻译：知道不能很快得到。

D. 何为其然也？

翻译：（箫声）为什么会这么悲凉呢？

【参考答案】A

【解题分析】A项为被动句，应翻译出被动语气，应译为"这不是曹操被周瑜围困的地方吗？"

（5）作者用曹操的典故，其用意是（　　）。

A. 赞颂曹操横槊赋诗的英雄气概

B. 同情曹操生不逢时

C. 慨叹人生无常

D. 借曹操自比，表明自己被贬斥在外的复杂心情

【参考答案】C

【解题分析】苏轼被贬谪居于黄州，心情压抑，由景想到曹操的一生，再联系到自身经历，因此慨叹人生之无常。

三、知识精讲

（一）文言实词

1. 古字通假现象

古汉语中，有些字可以用读音相同或相近（有时形体也相近）的字来代替，这种语言现象叫作文字"通假"。在通假中，替用的字叫作通假字，被替用的字叫作本字，又叫作正字。古字通假现象可分为以下四种类型。

（1）用形声字的声旁代替形声字本身。

【例】出门看火伴。

"火"同"伙"。

（2）用形声字代替声旁字。

【例】徐以杓酌油沥之。

"杓"同"勺"。

（3）声旁相同的形声字相互替代。

【例】当窗理云鬓，对镜帖花黄。

"帖"同"贴"。

（4）字形不同。

【例】吾与汝毕力平险，指通豫南，达于汉阴。

"指"同"直"。

2. 古今异义现象

古汉语中有大量古今字形相同而意义、用法不同的词，即古今异义。词的古今义差别有以下几种情况。

（1）词义扩大。

今义的范围大于古义，古义包括在今义之中。词义的扩大是词义演变、造成词义古今差异最常见的现象。

【例】假舟楫者，非能水也，而绝江河。

"江""河"在句中指"长江"和"黄河"。"江"和"河"在古代是专有名词，当今扩大为用于泛指的通名。

（2）词义缩小。

今义的范围小于古义，今义包括在古义之中。词义的缩小也是词义演变、造成词义古今差异最常见的现象。

【例】①金就砺则利。

"金"原泛指一切金属，现今专指黄金。

②沛公居山东时，贪于财货，好美姬。

"山东"，古义指崤山以东地区；今义指太行山东边的山东省。

③将军战河北，臣战河南。

"河北""河南"指黄河以北、以南；今义分别指河北省和河南省。

（3）词义转移。

有的词古今词义差别很大，词义发生了转移，即由表示甲事物变为表示乙事物。

【例】①小学而大遗。

"小学"，古义指小的方面；今义泛指初等教育场所。

②此所以学者不可以不深思而慎取之也。

"学者"，古义指求学的人；今义指在学术上有所成就的人。

（4）感情色彩变化。

在语言发展过程中，词义不断演变，感情色彩也在变化。

【例】①蚓无爪牙之利，筋骨之强，上食埃土，下饮黄泉，用心一也。

"爪牙"，古义是爪子和牙齿，本义是中性词；今义是比喻坏人的党羽和帮凶，为贬义词。

②而听细说，欲诛有功之人。

"细说"，古义是小人的谗言，属于贬义词；今义是详细说来，不表褒贬，是中性词。

（5）名称说法改变。

【例】寡不敌众。

"寡"，现在已改用"少"字。

3. 一词多义现象

文言实词往往有几个甚至十几个义项，这种现象叫一词多义。一词多义在现代汉语中是普遍存在的现象，在古汉语中亦然。它的形成情况比较复杂，如果做些研究，就会发现其规律（或通过引申，或通过比喻、借代，或通过假借等），因为情况复杂，难以掌握，也无须一一弄清每个多义词词义的来龙去脉，但在逐渐学习的过程中，必须对常用实词已经形成的多个义项，仔细比较，整理积累，以求尽可能多地掌握。

（1）以形析义法。

汉字中的形声字占80％以上，其形旁为我们领悟词义提供了方便。

【例】披五岳之图以为知山，不如樵夫之一足；谈沧溟之广以为知海，不如估客之一瞥；疏八珍之谱以为知味，不如庖丁之一啜。

"沧、溟"都有表意形旁"氵"，其义与水有关，联系后面的"知海"二字，可判定"沧溟"为"大海"之义。"啜"，口字旁，与吃、喝有关，联系前面的"知味"，可断定其义是"吃"或"尝"。在以形析义的过程中，一定要注意联系前后文。

（2）以音猜义法。

运用音同或音近方法找到该词的通假关系，用本义去解释假借义。

【例】甲兵顿弊，而人民日以安于佚乐。

"顿"与"钝"字形相似，读音相同，"钝"的含义是"不锋利"，"甲兵顿弊"就是"甲弊兵钝"，即长期放弃战备，铠甲破损，兵器也不锋利了。"顿"同"钝"。

（3）联想推断法。

选文中某些词的词义不明，就要先回想它有哪些意思，哪种意思与这个语境相似，由此推断出它在此处的含义。

【例】及之而后知，履之而后艰。

"及"已知的义项有"赶上""达到""等待"等，这里的意义与"达到"接近，可以引申为"接触""实践"。"履"，已知的义项有"鞋子"，接触过的成语有"如履薄冰""如履平地"，其中"履"应作"以足踏地"之义解，故句子中的"履"可以引申为"走过""经过""实行"。

（4）以今推古法。

以现代汉语中的合成词语素、成语中的语素意义来推断古文中同一个词的意义。

【例】实欲连兵南面而王齐。

"南面"通常有两个义项：一是指"南边"，即表示方位的"南面"，在这个意义上古人单说"南"，而不说"南面"；二是古代以面朝南为尊位，君主临朝南面而坐，因此把为君叫作"南面为王""南面称孤"，由此推断此句中"南面"的意义为后者。

（5）互文见义法。

古人常在并列短语、对偶句、排比句的对应位置使用同义词或反义词，只要知道其中一个词的含义，就可推断出另一个词的意义。

【例】殚其地之出，竭其庐之入。

这里的"殚"与"竭"就是互文见义。"竭"的意思是"尽"，那么也就可以推知"殚"也是"尽"的意思。

4. 词类活用现象

古代汉语里的有些词语在特定的语言环境中，临时具有某种语法功能，并且可能会改变词性，有的还改变了读音，就称为词类活用。古代汉语里的词类活用现象通常有以下几种。

（1）名词作状语。

【例】日削月割，以趋于亡。

"日""月"，可译为"一天天""一月月"，合起来引申为"慢慢、逐渐"。

（2）名词作动词。

【例】始见中原气象，泰然不肉而肥矣。

"肉"，可译为"吃肉"。

（3）名词使动用法。

【例】先破秦入咸阳者王之。

"王"，可译为"使……为王"。

（4）名词意动用法。

【例】其闻道也固先乎吾，吾从而师之。

"师"，可译为"以……为老师"。

（5）动词作名词。

【例】去国怀乡，忧谗畏讥。

"讥"，可译为"诬陷、嘲讽的话"。

（6）动词使动用法。

【例】项伯杀人，臣活之。

"活"，可译为"使……活命"。

（7）动词为动用法。

【例】故余与同社诸君子，哀斯墓之徒有其石也，而为之记。

"哀"，可译为"为……哀怜"。

（8）形容词作名词。

【例】将军身披坚执锐。

"坚"和"锐"，可分别译为"坚固的铠甲"和"锐利的兵器"。

（9）形容词作动词。

【例】老吾老以及人之老，幼吾幼以及人之幼，天下可运于掌。

第一个"老"和第一个"幼"，可分别译为"奉养"和"爱护"。

（10）形容词使动用法。

【例】春风又绿江南岸，明月何时照我还。

"绿"，可译为"使……变绿"。

（11）形容词意动用法。

【例】登泰山而小天下。

"小"，可译为"以（认）为……小"。

（12）数词作动词（或形容词、名词）。

【例】六王毕，四海一。

"一"，可译为"统一"。

（二）文言虚词

1. 文言虚词概述

与文言实词相比，文言虚词有以下几个特点：一是用法比实词灵活；二是使用频率比实词高；三是语法功能比实词强；四是在汉语的发展历史中，变化比实词大。

文言虚词包括代词、副词、介词、连词、助词，其中最常见的 10 个文言虚词是：而、乎、其、所、为、以、因、于、者、之。（文言文中）虚词一般不作为句子成分，不表示实在的意义。虚词的作用是帮助实词组成句子，表示各种结构关系或语气。

2. 推断文言虚词含义的方法

（1）分清虚实法。

有些虚词不仅兼有实词的用法，而且在虚词范围内又有多种用法，这要根据它在句子里的作用来确定。另一种情况是词虽不同，但都可以表示相同的用法。如"乎"和"于"都可以作为介词。

【例】巫医乐师百工之人，君子不齿，今其智乃反不能及，其可怪也欤。

前一个"其"是代词，代上文的"君子"；后一个"其"是副词，相当于"难道"，加强反诘语气。

（2）语境推断法。

常见虚词大多有多种用法，词性、词义变化较为复杂，要确定其具体意义和用法，必须结合上下文，利用文意解题。

（3）代入检验法。

如果知道某个虚词的基本用法和意义，在阅读和解题时，就可以将它的每个用法代入句子去理解，挑选其中讲得通的一项，从而获得正确的答案。如，"而""且"都有表并列、承接、转折、假设等的意义，若判断为并列关系，可以用"又"替代（有时可不译）；若判断为承接关系，可用"就、随后、那么"替代；若判断为转折关系，则可用"可是、但是"替代；若判断为假设关系，则可用"如果""假如"替代。替代后，若前后语意通畅，说明判断正确；反之，则说明判断有误。

（4）句位分析法。

一些虚词在句中的不同位置会起不同的作用。如，"也"是句末助词，表判断、陈述、疑问、感叹等语气，在句中一般起舒缓语气的作用。

（5）上下文推断法。

根据上下文的意思来推断，也是在总体把握文句意义的基础上来确定某个词的用法和意义的。

【例】设九宾于廷，臣乃敢上璧。

这里的"乃"是副词还是连词呢？我们可以联系一下前文的意思来判断。前文蔺相如说和氏璧是天下共同称颂的宝玉，赵王送璧时设九宾礼于廷，表示对大国的尊重，那么璧送来了，秦王也应对赵国表示尊重，"设九宾于廷"。这样看来，蔺相如提出的是一个必要条件，两句间是"只有……才……"的关系，因此，"乃"应解释为"才"，表条件，为副词。

（6）标志确认法。

有些虚词是构成文言特殊句式的标志词，抓住这些标志，就能迅速确定虚词的意义和用法。如，判断句的标志是"者""也""乃"等，被动句的标志是"见""于""为所"等，宾语前置的标志是"是""之"等，其词性和意义是确定的，只要判断出是哪种标志，就可以正确推断它们的用法和意义了。

而
用作连词

表示并列关系，一般不译，有时可译为"又"	蟹六跪而二螯，非蛇鳝之穴无可寄托者。《劝学》
表示递进关系，可译为"并且"或"而且"	君子博学而日参省乎己，则知明而行无过矣。《劝学》
表示修饰关系，即连接状语，可不译	吾尝跂而望矣，不如登高之博见也。《劝学》
表示承接关系，可译为"就""接着"，或不译	爱其子，择师而教之。《师说》
表示转折关系，可译为"但是""却"	青，取之于蓝，而青于蓝。《劝学》
表示因果关系，可译为"因此"	积善成德，而神明自得，圣心备焉。《劝学》
表示目的关系	缦立远视，而望幸焉。《阿房宫赋》

用作代词	
表示第二人称，一般作定语，相当于"你的"，偶尔也作主语	而翁归，自与汝复算耳！《促织》

用作动词	
如，如同	溺死者千有余人，军惊而坏都舍。《察今》

复音虚词"而已"

虚化为语气词，表示限制语气，急读则为"耳"，意思是"罢了""就是了"	闻道有先后，术业有专攻，如是而已。《师说》

何	
用作疑问副词	
单独作谓语，后面常有语气助词"哉""也"等，可译为"为什么""什么原因"	齐人未尝赂秦，终继五国迁灭，何哉？《六国论》
作定语，指代处所或事物，可译为"哪里""什么"	其间旦暮闻何物？《琵琶行》
	大王来操何？《鸿门宴》
用作疑问副词	
用在句首或动词前，常表示反问，可译为"为什么""怎么"	徐公何能及君也？《邹忌讽齐王纳谏》
用在形容词前，表示程度深，可译为"怎么""多么""怎么这样"	新妇车在后，隐隐何甸甸。《孔雀东南飞》
通假现象，同"呵"，喝问	信臣精卒陈利兵而谁何。《过秦论》
复音虚词"何如""何以"，可译为"怎么""怎么办""怎么样"	今单车来代之，何如哉？《信陵君窃符救赵》
"何以"可译为"凭什么""怎么"	何以战？《曹刿论战》

乎	
用作语气词	
表疑问语气，可译为"吗""呢"	技盖至此乎？《庖丁解牛》
表反问语气，相当于"吗""呢"	吾师道也，夫庸知其年之先后生于吾乎？《师说》
表揣度或商量语气，可译为"吧"	圣人之所以为圣，愚人之所以为愚，其皆出于此乎？《师说》
用于感叹句或祈使句，可译为"啊""呀"等	嗟乎！师道之不传也久矣。《师说》
用在句中的停顿处	胡为乎遑遑欲何之？《归去来兮辞》
用作介词	
表示动作发生的时间，译为"在""从"	生乎吾前……《师说》
表示动作涉及的对象，译为"对""向"	君子博学而日参省乎己，则知明而行无过矣。《劝学》

表示动作行为发生的处所，译为"在"	醉翁之意不在酒，在乎山水之间也。《醉翁亭记》
表示比较，译为"比""跟……相比"	其闻道也固先乎吾。《师说》
用作助词	
在句中，表示停顿，不译	知不可乎骤得，托遗响于悲风。《赤壁赋》
用于形容词词尾，译为"……的样子""……地"	恢恢乎其于游刃必有余地矣。《庖丁解牛》

乃	
用作副词	
表示前后顺承，可译为"才""就"等	设九宾于廷，臣乃敢上璧。《廉颇蔺相如列传》
译为"却""竟（然）""反而"等	今其智乃反不能及。《师说》
译为"只""仅"等	项王乃复引兵而东，至东城，乃有二十八骑。《项羽本纪》
用在判断句中，起确认作用，可译为"是""就是"等	嬴乃夷门抱关者也。《信陵君窃符救赵》
用作代词	
常作定语，译为"你的""你"。不能作宾语	王师北定中原日，家祭无忘告乃翁。《示儿》
指示代词，译为"这样"	夫我乃行之，反而求之，不得吾心。《齐桓晋文之事》

其	
用作代词	
第三人称代词，作领属性定语，可译为"他的""它的"	臣从其计，大王亦幸赦臣。《廉颇蔺相如列传》
第三人称代词，作主谓短语中的小主语，应译为"他""它"（包括复数）	秦王恐其破璧。《廉颇蔺相如列传》
活用为第一人称或第二人称，译为"我的""我（自己）"或者"你的""你"	而余亦悔其随之而不得极夫游之乐也。《游褒禅山记》
指示代词，表示远指，可译为"那""那个""那些""那里"	不嫁义郎体，其往欲何云？《孔雀东南飞》
指示代词，表示近指，相当于"这""这个""这些"	有蒋氏者，专其利三世矣。《捕蛇者说》
指示代词，表示"其中的"，后面多为数词	于乱石间择其一二扣之。《石钟山记》
用作副词	
加强祈使语气，相当于"可""还是"	与尔三矢，尔其无忘乃父之志！《伶官传序》

续表

加强揣测语气，相当于"恐怕""或许""大概""可能"	圣人之所以为圣，愚人之所以为愚，其皆出于此乎？（《师说》）
加强反问语气，相当于"难道""怎么"	以残年余力，曾不能毁山之一毛，其如土石何？（《愚公移山》）

用作连词	
表示选择关系，相当于"是……还是……"	其真无马邪？其真不知马也。（《马说》）
表示假设关系，相当于"如果"	其业有不精，德有不成者，非天质之卑，则心不若余之专耳。（《送东阳马生序》）

用作助词	
起调节音节的作用，可不译	路漫漫其修远兮，吾将上下而求索。（《离骚》）

且	

用作连词	
表示递进关系，相当于"而且""并且"	肃宣权旨，论天下事势，致殷勤之意，且问备曰……（《赤壁之战》）
表示递进关系，相当于"况且""再说"	且壮士不死即已，死即举大名耳。（《陈涉世家》）
表示让步关系，相当于"尚且""还"	古之圣人，其出人也远矣，犹且从师而问焉。（《师说》）
表示并列关系，相当于"又""又……又……""一面……一面……"	命如南山石，四体康且直。（《孔雀东南飞》）

用作副词	
相当于"将""将要"	卿但暂还家，吾今且报府。（《孔雀东南飞》）
相当于"暂且""姑且"	存者且偷生，死者长已矣！（《石壕吏》）

所	

用作名词	
处所，地方	又间令吴广之次所旁丛祠中。（《陈涉世家》）

用作助词	
放在动词前和动词组成"所"字结构，指代人或事物，相当于"……的人""……的事物""……的情况"等	道之所存，师之所存也。（《师说》）

复音虚词"所以"	

表示行为凭借的方式、方法或依据，可译为"用来……的方法"	师者，所以传道受业解惑也。《师说》
表示原因，可译为"……的原因"	亲贤臣，远小人，此先汉所以兴隆也；亲小人，远贤臣，此后汉所以倾颓也。《出师表》

为	
作用动词（读作 wéi）	
有"做""作为""充当""变成""成为""担任"等义，翻译比较灵活	斩木为兵，揭竿为旗。《过秦论》
	然后以六合为家，崤函为宫。《过秦论》
表示心理活动，有"以为""认为"的意思	此亡秦之续耳，窃为大王不取也。《鸿门宴》
作判断词，译为"是"	如今人方为刀俎，我为鱼肉。《鸿门宴》
作用动词（读作 wèi）	
表示被动关系，有时跟"所"结合，构成"为所"或"为……所……"，译为"被"	吾属今为之虏矣。《鸿门宴》
表示动作、行为的目的，译为"为了"等	慎勿为妇死，贵贱轻何薄。《孔雀东南飞》
表示动作、行为的原因，可译为"因为""由于"	怵然为戒，视为止，行为迟。《庖丁解牛》
表示动作、行为的替代，译为"给""替"	于是秦王不怿，为一击缶。《廉颇蔺相如列传》
表示动作、行为的对象，可译为"向""对"等	此中人语云："不足为外人道也。"《桃花源记》
用作语气词	
用于句末，表示疑问或反诘，译作"呢"	天之亡我，我何渡为？《项羽本纪》

以	
作用介词	
表示动作、行为所用的工具、方法，译为"拿""用"等	请其矢，盛以锦囊。《伶官传序》
表示动作、行为所凭借的条件，译为"凭""靠"	以勇气闻于诸侯。《廉颇蔺相如列传》
表示动作、行为施行时所涉及的对象，译为"把"	秦亦不以城予赵，赵亦终不予秦璧。《廉颇蔺相如列传》
表示动作、行为产生的原因，译为"因""由于"	且以一璧之故逆强秦之欢，不可。《廉颇蔺相如列传》
表示动作、行为的依据，译为"按照""依照""根据"等	荆轲奉樊於期头函，而秦武阳奉地图匣，以次进。《荆轲刺秦王》

引进动作、行为发生的时间、处所，用法同"于"，译为"于""在""从"	汝殁以六月二日。《祭十二郎文》
用作连词	
表示并列关系，可译为"而""又""并且"等，或者省去	夫夷以近，则游者众；险以远，则至者少。《游褒禅山记》
表示目的关系，后一动作行为往往是前一动作行为的目的，可译为"来""用来"等	请立太子为王，以绝秦望。《廉颇蔺相如列传》
表示结果，可译为"因而""以致"	为秦人积威之所劫，日削月割，以趋于亡。《六国论》
表示因果关系，常用在表原因的分句前，可译为"因为"	不赂者以赂者丧。（六国论）
表示修饰关系，连接状语和中心语，可译为"而"，或省去	木欣欣以向荣，泉涓涓而始流。《归去来兮辞》
用作助词	
与某些方位词、时间词等连用，表示时间、方位	受命以来，夙夜忧叹。《出师表》
放在句中，起调整音节作用	逆以煎我怀。《孔雀东南飞》
用作动词	
表示动作、行为，译为"做"	如或知尔，则何以哉？《子路、曾晳、冉有、公西华侍坐》
表示动作、行为，译为"用""任用"	忠不必用兮，贤不必以。《涉江》
表示动作、行为，译为"率领"	令骑将灌婴以五千骑追之。《项羽本纪》
表示心理活动，译为"以为""认为"	臣之妻私臣，臣之妾畏臣，臣之客欲有求于臣，皆以美于徐公。《邹忌讽齐王纳谏》
用作名词	
缘由，原因	古人秉烛夜游，良有以也。《春夜宴从弟桃花园序》
通假现象	
同"已"，已经	固以怪之矣。《陈涉世家》
同"已"，止	无以，则王乎？《齐桓晋文之事》
复音虚词"以是""是以"	
相当于"因此"，引出事情发展或推断的结果	余是以记之，盖叹郦元之简，而笑李渤之陋也。《石钟山记》

于	
用作介词	
引进动作、行为的时间、处所、范围，可译为"在""在……方面""从……中"	于人为可讥，而在己为有悔。《游褒禅山记》
引进动作、行为的对象，可译为"跟""同""向""到""对""对于""给"等	爱其子，择师而教之；于其身也，则耻师焉。《师说》
引进动作、行为的原因等，可译为"由于"等	夫祸患常积于忽微，而智勇多困于所溺。《伶官传序》
放在形容词之后，表示比较，可译为"比""胜过"	冰，水为之，而寒于水。《劝学》
放在动词之后，表示被动，译为"被"	君幸于赵王。《廉颇蔺相如列传》
复音虚词"于是"	
放在句子开头，表前后句的承接或因果关系，与现在的承接连词或因果连词相同	于是秦王不怿，为一击缶。《廉颇蔺相如列传》
放在谓语之前或之后，根据"于"的不同用法，分别相当于"在这""从这"等	吾祖死于是，吾父死于是。《捕蛇者说》

与	
用作介词	
引进动作、行为涉及的对象，相当于"和""跟""同"	秦伯说，与郑人盟。《烛之武退秦师》
相当于"给""替"	陈涉少时，尝与人佣耕。《陈涉世家》
用作连词	
表示并列关系，相当于"和"	夫六国与秦皆诸侯，其势弱于秦，而犹有可以不赂而胜之之势。《六国论》
用作动词	
给予，授予，赠予	则与一生彘肩。《鸿门宴》
结交，亲附	因人之力而敝之，不仁；失其所与，不知。《烛之武退秦师》
赞许，同意	吾与点也。《子路、曾皙、冉有、公西华侍坐》
通假现象	
通"欤"，句末语气词，表示感叹或疑问	无乃尔是过与！《季氏将伐颛臾》

续表

也	
用作句末语气词	
表示判断语气	雷霆乍惊，宫车过也。《阿房宫赋》
表示疑问或反诘语气	公子畏死邪？何泣也？《信陵君窃符救赵》
表示祈使语气	以乱易整，不武。吾其还也。《烛之武退秦师》
表示感叹语气	君美甚，徐公何能及君也！《邹忌讽齐王纳谏》
用在因果句尾表示解释	
用作句中语气词	当是时也，商君佐之……《过秦论》
用在句中，表示语气停顿	师道之不传也久矣！欲人之无惑也难矣！《师说》
则	
用作连词	
表示承接关系，译为"就""便""那么"	故木受绳则直，金就砺则利。《劝学》
表示并列关系	入则无法家拂士，出则无敌国外患者，国恒亡。《生于忧患，死于安乐》
表示转折关系，用在后一分句，译为"可是""却""反而"	于其身也，则耻师焉，惑矣。《师说》
表示让步关系，译为"虽然""倒是"	美则美矣，而未大也。《庄子·天道》
表示假设关系，译为"假使""如果"等	今则来，沛公恐不得有此。《高祖本纪》
用作副词	
用于加强判断，相当于"即""乃"，可译为"是""就是"	此则岳阳楼之大观也。《岳阳楼记》
用作名词	
准则，法则	合散消息兮，安有常则？《鵩鸟赋》
用作动词	
效法	皋陶于是敬禹之德，令民皆则禹。《夏本纪》
者	
用作助词	
用于动词、形容词等词语后面，指人或事物，译为"……的（人、物、事）"	有怠而欲出者，曰："不出，火且尽。"《游褒禅山记》

用在数词后面，指代事物。译为"……个方面""……样东西""……件事情"	或异二者之为，何哉？《岳阳楼记》
用于时间词或否定词后，表示"……的时候"或"……的话"	近者奉辞伐罪。《赤壁之战》
	不者，若属皆且为所虏。《鸿门宴》
放在后置定语后面，相当于"的"	求人可使报秦者，未得。《廉颇蔺相如列传》
用于判断句，放在主语后，引出判断，不译	今所谓慧空禅院者，褒之庐冢也。《游褒禅山记》
用于主语后，引出原因、解释等	所谓华山洞者，以其乃华山之阳名之也。《游褒禅山记》

用作语气词

放在疑问句末，表示疑问语气	谁为大王为此计者？《鸿门宴》

之

用作代词

用作第三人称代词，"他（他们）""她（她们）""它（它们）"	学而时习之，不亦说乎？《论语·学而》
用作指示代词，"这""此"	之二虫又何知？《逍遥游》

用作助词

相当于现代汉语中的"的"，放在定语和中心语之间	怒而飞，其翼若垂天之云。《逍遥游》
放在主语和谓语之间，取消句子独立性	臣之壮也，犹不如人；今老矣，无能为也已。《烛之武退秦师》
放在倒置的动宾短语之间，作为宾语提前的标志	句读之不知，惑之不解，或师焉，或不焉。《师说》
放在倒置的定语与中心语之间，作为定语后置的标志	蚓无爪牙之利，筋骨之强。《劝学》
在句中只起调节音节的作用，无实义	填然鼓之，兵刃既接，弃甲曳兵而走。《寡人之于国也》

用作动词

到……去	胡为乎遑遑欲何之？《归去来兮辞》

（三）文言句式

1. 判断句

判断句是对事物的性质、情况，事物之间的关系等做出肯定或者否定判断的句子。常见的判断句式有以下几种。

（1）用"者……也"表判断。

【例】廉颇者，赵之良将也。

（2）句末用"者也"表判断。

【例】城北徐公，齐国之美丽者也。

（3）用"者"表判断。

【例】粟者，民之所种。

（4）用"乃""必""则""诚"等副词表示肯定判断，兼加强语气。

【例】①臣乃市井鼓刀屠者。

②夺项王天下者必沛公也。

③此则岳阳楼之大观也。

④此诚危急存亡之秋也。

（5）用副词"非"表示否定判断。

【例】人非生而知之者。

（6）无标志判断句。

【例】此人力士。

2. 被动句

所谓被动，是指主语与谓语之间是被动关系。也就是说，主语是谓语动词所表示的行为的被动者、受事者，而不是主动者、施事者。常见的被动句式有以下几种。

（1）用"被"表被动。

【例】忠而被谤，能无怨乎？

（2）用"为"表被动。

【例】身死人手，为天下笑者，何也？

（3）用"为……所……"表被动。

【例】巨是凡人，偏在远郡，行将为人所并。

（4）用"见"表被动。

【例】信而见疑，忠而被谤，能无怨乎？

（5）用"见……于……"表被动。

【例】臣诚恐见欺于王而负赵。

（6）用"于"表被动。

【例】不拘于时，学于余。

（7）用"受……于……"表被动。

【例】吾不能举全吴之地，十万之众，受制于人。

（8）无标志被动句。

【例】荆州之民附操者，逼兵势耳，非心服也。

3. 省略句

在古代汉语中，省略的现象更为突出。古代汉语翻译成现代汉语时，省略的部分要翻译出来。常见的省略句式有以下几种。

（1）主语的省略。

【例】永州之野产异蛇，（蛇）黑质而白章……

（2）谓语的省略。

【例】夫战，勇气也。一鼓作气，再（鼓）而衰，三（鼓）而竭……

（3）动词宾语的省略。

【例】以相如功大，拜（之，指蔺相如）为上卿。

（4）介词宾语的省略。

【例】此人一一为（之）具言所闻。

（5）介词的省略。

【例】将军战（于）河北，臣战（于）河南。

4. 倒装句

常见的倒装句式有以下几种。

（1）主谓倒置。

为了强调谓语，有时将谓语置于主语之前。这仅仅是语气表达的需要。

【例】①甚矣，汝之不惠！

译文：你太不聪明了！

②安在公子能急人之困也！

译文：公子能帮助别人摆脱危难又表现在哪里呢？

（2）宾语前置。

宾语前置是指在文言文中，动词或介词的宾语一般置于动词或介词之后，但在一定条件下会前置。宾语前置主要有以下几种情况。

①否定句中代词宾语前置。

格式：主＋否定词（不、未、无、莫、毋、弗）＋宾（余、吾、尔、自、之、是）＋动。

【例】a. 时人莫之许也。

译文：可当时的人并不赞许他（这么看）。

b. 秦人不暇自哀。

译文：秦人来不及哀叹自己。

c. 古人不余欺也。

译文：古代的人没有欺骗我。

②疑问句中代词宾语前置。

疑问代词"谁""何""孰""安"等作宾语时，往往要置于动词之前。

【例】a. 微斯人，吾谁与归？

译文：没有这种人，我同谁一道呢？

b. 问女何所思。

译文：问女儿在思考什么。

c. 沛公安在？

译文：沛公在哪里？

③介词宾语前置。

格式：宾＋介＋动。

【例】a. 余是以记之。

译文：我因此记下了这件事。

b. 一言以蔽之。

译文：用一句话来概括它。

（3）定语后置。

在现代汉语中，定语是修饰和限制名词的，一般放在中心语前，这种语序古今一致。在文言文中，除此情况外，也可以放在中心语后。定语放在中心语后，用"者"结尾，构成定语后置的形式。

【例】①求人可使报秦者。

译文：寻找可以出使秦国回来复命的人。

②楚人有涉江者。

译文：有个渡江的楚国人。

③荆州之民附操者。

译文：依附曹操的荆州老百姓。

（4）状语后置。

在文言文中，处于补语位置的成分往往要以状语来理解，即翻译时大多数时候要提到谓语前面。

【例】①饰以篆文山龟鸟兽之形。

译文：用篆文山龟鸟兽的形状来装饰。

②请其矢，盛以锦囊。

译文：并请出那（三支）箭，用锦囊盛着。

（四）文言文断句

1. 文言文断句的方法

（1）找名词。

文言文中的名词，如人名、地名、官名、国名、朝代名、器物名、动植物名等，如果作主语，那么它们的前面就可能断句；如果作宾语，那么它们的后面也可能断句。

（2）看虚词。

虚词是明辨句读的重要标志，尤其是代词、语气词和一些连词，它们的前后往往是断句的地方。

①句首虚词：夫、惟、盖、凡、窃、请、敬、即、苟、若、纵、纵使、至若、若夫、于是、且夫、向使、虽等，常用于一句话的开头，它们的前面一般要断开。

②句中虚词：于、以、而、者等，往往用于句中，它们的前后一般不断句。

③句尾虚词：也、乎、哉、矣、耶、耳、焉等，常常用于陈述句和疑问句末尾，它们后面一般要断开。

（3）明顶真，据"排偶"。

①以"顶真"确定句读：顶真是文言文中常见的形式，句子前后相承，前一句作宾语的词，在后一句中又作了主语。根据这一特点，我们可以在文中找出紧密相连的相同的词语，按顶真句式来考虑句读。

②以"排偶"确定句读：排比、对偶是文言文中常见的修辞手法，句式整齐，四六句多，又是文言文的一大特点。这一特点又为断句提供了方便。

（4）审关系，明结构。

有些要求断句的文段在结构上存在较明显的结构关系：并列关系，语句间无明显的主次之分；总分关系，语句间会有中心句与支撑句，在支撑句的展开上一般也存在一定的逻辑关系；转折关系，语句间的转折会从语意上体现出来，有时也会有鲜明的词语提示（如"而""然""然则"等）；因果关系，语句间有隐含的因果联系，在表因与果的语句间一般是要停顿的。在把握了语段内容后，可以参考语段的结构与逻辑关系，断开句读。

2. 文言文断句的常见误区

（1）不懂词义。

不懂句中的多义词或兼类词的含义。

（2）不明语法。

①给省略主语的语句断句，前一句的宾语或补语被误认为是后一句的主语。

②给含有介词结构的语句断句，割裂介词结构与动词之间的关系。

（3）不晓句式。

文言文句子成分组合方式、特殊句式、固定结构等，理解不透、掌握不牢。

（4）不知名物制度。

正确断句需要了解天文、地理、官职、科举、宗法、称谓、避讳等典章制度和行文习惯。

（五）文言文翻译

1. 文言文翻译的标准

文言文翻译的标准是"信、达、雅"。"信"是指译文要准确无误，即忠于原文，如实地、恰当地运用现代汉语把原文翻译出来。"达"是指译文要通顺畅达，即符合现代汉语的语法及用语习惯，字通句顺，没有语病。"雅"是指译文要优美自然，即生动、形象、完美地表达出原文的写作风格。

2. 文言文翻译的方法

文言文翻译的常用方法有以下六种。

（1）对译法。

把文言文中的单音词译成以该词为词素的合成词。

（2）替换法。

有些词在古文里常用，但在现代汉语里已不用或不常用，或词义已经转移。在这种情况下，就要用现代汉语里的词去替换原文里的词。

（3）保留法。

古文中的人名、地名、年号、国名、官职名、朝代名等，以及古今词义相同的词，如"山、水、中、笑、有"等，都按原文保留不译。

（4）删略法。

古文里有些虚词，现代汉语没有对等的词来翻译，或者现代汉语中可不用虚词，便可删略。

（5）补充法。

古文中的省略现象比较突出，为了准确地表达文章的内容，译文应补出原文省略的而现代汉语又不能省略的某些词句。

（6）调整法。

古汉语句子成分的位置与现代汉语有一些不同之处，翻译时应根据现代汉语的语言规范做一些调整。

（六）文言文的理解

1. 文中信息的筛选

做筛选信息题一般有以下步骤。

（1）通读存疑。阅读全文，遇有小的阅读障碍可暂时存疑，搁置一旁。

（2）筛选取要。信息筛选最常见的是定向考查的方式，即挑选若干文句分别编为四组，要求找出全都说明某个问题的一组。该题的题干就是我们读取信息的关键。

（3）读题复归。文言文阅读题中包含的部分信息，反过来可以帮助我们理解原文的内容，因此，我们要善于利用这些信息。

2. 文章要点的归纳与概括

对文章中心意思的概括，主要有三个操作层面：一是生动的叙述能精简；二是理性的议论能归纳；三是婉转的抒情能提炼。

归纳内容要点和概括中心意思经常出错的原因，可简述如下。

（1）望文生义。

望文生义主要指不顾文章整体内容，仅从字面上附会文义，产生错误的认知。

（2）移花接木。

将彼时彼地的事件混淆在此时此地里，造成穿凿附会的解读。

（3）不求甚解。

不细心提取文中信息，关键词语不推敲，导致一知半解，解读自然似是而非。

（4）费解难懂。

这主要有两种情形：一是语言表达晦涩，意思不明；二是文义理解偏差，归纳有误。

3. 文中作者观点态度的分析概括

观点态度指的是作者在文中对所写的人、事、物等所持有的看法和倾向。

分析概括作者在文中的观点态度，要求能够分析概括出所读文言文在叙述事件或议论道理时，作者的看法和倾向。通常情况下，文章的思想内容主要通过作者对文中所述事件的认识、所写人物的态度、所论道理的评判及所抒情感的倾向来表现。分析概括作者在文中的观点态度，实际上就是对文章思想内容的深度把握。

四、扩展训练

1. 阅读下面的文言文，回答问题。

古之学者必有师。师者，所以传道受业解惑也。人非生而知之者，孰能无惑？惑而不从师，其为惑也，终不解矣。生乎吾前，其闻道也固先乎吾，吾从而师之；生乎吾后，其闻道也亦先乎吾，吾从而师之。吾师道也，夫庸知其年之先后生于吾乎？是故无贵无贱，无长无少，道之所存，师之所存也。

嗟乎！师道之不传也久矣！欲人之无惑也难矣！古之圣人，其出人也远矣，犹且从师而问焉；今之众人，其下圣人也亦远矣，而耻学于师。是故圣益圣，愚益愚。圣人之所以为圣，愚人之所以为愚，其皆出于此乎？爱其子，择师而教之；于其身也，则耻师焉，惑矣。彼童子之师，授之书而习其句读者，非吾所谓传其道解其惑者也。句读之不知，惑之不解，或师焉，或不焉，小学而大遗，吾未见其明也。巫医乐师百工之人，不耻相师；士大夫之族，曰师曰弟子云者，则群聚而笑之。问之，则曰："彼与彼年相若也，道相似也，位卑则足羞，官盛则近谀。"呜呼！师道之不复，可知矣。巫医乐师百工之人，君子不齿，今其智乃反不能及，其可怪也欤！

圣人无常师。孔子师郯子、苌弘、师襄、老聃。郯子之徒，其贤不及孔子。孔子曰：三人行，则必有我师。是故弟子不必不如师，师不必贤于弟子，闻道有先后，术业有专攻，如是而已。

李氏子蟠，年十七，好古文，六艺经传皆通习之，不拘于时，学于余。余嘉其能行古道，作《师说》以贻之。

（1）下列句子中，对加点词语解释不正确的一项是（   ）。

    A. 吾师道也，夫庸知其年之先后生于吾乎   师：学习

    B. 于其身也，则耻师焉   身：身体

    C. 师道之不复，可知矣   复：恢复

    D. 余嘉其能行古道，作《师说》以贻之   贻：赠送

（2）下列句子中加点字不含有词类活用的一项是（   ）。

    A. 而耻学于师

    B. 今之众人

    C. 位卑则足羞

    D. 小学而大遗

（3）下面句式不同于其他选项的是（　　）。

    A. 而耻学于师

    B. 师不必贤于弟子

    C. 不拘于时

    D. 学于余

（4）下列四句话的翻译，不正确的一项是（　　）。

    A. 是故圣益圣，愚益愚。

    译文：因此圣人更加圣明，愚人更加愚昧。

    B. 巫医乐师百工之人，不耻相师。

    译文：巫医、乐师及各种工匠，不以互相学习为耻。

    C. 士大夫之族，曰师曰弟子云者，则群聚而笑之。

    译文：读书做官的这类人中，有相互称"老师"称"弟子"的，就有许多人聚集在一起互相讥笑。

    D. 位卑则足羞，官盛则近谀。

    译文：以地位低的人为师，就感到羞耻；以官职高的人为师，就近乎谄媚。

（5）下列对文段的理解和分析，不正确的一项是（　　）。

    A. 第一段所提出的无论贵贱长幼，有道者皆可为师的择师标准，打破了门第观念，很有积极意义。

    B. 作者认为那些童子之师不是合格的老师，只是"小学"而已。

    C. 上述语段批判了当时士大夫耻于从师的陋习，表现出作者非凡的勇气和斗争精神。

    D. 士大夫看不起"巫医乐师百工之人"，反而还比不上他们，作者对此给予了强烈的责备和讽刺。

2. 阅读下面的文言文，回答问题。

君子曰：学不可以已。

青，取之于蓝，而青于蓝；冰，水为之，而寒于水。木直中绳，輮以为轮，其曲中规。虽有槁暴，不复挺者，輮使之然也。故木受绳则直，金就砺则利，君子博学而日参省乎己，则知明而行无过矣。

吾尝终日而思矣，不如须臾之所学也；吾尝跂而望矣，不如登高之博见也。登高而招，臂非加长也，而见者远；顺风而呼，声非加疾也，而闻者彰。假舆马者，非利足也，而致千里；假舟楫者，非能水也，而绝江河。君子生非异也，善假于物也。

积土成山，风雨兴焉；积水成渊，蛟龙生焉；积善成德，而神明自得，圣心备焉。故不积跬步，无以至千里；不积小流，无以成江海。骐骥一跃，不能十步；驽马十驾，功在不舍。锲而舍之，朽木不折；锲而不舍，金石可镂。蚓无爪牙之利，筋骨之强，上食埃土，下饮黄泉，用心一也。蟹六跪而二螯，非蛇鳝之穴无可寄托者，用心躁也。

（1）下列句子中加点词含义正确的一项是（　　）。

    A. 木直中绳　　　　　　　　　　中：中间

    B. 非利足也　　　　　　　　　　利：锋利

    C. 蚓无爪牙之利　　　　　　　　爪牙：爪子和牙齿

    D. 而绝江河　　　　　　　　　　绝：决断

（2）下面句式不同于其他三项的是（　　）。

    A. 虽有槁暴，不复挺者，輮使之然也。

    B. 蚓无爪牙之利，筋骨之强。

    C. 非蛇鳝之穴无可寄托者，用心躁也。

    D. 上食埃土，下饮黄泉，用心一也。

（3）对下列句子所使用的修辞手法的判断，错误的一项是（　　）。

　　A．积土成山，风雨兴焉；积水成渊，蛟龙生焉；积善成德，而神明自得，圣心备焉。（排比）

　　B．蟹六跪而二螯，非蛇鳝之穴无可寄托者，用心躁也。（拟人）

　　C．骐骥一跃，不能十步。（借代）

　　D．上食埃土，下饮黄泉。（夸张）

（4）下列句子翻译不准确的一项是（　　）。

　　A．不如须臾之所学也。

　　翻译：不如片刻学到的知识多。

　　B．君子生非异也，善假于物也。

　　翻译：君子的资质秉性跟一般人没有不同，只是君子善于借助外物罢了。

　　C．骐骥一跃，不能十步；驽马十驾，功在不舍。

　　翻译：劣马一跃，也不足十步远；骏马连走十天，它的成功在于不停止。

　　D．锲而不舍，金石可镂。

　　翻译：如果不停地刻下去，那么金石也能雕刻成功。

（5）下面的说法不完全正确的一项是（　　）。

　　A．这篇文章的中心论点是"学不可以已"。

　　B．全文围绕中心论点，论述了学习的目的、意义、态度和方法。

　　C．这篇文章最大的特点是善于运用比喻手法。

　　D．"劝学"的意思是劝告人们努力学习小学阶段的知识。

3．阅读下面的文言文，回答问题。

　　秦王斋五日后，乃设九宾礼于廷，引赵使者蔺相如。相如至，谓秦王曰："秦自缪公以来二十余君，未尝有坚明约束者也。臣诚恐见欺于王而负赵，故令人持璧归，间至赵矣。且秦强而赵弱，大王遣一介之使至赵，赵立奉璧来。今以秦之强而先割十五都予赵，赵岂敢留璧而得罪于大王乎？臣知欺大王之罪当诛，臣请就汤镬。唯大王与群臣孰计议之。"

　　秦王与群臣相视而嘻。左右或欲引相如去，秦王因曰："今杀相如，终不能得璧也，而绝秦赵之欢。不如因而厚遇之，使归赵。赵王岂以一璧之故欺秦邪？"卒廷见相如，毕礼而归之。

（1）下列句子中加点词的解释，不正确的一项是（　　）。

　　A．引赵使者蔺相如　　　　　　　　引：延请

　　B．间至赵矣　　　　　　　　　　　间：名词作状语，从小路

　　C．臣请就汤镬　　　　　　　　　　就：完成

　　D．唯大王与群臣孰计议之　　　　　孰：同"熟"，仔细

（2）下列各组句子中加点词的意义和用法，完全相同的一项是（　　）。

　　A．乃设九宾礼于廷
　　　　以勇气闻于诸侯

　　B．且秦强而赵弱
　　　　若属皆且为所虏

　　C．大王遣一介之使至赵
　　　　不如因而厚遇之

　　D．以吾一日长乎尔
　　　　赵岂敢留璧而得罪于大王乎

（3）下列句子中，与"臣诚恐见欺于王而负赵"句式相同的一项是（　　）。

　　A．人皆得以隶使之

　　B．至激于义理者不然

C. 请以秦之咸阳为赵王寿

D. 句读之不知

(4) 下列对文段的理解和分析，不正确的一项是（ ）。

A. 蔺相如力陈归璧于赵的理由，表现出能言善辩的外交才能。

B. 蔺相如在秦廷痛斥秦王的行为，表现了他对敌斗争的大智大勇。

C. 个性化的语言描写使蔺相如的形象更加生动，性格更加鲜明。

D. "相视而嘻"这一细节表明秦国君臣轻视蔺相如，只顾相互嘻哈玩笑。

(5) 文章塑造了蔺相如怎样的人物形象？

4. 阅读下面的文言文，回答问题。

晋侯、秦伯围郑，以其无礼于晋，且贰于楚也。晋军函陵，秦军氾南。

佚之狐言于郑伯曰："国危矣，若使烛之武见秦君，师必退。"公从之。辞曰："臣之壮也，犹不如人；今老矣，无能为也已。"公曰："吾不能早用子，今急而求子，是寡人之过也。然郑亡，子亦有不利焉。"许之。

夜缒而出，见秦伯，曰："秦、晋围郑，郑既知亡矣。若亡郑而有益于君，敢以烦执事。越国以鄙远，君知其难也。焉用亡郑以陪邻？邻之厚，君之薄也。若舍郑以为东道主，行李之往来，共其乏困，君亦无所害。且君尝为晋君赐矣，许君焦、瑕，朝济而夕设版焉，君之所知也。夫晋，何厌之有？既东封郑，又欲肆其西封，若不阙秦，将焉取之？阙秦以利晋，唯君图之。"秦伯说，与郑人盟。使杞子、逢孙、杨孙戍之，乃还。

子犯请击之。公曰："不可。微夫人之力不及此。因人之力而敝之，不仁；失其所与，不知；以乱易整，不武。吾其还也。"亦去之。

(1) 对下列句子中加点词的解释，不正确的一项是（ ）。

A. 夫晋，何厌之有　　　　　　厌：厌烦

B. 焉用亡郑以陪邻　　　　　　陪：增加

C. 又欲肆其西封　　　　　　　肆：扩张

D. 阙秦以利晋　　　　　　　　阙：侵损

(2) 下列句子的句式不同于其他三项的是（ ）。

A. 以其无礼于晋

B. 何厌之有

C. 佚之狐言于郑伯曰

D. 亡郑而有益于君

(3) 下列句子翻译不准确的一项是（ ）。

A. 是寡人之过也。

翻译：这是我的过错。

B. 焉用亡郑以陪邻？

翻译：为什么要灭掉郑国而给邻国增加土地呢？

C. 君尝为晋君赐矣。

翻译：您曾经给予晋君恩惠。

D. 因人之力而敝之，不仁。

翻译：依靠别人的力量而保护自己，不仁义。

（4）"吾不能早用子"中，"子"是古代对_____的尊称。"是寡人之过也"中，"寡人"是谦称，意为_____之人。

（5）下列说法不正确的一项是（　　　）。

  A. 佚之狐说"师必退"，表现了佚之狐对烛之武的了解与信任，使读者未见其人，先知其才，从侧面表现了烛之武的才能。

  B. 大兵压境，国家危在旦夕，佚之狐向郑伯举荐烛之武，经过佚之狐的一番劝说，烛之武最终答应去见秦君。

  C. 烛之武见到秦君后，先坦言知亡，然后指出灭郑只对晋国有利而对秦国无益，并挑拨离间秦、晋关系，最终让秦君退兵。

  D. 文章通过语言描写等方法表现了烛之武能言善辩、深明大义、机智勇敢的性格特点。

5. 阅读下面的文言文，回答问题。

子路、曾皙、冉有、公西华侍坐。子曰："以吾一日长乎尔，毋吾以也。居则曰：'不吾知也。'如或知尔，则何以哉？"

子路率尔而对曰："千乘之国，摄乎大国之间，加之以师旅，因之以饥馑；由也为之，比及三年，可使有勇，且知方也。"

夫子哂之。

"求，尔何如？"

对曰："方六七十，如五六十，求也为之，比及三年，可使足民。如其礼乐，以俟君子。"

"赤，尔何如？"

对曰："非曰能之，愿学焉。宗庙之事，如会同，端章甫，愿为小相焉。"

"点！尔何如？"

鼓瑟希，铿尔，舍瑟而作，对曰："异乎三子者之撰。"

子曰："何伤乎？亦各言其志也。"

曰："莫春者，春服既成，冠者五六人，童子六七人，浴乎沂，风乎舞雩，咏而归。"

夫子喟然叹曰："吾与点也。"

三子者出，曾皙后。曾皙曰："夫三子者之言何如？"

子曰："亦各言其志也已矣！"

曰："夫子何哂由也？"

曰："为国以礼，其言不让，是故哂之。唯求则非邦也与？安见方六七十，如五六十而非邦也者？唯赤则非邦也与？宗庙会同，非诸侯而何？赤也为之小，孰能为之大？"

（1）下列句子中加点词的解释不正确的一项是（　　　）。

  A. 摄乎大国之间　　　　　　　　　摄乎：来，迫近

  B. 比及三年　　　　　　　　　　　比：比较

  C. 以俟君子　　　　　　　　　　　俟：等待

  D. 鼓瑟希　　　　　　　　　　　　鼓：弹奏

（2）下列句子中，句式不同于其他三项的是（　　　）。

  A. 异乎三子者之撰

  B. 浴乎沂，风乎舞雩，咏而归

  C. 夫三子者之言何如

  D. 吾与点也

（3）下列句子中含有通假字的一项是（　　　）。

  A. 尔何如

  B. 鼓瑟希，铿尔，舍瑟而作

C. 异乎三子者之撰

D. 夫子何哂由也

（4）"鼓瑟希，铿尔，舍瑟而作，对曰：'异乎三子者之撰。'"一句，翻译最贴切的一项是（ ）。

    A. （子路）弹瑟的声音逐渐稀疏了，接着铿的一声，放下瑟直起身子回答说："我和他们三人的志向没什么不一样。"

    B. （子路）弹瑟的声音逐渐稀疏了，接着铿的一声，放下瑟直起身子回答说："我和他们三人的志向不一样。"

    C. （曾皙）敲鼓弹瑟的声音逐渐稀疏了，接着铿的一声，放下瑟直起身子回答说："我和他们三人的志向没什么不一样。"

    D. （曾皙）弹瑟的声音逐渐稀疏了，接着铿的一声，放下瑟直起身子回答说："我和他们三人的志向不一样。"

（5）下面对文章的内容概括不准确的是（ ）。

    A. 开始交代了谈话的内容与方式，四位弟子环坐在孔子身旁，孔子最先发话，启发大家各言其志，起到了打消顾虑、缓和紧张气氛的作用，既符合孔子作为师长的身份，又表现了孔子随和的性格特征。

    B. 在孔子的启发下，子路不假思索，抢先回答，反映了子路急躁、坦率、爽快的性格。这种毫不谦让的积极态度与他那充满自信的回答内容相一致。他志向远大，声称能将困于战争和饥荒的大国治理成勇而知义的礼义之邦。

    C. 子路谦虚不够、自信有余的态度引起了孔子的微笑。这微笑中有善意的理解和宽容，也有不以为然的轻微批评，表现了孔子的豁达态度。

    D. 公西华的回答显得彬彬有礼，他可能意识到孔子对子路不够谦让的批评，说起话来谨慎得多。他愿意治理一个小国家，六七十里见方或五六十里见方的小国，并将礼乐方面的治理让与诸君子。

五、课内文言文精练

（一）劝学

劝　学①

《荀子》

【课文导读】

《劝学》这篇文章紧扣"学不可以已"这一中心论点来论证，反复阐明人的知识、才能、品德不是天生就有的，而是由学习和积累取得的，即使是圣人的思想，也可以在不断学习中积累，因此，任何人都应当持恒专一，不断学习。善于运用比喻，以喻代议，寓议于喻，是这篇文章的显著特点。

君子②曰：学不可以已③。

---

① 选自《荀子集解》卷一，中华书局，1988 年版，有改动。劝，鼓励。《荀子》全书现存 32 篇，大部分为荀子自著，其余为荀子弟子记录的荀子言论和思想观点。荀子（约前 313—前 238），名况，字卿，赵国人，战国末期思想家。

② 君子：这里指有学问、有修养的人。

③ 已：停止。

青，取之于蓝①，而青于蓝②；冰，水为之，而寒于水。木直中绳③，𫐓④以为轮，其曲中规⑤。虽有槁暴⑥，不复挺⑦者，𫐓使之然也。故木受绳⑧则直，金⑨就砺⑩则利，君子博学而日参省乎己⑪，则知⑫明而行无过矣。

吾尝终日而思矣，不如须臾之所学也；吾尝跂⑬而望矣，不如登高之博见也。登高而招，臂非加长也，而见者远⑭；顺风而呼，声非加疾⑮也，而闻者彰⑯。假⑰舆⑱马者，非利足⑲也，而致⑳千里；假舟楫者，非能水㉑也，而绝㉒江河。君子生非异㉓也，善假于物㉔也。

积土成山，风雨兴焉㉕；积水成渊，蛟龙生焉；积善成德，而神明㉖自得，圣心㉗备焉。故不积跬步㉘，无以㉙至千里；不积小流，无以成江海。骐骥㉚一跃，不能十步；驽马十驾㉛，功在不舍㉜。锲㉝而舍之，朽木不折；锲而不舍，金石可镂㉞。蚓无爪牙之利，筋骨之强，上食埃土㉟，下饮黄泉㊱，用心一㊲

---

① 青，取之于蓝：青，靛（diàn）青，一种染料，从蓝草中取得。蓝，一种草本植物，叶子可提取靛青。
② 青于蓝：比蓝草颜色深。
③ 中（zhòng）绳：合乎木匠用来取直的墨线。
④ 𫐓：同"煣"，以火烘木材使之弯曲。
⑤ 规：圆规，绘图工具。
⑥ 虽有槁（gǎo）暴（pù）：即使又晒干了。有，同"又"。槁暴，晒干。槁，枯。暴，晒。
⑦ 挺：直。
⑧ 受绳：经过墨线比量。
⑨ 金：指金属制的刀斧等。
⑩ 就砺：拿到磨刀石上去磨。就，接近、靠近。砺，磨刀石。
⑪ 参（cān）省（xǐng）乎己：对自己检查、省察。参，检验。省，省察。乎，相当于"于"。
⑫ 知：同"智"，见识。
⑬ 跂：踮起脚后跟。
⑭ 见者远：意思是即便是远处的人也能看见。
⑮ 疾：快速，这里引申为"洪亮"，指声音洪亮。
⑯ 彰：清晰。
⑰ 假：借助。
⑱ 舆：车。
⑲ 利足：脚步快，善于奔走。
⑳ 致：到达。
㉑ 能水：善于游水。水，游泳。
㉒ 绝：横渡。
㉓ 生（xìng）非异：天性（同普通人）没有差别。生，同"性"，天性。
㉔ 物：外物，包括各种客观条件。
㉕ 兴焉：在这里兴起。兴，起。焉，兼词，相当于"于此"。下文"生焉"的"焉"同此。
㉖ 神明：非凡的智慧。
㉗ 圣心：圣人的思想。
㉘ 跬（kuǐ）步：古代称跨出一脚为"跬"，跨出两脚为"步"。
㉙ 无以：没有用来……的（办法）。
㉚ 骐（qí）骥（jì）：骏马。
㉛ 驽马十驾：劣马拉车走十天（也能走得很远）。驾，马拉车一天所走的路程称为"一驾"。
㉜ 功在不舍：（它的）成功在于不停止。舍，停止。
㉝ 锲（qiè）：雕刻。
㉞ 镂：泛指雕刻。
㉟ 埃土：泥土，尘土。
㊱ 黄泉：地下的泉水。
㊲ 一：专一。

也。蟹六跪①而二螯②，非蛇鳝之穴无可寄托者，用心躁③也。

【巩固训练】

1. 填空。

（1）《劝学》的作者是＿＿＿＿＿＿，名况，＿＿＿＿＿＿末期赵国人，先秦＿＿＿＿＿＿学派的最后代表人物，著名思想家、教育家。

（2）青，＿＿＿＿＿＿，而青于蓝；冰，水为之，＿＿＿＿＿＿。

（3）故木受绳则直，＿＿＿＿＿＿，君子博学而日参省乎己，＿＿＿＿＿＿。

（4）锲而舍之，＿＿＿＿＿＿；锲而不舍，＿＿＿＿＿＿。

（5）荀况在《劝学》中说君子需要通过广泛学习来提升自己的句子是：＿＿＿＿＿＿，＿＿＿＿＿＿。

2. 解释下列文言文语句中加点词的意思。

（1）学不可以已　　　　　　　　　　　已：＿＿＿＿＿＿

（2）吾尝跂而望矣　　　　　　　　　　跂：＿＿＿＿＿＿

（3）顺风而呼，声非加疾也，而闻者彰　彰：＿＿＿＿＿＿

（4）假舆马者，非利足也　　　　　　　假：＿＿＿＿＿＿

3. 下列句子中不含通假字的一项是（　　　）。

  A．君子生非异也

  B．木直中绳，輮以为轮

  C．驽马十驾，功在不舍

  D．虽有槁暴，不复挺者

4. 下列各句中，加点的词语古今意义相同的一项是（　　　）。

  A．筋骨之强

  B．非能水也，而绝江河

  C．輮以为轮

  D．蚓无爪牙之利

5. 下列各句中，句式与其他三项不同的一项是（　　　）。

  A．蚓无爪牙之利，筋骨之强

  B．不复挺者，輮使之然也

  C．非蛇鳝之穴无可寄托者，用心躁也

  D．君子生非异也

6. 下列有关文学文化常识的表述，不正确的一项是（　　　）。

  A．荀子（约前313—前238），名况，春秋末期赵国人，先秦儒家的最后代表人物，著名思想家、教育家。当时人们尊敬他，称他荀卿。荀子提出了"性善论"。

  B．驾：马拉车一天所走的路程叫"一驾"。

  C．"金就砺则利"中的"金"是指金属制的刀斧等。

  D．跬：半步。跨出一脚为"跬"，跨出两脚为"步"。

7. 将下列文言文语句翻译成现代汉语。

（1）青，取之于蓝，而青于蓝；冰，水为之，而寒于水。

---

① 六跪：蟹的六条腿。跪，蟹脚。螃蟹实际上有八条腿。

② 螯：蟹钳。

③ 躁：浮躁，不专心。

（2）君子博学而日参省乎己，则知明而行无过矣。

（3）吾尝终日而思矣，不如须臾之所学也。

8.“木直中绳，輮以为轮，其曲中规。虽有槁暴，不复挺者，輮使之然也。”木材从非常直的状态经过火烤变成了弯曲的车轮，说明了什么道理？

（二）烛之武退秦师①

烛之武退秦师
《左传》

【课文导读】

《烛之武退秦师》选自《左传·僖公三十年》，讲述了烛之武在自己的国家（郑国）恰逢危难之时，与敌国交涉，于强秦面前不卑不亢，能言善辩，终于使秦国从郑国退兵的故事。

这是一篇散文，在叙述故事时，能够处处注意伏笔与照应。如在交代秦、晋围郑的原因时，用“以其无礼于晋，且贰于楚”说明没有太多的矛盾冲突，这为烛之武说退秦军埋下了伏笔。

这篇文章虽短，但人物形象鲜明、语言优美、层次分明、组织严密、说理透彻、逻辑有力，是《左传》乃至中国文学史上的一篇优秀范文。

晋侯、秦伯②围郑，以其无礼于晋③，且贰于楚④也。晋军函陵⑤，秦军氾南⑥。

佚之狐⑦言于郑伯曰：“国危矣，若使烛之武见秦君，师必退。”公从之。辞曰：“臣之壮也⑧，犹不如人；今老矣，无能为也已⑨。”公曰：“吾不能早用子，今急而求子，是寡人之过也⑩。然郑亡，子亦有不利焉。”许之。

---

① 选自《春秋左传注》，中华书局，1990年版，有改动。《左传》亦称《春秋左氏传》或《左氏春秋》。书中保存了大量古代史料，文字优美，记事详明，为中国古代的一部史学和文学名著。

② 晋侯、秦伯：指晋文公、秦穆公。春秋时期有公、侯、伯、子、男五等爵位。

③ 以其无礼于晋：指晋文公即位前流亡国外经过郑国时，没有受到应有的礼遇。倒装句，于晋无礼。以，因为，连词。于，对于。

④ 且贰于楚：在从属于晋的同时又从属于楚。

⑤ 晋军函陵：晋军驻扎在函陵。军，名词用作动词，驻军。函陵，郑国地名，在今河南新郑北。

⑥ 氾南：氾水的南面，也属郑地。

⑦ 佚（yì）之狐：郑国大夫。

⑧ 臣之壮也：我壮年的时候。

⑨ 无能为也已：不能干什么了。为，做。已，同“矣”，语气词，了。

⑩ 是寡人之过也：这是我的过错。是，这。过，过错。

夜缒①而出，见秦伯，曰："秦、晋围郑，郑既知亡矣。若亡郑而有益于君，敢以烦执事②。越国以鄙远③，君知其难也。焉用亡郑以陪邻④？邻之厚，君之薄也⑤。若舍郑以为东道主⑥，行李⑦之往来，共其乏困⑧，君亦无所害。且君尝为晋君赐矣⑨，许君焦、瑕⑩，朝济而夕设版焉⑪，君之所知也。夫晋，何厌⑫之有？既东封郑⑬，又欲肆其西封⑭，若不阙⑮秦，将焉取之？阙秦以利晋，唯君图之。"秦伯说⑯，与郑人盟。使杞子、逢孙、杨孙戍之，乃还。

子犯请击之。公曰："不可。微夫人之力不及此⑰。因人之力而敝之，不仁⑱；失其所与，不知⑲；以乱易整，不武⑳。吾其还也㉑。"亦去之。

【巩固训练】

1. 填空。

（1）本文故事情节发展的四个阶段是：_____、_____、_____、_____。

（2）辞曰："臣之壮也，犹不如人；今老矣，_____。"

（3）因人之力而敝之，不仁；_____，不知；以乱易整，_____。

2. 下列加点词语解释有误的一项是（　　）。

    A. 晋军函陵 军：军队

    B. 贰于楚也 贰：从属二主

    C. 是寡人之过也 是：这

    D. 亡郑以陪邻 陪：增加

---

① 缒（zhuì）：用绳子拴着人（或物）从上往下送。

② 敢以烦执事：怎么敢拿这件事情来麻烦您。这是客气的说法。敢，自言冒昧的谦辞。执事，执行事务的人，代指对方（秦穆公），表示恭敬。

③ 越国以鄙（bǐ）远：越过别国而把远地（郑国）当作边邑。越，越过。鄙，边邑，这里名词用作动词，把……当作边邑。

④ 焉用亡郑以陪邻：为什么要灭掉郑国而给邻国增加土地呢？焉，何。陪，增加。

⑤ 邻之厚，君之薄也：邻国的势力雄厚了，您秦国的势力也就相对削弱了。之，用在主谓之间取消句子独立性。厚，雄厚。

⑥ 若舍郑以为东道主：如果您放弃围攻郑国而把它作为东方道路上（招待过客）的主人。舍，放弃（围郑）。

⑦ 行李：出使的人。

⑧ 共（gōng）其乏困：供给他们缺乏的东西。共，同"供"，供给。其，代指使者。

⑨ 尝为晋君赐矣：曾经给予晋君恩惠（指秦穆公曾派兵护送晋惠公回国）。尝，曾经。为，给予。赐，恩惠。为……赐，施恩。

⑩ 许君焦、瑕：（晋惠公）许诺给您焦、瑕两城。

⑪ 朝济而夕设版焉：指晋惠公早上渡过黄河回国，晚上就修筑防御工事。济，渡河。设版，修筑防御工事。朝，在早晨。版，筑土墙用的夹板。

⑫ 厌：同"餍"，满足。

⑬ 东封郑：在东边让郑国成为晋国的边境。东，名词作状语，在东边。封，使……成为疆界。这里名词用作动词。

⑭ 肆其西封：扩展它西边的疆界。指晋国灭郑以后，必将图谋灭秦。肆，延伸、扩张。

⑮ 阙（quē）：侵损，削减。这里是使动用法，使……削减。

⑯ 说：同"悦"，喜欢，高兴。

⑰ 微夫人之力不及此：假如没有那个人的力量，我是不会到这个地步的。微，假如没有。夫人，远指代词，那人，指秦穆公。

⑱ 因人之力而敝之，不仁：依靠别人的力量，又返回来损害他，这是不仁义的。因，依靠。敝，损害。

⑲ 失其所与，不知：失掉自己的同盟者，这是不明智的。与，结交、亲附。知，同"智"。

⑳ 以乱易整，不武：用混乱相攻取代联合一致，这是不勇武的。易，代替。整，指一致的步调。不武，不符合武德。武，指使用武力所应遵守的道义准则。

㉑ 吾其还也：我们还是回去吧。其，表商量或希望的语气，还是。

3. 将下列文言文语句翻译成现代汉语。

(1) 邻之厚，君之薄也。

(2) 微夫人之力不及此。

4. 在《烛之武退秦师》中，烛之武刚开始并不愿意，后来才接受任务，这是否有损人物形象，是本文的瑕疵？

(三)《论语》《孟子》两章

子路、曾皙、冉有、公西华侍坐①

《论语》

【课文导读】

孔子，名丘，字仲尼，春秋时鲁国（今山东曲阜昌平乡）人。

《论语》是记录孔子及其弟子言行的语录体散文，是诸子著作中成书较早的一部。《论语》具有质朴古直、明白晓畅的语言特点，言语简练而富有内涵，是语录体散文的典范，它与《大学》《中庸》《孟子》合称"四书"。

本文通过孔子和四个学生的谈话，以"言志"为线索，写出了学生们的志趣、性格，表达了孔子的思想、态度。

子路、曾皙、冉有、公西华侍坐。子曰："以吾一日长乎尔，毋吾以也②。居则曰③：'不吾知④也。'如或知尔，则何以哉⑤？"

子路率尔⑥而对曰："千乘之国⑦，摄乎大国之间⑧，加之以师旅⑨，因之以饥馑⑩；由也为之⑪，比

---

① 选自《论语译注》，中华书局，1980年版，有改动。子路（前542—前480）：即仲由，字子路。曾皙（生卒年不详）：名点，字子皙，曾参的父亲。冉有（前522—？）：即冉求，字子有。公西华（前509—？）：复姓公西，名赤，字子华。四人都是孔子的弟子。侍坐，在尊长近旁陪坐。

② 以吾一日长乎尔，毋吾以也：因为我年纪比你们大一点，（你们）不要因我（年长）就不敢说话了。以，因为。后一个"以"同"已"，是"止"的意思。毋，不要。

③ 居则曰：（你们）平日说。居，平日、平时。

④ 不吾知："不知吾"，不了解我。

⑤ 则何以哉：那么（你们）打算怎么做呢？

⑥ 率尔：轻率急忙而不加考虑的样子。尔，相当于"然"。

⑦ 千乘（shèng）之国：有一千辆兵车的诸侯国。在春秋后期，千乘之国是中等国家。乘，古时一车四马为一乘。春秋时，一辆兵车，配甲士三人，步卒七十二人。

⑧ 摄乎大国之间：夹在（几个）大国的中间。摄，夹，迫近。

⑨ 加之以师旅：有军队来攻打它。师旅，指军队。古时两千五百人为一师，五百人为一旅。

⑩ 因之以饥馑（jǐn）：接下来又有饥荒。因，接续。饥馑，泛指饥荒。

⑪ 为之：治理这个国家。为，治。

及^①三年，可使有勇，且知方^②也。"

夫子哂^③之。

"求！尔何如？"

对曰："方六七十，如五六十^④，求也为之，比及三年，可使足民^⑤。如其礼乐，以俟君子^⑥。"

"赤！尔何如？"

对曰："非曰能之，愿学焉^⑦。宗庙之事^⑧，如会同^⑨，端章甫^⑩，愿为小相^⑪焉。"

"点！尔何如？"

鼓瑟希^⑫，铿尔^⑬，舍瑟而作^⑭，对曰："异乎三子者之撰^⑮。"

子曰："何伤^⑯乎？亦各言其志也。"

曰："莫春^⑰者，春服既成^⑱，冠者^⑲五六人，童子^⑳六七人，浴乎沂^㉑，风乎舞雩^㉒，咏^㉓而归。"

夫子喟然^㉔叹曰："吾与^㉕点也！"

三子者出，曾皙后。曾皙曰："夫三子者之言何如？"

子曰："亦各言其志也已矣^㉖！"

曰："夫子何哂由也？"

---

① 比及：等到。

② 方：合乎礼义的行事准则。

③ 哂（shěn）：微笑。

④ 方六七十，如五六十：纵横六七十里或五六十里（的小国）。方，计量面积用语，多用以计量土地，后加表示长度的数词或数量词，表示纵横若干长度的意思。如，或者。下文"如会同"的"如"同。

⑤ 可使足民：可以使人民富足。

⑥ 如其礼乐，以俟君子：至于礼乐教化（自己的能力是不够的），那就得等待君子（来推行了）。这是冉有的谦辞。如，至于。俟，等待。

⑦ 非曰能之，愿学焉：不敢说我能胜任，但是愿意在这方面学习。这是公西华的谦辞。能，胜任、能做到。

⑧ 宗庙之事：指诸侯祭祀祖先的事，这在古代是国家重要的政事。宗庙，天子、诸侯供奉祖宗牌位的处所。

⑨ 会同：古代诸侯朝见天子的通称。会，诸侯在非规定时间朝见天子。同，诸侯一起朝见天子。

⑩ 端章甫：穿着礼服，戴着礼帽。这是做小相（xiàng）时的穿戴。端，古代的一种礼服。章甫，古代的一种礼帽。端和章甫在这里都用作动词。

⑪ 相：诸侯祭祀、会盟或朝见天子时，主持赞礼的司仪官。所谓"小相"，也是公西华的谦辞。

⑫ 鼓瑟希：弹奏瑟的声音（渐渐）稀疏，指接近尾声。希，同"稀"，稀疏。

⑬ 铿（kēng）尔：铿的一声，指止瑟声。

⑭ 舍瑟而作：把瑟放下，站起来。作，起身、站起来。

⑮ 撰：才能。这里指为政的才能。一说，讲述、解说。

⑯ 何伤：何妨。意思是：有什么关系呢。

⑰ 莫（mù）春：暮春，农历三月。莫，同"暮"。

⑱ 春服既成：春天的衣服已经穿定了。意思是天气渐暖，不必频繁换衣。

⑲ 冠（guàn）者：成年人。古代男子在二十岁时行加冠礼，表示成年。

⑳ 童子：少年，未成年的男子。

㉑ 沂（yí）：水名，在今山东曲阜南。

㉒ 风乎舞雩（yú）：在舞雩台上吹风。风，吹风。舞雩，台名，是鲁国求雨的坛，在今曲阜南。雩，求雨的祭祀仪式，伴以乐舞，故称"舞雩"。

㉓ 咏：唱歌。

㉔ 喟（kuì）然：叹息的样子。喟，叹息。

㉕ 与：赞成。

㉖ 也已矣：语气助词连用，相当于"罢了"。

曰："为国以礼，其言不让①，是故哂之。唯求则非邦也与②？安见③方六七十，如五六十而非邦也者？唯赤则非邦也与？宗庙会同，非诸侯而何④？赤也为之小，孰能为之大⑤？"

【巩固训练】

1. 填空。

（1）在《子路、曾皙、冉有、公西华侍坐》中，写孔子哂笑子路原因的句子是：_____，_____。

（2）在《子路、曾皙、冉有、公西华侍坐》中，面对孔子的询问，曾皙描绘了一幅在大自然里沐浴临风、一路酣歌的美丽动人的景象：_____，_____，_____。

2. 下列加点词语解释有误的一项是（　　）。

A. 夫子哂之　　　　　　　　　　　哂：微笑

B. 以俟君子　　　　　　　　　　　俟：等待

C. 异乎三子者之撰　　　　　　　　撰：撰写

D. 吾与点也　　　　　　　　　　　与：赞成

3. 下列各句从句式角度看与其余三句不同的一项是（　　）。

A. 不吾知也　　　　　　　　　　B. 如或知尔，则何以哉

C. 异乎三子者之撰　　　　　　　D. 何伤乎？亦各言其志也

4. 联系全文，下列体现出了孔子的循循善诱的句子是（　　）。

A. 为国以礼，其言不让，是故哂之　　　B. 吾与点也

C. 何伤乎？亦各言其志也　　　　　　　D. 夫子哂之

5. "亦各言其志也"的"其"应解释为（　　）。

A. 他　　　　　　　　　　　　　B. 你

C. 自己的　　　　　　　　　　　D. 其中

6. 下列对课文的分析，不正确的一项是（　　）。

A. 文章记叙了孔子和四个学生的谈话，以言志为线索，可分为"孔子问志""弟子述志""孔子评志"三个部分。

B. 子路和冉有都志在为政，不过是所治理的国家大小不同而已，而公西华的志向是做一名"小相"，不想参与国家大政。

C. 文章语言简短凝练，却恰当地表现出人物的精神气质，"率尔"一词体现出子路的自信率直、不谦虚的性格。

D. 文章对孔子的描绘不多，却刻画出一个态度和蔼、思想明智、和学生相处融洽、对学生十分了解的老师形象。

7. 下列关于文学文化常识的说法不正确的一项是（　　）。

A. 孔子，名丘，字仲尼，鲁国陬邑（今山东曲阜）人，中国古代思想家、政治家、教育家，儒家学派创始人。

B. 孔子开创私人讲学之风，倡导仁、义、礼、智、信。有弟子三千，其中贤人七十二。

---

① 为国以礼，其言不让：治国要用礼，（可是）他（子路）的话毫不谦让。

② 唯求则非邦也与：难道冉有讲的不是国家的事吗？唯，语气助词，用于句首，无实义。邦，国。也与，语气助词，表示疑问。

③ 安见：怎见得。

④ 宗庙会同，非诸侯而何：宗庙祭祀、朝见天子，不是诸侯国的事又是什么呢？意思是，公西华说的也是国家大事，不过讲得谦虚罢了。

⑤ 赤也为之小，孰能为之大：如果公西华（赤）只能给诸侯做一个小相，那么谁能做大相呢？

C. 《论语》是孔子弟子及再传弟子记录孔子及其弟子言行而编成的语录文集，成书于战国前期，较为集中地体现了孔子及儒家学派的政治主张、伦理思想、道德观念及教育原则等。

D. 四书五经，是"四书"与"五经"的合称，是历代儒家学子研学的核心书经。"四书"指的是《大学》《中庸》《论语》《孟子》，"五经"指的是《诗经》《尚书》《史记》《周易》《春秋》。

8. 解释下列文言文语句中加点词语的意思。

(1) 以吾一日长乎尔　　以：_____

(2) 子路率尔而对曰　　率尔：_____

9. 将下列文言文语句翻译成现代汉语。

(1) 以吾一日长乎尔，毋吾以也。

(2) 比及三年，可使有勇，且知方也。

10. 课文以对话为主，通过对话来表现人物形象，根据课文分析文中主要人物的性格特点。

鱼我所欲也[①]

《孟子》

【课文导读】

《孟子》是记录孟子及其弟子言行的著作，《孟子》与《论语》《大学》《中庸》合称为"四书"。

《鱼我所欲也》论述了"义"的价值高于生命，人应该有舍生取义的精神。全文围绕中心，运用比喻、对比等方法，从正反两个方面层层论述，具有很强的逻辑力量。

鱼，我所欲也；熊掌，亦我所欲也。二者不可得兼，舍鱼而取熊掌者也。生，亦我所欲也；义，亦我所欲也。二者不可得兼，舍生而取义者也。生亦我所欲，所欲有甚于生者，故不为苟得[②]也；死亦我所恶[③]，所恶有甚于死者，故患[④]有所不辟[⑤]也。如使[⑥]人之所欲莫甚于生，则凡可以得生者何不用也[⑦]？使人之所恶莫甚于死者，则凡可以辟患者何不为也？由是则生而有不用也，由是则可以辟患而有不为也。

---

① 选自《孟子译注》，中华书局，1960年版，有改动。

② 苟得：苟且取得。这里是苟且偷生的意思。

③ 恶（wù）：讨厌，憎恨。

④ 患：祸患，灾难。

⑤ 辟：同"避"，躲避。

⑥ 如使：假如，假使。

⑦ 何不用也：什么（手段）不用呢？

是故所欲有甚于生者，所恶有甚于死者。非独贤者有是心①也，人皆有之，贤者能勿丧②耳。

一箪食，一豆③羹④，得之则生，弗得则死。呼尔而与之⑤，行道之人弗受；蹴⑥尔而与之，乞人不屑⑦也。万钟⑧则不辩⑨礼义而受之，万钟于我何加⑩焉！为宫室之美，妻妾之奉⑪，所识穷乏者得我与⑫？乡为身死而不受⑬，今为宫室之美为之；乡为身死而不受，今为妻妾之奉为之；乡为身死而不受，今为所识穷乏者得我而为之；是亦不可以已⑭乎？此之谓失其本心⑮。

【巩固训练】

1. 填空。

（1）鱼，我所欲也；_____。

（2）万钟则不辩礼义而受之，_____！

2. 下列词语中加点字的注音全对的一组是（　　　　）。

  A. 苟得（gǒu） 一豆羹（gēng） 乞人不屑（xiāo）

  B. 所恶（è） 一箪食（dān） 蹴尔而与之（cù）

  C. 妻妾（qiè） 乡为身死（xiāng） 弗得则死（fú）

  D. 穷乏（fá） 有所不辟（bì） 二者不可得兼（jiān）

3. 下列句子中没有通假字的一项是（　　　　）。

  A. 故患有所不辟也   B. 万钟则不辩礼义而受之

  C. 乡为身死而不受   D. 是亦不可以已乎

4. 下列加点词语解释有误的一项是（　　　　）。

  A. 故患有所不辟也   患：祸患，灾难

  B. 万钟于我何加焉   加：增加

  C. 为宫室之美，妻妾之奉 奉：侍奉

  D. 是亦不可以已乎   已：停止，放弃

5. 下列对课文的分析不正确的一项是（　　　　）。

  A. 本文注重推理，逻辑严密。开篇通过类比提出中心论点，然后从正反两方面有力地论证了中心论点。

  B. 作者所倡导的重义之心，只有圣贤才具有，普通人是没有的。

  C. 作者善用日常生活中的事例进行说理，使抽象的道理变得浅显易懂。

  D. 作者认为"正义""大义"比生命重要，能给予人不苟且偷生、不避祸患的勇气。

———————————————

① 是心：这种心。

② 丧：丧失。

③ 豆：古代盛食物的一种容器，形似高脚盘。

④ 羹（gēng）：用肉（或肉菜相杂）调和五味做的粥状食物。

⑤ 呼尔而与之：意思是没有礼貌地吆喝着给他。尔，用作后缀。

⑥ 蹴（cù）：踩踏。

⑦ 不屑：认为不值得，表示轻视而不肯接受。

⑧ 万钟：优厚的俸禄。钟，古代的一种量器。

⑨ 辩：同"辨"，辨别。

⑩ 何加：有什么益处。

⑪ 奉：侍奉。

⑫ 所识穷乏者得我与：所认识的穷困的人感激我吗？得，同"德"，感恩、感激。与，同"欤（yú）"，语气词。

⑬ 乡为身死而不受：先前为了"礼义"，宁愿死也不接受施舍。乡，同"向"，先前、从前。

⑭ 已：停止。

⑮ 本心：本性。这里指人的羞恶之心。

6. 通读文章，举例说明作者使用了哪些论证方法论证中心论点。

（四）秋水（节选）①

秋水（节选）
《庄子》

【课文导读】

本文选自《庄子·秋水》，《庄子》想象奇特、形象生动、诗意浓郁、见解精湛，是我国古代道家的代表著作。

本文是一则寓言故事，选自《秋水》开头的一段，以河伯见海神为喻，说明个人的见识有限，经过比较，就会显出自己的不足，如果骄傲自满，难免贻笑大方。

秋水时②至，百川灌河③。泾流④之大，两涘渚崖⑤之间，不辩⑥牛马。于是焉河伯⑦欣然自喜，以天下之美为尽在己⑧。顺流而东行，至于北海，东面而视，不见水端⑨。于是焉河伯始旋⑩其面目，望洋向若⑪而叹曰："野语⑫有之曰：'闻道百，以为莫己若⑬者。'我之谓⑭也。且夫我尝闻少仲尼之闻而轻伯夷之义⑮者，始吾弗信；今我睹子之难穷⑯也，吾非至于子之门则殆⑰矣，吾长见笑于大方之家⑱。"

【巩固训练】

1. 《秋水》是一篇（ ）。

　　A. 寓言性论说文　　　　　　　　　B. 以反驳形式展开的议论文

———————————————

① 选自《庄子》，天地出版社，2017 年版，有删减。

② 时：按季节。

③ 灌：注入。河：黄河。

④ 泾（jìng）流：水流。

⑤ 两涘：岸的两边。涘（sì），水边，河岸。渚（zhǔ）崖：河渚岸边。渚，水中小岛。

⑥ 辩：通"辨"，辨别，识别。

⑦ 河伯：黄河之神。

⑧ 尽在己：全都集中在自己这里。

⑨ 端：边，尽头。

⑩ 旋：转，转变。

⑪ 望洋：仰视的样子。若：海神。

⑫ 野语：俗语，谚语。

⑬ 莫己若："莫若己"的倒装。

⑭ 我之谓：也是倒装，即"谓我"。

⑮ 尝闻：曾经听说。少仲尼之闻：小看孔子（仲尼）的学识。轻伯夷之义：轻视伯夷的义行。伯夷，商代诸侯孤竹君的长子，与其弟叔齐互让君位，一起逃亡到周。周武王伐商纣王时，伯夷、权齐两人叩马谏阻，认为以臣伐君是不义之举。商亡后，伯夷兄弟不食周粟，最终饿死在首阳山。

⑯ 子：你，本指海神若，这里借指整个北海。难穷：难以穷尽。

⑰ 殆（dài）：危险。

⑱ 大方之家：明白大道理的人。

  C．书信体论说文　　　　　　　　　D．史论

2．《秋水》开头部分有一段对河水和海景的描写，其主要寓意是（　　　）。

  A．惊叹大自然的多姿多彩　　　　　B．赞美祖国河山的壮丽

  C．为河伯改变态度做铺垫　　　　　D．比照两种不同认识境界

3．（2021·云南真题）《秋水》一文的主要特点除了运用寓言和善于援譬设喻，还运用了（　　　）。

  A．归纳法　　　　　　　　　　　　B．连锁推理法

  C．对话形式　　　　　　　　　　　D．演绎法

4．判断正误，正确的打"√"，错误的打"×"。

（1）（2021·云南真题）《秋水》是一篇以寓言方式展开说理的论说文。（　　　）

（2）《秋水》中写河伯骄傲自大的句子是："'闻道百，以为莫己若者。'我之谓也。"（　　　）

5．解释下列文言文语句中加点词的意思。

（1）秋水时至　　　　　　　　　　　　　　时：＿＿＿＿＿＿＿＿＿＿＿＿＿＿

（2）不辩牛马　　　　　　　　　　　　　　辩：＿＿＿＿＿＿＿＿＿＿＿＿＿＿

（3）东面而视，不见水端　　　　　　　　　端：＿＿＿＿＿＿＿＿＿＿＿＿＿＿

（4）于是焉河伯始旋其面目　　　　　　　　旋：＿＿＿＿＿＿＿＿＿＿＿＿＿＿

（5）吾非至于子之门则殆矣　　　　　　　　殆：＿＿＿＿＿＿＿＿＿＿＿＿＿＿

6．将下列文言文语句翻译成现代汉语。

（1）于是焉河伯欣然自喜，以天下之美为尽在己。

（2）于是焉河伯始旋其面目，望洋向若而叹曰……

（五）廉颇蔺相如列传①

廉颇蔺相如列传

司马迁

【课文导读】

  《史记》是我国第一部纪传体通史。它记述了上自黄帝下至汉武帝太初元年3000多年的历史。它既是历史巨著，又是杰出的传记文学。

  廉颇、蔺相如生活的年代是战国后期"七雄"并峙的时代，当时秦强赵弱的形势已十分明显。廉颇和蔺相如都是为了赵国的利益敢于和强秦斗争的杰出人物，两人的性格也在赵与秦的矛盾以及两人之间的矛盾中充分表现出来。课文节选了"完璧归赵""渑池之会""负荆请罪"三个典型事件，集中描写了蔺相如的不畏强暴、机智勇敢、能言善辩，同时也对廉颇的勇武坦荡、知错必改进行了生动的记述，歌

---

  ①　选自《点校本二十四史修订本·史记》，中华书局，2014年版，有改动。列传，古代纪传体史书中的人物传记，用以记述天子、王侯以外的人的事迹。

颂了他们竭尽忠智、精诚合作的宽广胸怀和"先国家之急而后私仇"的爱国精神。

廉颇者，赵之良将也。赵惠文王十六年，廉颇为赵将，伐齐，大破之，取阳晋，拜①为上卿，以勇气闻②于诸侯。

蔺相如者，赵人也。为赵宦者令缪贤舍人③。

赵惠文王时，得楚和氏璧。秦昭王闻之，使人遗④赵王书，愿以十五城请易⑤璧。赵王与大将军廉颇诸大臣谋：欲予秦，秦城恐不可得，徒见欺⑥；欲勿予，即⑦患⑧秦兵之来。计未定，求人可使报秦者⑨，未得。

宦者令缪贤曰："臣舍人蔺相如可使。"王问："何以知之？"对曰："臣尝有罪，窃计⑩欲亡走燕。臣舍人相如止⑪臣曰：'君何以知燕王？'臣语⑫曰，臣尝从大王与燕王会境上，燕王私握臣手曰，'愿结友'，以此知之，故欲往。相如谓臣曰：'夫赵强而燕弱，而君幸于赵王⑬，故燕王欲结于君⑭。今君乃亡赵走燕，燕畏赵，其势必不敢留君，而束⑮君归赵矣。君不如肉袒伏斧质⑯请罪，则幸得脱⑰矣。'臣从其计，大王亦幸赦臣。臣窃以为其人勇士，有智谋，宜⑱可使。"

于是王召见，问蔺相如曰："秦王以十五城请易寡人⑲之璧，可予不⑳？"相如曰："秦强而赵弱，不可不许。"王曰："取吾璧，不予我城，奈何？"相如曰："秦以城求璧而赵不许，曲㉑在赵；赵予璧而秦不予赵城，曲在秦。均之二策㉒，宁许以负秦曲㉓。"王曰："谁可使者？"相如曰："王必㉔无人，臣愿奉㉕璧往使。城入赵而璧留秦；城不入，臣请完璧归赵。"赵王于是遂遣相如奉璧西入秦。

---

① 拜：古代授予官职叫拜。

② 闻：闻名，出名。

③ 舍人：门客。

④ 遗：送给。

⑤ 易：交换。

⑥ 徒见欺：白白地受骗。见，被、受。

⑦ 即：则、就。

⑧ 患：忧虑、担心。

⑨ 求人可使报秦者：可以出使回复秦国的。使，出使。报，答复、回复。

⑩ 窃计：私下打算。窃，谦辞。

⑪ 止：阻止。

⑫ 语：告诉。

⑬ 幸于赵王：被赵王宠幸。于，表被动。

⑭ 结于君：同您结交。

⑮ 束：捆缚。

⑯ 肉袒（tǎn）伏斧质：赤身伏在斧质上，表示请罪。肉袒，脱去上衣，露出肩膀。斧质，古代一种腰斩的刑具。质，同"锧"，铁砧。

⑰ 幸得脱：侥幸能够免罪。幸，侥幸。脱，免。

⑱ 宜：应该。

⑲ 寡人：古代诸侯对自己的谦称，意思是寡德之人。

⑳ 不：同"否"。

㉑ 曲：理亏。

㉒ 均之二策：比较这两个对策。均，权衡、比较。之，这。

㉓ 宁许以负秦曲：宁可答应（给秦国璧），使它承担理亏（的责任）。这是使动用法。负，担负、承担。

㉔ 必：果真、如果。

㉕ 奉：捧。

秦王坐章台①见相如，相如奉璧奏②秦王。秦王大喜，传以示③美人④及左右⑤，左右皆呼万岁。相如视秦王无意偿赵城，乃前⑥曰："璧有瑕⑦，请指示王。"王授⑧璧，相如因持璧却⑨立，倚柱，怒发上冲冠⑩，谓秦王曰："大王欲得璧，使人发书至赵王，赵王悉召群臣议，皆曰：'秦贪，负⑪其强，以空言求璧，偿城恐不可得。'议不欲予秦璧。臣以为布衣之交⑫尚不相欺，况⑬大国乎！且以一璧之故逆强秦之欢⑭，不可。于是赵王乃斋戒⑮五日，使臣奉璧，拜送书于庭⑯。何者？严⑰大国之威以修敬⑱也。今臣至，大王见臣列观⑲，礼节甚倨；得璧，传之美人，以戏弄臣。臣观大王无意偿赵王城邑，故臣复取璧。大王必欲急⑳臣，臣头今与璧俱碎于柱矣！"

相如持其璧睨柱㉑，欲以击柱。秦王恐其破璧，乃辞谢㉒，固请㉓，召有司㉔案图㉕，指从此以往十五都予赵。

相如度秦王特㉖以诈佯为㉗予赵城，实不可得，乃谓秦王曰："和氏璧，天下所共传㉘宝也。赵王恐，不敢不献。赵王送璧时斋戒五日。今大王亦宜斋戒五日，设九宾于廷㉙，臣乃敢上璧。"秦王度之，终不可强夺，遂许斋五日，舍㉚相如广成传㉛。

---

① 章台：秦宫名，旧址在今陕西省西安市长安区故城西南角。
② 奏：呈献、进献。
③ 示：给……看。
④ 美人：指妃嫔。
⑤ 左右：指侍从人员。
⑥ 前：上前，动词。
⑦ 瑕：玉上的斑点、疵病。
⑧ 授：交、给。
⑨ 却：退，这里指后退几步。
⑩ 怒发上冲冠：因愤怒而使头发竖起，冲起了帽子。这是夸张的说法。
⑪ 负：凭借、倚仗。
⑫ 布衣之交：老百姓之间的互相交往。布衣，平民。
⑬ 况：何况。
⑭ 逆强秦之欢：触伤强大的秦国（对我们）的感情。逆，违背、触犯。欢，欢心。
⑮ 斋戒：古人在祭祀或行大礼前，必沐浴更衣，不喝酒，不吃荤，表示诚心致敬。
⑯ 拜送书于庭：在朝堂上行过叩拜礼，送出国书。庭，同"廷"，国君听政的朝堂。
⑰ 严：尊重。
⑱ 修敬：表示敬意。修，整饬。
⑲ 见臣列观（guàn）：在一般的宫殿里接见我，意思是不在正殿接见，礼数轻慢。列观，一般的宫殿，这里指章台，观物的一种。
⑳ 急：这里是逼迫的意思。
㉑ 睨（nì）柱：斜着眼睛看庭柱。睨，斜视。
㉒ 辞谢：婉言道歉。
㉓ 固请：坚决请求（蔺相如不要以璧击柱）。
㉔ 有司：官吏的通称。古代设官分职，各有专司，所以称官吏为"有司"。
㉕ 案图：察看地图。案，同"按"，审察、察看。
㉖ 特：只、不过。
㉗ 佯为：装作。
㉘ 共传：共同传诵，就是公认的意思。
㉙ 设九宾于廷：在朝堂上安设"九宾"的礼节。九宾，古代外交上最隆重的礼节，有九个迎宾赞礼的官员延引上殿。宾，同"傧"。
㉚ 舍：安置住宿，动词。
㉛ 广成传：宾馆名。传，招待宾客的馆舍。

相如度秦王虽斋，决①负约不偿城，乃使其从者衣褐②，怀其璧，从径道③亡，归璧于赵。

秦王斋五日后，乃设九宾礼于廷，引④赵使者蔺相如。相如至，谓秦王曰："秦自缪公⑤以来二十余君，未尝有坚明约束⑥者也。臣诚恐见欺于王而负⑦赵，故令人持璧归，间⑧至赵矣。且秦强而赵弱，大王遣一介之使⑨至赵，赵立奉璧来。今以秦之强而先割十五都予赵，赵岂敢留璧而得罪于大王乎？臣知欺大王之罪当诛，臣请就汤镬⑩。唯⑪大王与群臣孰⑫计议之。"

秦王与群臣相视而嘻⑬。左右或欲引相如去⑭，秦王因⑮曰："今杀相如，终不能得璧也，而绝秦赵之欢。不如因而厚遇⑯之，使归赵。赵王岂以一璧之故欺秦邪？"卒廷见相如⑰，毕礼而归之⑱。

相如既归，赵王以为贤，使不辱于诸侯⑲，拜相如为上大夫⑳。

秦亦不以城予赵，赵亦终不予秦璧。

其后㉑秦伐赵，拔㉒石城㉓。明年复攻赵，杀二万人。秦王使使者告赵王，欲与王为好，会㉔于西河㉕外渑池。赵王畏秦，欲毋行㉖。廉颇蔺相如计曰："王不行，示赵弱且怯也。"赵王遂行。相如从。廉颇送至境，与王诀㉗曰："王行，度道里会遇之礼毕㉘，还，不过三十日。三十日不还，则请立太子为王，以绝秦望㉙。"王许之。遂与秦王会渑池。

秦王饮酒酣，曰："寡人窃闻赵王好音，请奏瑟。"赵王鼓瑟。秦御史前书曰："某年月日，秦王与赵

---

① 决：必定。

② 衣（yì）褐：穿着粗布衣服，意思是化装成老百姓。衣，动词，穿。

③ 径道：便道、小路。

④ 引：延请。

⑤ 缪公：就是秦穆公，春秋时五霸之一。缪，同"穆"。

⑥ 坚明约束：坚守信约。坚、明，这里都用作动词，坚守、恪守的意思。约束，盟约，名词。

⑦ 负：辜负、对不起。

⑧ 间：间道，小路。这里用作"至"的状语，"从小路"的意思。

⑨ 一介之使：一个使臣。介，个。使，名词。

⑩ 就汤镬：受汤镬之刑。就，接近、到。汤镬，古代的一种酷刑，用滚汤烹煮犯人。镬，古代煮食物的一种大锅。

⑪ 唯：助词，通常用在主语前面，表示希望的语气。

⑫ 孰：同"熟"，仔细。

⑬ 相视而嘻：面面相觑，发出惊呼的声音，形容秦王与群臣心中恼怒而又无可奈何的样子。嘻，惊怒时发出的声音，这里用作动词。

⑭ 引相如去：拉相如离开（朝堂加以处置）。引，牵、拉。

⑮ 因：由此、趁此。

⑯ 厚遇：好好招待。厚，优厚。遇，招待、款待。

⑰ 廷见相如：在朝堂上（设九宾之礼）见相如。

⑱ 归之：送他（相如）回去，使动用法。

⑲ 使不辱于诸侯：出使诸侯之国，能不受欺辱。

⑳ 上大夫：大夫中最高的官阶，比卿低一级。

㉑ 其后：指公元前281年，就是赵惠文王十八年。

㉒ 拔：攻下。

㉓ 石城：地名，现在河南省林州市西南。

㉔ 为好会：举行友好会见。

㉕ 西河：现在陕西省渭南地区，在黄河以西。这一段黄河古称"西河"。西河在函谷关以西，也就是关中。

㉖ 欲毋行：想要不去。毋，不要。

㉗ 诀：告别，有准备不再相见的意味。

㉘ 度道里会遇之礼毕：估计路上行程以及会见的礼节完毕。

㉙ 绝秦望：断绝秦国的念头，指秦国可能扣留赵王做人质，进行要挟的打算。

王会饮，令赵王鼓瑟。"蔺相如前曰："赵王窃闻秦王善为秦声①，请奉盆缶秦王②，以相娱乐。"秦王怒，不许。于是相如前进缶，因跪请秦王。秦王不肯击缶。相如曰："五步之内，相如请得以颈血溅大王③矣！"左右欲刃④相如，相如张目叱之，左右皆靡⑤。于是秦王不怿⑥，为一击缶。相如顾⑦召赵御史书曰："某年月日，秦王为赵王击缶。"秦之群臣曰："请以赵十五城为秦王寿⑧。"蔺相如亦曰："请以秦之咸阳为赵王寿。"

秦王竟酒⑨，终不能加胜于赵⑩。赵亦盛设兵⑪以待秦，秦不敢动。

既罢⑫，归国，以相如功大，拜为上卿，位在廉颇之右。

廉颇曰："我为赵将，有攻城野战之大功，而蔺相如徒以口舌为劳⑬，而位居我上。且相如素贱人⑭，吾羞，不忍为之下⑮！"宣言⑯曰："我见相如，必辱之。"相如闻，不肯与会。相如每朝时，常称病，不欲与廉颇争列⑰。已而⑱相如出，望见廉颇，相如引车避匿。

于是舍人相与⑲谏曰："臣⑳所以去亲戚而事君者，徒慕君之高义也。今君与廉颇同列，廉君宣恶言，而君畏匿之，恐惧殊甚㉑。且庸人尚羞之㉒，况于将相乎？臣等不肖，请辞去。"蔺相如固止之，曰："公之视廉将军孰与秦王㉓？"曰："不若㉔也。"相如曰："夫以秦王之威，而相如廷叱之，辱其群臣。相如虽驽㉕，独畏廉将军哉？顾㉖吾念之，强秦之所以不敢加兵于赵者，徒以吾两人在也。今两虎共斗，其势不俱生。吾所以为此者，以先国家之急而后私仇也。"

廉颇闻之，肉袒负荆，因宾客至蔺相如门谢罪，曰："鄙贱之人，不知将军宽之至此也。"

卒相与欢，为刎颈之交。

【巩固训练】

1. 下列各组词语中，没有错别字的一项是（　　）。

---

① 善为秦声：擅长演奏秦地乐曲。

② 请奉盆缶秦王：请（允许我）献盆缶（给）秦王，意思是请秦王击盆缶为乐。奉，献。缶，盛酒浆的瓦器。秦人歌唱时，常击缶为节拍。"盆缶"后省略"于"。

③ 以颈血溅大王：拿（我）头颈里的血溅在大王身上，意思是和秦王拼命。

④ 刃：动词，用刀杀。

⑤ 靡：退却。

⑥ 怿：高兴、喜悦。

⑦ 顾：回头。

⑧ 为秦王寿：给秦王献礼。寿，向人进酒或献礼。

⑨ 竟酒：酒筵完毕。

⑩ 加胜于赵：胜过赵国，意思是占赵国的上风。加胜，制胜。加，致。

⑪ 盛设兵：多多部署军队。盛，多。

⑫ 既罢：（渑池之会）结束以后。

⑬ 徒以口舌为劳：只凭言词立下功劳。徒，只、不过。口舌，言语。

⑭ 素贱人：本来（是）卑贱的人。素，向来、本来。

⑮ 不忍为之下：不甘心（自己的职位）在他之下。

⑯ 宣言：扬言。

⑰ 争列：争位次的先后。

⑱ 已而：过了些时候。

⑲ 相与：一齐、共同。

⑳ 臣：秦汉以前表示谦卑的通称，对方不一定是君主。

㉑ 殊甚：太过分。殊，很、极。甚，过分。

㉒ 庸人尚羞之：平庸的人尚且对这种情况感到羞耻。之，指蔺相如竭力躲避廉颇的做法。羞之，即"以之为羞"。

㉓ 孰与秦王：与秦王比哪一个（厉害）。孰，谁，哪一个。孰与，何如、比……怎么样。

㉔ 不若：不如（秦王）。

㉕ 驽：愚劣、无能。

㉖ 顾：但。

  A. 暇疵 渑池之会 负荆请罪 前居后恭

  B. 诀别 完璧归赵 亡赵走燕 艰明约束

  C. 佯为 萎靡不振 不肖之人 刎颈之交

  D. 不怿 相视而嬉 势不俱生 怒发冲冠

2. 下列加点词语解释有误的一项是（ ）。

  A. 使人遗赵王书   遗：送

  B. 公之视廉将军孰与秦王   孰：谁，哪一个

  C. 且庸人尚羞之   且：况且

  D. 相如虽驽，独畏廉将军哉   驽：愚笨，拙劣

3. 下列句子中没有通假字的一项是（ ）。

  A. 秦自缪公以来二十余君   B. 相如持其璧睨柱，欲以击柱

  C. 召有司案图   D. 拜送书于庭

4. 下列句子中加点词语的用法相同的一项是（ ）。

  A. 求人可使报秦者，未得。

    何者？严大国之威以修敬也。

  B. 廉颇者，赵之良将也。

    均之二策，宁许以负秦曲。

  C. 不如因而厚遇之。

    于是相如前进缶，因跪请秦王。

  D. 则请立太子为王，以绝秦望。

    且以一璧之故逆强秦之欢，不可。

5. 下列各句中的加点词的古今意义相同的一项是（ ）。

  A. 璧有瑕，请指示王

  B. 臣所以去亲戚而事君者，徒慕君之高义也

  C. 明年，复攻赵

  D. 廉君宣恶言，而君畏匿之，恐惧殊甚

6. 下列句子中，与"而君幸于赵王"句式相同的一项是（ ）。

  A. 使不辱于诸侯   B. 求人可使报秦者，未得

  C. 以勇气闻于诸侯   D. 为赵宦者令缪贤舍人

7. （2021·云南真题）《廉颇蔺相如列传》一文中，通过"完璧归赵"的故事，主要体现了人物的

（ ）。

  A. 铁面无私   B. 克己奉公

  C. 不慕虚荣   D. 机智勇敢

8. （2020·云南真题）《廉颇蔺相如列传》有三个情节，下列按顺序排列正确的一项是（ ）。

  A. 渑池之会 完璧归赵 将相合欢

  B. 渑池之会 将相合欢 完璧归赵

  C. 完璧归赵 将相合欢 渑池之会

  D. 完璧归赵 渑池之会 将相合欢

9. 解释下列文言文语句中的加点词。

（1）以勇气闻于诸侯。   闻：＿＿＿＿＿＿＿＿＿＿＿

（2）秦以城求璧而赵不许，曲在赵。 曲：＿＿＿＿＿＿＿＿＿＿＿

10. 将下列文言文语句翻译成现代汉语。

（1）于是相如前进缶，因跪请秦王。

（2）秦王竟酒，终不能加胜于赵。

（六）师说①

师　说

韩　愈②

【课文导读】

《师说》是韩愈众多散文中的一篇重要作品。文章从论述教师的重要作用出发，从历史事实"古之学者必有师"、老师能"传道受业解惑"、学者定会遇到疑难三个方面论述了从师学习的必要性和重要性，明确提出了"道之所存，师之所存"的择师标准，抨击了当时社会上"耻学于师"的陋习，倡导从师而学的风气，表现出作者不顾世俗、独抒己见的卓越胆识。

文章中心鲜明，层次清晰，事实充分，逻辑严密，说理透彻，充分体现了韩愈散文气势磅礴、词锋峻利、语言练达的特点，具有极强的说服力和感染力。

古之学者③必有师。师者，所以传道受业解惑也④。人非生而知之⑤者，孰能无惑？惑而不从师，其为惑也⑥，终不解矣。生乎吾前，其闻⑦道也固先乎吾，吾从而师之⑧；生乎吾后，其闻道也亦先乎吾，吾从而师之。吾师道也⑨，夫庸知其年之先后生于吾乎⑩？是故无贵无贱⑪，无长无少，道之所存，师之所存也⑫。

嗟乎！师道⑬之不传也久矣！欲人之无惑也难矣！古之圣人，其出人⑭也远矣，犹且⑮从师而问焉；

---

①　选自《韩昌黎文集校注》卷一，上海古籍出版社，1986 年版，有改动。

②　韩愈：字退之，祖籍河北昌黎，世称"韩昌黎"。他是唐代"古文运动"的倡导者，宋代苏轼称他"文起八代之衰"，明人列他为"唐宋八大家"之首。

③　学者：求学的人。

④　所以传道受业解惑也：是用来传授道理、教授学业、解释疑难问题的人。所以，用来……的。受，同"授"，传授。

⑤　生而知之：生下来就懂得知识和道理。之，指知识和道理。

⑥　其为惑也：那些成为困惑的问题。

⑦　闻：知道，懂得。

⑧　从而师之：跟随他学习，即以他为老师。

⑨　吾师道也：我学习的是道理。师，学习，动词。

⑩　夫庸知其年之先后生于吾乎：哪管他是生在我之前还是生在我之后呢？庸，表示反问语气。

⑪　无贵无贱：就从师问道来说，没有贵和贱的区分。

⑫　道之所存，师之所存也：道存在的地方，就是老师所在的地方。意思是谁懂得道谁就是自己的老师。

⑬　师道：尊师学习的风尚。

⑭　出人：超出一般人。

⑮　犹且：尚且，还。

今之众人^①，其下圣人也亦远矣，而耻学于师。是故圣益圣，愚益愚。圣人之所以为圣，愚人之所以为愚，其皆出于此乎？爱其子，择师而教之；于其身^②也，则耻师^③焉，惑^④矣。彼童子^⑤之师，授之书而习其句读^⑥者，非吾所谓传其道解其惑者也。句读之不知^⑦，惑之不解，或师焉，或不焉^⑧，小学而大遗^⑨，吾未见其明也。巫医^⑩乐师^⑪百工^⑫之人，不耻相师^⑬。士大夫之族^⑭，曰师曰弟子云者^⑮，则群聚而笑之。问之，则曰："彼与彼年相若也，道相似也，位卑则足羞，官盛则近谀^⑯。"呜呼！师道之不复，可知矣。巫医乐师百工之人，君子不齿^⑰，今其智乃^⑱反不能及，其可怪也欤^⑲！

圣人无常师^⑳。孔子师郯子^㉑、苌弘^㉒、师襄^㉓、老聃^㉔。郯子之徒^㉕，其贤^㉖不及孔子。孔子曰：三人行，则必有我师^㉗。是故弟子不必不如师，师不必贤^㉘于弟子，闻道有先后，术业^㉙有专攻^㉚，如是而已。

李氏子蟠，年十七，好古文，六艺经传皆通习之，不拘于时，学于余。余嘉其能行古道，作《师说》以贻之。

【巩固训练】

1. 下列词语中加点字的注音全对的一组是（   ）。

      A. 李蟠（pán）   贻之（yí）   或不焉（bù）

---

① 众人：一般人。

② 身：自己。

③ 耻师：以从师学习为耻。

④ 惑：糊涂。

⑤ 童子：未成年的男子。

⑥ 授之书而习其句读（dòu）：教给他书本的文字，（帮助他）学习句读。句读，指断开句子的知识。一句话末尾的停顿为句，一句话中间短暂的停顿为读。古书没有标点，所以要学习句读。

⑦ 句读之不知：不明句读。下文"惑之不解"结构同此。

⑧ 或师焉，或不（fǒu）焉：有的向老师学习，有的不向老师学习。前一个"或"指代"句读之不知"，后一个"或"指代"惑之不解"。不，同"否"。

⑨ 小学而大遗：小的方面要学习，大的方面却放弃了。

⑩ 巫医：古代巫和医不分，故并举。巫主要以祝祷、占卜等为业，也为人治病。

⑪ 乐师：以演奏乐器为职业的人。

⑫ 百工：泛指各种工匠。

⑬ 不耻相师：不以相互学习为耻。

⑭ 族：类。

⑮ 曰师曰弟子云者：说谁是谁的老师、谁是谁的学生之类的话。云者，如此之类。

⑯ 位卑则足羞，官盛则近谀（yú）：以地位低者为师，就感到十分耻辱；以官职高者为师，就觉得是近乎谄媚。谀，谄媚奉承。

⑰ 不齿：不与同列，意思是看不起。齿，并列、排列。

⑱ 乃：竟。

⑲ 欤（yú）：语气助词，表示感叹。

⑳ 常师：固定的老师。

㉑ 郯（tán）子：春秋时郯国（今山东郯城一带）的国君，孔子曾向他请教官职的名称。

㉒ 苌（cháng）弘：周敬王时的大夫，孔子曾向他请教过音乐方面的事情。

㉓ 师襄：春秋时鲁国的乐官，孔子曾跟他学过琴。

㉔ 老聃（dān）：老子，孔子曾向他问过礼。

㉕ 郯子之徒：郯子那些人（指上面说的四个人）。徒，同类的人。

㉖ 贤：才德优秀。

㉗ 三人行，则必有我师：语出《论语·述而》。原句为："三人行，必有我师焉。"

㉘ 贤：超过。

㉙ 术业：学术技艺。

㉚ 专攻：专门学习或研究。攻，学习、研究。

B. 老聃（dān）　　　经传（chuán）　　　不耻相师（xiāng）
C. 郯子（tán）　　　句读（dú）　　　甘之如饴（yí）
D. 苌弘（cháng）　　　渎职（dú）　　　买椟还珠（dú）

2. 下列句中加点词的词类活用不同于其他三项的一项是（　　）。
　　A. 是故圣益圣，愚益愚
　　B. 孔子师郯子、苌弘、师襄、老聃
　　C. 而耻学于师
　　D. 吾从而师之

3. 下列各项中，加点的虚词用法完全相同的一项是（　　）。
　　A. 而耻学于师
　　　　于其身也，则耻师焉
　　B. 师道之不传也久矣
　　　　作《师说》以贻之
　　C. 其闻道也固先乎吾
　　　　其下圣人也远矣
　　D. 青，取之于蓝，而青于蓝
　　　　人非生而知之者

4. 下列句子中，与"句读之不知，惑之不解"句式相同的一项是（　　）。
　　A. 道之所存，师之所存也
　　B. 不吾知也
　　C. 不拘于时
　　D. 蚓无爪牙之利，筋骨之强

5. 判断正误，正确的打"√"，错误的打"×"。
（1）（2022·云南真题）《师说》的中心论点是："师者，所以传道受业解惑也。"（　　）
（2）（2021·云南真题）《师说》反映的是反抗流俗的不良风气，批驳错误的观点，建立新的师道观念。（　　）

6. 下列有关文学文化常识的表述，不正确的一项是（　　）。
　　A. 韩愈、柳宗元等人倡导的古文运动，对于开创作家自由抒发的文风，拨正古代散文的发展方向，具有重要的指导意义。
　　B. 《师说》的作者是韩愈，字退之。唐代著名散文家，明人将其列为"唐宋八大家"之首。
　　C. "说"是我国古代的一种文体，属记叙文的范围，一般用来陈述自己对某种事物的见解。
　　D. "三人行，则必有我师"出自孔子的《论语·述而》，原句是："三人行，必有我师焉。"

7. 阅读下文，回答问题。

古之学者必有师。师者，所以传道受业解惑也。人非生而知之者，孰能无惑？惑而不从师，其为惑也，终不解矣。生乎吾前，其闻道也固先乎吾，吾从而师之；生乎吾后，其闻道也亦先乎吾，吾从而师之。吾师道也，夫庸知其年之先后生于吾乎？是故无贵无贱，无长无少，道之所存，师之所存也。

……

圣人无常师。孔子师郯子、苌弘、师襄、老聃。郯子之徒，其贤不及孔子。孔子曰；三人行，则必有我师。是故弟子不必不如师，师不必贤于弟子，闻道有先后，术业有专攻，如是而已。

李氏子蟠，年十七，好古文，六艺经传皆通习之，不拘于时，学于余。余嘉其能行古道，作《师说》以贻之。

（1）下列句子中加点词的解释，不正确的一项是（　　）。
　　A. 师者，所以传道受业解惑也　　　　　　所以：用来……的

B. 则耻师焉，惑矣　　　　　　　　　惑：困惑

C. 小学而大遗，吾未见其明也　　　　小学：小的方面

D. 位卑则足羞，官盛则近谀　　　　　位卑：地位卑贱的人

（2）下列各组句子中，加点词的意义和用法完全相同的一项是（　　　）。

　　A. 其闻道也固先乎吾
　　　　夫庸知其年之先后生于吾乎

　　B. 巫医乐师百工之人
　　　　欲人之无惑也难矣

　　C. 其皆出于此乎
　　　　不拘于时

　　D. 小学而大遗
　　　　惑而不从师

（3）下列对文中画线句子的翻译，不恰当的一项是（　　　）。

　　A. 师者，所以传道受业解惑也。

　　翻译：老师，是依靠（他）来传授道理、教授学业、解答疑难问题的。

　　B. 吾师道也，夫庸知其年之先后生于吾乎？

　　翻译：我（是向他）学习道理啊，哪管他的生年比我早还是比我晚呢？

　　C. 郯子之徒，其贤不及孔子。

　　翻评：郯子的徒弟们，他们的贤能（都）比不上孔子。

　　D. 六艺经传皆通习之，不拘于时，学于余。

　　翻评：六经的经文和传文都普遍学习了，不受时俗的限制，向我学习。

（4）下列对文段的理解和分析，不正确的一项是（　　　）。

　　A. 作者认为教师的职责是"传道受业解惑"。

　　B. 作者认为教师的标准是"道之所存，师之所存也"。

　　C. 选文第三段在论述观点时，主要采取了正反对比论证的方法。

　　D. "圣人无常师"的观点照应了上文的"古之学者必有师"。

8. 作者关于教师的原则方面有什么精确的论述？有怎样深刻的含义？

（七）赤壁赋①

赤壁赋

苏　轼

【课文导读】

苏轼（1037—1101），字子瞻，号东坡居士，眉州眉山（今属四川）人。北宋文学家、书画家。

苏轼在文艺创作的各方面都取得了突出的成就。散文汪洋恣肆，随物赋形，如行云流水，为"唐宋八大家"之一，与父亲苏洵、弟弟苏辙，合称"三苏"，与欧阳修并称"欧苏"；诗启宋诗新风，清俊爽健，元气淋漓，与黄庭坚并称"苏黄"；词开豪放一路，与辛弃疾并称"苏辛"；书法、绘画亦有很高造

---

① 选自《苏轼文集》卷一，中华书局，1986 年版，有改动。宋神宗元丰二年（1079），苏轼被贬为黄州（今湖北黄冈）团练副使。元丰五年（1082）秋冬，苏轼先后两次游览了黄州附近的赤壁，写下两篇赋。本文是第一篇。赤壁之战的地点有多种说法，一般认为在今湖北武汉市的赤矶山。苏轼所游是黄州的赤鼻矶，并非赤壁大战处。

诣，书法擅长行书、楷书，能自创新意，与黄庭坚、米芾、蔡襄并称"宋四家"；画学文同，论画主张神似，提倡"士人画"。著有《苏东坡集》《东坡乐府》等。

　　这篇赋描述作者与客人秋夜泛舟江上，观赏水光月色，饮酒诵诗及谈论人生哲理等生动场面，文章虽从游记写起，但重点不是描山画水、探幽寻胜，而是因景生情、借物喻理，以传统"赋体"主客问答的形式，抒发人生感慨，辩论人生意义，将强烈的抒情性和哲理性融入游记之中。文章句式错落有致，用韵疏密相间，全文既有散句，又运用了大量排比和对偶，有整有散，错落有致，但无论写景、抒情、说理，都不离江上风光，使写景、抒情、说理三者浑然一体。

　　壬戌①之秋，七月既望②，苏子与客泛舟游于赤壁之下。清风徐来，水波不兴。举酒属③客，诵明月之诗，歌窈窕之章④。少焉，月出于东山之上，徘徊于斗牛⑤之间。白露横江，水光接天。纵一苇之所如⑥，凌万顷之茫然⑦。浩浩乎如冯虚御风⑧，而不知其所止；飘飘乎如遗世⑨独立，羽化⑩而登仙。

　　于是饮酒乐甚，扣舷而歌之。歌曰："桂棹⑪兮兰桨，击空明兮溯⑫流光。渺渺⑬兮予怀，望美人兮天一方。"客有吹洞箫者，倚歌而和之⑭。其声呜呜然，如怨如慕，如泣如诉，余音袅袅⑮，不绝如缕⑯。舞幽壑⑰之潜蛟，泣孤舟之嫠妇⑱。

　　苏子愀然⑲，正襟危坐而问客曰："何为其然也⑳？"客曰："'月明星稀，乌鹊南飞'㉑，此非曹孟德㉒之诗乎？西望夏口㉓，东望武昌㉔，山川相缪㉕，郁乎㉖苍苍，此非孟德之困于周郎者乎㉗？方其破荆州，

---

① 壬戌：宋神宗元丰五年（1082）。

② 既望：十六日。望，农历每月十五日。既，已。

③ 属（zhǔ）：劝请。

④ 诵明月之诗，歌窈窕之章：这两句是互文，指吟诵《诗经·陈风》中的《月出》篇。窈窕之章，《月出》中有"舒窈纠兮"的句子，所以称为"窈窕之章"。

⑤ 斗牛：星座名，即斗宿（南斗）、牛宿。

⑥ 一苇：喻指苇叶般的小舟。如：往。

⑦ 凌：越过。万顷：水面。此极言江面之宽。茫然：浩荡渺茫的样子。

⑧ 冯（píng）虚御风：在天空中驾风遨游。冯，同"凭"，依靠，依托。虚，指太空。

⑨ 遗世：超脱尘世。

⑩ 羽化：道教称成仙飞升为"羽化"。

⑪ 棹（zhào）：船桨。

⑫ 溯（sù）：逆流而上。

⑬ 渺渺：悠远的样子。

⑭ 倚歌：按着曲调。和（hè）：伴奏。

⑮ 袅袅：声音婉转悠长的样子。

⑯ 缕：细丝。

⑰ 幽壑：山谷深渊。

⑱ 嫠（lí）妇：寡妇。

⑲ 愀（qiǎo）然：容色改变的样子。

⑳ 何为其然也：为什么曲调这样悲凉呢？

㉑ "月明"二句：曹操《短歌行》中的诗句。

㉒ 孟德：曹操的字。

㉓ 夏口：古城名，在今湖北武昌的西面。

㉔ 武昌：今湖北鄂州。

㉕ 缪（liáo）：同"缭"，盘绕。

㉖ 郁乎：繁茂的样子。

㉗ "此非"句：指汉献帝建安十三年（208），曹操在赤壁之战中被吴将周瑜击败的事。周郎，即周瑜，他任中郎将时年仅二十四岁，人称周郎。

下江陵①，顺流而东也，舳舻②千里，旌旗蔽空，酾酒③临江，横槊④赋诗，固一世之雄也，而今安在哉？况吾与子渔樵于江渚之上⑤，侣鱼虾而友麋鹿⑥，驾一叶之扁舟⑦，举匏樽⑧以相属。寄蜉蝣⑨于天地，渺沧海之一粟⑩。哀吾生之须臾⑪，羡长江之无穷。挟⑫飞仙以遨游，抱明月而长终⑬。知不可乎骤得⑭，托遗响于悲风⑮。"

苏子曰："客亦知夫水与月乎？逝者如斯，而未尝往也⑯；盈虚者如彼，而卒莫消长也⑰。盖将自其变者而观之，则天地曾不能以一瞬⑱；自其不变者而观之，则物与我皆无尽⑲也，而又何羡乎！且夫天地之间，物各有主，苟⑳非吾之所有，虽一毫而莫取㉑。惟江上之清风，与山间之明月，耳得之而为声，目遇之而成色，取之无禁，用之不竭，是造物者之无尽藏也㉒，而吾与子之所共适㉓。"

客喜而笑，洗盏更酌㉔。肴核既尽㉕，杯盘狼籍㉖。相与枕藉乎舟中㉗，不知东方之既白㉘。

【巩固训练】

1. 填空。

（1）寄蜉蝣于天地，_____。

（2）纵一苇之所如，_____。

2. 下列句子中加点字的注音不正确的一项是（　　）。

　A．举酒属客（zhǔ）　　　　　　　　少焉，月出于东山之上（shǎo）

---

① "方其"句：指汉献帝建安十三年（208）刘琮向曹操投降，操军不战而占领荆州，继又击败刘备，进兵江陵的事。方，当。

② 舳（zhú）舻：战船。

③ 酾（shī）酒：斟酒。

④ 横槊（shuò）：横执着长矛。槊，长矛。

⑤ 子：你。渔樵：捕鱼打柴。江渚（zhǔ）：江边沙洲。

⑥ 侣鱼虾：与鱼虾做伴。友麋鹿：与麋鹿做朋友。

⑦ 扁（piān）舟：小船。

⑧ 匏（páo）樽：用葫芦做的酒器。匏，葫芦的一种。

⑨ 蜉蝣（fú yóu）：一种昆虫，夏秋之交生于水边，生命短促仅数小时。

⑩ 沧海：大海。粟：粒米。

⑪ 须臾：片刻。

⑫ 挟：持，带。这里意为偕同。

⑬ 长终：长存始终。

⑭ 骤得：轻易得到。骤，骤然，突然。

⑮ 托：寄托。遗响：指洞箫的余音。

⑯ 逝者如斯：流逝的事物就像江水这样（不断流逝）。语出《论语·子罕》："子在川上曰：'逝者如斯夫，不舍昼夜。'"往，流失。

⑰ 盈虚：指月亮时圆时缺。卒：始终。消长：减少和增加。

⑱ "则天地"句：天地万物连一眨眼的工夫都不能存留。一瞬，一眨眼，极言短暂。

⑲ 无尽：没有完，意即不会消亡。

⑳ 苟：如果。

㉑ 虽：即使。一毫：一根毫毛，极言其微小。

㉒ 是：此，这。造物者：即大自然。无尽藏：佛家语，意谓无穷无尽的宝藏。

㉓ 共适：共同享用。

㉔ 更酌：重新斟酒。

㉕ 肴核：菜肴和果品。

㉖ 狼籍：凌乱的样子。形容食残之状。

㉗ 相与：互相。枕藉：彼此相枕着睡觉。

㉘ 既白：已经发白，指天亮。既，已经。

　　B. 倚歌而和之（hè）　　　　　　　　桂棹兮兰桨，击空明兮溯流光（zhào）

　　C. 泣孤舟之嫠妇（lí）　　　　　　　　酾酒临江，横槊赋诗（shī）

　　D. 渔樵于江渚之上（zhǔ）　　　　　　是造物者之无尽藏也（cáng）

3. 下列加点词解释有误的一项是（　　　　）。

　　A. 举酒属客　　　　　　　　　　　　属：同"嘱"，指劝人饮酒

　　B. 白露横江　　　　　　　　　　　　横：弥漫，充溢

　　C. 不绝如缕　　　　　　　　　　　　绝：隔绝

　　D. 正襟危坐　　　　　　　　　　　　危：端正

4. 下列各项中，加点"之"的用法不同于其他三项的一项是（　　　　）。

　　A. 哀吾生之须臾　　　　　　　　　　B. 凌万顷之茫然

　　C. 不知东方之既白　　　　　　　　　D. 羡长江之无穷

5. 《赤壁赋》是苏轼被贬（　　　　）时所作。

　　A. 黄州　　　　　　　　　　　　　　B. 苏州

　　C. 扬州　　　　　　　　　　　　　　D. 儋州

6. 《赤壁赋》是一篇（　　　　）。

　　A. 抒情小赋　　　　　　　　　　　　B. 文赋

　　C. 骈赋　　　　　　　　　　　　　　D. 骚体赋

7. 苏轼《赤壁赋》中没有出现的自然意象是（　　　　）。

　　A. 清风　　　　　　　　　　　　　　B. 明月

　　C. 江水　　　　　　　　　　　　　　D. 落花

8. 下列出现于《赤壁赋》的叠字中，作者用以表现泛舟之乐的是（　　　　）。

　　A. 袅袅　　　　　　　　　　　　　　B. 呜呜

　　C. 苍苍　　　　　　　　　　　　　　D. 浩浩

9. 《赤壁赋》继承了赋体常用的"主客问答，抑客伸主"的表现手法，其中"客"所代表的是（　　　　）。

　　A. 吹洞箫者　　　　　　　　　　　　B. 苏轼本人

　　C. 思想矛盾中的消极面　　　　　　　D. 思想矛盾中的积极面

10. （2021·云南真题）《赤壁赋》一文中，作者所表现出来的基本心态是（　　　　）。

　　A. 苦闷　　　　　　　　　　　　　　B. 旷达

　　C. 豪放　　　　　　　　　　　　　　D. 欢快

11. 将下列文言文语句翻译成现代汉语。

（1）固一世之雄也，而今安在哉？

（2）寄蜉蝣于天地，渺沧海之一粟。

12. 在第二段文字中，作者是怎样说理并表达情怀的？

（八）西湖七月半[①]

西湖七月半
张　岱

【课文导读】

张岱（1597—1679），字宗子，一字石公，号陶庵，别号蝶庵居士，山阴（今浙江省绍兴市）人，出生于豪门大家，青年时期生活优越，淡泊名利，不求仕进。明亡后，隐居剡溪（在今浙江省绍兴市境内），寄情山水，以著述为事。张岱尤以散文小品名世，他的小品文直抒性灵，真挚感人，又深得文人雅致，情趣盎然。著有《琅嬛文集》《陶庵梦忆》《西湖梦寻》等。

《西湖七月半》是一篇游记散文，描述了明末杭州人七月半游西湖的盛况，以简练的文笔，重现了当时的西湖风光和世风民俗，并通过对各类游客看月情态的描摹刻画，嘲讽了达官显贵附庸风雅的丑态和市井百姓凑热闹的俗气，标榜文人雅士清高脱俗的情趣。

西湖七月半，一无可看，止[②]可看看七月半之人。

看七月半之人，以五类看之。其一，楼船[③]箫鼓[④]，峨冠[⑤]盛筵，灯火优傒[⑥]，声光相乱，名为看月而实不见月者，看之；其一，亦船亦楼，名娃[⑦]闺秀，携及童娈[⑧]，笑啼杂之，环坐露台[⑨]，左右盼望[⑩]，身在月下而实不看月者，看之；其一，亦船亦声歌，名妓闲僧，浅斟低唱，弱管轻丝[⑪]，竹肉[⑫]相发，亦在月下，亦看月而欲人看其看月者，看之；其一，不舟不车，不衫不帻[⑬]，酒醉饭饱，呼群三五，跻[⑭]入人丛，昭庆、断桥[⑮]，嘄[⑯]呼嘈杂，装假醉，唱无腔曲[⑰]，月亦看，看月者亦看，不看月者亦看，而实无一

---

① 选自《陶庵梦忆·西湖梦寻》，作家出版社，1995 年版，有改动。西湖，今杭州西湖。七月半，中国传统的中元节，又称鬼节。

② 止：同"只"。

③ 楼船：有楼台的大船。

④ 箫鼓：吹箫擂鼓，这里泛指各种音乐。

⑤ 峨冠：高耸的帽子，代指士大夫们。

⑥ 优傒（xī）：优伶和仆役。

⑦ 娃：美女。

⑧ 童娈（luán）：容貌美好的家童。

⑨ 露台：船上露天的平台。

⑩ 盼望：顾盼，"盼"和"望"都是看的意思。

⑪ 弱管轻丝：轻柔的管弦音乐。

⑫ 竹肉：指管乐和歌喉。

⑬ 不舟不车，不衫不帻（zé）：不坐船，不乘车；不穿长衫，不戴头巾。舟、车、衫、帻皆用作动词。帻，头巾。

⑭ 跻（jī）：同"挤"。

⑮ 昭庆、断桥：寺名和桥名。昭庆，即昭庆寺，在西湖边上。断桥，西湖白堤上的桥名。

⑯ 嘄（jiāo）：同"叫"。

⑰ 无腔曲：没有腔调、曲调，形容唱得乱七八糟。

看者，看之；其一，小船轻幌①，净几暖炉，茶铛②旋③煮，素瓷静递，好友佳人，邀月同坐，或匿④影树下，或逃嚣⑤里湖，看月而人不见其看月之态，亦不作意看月者，看之。

杭人游湖，已出酉归⑥，避月如仇。是夕好名⑦，逐队争出，多犒门军酒钱。轿夫擎燎⑧，列俟⑨岸上。一入舟，速⑩舟子急放断桥，赶入胜会。以故二鼓⑪以前，人声鼓吹⑫，如沸如撼，如魇如呓，如聋如哑⑬。大船小船，一齐凑岸，一无所见，止见篙击篙，舟触舟，肩摩肩，面看面而已。少刻兴尽，官府席散，皂隶⑭喝道⑮去。轿夫叫，船上人怖以关门⑯，灯笼火把如列星，一一簇拥⑰而去。岸上人亦逐队赶门，渐稀渐薄，顷刻散尽矣。

吾辈始舣⑱舟近岸，断桥石磴⑲始凉，席⑳其上，呼客纵饮。此时月如镜新磨，山复整妆，湖复颒面㉑，向之浅斟低唱者出，匿影树下者亦出，吾辈往通声气㉒，拉与同坐。韵友㉓来，名妓至，杯箸㉔安㉕，竹肉发。月色苍凉，东方将白，客方散去。吾辈纵舟酣睡于十里荷花之中，香气拍人，清梦甚惬。

【巩固训练】

1. 下列加点词语解释有误的一项是（　　　）。

    A. 灯火优傒 　　　　　　　　　　优：优良

    B. 竹肉相发 　　　　　　　　　　肉：歌喉

    C. 茶铛旋煮 　　　　　　　　　　旋：随即

    D. 轿夫擎燎 　　　　　　　　　　燎：火炬

2. 以下六句话中，作者认为真正赏月的是（　　　）。

---

① 轻幌（huǎng）：细薄的帷幔。幌，布幔。

② 铛（chēng）：温茶、酒的器具。

③ 旋（xuàn）：随时，随即。

④ 匿（nì）：藏。

⑤ 逃嚣：躲避喧闹。

⑥ 巳（sì）出酉归：巳时出来，酉时回去。古人以十二地支计时，将一天分成十二个时辰。巳时为上午九时至十一时。酉为下午五时至七时。

⑦ 好名：喜欢这个名目。名，指"中元节"的名目，等于说"名堂"。

⑧ 擎燎（liáo）：举起火把。燎，火把。

⑨ 列俟（sì）：排着队等候。

⑩ 速：催促。

⑪ 二鼓：二更，夜里十一点左右。

⑫ 鼓吹：指鼓、钲、箫、笳等打击乐器、管弦乐器合奏出的乐曲。

⑬ 如沸如撼，如魇如呓，如聋如哑：以水沸物撼形容喧嚷；以梦魇梦呓写喧嚷中隐藏的窃窃私语；以如聋如哑写喧闹之声将所有人的说话声淹没，人们如同聋哑人一样，不知在说什么，也听不到什么。

⑭ 皂隶：衙门的差役。

⑮ 喝道：官员出行，衙役在前边吆喝开道。

⑯ 怖以关门：用关城门恐吓。

⑰ 簇拥：簇拥。族，同"簇"。

⑱ 舣（yǐ）：移船靠岸。

⑲ 磴（dèng）：石阶。

⑳ 席：席子，此处用作动词，有设席之意。

㉑ 颒（huì）面：洗脸。颒，同"靧"。

㉒ 通声气：打招呼。

㉓ 韵友：风雅的朋友。

㉔ 箸（zhù）：筷子。

㉕ 安：安放，摆好。

①名为看月而实不见月者

②身在月下而实不看月者

③亦在月下，亦看月而欲人看其看月者

④月亦看，看月者亦看，不看月者亦看，而实无一看者

⑤看月而人不见其看月之态，亦不作意看月者

⑥人散"始舣舟近岸"之"吾辈"

    A. ①②   B. ③⑥

    C. ④⑤   D. ⑤⑥

3. 下列对本文的理解和分析，不正确的一项是（   ）。

    A. "名娃闺秀""童娈""名妓闲僧""好友佳人""韵友""名妓"皆是作者眼中的"七月半之人"。

    B. 五种人，涵盖了社会上形形色色的不同类别，游湖的繁华，其实也是社会的繁华，更是作者醉心于繁华的现实生活的写照。

    C. 西湖七月半自有其迷人之处，俗人眼中似无可看，而在雅人的眼中，则处处是诗。作者的审美情趣自然是高雅脱俗的，但也不免有传统文人孤高自赏的毛病。

    D. 本文是一篇绝妙的记游散文。文字简洁，描写生动，构思新奇。最后一段从前面的第三人称的叙述转为第一人称的叙述。开头奇警峭拔，结尾韵味悠长，艺术技巧委实高明。

4. 解释下列文言文语句中加点词的意思。

(1) 好友佳人，邀月同坐，或匿影树下，或逃嚣里湖   匿：＿＿＿＿＿＿＿＿＿＿＿

(2) 轿夫擎燎，列俟岸上。   列俟：＿＿＿＿＿＿＿＿＿＿＿

5. 将下列文言文语句翻译成现代汉语。

(1) 或逃嚣里湖，看月而人不见其看月之态，亦不作意看月者，看之。

(2) 轿夫叫，船上人怖以关门，灯笼火把如列星，一一簇拥而去。

6. 张岱不挑中秋去游西湖赏明月，而挑七月半游湖赏月；不挑月上之时去赏月，而在人尽散去的二鼓以后去赏月。结合张岱所处的时代和个人背景，说说他的行为反映了其怎样的思想情怀。

（九）爱莲说①

爱莲说

周敦颐②

【课文导读】

本文以菊花和牡丹来衬托莲花，从环境、外形、香气、气质方面褒扬莲花所蕴含的精神气质。作者以拟人化的手法把菊花、牡丹和莲花分别比拟为隐逸者、富贵者和君子者，鲜明地表达了自己的人生理想和道德追求。学习时要认真体会作者借赞美莲花高洁品质，赞美君子不慕名利、洁身自好美好品德的寓意。

水陆草木之花，可爱者甚蕃③。晋陶渊明④独⑤爱菊。自李唐⑥来，世人甚爱牡丹。予独爱莲之出淤泥⑦而不染⑧，濯清涟而不妖⑨，中通外直⑩，不蔓不枝⑪，香远益清⑫，亭亭净植⑬，可远观而不可亵玩⑭焉。

予谓菊，花之隐逸⑮者也；牡丹，花之富贵者也；莲，花之君子者也。噫⑯！菊之爱，陶后鲜⑰有闻。莲之爱，同予者何人⑱？牡丹之爱，宜乎众矣⑲。

【巩固训练】

1．填空。

（1）文中莲花的象征意义是＿＿＿＿＿＿＿＿＿＿＿＿＿＿＿＿＿＿＿＿＿＿＿＿＿＿＿＿＿＿。

（2）全文一条线索：＿＿＿＿＿（一个字），两个陪衬：＿＿＿＿＿＿＿、＿＿＿＿＿＿＿；＿＿＿＿＿＿＿是正衬，＿＿＿＿＿＿＿是反衬；三种人格：＿＿＿＿＿＿＿、＿＿＿＿＿＿＿、＿＿＿＿＿＿＿。

（3）"出淤泥而不染，濯清涟而不妖"所用的修辞手法是＿＿＿＿＿＿和＿＿＿＿＿＿。

2．解释下列文言文语句中加点词的意思。

（1）可爱者甚蕃　　　　　　　　　　蕃：＿＿＿＿＿＿＿＿＿＿＿＿＿

（2）予独爱莲之出淤泥而不染　　　　予：＿＿＿＿＿＿＿＿＿＿＿＿＿

（3）濯清涟而不妖　　　　　　　　　濯：＿＿＿＿＿＿＿＿＿＿＿＿＿

3．下列加点词语解释有误的一项是（　　　）。

---

① 选自《周敦颐集》卷三，中华书局，2009 年版，有改动。

② 周敦颐（1017—1073），字茂叔，道州营道（今湖南道县）人，北宋哲学家。著有《太极图说》《通书》等。

③ 蕃（fán）：多。

④ 陶渊明（365—427）：名潜，字元亮，浔（xún）阳柴桑（今江西九江附近）人，东晋诗人。

⑤ 独：只。

⑥ 李唐：指唐朝。唐朝的皇帝姓李，所以称为"李唐"。

⑦ 淤（yū）泥：河沟、池塘里积存的污泥。

⑧ 染：沾染（污秽）。

⑨ 濯（zhuó）清涟（lián）而不妖：经过清水洗涤但不显得妖艳。濯，洗。涟，水波。妖，艳丽。

⑩ 中通外直：（莲的柄）内部贯通，外部笔直。

⑪ 不蔓不枝：不横生藤蔓，不旁生枝茎。蔓、枝，都是名词用作动词。

⑫ 香远益清：香气远闻更加清芬。

⑬ 亭亭净植：洁净地挺立。亭亭，耸立的样子。植，竖立。

⑭ 亵（xiè）玩：靠近赏玩。亵，亲近而不庄重。

⑮ 隐逸：隐居避世。这里是说菊花不与别的花争奇斗艳。

⑯ 噫（yī）：叹词，表示感慨。

⑰ 鲜（xiǎn）：少。

⑱ 同予者何人：像我一样的还有什么人呢？宜乎众矣：应当人很多了。宜，应当。

⑲ 宜乎众矣：应当人很多了。宜，应当。

A. 不可亵玩焉　　　　　　　亵：亲近而不庄重

B. 宜乎众矣　　　　　　　　宜：应当

C. 不蔓不枝　　　　　　　　枝：枝茎

D. 亭亭净植　　　　　　　　植：竖立

4. 将下列文言文语句翻译成现代汉语。

（1）予谓菊，花之隐逸者也。

（2）牡丹之爱，宜乎众矣。

5. 对《爱莲说》的内容和写法理解不正确的一项是（　　　）。

A. 选文以爱莲之情表达作者不慕名利、洁身自好的生活态度，同时还表达了对追名逐利、趋炎附势的恶浊世风的鄙弃。

B. 文章浓墨重彩描绘了莲的气度、莲的风节，描写了莲花的超凡脱俗，寄托了作者对理想人格的肯定和追求。

C. 文中以"中通外直，不蔓不枝，香远益清"比喻君子通达事理，行为端正的高尚品质。

D. 文章运用了对比、反衬的手法，将牡丹的富贵和莲花的高洁对比，表达了作者对雍容华贵的牡丹的赞美之情。

6. "莲之爱，同予者何人"一句表达了作者怎样的思想感情？

7. "予独爱莲"中"独"字表现了作者什么态度？

8. "出淤泥而不染"与"濯清涟而不妖"两种境界、品格，哪一种更难达到？为什么？

9. 《爱莲说》称莲为"花之君子"，根据课文内容，说说作者心目中的君子具备哪些美好的品质。和同学讨论一下，如何理解"出淤泥而不染"的人生境界？

第八章　现代文阅读专题

一、现代文类别

（一）记叙文

记叙文是以叙述描写为主要表达方式，以写人、记事、写景、状物为主要内容的一种文体，分为小说和散文。

特点：以情感人。

要素：时间，地点，人物，事件的起因、经过、结果。

线索：贯穿全部材料的脉络，使零散材料有序地组成文章整体。

中心：通过记人、叙事、写景、状物所表现出来的对生活的主要看法（即作者的主要观点），必须明确集中。

记叙方式如下。

（1）顺叙——按照事情发展的先后顺序来写。

（2）倒叙——根据表达的需要，把事情的结局或某个最重要、最突出的片段提在前面叙述，然后再从事件的开头按事情原来的发展顺序进行叙述。

（3）插叙——在叙述中心事件的过程中为了展开情节、刻画人物，暂时中断叙述的线索，插入一段与主要情节相关的内容的叙述方法。

常见的开头方法：交代事件的基本要素；开门见山，点明题旨；描写景物，渲染气氛；提示内容，引人注意；引用名言、警句、诗歌，突出中心；交代动机，唤起共鸣。

常见的结尾方法：自然交代结果；总结全文，点明中心；照应开头，翻出新意；创造气氛，激起感情，引人深思。

过渡与照应：过渡犹如桥梁，把文章前后内容连接起来，起着承上启下的作用；照应是指文章后面对前面内容作必要的回应。文章过渡、照应得好，才能前后连贯、首尾一致。

记叙文中的抒情和议论，小结如下。

（1）记叙文中的抒情是作者在叙述过程中对所记事物抒发感情。这种感情渗透在文章的字里行间，在叙述和描写的基础上直接抒发。

（2）记叙文中的议论是作者对所记叙的事物发表意见，进行议论。有时偶发议论，有时边叙边议。

（3）记叙文中的抒情和议论有时在开头和结尾出现，或点明文章的题旨，或突出中心；有时穿插在记叙的中间，或渲染气氛，或揭示事物的意义。

1. 小说

小说是以刻画人物形象为中心，通过故事情节的叙述和环境的描写来反映社会生活的一种文学体裁。

小说三要素：人物、情节、环境。

（1）人物。

小说中的人物包括主要人物和次要人物。主要人物即主人公，次要人物包括结构人物和线索人物等。

人物的描写角度有正面描写和侧面描写。描写方法有肖像描写、语言描写、动作描写、心理描写等。

小说中的人物是虚构的，"我"不等于作者。

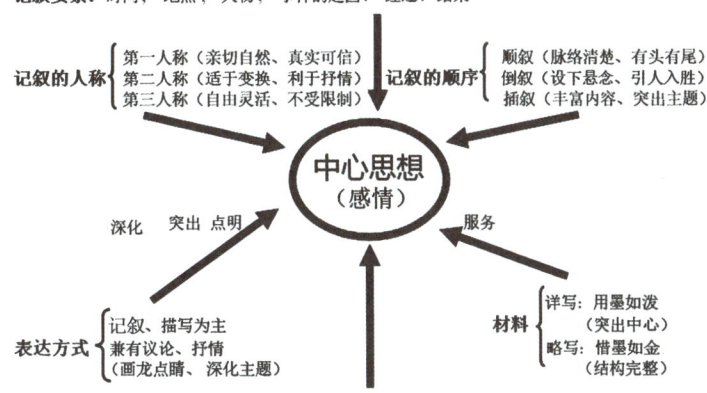

记叙文知识点汇总表

（2）情节。

"情节是人物性格的发展史。"

情节结构：开端、发展、高潮、结局。一些长篇小说在开端之前有序幕，结局之后有尾声。情节展示人物性格。

（3）环境。

①环境包括自然环境和社会环境。

②环境的作用：交代背景、渲染气氛、衬托人物、发展情节。

2. 散文

散文是与诗歌、小说、戏剧并列的一种文学体裁。

（1）分类。

①叙事散文：侧重于叙述事件和描写人物。

②抒情散文：以写景状物为主，抒发作者的思想感情。

③说理散文：着重抓住一两个典型事例，阐明某种道理。

（2）特点——形散神聚。

形散指选材广泛、自由，天南海北、古今中外，均可自由选择。形式灵活，表达方式不拘一格。

神聚指主题明确而集中，有一条线索贯穿全文。

（3）线索。

线索指行文、情节发展的脉络。人、事、物、感情、景物、时间、地点等均可作为散文的线索，线索是贯穿全文的。

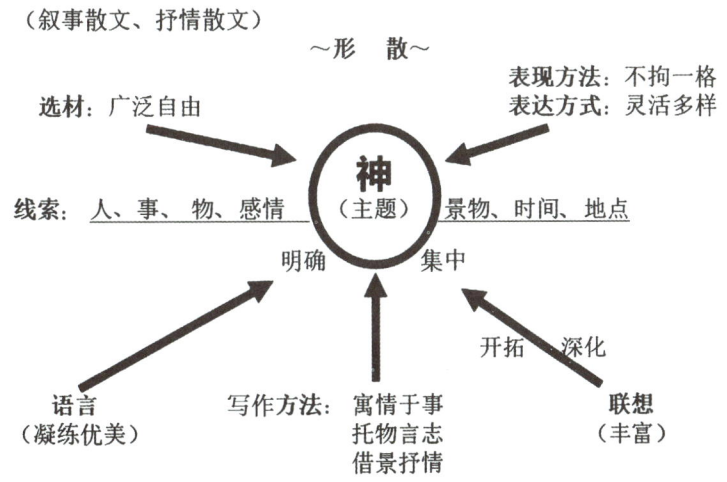

（4）主题。

散文对材料挖掘深入、小中见大、含义深刻、联想丰富、感情充沛。

（5）语言。

散文的语言凝练、优美。

散文的写作方法：寓情于事、托物言志、借景抒情。

（二）说明文

说明文是以说明为主要表达方式，说明事物、阐明事理的一种文体。其特征是事物区别于其他事物的标志。说明事物要抓住特征，解说事理要抓住本质。

（1）说明中心：说明对象＋特征（本质）。

（2）说明方法：下定义、分类别、作比较、举例子、列数字、打比方、引资料、画图表。

（3）说明顺序：①时间顺序（说明事物发展）；②空间顺序（说明实体事物）；③逻辑顺序（说明事理）。

（三）议论文

议论文是以议论为主要表达方式，摆事实、讲道理，阐明观点的一种文体。其特点是逻辑性强，以理服人。

议论文的三要素：论点、论据、论证。

（1）论点。

论点是作者对所议论问题的见解或主张，分为中心论点和分论点。分论点证明中心论点。

（2）论据。

论据是证明论点的事实和道理，包括事实论据和道理论据。

①事实论据包括事例、史实、统计数字。事实论据必须确凿、有代表性。

②道理论据包括格言、警句、俗语，自然科学的定理、定律、公式等。道理论据必须为人所公认。

（3）论证。

论证是用论据证明论点的方法和过程等。

①论证方法有例证法、对比论证法、引证法、比喻论证法。

②论证过程一般包括：引论—本论—结论；提出问题—分析问题—解决问题。

③论证方式有立论和驳论。

二、现代文阅读答题技巧

（一）如何找全文的中心线索

标题＋各段反复出现的事物，一般就是中心线索。

（二）归纳文章的中心

（1）写人为主：记叙了……赞扬了……表达了……

（2）记事为主：记叙……歌颂了（批评了）……表现了……

（3）写景状物：采用……手法，借……描写，赞扬了……抒发了……

（4）游记：描写……表达了……感情

（5）议论文：文章论述……阐明了……

（三）段意的归纳

（1）记叙文：回答清楚（什么时间、什么地点）什么人做什么事

答题格式：（时间＋地点）＋人＋事。

（2）说明文：回答清楚说明对象是什么，特点是什么。

答题格式：说明（介绍）＋说明对象＋说明内容（特点）。

（3）议论文：回答清楚议论的问题是什么，作者的观点是什么。

答题格式：用什么论证方法证明了（论证了）＋论点。

（四）表现手法和表达方式

1. 常用的表现手法

表现手法包括虚实结合、动静结合、托物言志、情景交融等。

2. 常见的表达方式

（1）记叙：可以把描写的各个方面连成一体，推动故事情节的发展，加深读者对人物、事件的理解。

（2）描写：使文学形象具体、生动、形象。

（3）抒情：表达作者强烈的某种主观感情，起到渲染环境气氛，强调人物性格品质，突出文章中心的作用，引起读者共鸣，使文章更有感染力。

①直接抒情：往往直抒胸臆，情感浓烈。

②间接抒情：如借景抒情，通过景物描写，抒发感情。

（五）修辞手法的作用

（1）比喻：化平淡为生动；化深奥为浅显；化抽象为具体；化冗长为简洁。

（2）拟人：使具体事物人格化，语言生动形象。

（3）夸张：揭示事物本质，烘托气氛，加强渲染力，引起联想效果。

（4）排比：增强语言气势，加强表达效果，强调内容，加重感情。

（5）借代：能起到突出形象，使之具体、生动的效果。

（6）夸张：烘托气氛，增强联想，给人启示；引起丰富的想象，更好地突出事物的特征，引起读者的强烈共鸣。

（7）设问：提醒人们思考，有的为了突出某些内容。

（8）对偶：形式上音节整齐匀称、节奏感强，具有音律美。

（六）记叙顺序的作用

（1）顺叙：使文章脉络清楚，有头有尾，给人鲜明印象。

（2）倒叙：避免平铺直叙，增强文章的生动性，使文章引人入胜。

（3）插叙：补充、衬托出文章的中心内容（人物或事件），丰富了情节，深化了主题。

（七）记叙的要素的作用

（1）时间：以……的时间为序（或线索）来写，使记叙的过程更清楚。

（2）地点：以……的转换为序来写，为人物提供活动环境。

（3）事件：以……的事件来写，突出人物形象，使人物有血有肉，丰富鲜明。

（4）人物：以……的活动来写，推动故事情节向前发展。

（八）人物的描写方法的作用

（1）肖像（外貌）描写：交代了人物的××身份、××地位、××处境、经历以及××心理状态、××思想性格等情况。

（2）行动（动作）描写：形象生动地表现出人物的××心理（心情），并反映了人物的××性格特征或××精神品质。有时还推动了情节的发展。

（3）心理描写：形象生动地反映出人物的××思想，揭示了人物的××性格或者××品质。

（九）描写手法的作用

（1）外貌：描写……的样子，表现了……

（2）语言：……的语言，生动、传神地揭示……内心、表现了……

（3）动作：用……的词语，生动、准确地刻画了……

（4）心理：……等词语写出……，表现……

（十）说明方法的作用

（1）举例子：使文章更具体，更有说服力，使比较抽象复杂的事物变得通俗易懂，让人信服。具体真切地说明了事物的××特点。

（2）打比方：把抽象复杂的事物描写得浅显易懂，具体生动。这段文字运用了打比方的说明方法，把××比作××，生动形象地体现了××的××特点，增强了文章的趣味性。

（3）列数字：使所要说明的事物准确具体，便于读者理解，具体而准确地说明该事物的××特点，使说明更有说服力。

（4）作比较：突出强调了被说明对象的××特点（地位、影响等）。

（5）下定义：用简明科学的语言对说明的对象（或科学事理）加以揭示，从而更科学、更本质、更概括地揭示事物的特征（或事理）。

（十一）环境描写的作用

写出……的景色（或环境），烘托了……性格品质。结合人物心理活动，表现……的性格和精神。反映了……的情景，为全文定下了……的感情基调。

（1）社会环境：交代人物的生存环境，交代人物的社会关系，交代作品的时代背景。

（2）自然环境：渲染故事气氛；烘托人物形象；推动情节发展；暗示社会环境；深化作品主题。

（十二）论证方法的作用

（1）例证法：采用举例的方法，用……来说明观点，列举翔实，说服力强。

（2）引证法：采用引证，用……的名言来说理，增强权威性，极具力度和信度。

（3）正反对比论证法：采用正反对比论证，……论述深刻。

（4）比喻论证法：采用比喻论证，运用……的比喻形象地阐明了……

（十三）限制性词语能否删去？为什么？

首先回答"不能"，因为"××"词表示……（即解释词性及本词在文中表达的含义），删掉后就不能准确地表达作者想要表达的情感或与文意不符。

（十四）加点字词有何作用？好在哪？

用了"××"词，生动地（准确地）说明了事物的……特征，能够激发读者的兴趣，能更好地抒发作者的情感。

（十五）某段中某几个词的顺序能否调换？为什么？

不能。因为调换后与人们认识事物的（由浅入深、由表入里、由现象到本质）规律不一致。该词与上文是一一对应的关系。这些词是递进关系，环环相扣，不能互换。

（十六）某句话中某个词换成另一个行吗？为什么？

不行。因为原词的意思或内容＋所换词语的意思或内容＋换了某个词后意思有何改变，不符合实际。

答题格式：

（1）动词：该词准确、生动、具体地写出了……

（2）形容词：因为该词生动形象地描写了……

（3）副词（如：都、大都、非常、只有等）：因为该词准确地说明了……的情况（表程度，表限制，表时间，表范围等），换了后就变成……，与事实不符。

三、现代文精练（课内）

（一）荷塘月色①

荷塘月色
朱自清

【课文导读】

《荷塘月色》是现代抒情散文，写于1927年7月。当时，朱自清在清华大学教书，文章里提到的荷塘就在清华园。文章借对荷塘月色的细腻描绘，含蓄而又委婉地抒发了作者不满现实、渴望自由、想超脱现实而又不能的复杂的思想感情。

从这篇散文里可以看出朱自清散文清新委婉的艺术风格，精到细致的观察，严谨缜密的结构，朴素洗练的语言，情景交融的描写。

这几天心里颇不宁静。今晚在院子里坐着乘凉，忽然想起日日走过的荷塘，在这满月②的光里，总该另有一番样子吧。月亮渐渐地升高了，墙外马路上孩子们的欢笑，已经听不见了；妻在屋里拍着闰儿③，迷迷糊糊地哼着眠歌。我悄悄地披了大衫，带上门出去。

沿着荷塘，是一条曲折的小煤屑路。这是一条幽僻的路；白天也少人走，夜晚更加寂寞。荷塘四面，长着许多树，蓊蓊郁郁④的。路的一旁，是些杨柳，和一些不知道名字的树。没有月光的晚上，这路上阴森森的，有些怕人。今晚却很好，虽然月光也还是淡淡的。

路上只我一个人，背着手踱着。这一片天地好像是我的；我也像超出了平常的自己，到了另一世界里。我爱热闹，也爱冷静；爱群居，也爱独处。像今晚上，一个人在这苍茫的月下，什么都可以想，什么都可以不想，便觉是个自由的人。白天里一定要做的事，一定要说的话，现在都可不理。这是独处的妙处，我且受用这无边的荷香月色好了。

曲曲折折的荷塘上面，弥望⑤的是田田⑥的叶子。叶子出水很高，像亭亭的舞女的裙。层层的叶子中

---

① 选自《朱自清散文全集》，吉林出版集团有限公司，2018年版，有改动。

② 满月：圆月。

③ 闰儿：指作者的次子朱闰生。

④ 蓊蓊（wěng）郁郁：形容树木茂盛的样子。

⑤ 弥望：充满视野，满眼。

⑥ 田田：形容荷叶相连的样子。汉乐府《江南曲》中有"莲叶何田田"的句子。

间，零星地点缀着些白花，有袅娜①地开着的，有羞涩地打着朵儿的；正如一粒粒的明珠，又如碧天里的星星，又如刚出浴的美人。微风过处，送来缕缕清香，仿佛远处高楼上渺茫的歌声似的。这时候叶子与花也有一丝的颤动，像闪电般，霎时传过荷塘的那边去了。叶子本是肩并肩密密地挨着，这便宛然有了一道凝碧的波痕。叶子底下是脉脉的流水，遮住了，不能见一些颜色；而叶子却更见风致了。

月光如流水一般，静静地泻在这一片叶子和花上。薄薄的青雾浮起在荷塘里。叶子和花仿佛在牛乳中洗过一样，又像笼着轻纱的梦。虽然是满月，天上却有一层淡淡的云，所以不能朗照；但我以为这恰是到了好处——酣眠固不可少，小睡也别有风味的。月光是隔了树照过来的，高处丛生的灌木，落下参差的斑驳②的黑影，峭楞楞如鬼一般；弯弯的杨柳的稀疏的倩影，却又像是画在荷叶上。塘中的月色并不均匀；但光与影有着和谐的旋律，如梵婀玲③上奏着的名曲。

荷塘的四面，远远近近，高高低低都是树，而杨柳最多。这些树将一片荷塘重重围住；只在小路一旁，漏着几段空隙，像是特为月光留下的。树色一例④是阴阴的，乍看像一团烟雾；但杨柳的丰姿，便在烟雾里也辨得出。树梢上隐隐约约的是一带远山，只有些大意罢了。树缝里也漏着一两点路灯光，没精打采的，是渴睡人的眼。这时候最热闹的，要数树上的蝉声与水里的蛙声；但热闹是它们的，我什么也没有。

忽然想起采莲的事情来了。采莲是江南的旧俗，似乎很早就有，而六朝时为盛；从诗歌里可以约略知道。采莲的是少年的女子，她们是荡着小船，唱着艳歌去的。采莲人不用说很多，还有看采莲的人。那是一个热闹的季节，也是一个风流的季节。梁元帝《采莲赋》里说得好：

于是妖童媛女，荡舟心许；鹢首徐回，兼传羽杯；櫂将移而藻挂，船欲动而萍开。尔其纤腰束素，迁延顾步；夏始春余，叶嫩花初，恐沾裳而浅笑，畏倾船而敛裾。

可见当时嬉游的光景了。这真是有趣的事，可惜我们现在早已无福消受了。

于是又记起《西洲曲》里的句子：

采莲南塘秋，莲花过人头；低头弄莲子，莲子清如水。

今晚若有采莲人，这儿的莲花也算得"过人头"了；只不见一些流水的影子，是不行的。这令我到底惦着江南了。——这样想着，猛一抬头，不觉已是自己的门前；轻轻地推门进去，什么声息也没有，妻已睡熟好久了。

1927年7月，北京清华园。

【巩固训练】

1. 下列词语中加点字的注音全对的一组是（　　）。

 A. 脉脉（mài）　蹑步（dù）　煤屑（xiè）　妖童媛女（yuàn）

 B. 袅娜（nà）　弥望（mí）　酣眠（hān）　蓊蓊郁郁（wěng）

 C. 倩影（qiàn）　斑驳（bó）　点缀（zhuì）　缕缕清香（lǚ）

 D. 霎时（chà）　船棹（zhào）　曲折（qǔ）　鹢首徐回（yì）

2. 下列各项中，有错别字的一项是（　　）。

 A. 树缝里也漏着一两点路灯光，没精打彩的，是渴睡人的眼。

 B. 这是一条幽僻的路；白天也少人走，夜晚更加寂寞。

 C. 忽然想起日日走过的荷塘，在这满月的光里，总该另有一番样子吧。

 D. 叶子出水很高，像亭亭的舞女的裙。

3. 依次填入下列横线的词语，最恰当的一组是（　　）。

---

① 袅娜：柔美的样子。

② 斑驳：原指一种颜色中杂有别的颜色，这里有深浅不一的意思。

③ 梵婀（ē）玲：英语violin的译音，即小提琴。

④ 一例：一概，一律。

①微风过处，送来缕缕清香，仿佛远处高楼上_____的歌声似的。

②具有世界影响的中国画师张大千，人物、花鸟、鱼虫、走兽无一不精，尤其_____画山水。

③去陈言_____不容易，要做到既新鲜又自然则更难。

    A．渺茫   善于   固然

    B．缥缈   善于   虽然

    C．缥缈   擅长   虽然

    D．渺茫   擅长   固然

4. 作者说自己"心里颇不宁静"，为什么能写出如此宁静的文章？

5. 赏析下列句子。

（1）叶子出水很高，像亭亭的舞女的裙。

（2）层层的叶子中间，零星地点缀着些白花，有袅娜地开着的，有羞涩地打着朵儿的。

（3）塘中的月色并不均匀；但光与影有着和谐的旋律，如梵婀玲上奏着的名曲。

（二）昆明的雨①

昆明的雨

汪曾祺②

【课文导读】

本文题为"昆明的雨"，却未直接写雨，而是从一幅画写起，将记忆中昆明雨季的景、物、事一幕幕展示开来：肥大的仙人掌，好吃与不太好吃的菌子，火炭般的杨梅，带着雨珠的缅桂花，还有卖杨梅的苗族女孩，卖缅桂花的房东母女，更有莲花池边酒店里与友人的小酌……文章信笔所至，无拘无束，看起来有些"散"，但其中贯串着一条情感线索——对昆明生活的喜爱与想念。作者用这样一条线索将零散

---

① 选自《汪曾祺全集》第三卷，北京师范大学出版社，1998年版，有改动。

② 汪曾祺（1920—1997）：江苏高邮人，作家。代表作有小说《受戒》《大淖记事》等。

的素材聚拢起来，鲜活、立体地描绘出一个"明亮的、丰满的，使人动情的"昆明雨季。

宁坤[①]要我给他画一张画，要有昆明的特点。我想了一些时候，画了一幅：右上角画了一片倒挂着的浓绿的仙人掌，末端开出一朵金黄色的花；左下画了几朵青头菌和牛肝菌。题了这样几行字：

昆明人家常于门头挂仙人掌一片以辟邪，仙人掌悬空倒挂，尚能存活开花。于此可见仙人掌生命之顽强，亦可见昆明雨季空气之湿润。雨季则有青头菌、牛肝菌，味极鲜腴。

我想念昆明的雨。

我以前不知道有所谓雨季。"雨季"，是到昆明以后才有了具体感受的。

我不记得昆明的雨季有多长，从几月到几月，好像是相当长的。但是并不使人厌烦。因为是下下停停，停停下下，不是连绵不断，下起来没完，而且并不使人气闷。我觉得昆明雨季气压不低，人很舒服。

昆明的雨季是明亮的、丰满的，使人动情的。城春草木深，孟夏草木长[②]。昆明的雨季，是浓绿的。草木的枝叶里的水分都到了饱和状态，显示出过分的、近于夸张的旺盛。

我的那张画是写实的。我确实亲眼看见过倒挂着还能开花的仙人掌。旧日昆明人家门头上用以辟邪的多是这样一些东西：一面小镜子，周围画着八卦，下面便是一片仙人掌，——在仙人掌上扎一个洞，用麻线穿了，挂在钉子上。昆明仙人掌多，且极肥大。有些人家在菜园的周围种了一圈仙人掌以代替篱笆。——种了仙人掌，猪羊便不敢进园吃菜了。仙人掌有刺，猪和羊怕扎。

昆明菌子极多。雨季逛菜市场，随时可以看到各种菌子。最多，也最便宜的是牛肝菌。牛肝菌下来的时候，家家饭馆卖炒牛肝菌，连西南联大食堂的桌子上都可以有一碗。牛肝菌色如牛肝，滑，嫩，鲜，香，很好吃。炒牛肝菌须多放蒜，否则容易使人晕倒。青头菌比牛肝菌略贵。这种菌子炒熟了也还是浅绿色的，格调比牛肝菌高。菌中之王是鸡㙡，味道鲜浓，无可方比[③]。鸡㙡是名贵的山珍，但并不真的贵得惊人。一盘红烧鸡㙡的价钱和一碗黄焖鸡不相上下，因为这东西在云南并不难得。有一个笑话：有人从昆明坐火车到呈贡，在车上看到地上有一棵鸡㙡，他跳下去把鸡㙡捡了，紧赶两步，还能爬上火车。这笑话用意在说明昆明到呈贡的火车之慢，但也说明鸡㙡随处可见。有一种菌子，中吃不中看，叫作干巴菌。乍一看那样子，真叫人怀疑：这种东西也能吃？！颜色深褐带绿，有点像一堆半干的牛粪或一个被踩破了的马蜂窝。里头还有许多草茎、松毛，乱七八糟！可是下点功夫，把草茎松毛择净，撕成蟹腿肉粗细的丝，和青辣椒同炒，入口便会使你张目结舌：这东西这么好吃？！还有一种菌子，中看不中吃，叫鸡油菌。都是一般大小，有一块银元那样大，滴溜儿圆，颜色浅黄，恰似鸡油一样。这种菌子只能做菜时配色用，没甚味道。

雨季的果子，是杨梅。卖杨梅的都是苗族女孩子，戴一顶小花帽子，穿着扳尖[④]的绣了满帮花的鞋，坐在人家阶石的一角，不时吆喝一声："卖杨梅——"声音娇娇的。她们的声音使得昆明雨季的空气更加柔和了。昆明的杨梅很大，有一个乒乓球那样大，颜色黑红黑红的，叫作"火炭梅"。这个名字起得真好，真是像一球烧得炽红的火炭！一点都不酸！我吃过苏州洞庭山的杨梅、井冈山的杨梅，好像都比不上昆明的火炭梅。

雨季的花是缅桂花。缅桂花即白兰花，北京叫作"把儿兰"（这个名字真不好听）。云南把这种花叫作缅桂花，可能最初这种花是从缅甸传入的，而花的香味又有点像桂花，其实这跟桂花实在没有什么关系。——不过话又说回来，别处叫它白兰、把儿兰，它和兰花也挨不上呀，也不过是因为它很香，香得像兰花。我在家乡看到的白兰多是一人高，昆明的缅桂是大树！我在若园巷二号住过，院里有一棵大缅桂，密密的叶子，把四周房间都映绿了。缅桂盛开的时候，房东（是一个五十多岁的寡妇）就和她的一

---

① 宁坤：巫宁坤（1920—2019），翻译家。他是作者在西南联大时的同学。

② 城春草木深，孟夏草木长：前句出自杜甫《春望》，后句出自陶渊明《读〈山海经〉（其一）》。孟夏，夏季的第一个月。

③ 方比：比较，比得上。

④ 扳尖：一种鞋子式样，呈船形，鞋头尖小而上翘。

个养女，搭了梯子上去摘，每天要摘下来好些，拿到花市上去卖。她大概是怕房客们乱摘她的花，时常给各家送去一些。有时送来一个七寸盘子，里面摆得满满的缅桂花！带着雨珠的缅桂花使我的心软软的，不是怀人，不是思乡。

雨，有时是会引起人一点淡淡的乡愁的。李商隐的《夜雨寄北》是为许多久客的游子而写的。我有一天在积雨少住的早晨和德熙从联大新校舍到莲花池去。看了池里的满池清水，看了着比丘尼装的陈圆圆的石像（传说陈圆圆随吴三桂到云南后出家，暮年投莲花池而死），雨又下起来了。莲花池边有一条小街，有一个小酒店，我们走进去，要了一碟猪头肉，半市斤酒（装在上了绿釉①的土瓷杯里），坐了下来。雨下大了。酒店有几只鸡，都把脑袋反插在翅膀下面，一只脚着地，一动也不动地在檐下站着。酒店院子里有一架大木香花。昆明木香花很多。有的小河沿岸都是木香。但是这样大的木香却不多见。一棵木香，爬在架上，把院子遮得严严的。密匝匝②的细碎的绿叶，数不清的半开的白花和饱涨的花骨朵，都被雨水淋得湿透了。我们走不了，就这样一直坐到午后。四十年后，我还忘不了那天的情味，写了一首诗：

莲花池外少行人，野店苔痕一寸深。

浊酒一杯天过午，木香花湿雨沉沉。

我想念昆明的雨。

1984 年 5 月 19 日

【巩固训练】

1. 下列词语中加点字的注音全对的一组是（　　）。
   A. 炽红（zhì）　　辟邪（pì）　　格调（diào）　　檐下（yán）　　黄焖鸡（mèn）
   B. 扳尖（bān）　　鲜腴（yú）　　倒挂（dào）　　鸡坳（cóng）　　密匝匝（zā）
   C. 暮年（mù）　　吆喝（yāo）　　情味（wèi）　　彩釉（yòu）　　青头菌（jūn）
   D. 蟹肉（xiè）　　篱笆（lí）　　苔藓（xiān）　　八卦（guà）　　缅桂花（miǎn）

2. 下列各句中加点词语书写完全正确的一项是（　　）。
   A. 昆明人家常于门头挂仙人掌一片以辟邪，仙人掌悬空倒挂，尚能存活开花。于此可见仙人掌生命之顽强，亦可见昆明雨季空气之湿润。
   B. 可是下点功夫，把草茎松毛择净，撕成蟹腿肉粗细的丝，和青辣椒同炒，入口便会使你张目皆舌。
   C. 因为是下下停停，停停下下，不是连棉不断，下起来没完，而且并不使人气闷。
   D. 密匝匝的细粹的绿叶，数不清的半开的白花和饱涨的花骨朵，都被雨水淋得湿透了。

3. 下列句子中对加点词语解释有误的一项是（　　）。
   A. 雨季则有青头菌、牛肝菌，味极鲜腴。
      鲜腴：新鲜肥美。
   B. 这种菌子炒熟了也还是浅绿色的，格调比牛肝菌高。
      格调：指不同作家或不同作品的艺术特点的综合体现。
   C. 密匝匝的细碎的绿叶，数不清的半开的白花和饱涨的花骨朵，都被雨水淋得湿透了。
      密匝匝：非常浓密的样子。
   D. 和青辣椒同炒，入口便会使你张目结舌：这东西这么好吃?!
      张目结舌：瞪着眼睛说不出话来，形容吃惊的样子。

4. 下列句子没有使用比喻修辞的一项是（　　）。
   A.（干巴菌）颜色深褐带绿，有点像一堆半干的牛粪或一个被踩破了的马蜂窝。

---

① 釉（yòu）：以石英、硼砂等为原料制成的物质，涂在瓷器、陶器半成品的表面，经烧制能使成品带有玻璃光泽，并能提高其强度和增加其绝缘性能。

② 密匝（zā）匝：非常浓密的样子。

B. 我吃过苏州洞庭山的杨梅、井冈山的杨梅，好像都比不上昆明的火炭梅。

C. 这个名字起得真好，真是像一球烧得炽红的火炭！

D. 昆明的雨季是如少女的眼睛般明亮的，丰满而使人动情的。

5. 下列各项中表述有误的一项是（　　）。

A. "她们的声音使得昆明雨季的空气更加柔和了"句子中"更加柔和"这个短语是偏正短语。

B. "昆明的杨梅很大"一句中"很"是副词。

C. "这个名字起得真好"一句中补语为"真好"。

D. "痛苦的呼号的回声在我心中回荡"中"在我心中"作谓语。

6. 依次填入下列横线的词语，最恰当的一组是（　　）。

昆明的雨季是＿＿＿＿＿、＿＿＿＿＿，使人＿＿＿＿＿。城春草木深，孟夏草木长。昆明的雨季，是＿＿＿＿＿。草木的枝叶里的水分都到了饱和状态，显示出过分的、近于夸张的旺盛。

A. 明亮的　　　丰满的　　　动情的　　　浓绿的

B. 明亮的　　　动情的　　　丰满的　　　浓绿的

C. 动情的　　　明亮的　　　丰满的　　　浓绿的

D. 丰满的　　　动情的　　　明亮的　　　浓绿的

7. 下列对标点符号的作用或用法解说错误的一项是（　　）。

缅桂花即白兰花，北京叫作"把儿兰"（这个名字真不好听）。云南把这种花叫作缅桂花，可能最初这种花是从缅甸传入的，而花的香味又有点像桂花，其实这跟桂花实在没有什么关系。——不过话又说回来，别处叫它白兰、把儿兰，它和兰花也挨不上呀，也不过是因为它很香，香得像兰花。

A. "把儿兰"表示特定称谓，因此要使用引号。

B. 选文中括号中的内容"这个名字真不好听"是对前文的补充解释说明。

C. "别处叫它白兰、把儿兰"用顿号是表示两个短语的停顿。

D. "——不过话又说回来，别处叫它白兰、把儿兰，它和兰花也挨不上呀，也不过是因为它很香，香得像兰花。"表示补充说明，所以用破折号。

8. 二十四节气是指中国农历中表示季节变迁的 24 个特定节令。《昆明的雨》中有"城春草木深，孟夏草木长"，下列关于"孟夏"节气判断正确的一项是（　　）。

A. 夏季的第一个月，即农历四月。

B. 夏季的第二个月，即农历六月。

C. 夏季的第三个月，即农历七月。

D. 夏季的第四个月，即农历八月。

9. 下列关于课文的理解，说法有误的一项是（　　）。

A. 作者没有长篇大论地描写昆明的雨景，而是通过写昆明雨季中的菌子、仙人掌、杨梅、缅桂花来烘托昆明雨季的明亮、丰满而颇具柔情。

B. 描绘昆明雨季的特点时，作者用了"城春草木深，孟夏草木长"，这典雅别致的诗句，描绘出昆明雨季水分充足、植被繁茂的特点。

C. 结尾处的诗画龙点睛，描绘出作者与朋友雨中喝酒的情景，表现出因雨所致的百无聊赖，表达了淡淡的焦虑、哀愁。

D. 质朴简练的语言，有趣逗人的典故引用，深化了文章的意境；行云流水的结构，不拘一格，看似平淡，却充满着诗情画意。

（三）雅舍①

雅　舍
梁实秋

【课文导读】

"雅舍"是梁实秋抗战时期在重庆的居所。《雅舍》一文是梁实秋散文集《雅舍小品》的首篇，写于1940年。当时他辗转来到重庆，与吴景超共同购得一栋位于山腰的平房，命名为"雅舍"。"雅舍"虽以"雅"为名，实则是一栋典型的"陋室"——篦墙不固，门窗不严，不能挡风，难以避雨，老鼠骚扰，聚蚊成雷。然而，梁实秋却自得其乐，说它"最宜月夜"，细雨蒙蒙之际"亦复有趣"，表达了他淡雅豁达的精神和不为外物所屈的品格。

本文的语言特色鲜明，作者喜用排偶句式，或铺叙，或描写，异彩纷呈；又善于将整句与散句配合使用，奇偶互见，舒卷自如。文章以精致、典雅的书面语为主，又夹杂了一些浅近、活泼的口语，雅俗共存，形成了典雅的文气和蕴藉的辞彩。作者还善于引用古人的语句，信手拈来，又恰到好处，不但有助于表情达意，而且增添了作品的文化含量，显示了作家的饱学多识。

到四川来，觉得此地人建造房屋最是经济②。火烧过的砖，常常用来做柱子，孤零零地砌起四根砖柱，上面盖上一个木头架子，看上去瘦骨嶙峋，单薄得可怜；但是顶上铺了瓦，四面编了竹篦墙，墙上敷了泥灰，远远的看过去，没有人能说不像是座房子。我现在住的"雅舍"正是这样一座典型的房子。不消说，这房子有砖柱，有竹篦墙，一切特点都应有尽有。

讲到住房，我的经验不算少，什么"上支下摘"，"前廊后厦"，"一楼一底"，"三上三下"，"亭子间"，"茆草③棚"，"琼楼玉宇"和"摩天大厦"各式各样，我都尝试过。我不论住在哪里，只要住得稍久，对那房子便发生感情，非不得已我还舍不得搬。这"雅舍"，我初来时仅求其能蔽风雨，并不敢存奢望，现在住了两个多月，我的好感油然而生。虽然我已渐渐感觉它并不能蔽风雨，因为有窗而无玻璃，风来则洞若凉亭，有瓦而空隙不少，雨来则渗如滴漏。纵然不能蔽风雨，"雅舍"还是自有它的个性。有个性就可爱。

"雅舍"的位置在半山腰，下距马路约有七八十层的土阶。前面是阡陌螺旋的稻田。再远望过去是几抹葱翠的远山，旁边有高粱地，有竹林，有水池，有粪坑，后面是荒僻的榛莽④未除的土山坡。若说地点荒凉，则月明之夕，或风雨之日，亦常有客到，大抵好友不嫌路远，路远乃见情谊。客来则先爬几十级的土阶，进得屋来仍须上坡，因为屋内地板乃依山势而铺，一面高，一面低，坡度甚大，客来无不惊叹。我则久而安之，每日由书房走至饭厅是上坡，饭后鼓腹而出是下坡，亦不觉有大不便处。

"雅舍"共是六间，我居其二。篦墙不固，门窗不严，故我与邻人彼此均可互通声息。邻人轰饮作乐，咿唔⑤诗章，喁喁细语⑥，以及鼾声，喷嚏声，吮汤声，撕纸声，脱皮鞋声，均随时由门窗户壁的隙处荡漾而来，破我岑寂⑦。入夜则鼠子瞰灯，才一合眼，鼠子便自由行动，或搬核桃在地板上顺坡而下，或吸灯油而推翻烛台，或攀援而上帐顶，或在门框桌脚上磨牙，使得人不得安枕。但是对于鼠子，我很惭愧的承认，我"没有法子"。"没有法子"一语是被外国人常常引用着的，以为这话最足代表中国人的

---

① 选自《雅舍小品》，江苏人民出版社，2020年版，有改动。梁实秋，北京人，现代散文家、文学评论家、翻译家。

② 经济：这里指用较少的人力、物力、时间获得较大的成果。

③ 茆草：同"茅草"。

④ 榛莽：荆棘丛生。

⑤ 咿唔：形容读书的声音。

⑥ 喁喁细语：形容说话声音低、柔和细微。喁喁，低声细语。

⑦ 岑寂：寂静；寂寞。

懒惰隐忍的态度。其实我对付鼠子并不懒惰。窗上糊纸，纸一戳就破；门户关紧，而相鼠有牙①，一阵咬便是一个洞洞。试问还有什么法子？洋鬼子住到"雅舍"里，不也是"没有法子"。比鼠子更骚扰的是蚊子。"雅舍"的蚊风之盛，是我前所未见的。"聚蚊成雷②"真有其事！每当黄昏时候，满屋里磕头碰脑的全是蚊子，又黑又大，骨骼都像是硬的。在别处蚊子早已肃清的时候，在"雅舍"则格外猖獗，来客偶不留心，则两腿伤处累累隆起如玉蜀黍③，但是我仍安之。冬天一到，蚊子自然绝迹，明年夏天——谁知道我还是否住在"雅舍"！

"雅舍"最宜月夜——地势较高，得月较先。看山头吐月，红盘乍涌，一霎间，清光四射，天空皎洁，四野无声，微闻犬吠，坐客无不悄然！舍前有两株梨树，等到月升中天，清光从树间筛洒而下，地上阴影斑斓，此时尤为幽绝。直到兴阑人散，归房就寝，月光仍然逼进窗来，助我凄凉。细雨蒙蒙之际，"雅舍"亦复有趣。推窗展望，俨然米氏章法④，若云若雾，一片弥漫。但若大雨滂沱，我就又惶悚不安⑤了，屋顶湿印到处都有，起初如碗大，俄而扩大如盆，继则滴水乃不绝，终乃屋顶灰泥突然崩裂，如奇葩初绽，砉⑥然一声而泥水下注，此刻满屋狼藉，抢救无及。此种经验，已数见不鲜。

"雅舍"之陈设，只当得简朴二字，但洒扫拂拭，不使有纤尘。我非显要，故名公巨卿之照片不得入我室；我非牙医，故无博士文凭张挂壁间；我不业⑦理发，故丝织西湖十景以及电影明星之照片亦均不能张我四壁。我有一几一椅一榻，醋睡写读，均已有着，我亦不复他求。但是陈设虽简，我却喜欢翻新布置。西人常常讥笑妇人喜欢变更桌椅位置，以为这是妇人天性喜变之一征。诬否且不论，我是喜欢改变的。中国旧式家庭，陈设千篇一律，正厅上是一条案，前面一张八仙桌，一边一把靠椅，两旁是两把靠椅夹一只茶几。我以为陈设宜求疏落参差之致，最忌排偶。"雅舍"所有，毫无新奇，但一物一事之安排布置俱不从俗。人入我室，即知此是我室。笠翁⑧《闲情偶寄》之所论，正合我意。

"雅舍"非我所有，我仅是房客之一。但思"天地者万物之逆旅⑨"，人生本来如寄，我住"雅舍"一日，"雅舍"即一日为我所有。即使此一日亦不能算是我有，至少此一日"雅舍"所能给予之苦辣酸甜，我实躬受亲尝。刘克庄词："客里似家家似寄⑩。"我此时此刻卜居⑪"雅舍"，"雅舍"即似我家。其实似家似寄，我亦分辨不清。

长日无俚⑫，写作自遣，随想随写，不拘篇章，冠以"雅舍小品"四字，以示写作所在，且志因缘。

【巩固训练】

1. 下列词语中有错别字的一组是（　　）。

  A. 猖獗 喷嚏 岑寂 惶悚不安

  B. 奇葩 榛莽 悄然 数见不鲜

  C. 砉然 喁喁 陋室 躬受亲尝

  D. 咿唔 逆旅 嶙峋 大雨旁沱

---

① 相鼠有牙：出自《诗经·相鼠》："相鼠有齿，人而无止。"

② 聚蚊成雷：许多蚊子聚在一起，嗡嗡声像打雷一样响。

③ 玉蜀黍：玉米。

④ 米氏章法：指的是北宋书画家米芾父子书画的章法。米芾画山水多用水墨随意点染，不求工细，形成了含蓄、空蒙之趣。

⑤ 惶悚不安：惊慌害怕，不得安宁。

⑥ 砉（huā）：形容迅速动作的声音。

⑦ 不业：不从事。

⑧ 笠翁：李渔的号。

⑨ 逆旅：指迎接宾客的房舍。

⑩ 客里似家家似寄：南宋词人刘克庄词《玉楼春》："年年跃马长安市，客里似家家似寄。"寄，寄居。

⑪ 卜居：选择地方居住。

⑫ 长日无俚：指一天到晚长时间没有什么可消遣的事情或因由。

2. 下列对文章的理解分析，不正确的一项是（　　　）。
   A. "雅舍"是抗战时期梁实秋先生在重庆郊区避乱时的居所，当年已是破旧不堪，后来人去楼空，逐渐荒废。
   B. 本文表现了梁实秋先生甘于清贫、积极乐观的品格，希望人们即使生活困苦，也要有"肃挺之雅"。
   C. 文章结尾看似不经意的一笔，却绵里藏针，含蓄地批评了人们精神世界不"雅"，强化了主题，耐人寻味。
   D. 本文语言凝重隽永，行文丝丝入扣，收放有度，各种材料巧于编排，共同演绎着作者深远的忧思。

3. 文中说："'雅舍'还是自有它的个性。有个性就可爱。"作者认为"雅舍"有哪些"个性"让人觉得可爱？

4. "雅舍"环境恶劣，梁实秋却称其"有个性""可爱"，这表现出他怎样的人生态度？

（四）提醒幸福

提醒幸福
毕淑敏

【课文导读】

这是毕淑敏的一篇饱含情感的议论性散文。毕淑敏发现人们在日常生活中只知道一味地去追求，而不懂得享受生活，漠视身边的幸福，因此她首先从日常生活中的诸多现象，如天气的冷暖、交友、事业、情感风暴等来设警发问，告诉人们不要只注意苦难，而忽视了幸福。然后，毕淑敏谈了自己对幸福的理解。她进一步指出幸福也有它的征兆，为此她提醒人们要珍惜幸福，懂得享受幸福。最后她指出，幸福其实并不需要很多的金钱、很高的地位，因为"幸福并不与财富、地位、声望、婚姻同步，它只是你心灵的感觉"。

本文以议论为主，叙议结合，能够从日常生活中司空见惯的事件或现象中发现问题，阐述清晰明了，行文一气呵成，连贯有力。本文运用比喻、排比等修辞手法，文笔细致，意蕴丰富，耐人寻味。

我们从小就习惯在提醒中过日子。天气刚有一丝风吹草动，妈妈就说，别忘了多穿衣服。才相识了一个朋友，爸爸就说，小心他是个骗子。你取得了一点成功，还没容得乐出声来，所有关切着你的人一起说，别骄傲！你沉浸在欢快中的时候，自己不停地对自己说：千万不可太高兴，苦难也许马上就要降临……

我们已经习惯了提醒，提醒的后缀词总是灾祸。灾祸似乎成了提醒的专利，把提醒也染得充满了淡淡的贬义。

① 选自《毕淑敏作品精选》，中国三峡出版社，1995 年版，有改动。

我们已经习惯了在提醒中过日子，看得见的恐惧和看不见的恐惧始终像乌鸦盘旋在头顶。

在皓月当空①的良宵，提醒会走出来对你说：注意风暴。于是我们忽略了皎洁的月光，急急忙忙做好风暴来临的一切准备。当我们大睁着眼睛枕戈待旦②之时，风暴却像迟归的羊群，不知在哪里徘徊。当我们实在忍受不了等待灾难的煎熬时，我们甚至会恶意地祈盼风暴早些到来。

在许多夜晚，风暴始终没有降临。我们辜负了冰冷如银的月光。

风暴终于姗姗地来了。我们怅然发现，所做的准备多半是没有用的。事先能够抵御的风险毕竟有限，世上无法预计的灾难却是无限的。战胜灾难靠的更多的是临门一脚，先前的惴惴不安③帮不上忙。当风暴的尾巴终于远去，我们守住零乱④的家园。气还没有喘匀，新的提醒又智慧地响起来，我们又开始对未来充满恐惧的期待。

人生总是有灾难。其实大多数人早已练就了对灾难的从容，我们只是还没有学会灾难间隙的快活。我们太多注重了自己警觉苦难，我们太忽视提醒幸福。

请从此注意幸福！

幸福也需要提醒吗？

提醒小心跌倒……提醒注意路滑……提醒不要受骗……提醒荣辱不惊……先哲们提醒了我们一万零一次，却不提醒我们幸福。

也许他们认为幸福不提醒也是跑不了的。也许他们以为好的东西你自会珍惜，犯不上谆谆告诫。也许他们太崇尚血与火，觉得幸福无足挂齿⑤。他们总是站在危崖上，指点我们逃离未来的苦难。但避去苦难之后的时间是什么？

那就是幸福啊！

享受幸福是需要学习的，当幸福即将来临的时刻需要提醒。人可以自然而然地学会感官的享乐，人却无法天生地掌握幸福的韵律。灵魂的快意同器官的舒适像一对孪生兄弟，时而相傍相依，时而南辕北辙⑥。

幸福是一种心灵的震颤。它像会倾听音乐的耳朵一样，需要不断地训练。

简而言之，幸福就是没有痛苦的时刻。它出现的频率并不像我们想象的那样少。人们常常只是在幸福的金马车已经驶过去很远时，捡起地上的金鬃毛说，原来我见过它。

人们喜爱回味幸福的标本，却忽略幸福披着露水散发清香的时刻。那时候我们往往步履匆匆，瞻前顾后⑦不知在忙着什么。

世上有预报台风的，有预报蝗虫的，有预报瘟疫的，有预报地震的。没有人预报幸福。

其实幸福和世界万物一样，有它的征兆。

幸福常常是朦胧的，很有节制地向我们喷洒甘霖。你不要总希冀轰轰烈烈的幸福，它多半只是悄悄地扑面而来。你也不要企图把水龙头拧得更大，使幸福很快地流失。你需要静静地以平和之心，体验幸福的真谛。

幸福绝大多数是朴素的。它不会像信号弹似的，在很高的天际闪烁红色的光芒。它披着本色的外衣，亲切温暖地包裹起我们。

---

① 皓月当空：明亮的月亮在空中照耀着大地，形容月光皎洁，天气晴和。
② 枕戈待旦：枕着兵器等待天明。形容时刻警惕，准备作战。
③ 惴惴不安：形容因害怕或担心而不安。
④ 零乱：不整齐，零碎散乱。
⑤ 无足挂齿：哪里值得挂在嘴上，不值一提。
⑥ 南辕北辙：心里想往南去，却驾车往北走。比喻行动和目的相反。
⑦ 瞻前顾后：看看前面再看看后面。形容做事谨慎，考虑周密。

幸福不喜欢喧嚣浮华，它常常在暗淡中降临。贫困中相濡以沫^①的一块糕饼，患难中心心相印的一个眼神，父亲一次粗糙的抚摸，女友一个温馨的字条……这都是千金难买的幸福啊。像一粒粒缀在旧绸子上的红宝石，在凄凉中愈发熠熠^②夺目。

幸福有时会同我们开一个玩笑，乔装打扮而来。机遇、友情、成功、团圆……

它们都酷似幸福，但它们并不等同于幸福。幸福有时会很短暂，不像苦难似的笼罩天空。如果把人生的苦难和幸福分置天平两端，苦难体积庞大，幸福可能只是一块小小的矿石。但指针一定要向幸福这一侧倾斜，因为它是有生命的黄金。

幸福有梯形的切面，它可以扩大也可以缩小，就看你是否珍惜。

我们要提高对幸福的警惕，当它到来的时刻，激情地享受每一分钟。据科学家研究，有意注意的结果比无意要好得多。

当春天到来的时候，我们要对自己说，这是春天啦！心里就会泛起茸茸的绿意。

幸福的时候，我们要对自己说，请记住这一刻！幸福就会长久地伴随我们。

那我们岂不是拥有了更多的幸福！

所以，丰收的季节，先不要去想可能的灾年，我们还有漫长的冬季来得及考虑这件事。我们要和朋友们跳舞唱歌，渲染喜悦。既然种子已经回报了汗水，我们就有权沉浸幸福。不要管以后的风霜雨雪，让我们先把麦子磨成面粉，烘一个香喷喷的面包。

所以，我们从天涯海角相聚在一起的时候，请不要踌躇片刻后的别离。在今后漫长的岁月里，有无数孤寂的夜晚可以独自品尝愁绪。现在的每一分钟，都让它像纯净的酒精，燃烧成幸福的淡蓝色火焰，不留一丝渣滓。让我们一起举杯，说：我们幸福。

所以，当我们守候在年迈的父母膝下时，哪怕他们鬓发苍苍，哪怕他们垂垂老矣，你都要有勇气对自己说：我很幸福。因为天地无常，总有一天你会失去他们，会无限追悔此刻的时光。

幸福并不与财富、地位、声望、婚姻同步，它只是你心灵的感觉。

所以，当我们一无所有的时候，我们也能够说：我很幸福。因为我们还有健康的身体。当我们不再享有健康的时候，那些最勇敢的人可以依然微笑着说：我很幸福。因为我还有一颗健康的心。甚至当我们连心都不再存在的时候，那些人类最优秀的分子仍然可以对宇宙大声说：我很幸福。因为我曾经生活过。

常常提醒自己注意幸福，就像在寒冷的日子里经常看见太阳，心就不知不觉暖洋洋，亮光光。

【巩固训练】

1. 下列词语中没有错别字的一项是（　　　）。

    A. 寒喧　　怅然　　踌躇　　无足挂齿

    B. 希冀　　熠熠　　皎洁　　皓月当空

    C. 瘟疫　　鬃毛　　宣染　　瞻前顾后

    D. 孪生　　点缀　　良宵　　喷洒甘霖

2. 下列各句中加点的成语使用不恰当的一组是（　　　）。

    A. 当我们大睁着眼睛枕戈待旦之时，风景却像迟归的羊群，不知在哪里徘徊。

    B. 那天，我和他在车站依依惜别，而后就南辕北辙，各奔东西了。

    C. 暴雨不停，河水猛涨，村民们惴惴不安地守护在河堤上。

    D. 不知多少人会记得有个女子，曾经走过人间四月天，又与莲开的夏季有过相濡以沫的约定。

3. 依照画横线的句子，再写一个句子。

幸福不喜欢喧嚣浮华，它常常在暗淡中降临。贫困中相濡以沫的一块糕饼，<u>患难中心心相印的一个</u>

---

① 相濡以沫：出自《庄子》。泉水干涸，鱼靠在一起以唾沫相互湿润。后比喻同处困境，相互救助。

② 熠熠：形容闪亮发光。

眼神，父亲一次粗糙的抚摸，女友一个温馨的字条……这都是千金难买的幸福啊。像一粒粒缀在旧绸子上的红宝石，在凄凉中愈发熠熠夺目。

4. 读课文，思索幸福的征兆（特点）有哪些。

5. 品味下列比喻句，理解句子的含义。
(1) 灾祸似乎成了提醒的专利，把提醒也染得充满了淡淡的贬义。

(2) 人们喜爱回味幸福的标本，却忽略幸福披着露水散发清香的时刻。

（五）我与地坛（节选）①

我与地坛（节选）
史铁生②

【课文导读】

本文是一篇对生死进行深沉思考、对母爱进行追思的自传性散文。作者以自己的亲身经历，叙述多年来在地坛的沉思和感悟。他在最狂妄的年龄上忽地残废了双腿，于是狂妄变成了绝望。是地坛里律动的生命像曙光一样，唤醒了他自知、自强的意识；是母亲无私的爱像阳光一般，温暖了他一度冷漠的心，使他产生了前行的动力。

当我们认真品读这篇文章时，要了解散文"形散而神不散"的特点。我们还可以找出文章的重点词语，领会它的含义，并循着"我为什么要出生""怎样活"这一行文主线，领悟文章深层次的内涵。

一

我在好几篇小说中都提到过一座废弃的古园，实际就是地坛。许多年前旅游业还没有兴起，园子荒芜冷落得如同一片野地，很少被人记起。

地坛离我家很近。或者说我家离地坛很近。总之，只好认为这是缘分。地坛在我出生前四百多年就坐落在那儿了，自从我的祖母年轻时带着我父亲来到北京，就一直住在离它不远的地方——五十多年间搬过几次家，可搬来搬去总是在它周围，而且是越搬离它越近了。我常觉得这中间有着宿命的味道：仿佛这古园就是为了等我，而历尽沧桑在那儿等待了四百多年。

---

① 选自《想念地坛——史铁生散文》，浙江文艺出版社，2015年版，有改动。

② 史铁生（1951—2010）：北京人，中国当代作家。

它等待我出生，然后又等待我活到最狂妄的年龄上忽地残废了双腿。四百多年里，它剥蚀了古殿檐头浮夸的琉璃，淡褪了门壁上炫耀的朱红，坍圮①了一段段高墙，又散落了玉砌雕栏，祭坛四周的老柏树愈见苍幽，到处的野草荒藤也都茂盛得自在坦荡。这时候想必我是该来了。十五年前的一个下午，我摇着轮椅进入园中，它为一个失魂落魄的人把一切都准备好了。那时，太阳循着亘古不变的路途正越来越大，也越红。在满园弥漫的沉静光芒中，一个人更容易看到时间，并看见自己的身影。

自从那个下午我无意中进了这园子，就再没长久地离开过它。我一下子就理解了它的意图。正如我在一篇小说②中所说的："在人口密聚的城市里，有这样一个宁静的去处，像是上帝的苦心安排。"

两条腿残废后的最初几年，我找不到工作，找不到去路，忽然间几乎什么都找不到了，我就摇了轮椅总是到它那儿去，仅为着那儿是可以逃避一个世界的另一个世界。我在那篇小说中写道："没处可去我便一天到晚耗在这园子里。跟上班下班一样，别人去上班我就摇了轮椅到这儿来。""园子无人看管，上下班时间有些抄近路的人们从园中穿过，园子里活跃一阵，过后便沉寂下来。""园墙在金晃晃的空气中斜切下一溜阴凉，我把轮椅开进去，把椅背放倒，坐着或是躺着，看书或者想事，撅一杈树枝左右拍打，驱赶那些和我一样不明白为什么要来这世上的小昆虫。""蜂儿如一朵小雾稳稳地停在半空；蚂蚁摇头晃脑捋着触须，猛然间想透了什么，转身疾行而去；瓢虫爬得不耐烦了，累了，祈祷一回便支开翅膀，忽悠一下升空了；树干上留着一个蝉蜕，寂寞如一间空屋；露水在草叶上滚动，聚集，压弯了草叶，轰然坠地，摔开万道金光。""满园子都是草木竞相生长弄出的响动，窸窸窣窣③窸窸窣窣片刻不息。"这都是真实的记录，园子荒芜但并不衰败。

除去几座殿堂我无法进去，除去那座祭坛我不能上去而只能从各个角度张望它，地坛的每一棵树下我都去过，差不多它的每一平方米草地上都有过我的车轮印。无论是什么季节，什么天气，什么时间，我都在这园子里呆过。有时候呆一会儿就回家，有时候就呆到满地上都亮起月光。记不清都是在它的哪些角落里了，我一连几小时专心致志地想关于死的事，也以同样的耐心和方式想过我为什么要出生。这样想了好几年，最后事情终于弄明白了：一个人，出生了，这就不再是一个可以辩论的问题，而只是上帝交给他的一个事实；上帝在交给我们这个事实的时候，已经顺便保证了它的结果，所以死是一件不必急于求成的事，死是一个必然会降临的节日。这样想过之后我安心多了，眼前的一切不再那么可怕。比如你起早熬夜准备考试的时候，忽然想起有一个长长的假期在前面等待你，你会不会觉得轻松一点？并且庆幸并且感激这样的安排？

剩下的就是怎样活的问题了。这却不是在某一个瞬间就能完全想透的，不是能够一次性解决的事，怕是活多久就要想它多久了，就像是伴你终生的魔鬼或恋人。所以，十五年了，我还是总得到那古园里去，去它的老树下或荒草边或颓墙旁，去默坐，去呆想，去推开耳边的嘈杂，理一理纷乱的思绪，去窥看自己的心魂。十五年中，这古园的形体被不能理解它的人肆意雕琢，幸好有些东西是任谁也不能改变它的。譬如祭坛石门中的落日，寂静的光辉平铺的一刻，地上的每一个坎坷都被映照得灿烂；譬如在园中最为落寞的时间，一群雨燕便出来高歌，把天地都叫喊得苍凉；譬如冬天雪地上孩子的脚印，总让人猜想他们是谁，曾在哪儿做过些什么，然后又都到哪儿去了；譬如那些苍黑的古柏，你忧郁的时候它们镇静地站在那儿，你欣喜的时候它们依然镇静地站在那儿，它们没日没夜地站在那儿，从你没有出生一直站到这个世界上又没了你的时候；譬如暴雨骤临园中，激起一阵阵灼烈而清纯的草木和泥土的气味，让人想起无数个夏天的事件；譬如秋风忽至，再有一场早霜，落叶或飘摇歌舞或坦然安卧，满园中播散着熨帖④而微苦的味道。味道是最说不清楚的，味道不能写只能闻，要你身临其境去闻才能明了。味道甚至是难于记忆的，只有你又闻到它你才能记起它的全部情感和意蕴。所以我常常要到那园子里去。

---

① 坍圮：坍，倒塌、崩坏；圮，塌。

② 一篇小说：指作者的小说《我之舞》。

③ 窸（xī）窸窣（sū）窣：象声词，形容细小的摩擦声。

④ 熨（yù）帖：舒服，舒适。

二

现在我才想到，当年我总是独自跑到地坛去，曾经给母亲出了一个怎样的难题。

她不是那种光会疼爱儿子而不懂得理解儿子的母亲。她知道我心里的苦闷，知道不该阻止我出去走走，知道我要是老呆在家里结果会更糟，但她又担心我一个人在那荒僻的园子里整天都想些什么。我那时脾气坏到极点，经常是发了疯一样地离开家，从那园子里回来又中了魔似的什么话都不说。母亲知道有些事不宜问，便犹犹豫豫地想问而终于不敢问，因为她自己心里也没有答案。她料想我不会愿意她跟我一同去，所以她从未这样要求过，她知道得给我一点儿独处的时间，得有这样一段过程。她只是不知道这过程得要多久，和这过程的尽头究竟是什么。每次我要动身时，她无言地帮我准备，帮助我上了轮椅车，看着我摇车拐出小院；这以后她会怎样，当年我不曾想过。

有一回我摇车出了小院，想起一件什么事又返身回来，看见母亲仍站在原地，还是送我走时的姿势，望着我拐出小院去的那处墙角，对我的回来竟一时没有反应。待她再次送我出门的时候，她说："出去活动活动，去地坛看看书，我说这挺好。"许多年以后我才渐渐听出，母亲这话实际上是自我安慰，是暗自的祷告，是给我的提示，是恳求与嘱咐。只是在她猝然去世之后，我才有余暇设想，当我不在家里的那些漫长的时间，她是怎样心神不定坐卧难宁，兼着痛苦、惊恐与一个母亲最低限度的祈求。现在我可以断定，以她的聪慧和坚忍，在那些空落的白天后的黑夜，在那不眠的黑夜后的白天，她思来想去最后准是对自己说："反正我不能不让他出去，未来的日子是他自己的，如果他真的要在那园子里出了什么事，这苦难也只好我来承担。"在那段日子里——那是好几年长的一段日子，我想我一定使母亲作过了最坏的准备了，但她从来没有对我说过"你为我想想"。事实上我也真的没为她想过。那时她的儿子还太年轻，还来不及为母亲想，他被命运击昏了头，一心以为自己是世上最不幸的一个，不知道儿子的不幸在母亲那儿总是要加倍的。她有一个长到二十岁上忽然截瘫了的儿子，这是她惟一的儿子；她情愿截瘫的是自己而不是儿子，可这事无法代替；她想，只要儿子能活下去，哪怕自己去死呢也行，可她又确信一个人不能仅仅是活着，儿子得有一条路走向自己的幸福；而这条路呢，没有谁能保证她的儿子最终能找到。——这样一个母亲，注定是活得最苦的母亲。

有一次与一个作家朋友聊天，我问他学写作的最初动机是什么。他想了一会儿说："为我母亲。为了让她骄傲。"我心里一惊，良久无言。回想自己最初写小说的动机，虽不似这位朋友的那般单纯，但如他一样的愿望我也有，且一经细想，发现这愿望也在全部动机中占了很大比重。这位朋友说："我的动机太低俗了吧？"我光是摇头，心想低俗并不见得低俗，只怕是这愿望过于天真了。他又说："我那时真就是想出名，出了名让别人羡慕我母亲。"我想，他比我坦率。我想，他又比我幸福，因为他的母亲还活着。而且我想，他的母亲也比我的母亲运气好，他的母亲没有一个双腿残废的儿子，否则事情就不这么简单。

在我的头一篇小说发表的时候，在我的小说第一次获奖的那些日子里，我真是多么希望我的母亲还活着。我便又不能在家里呆了，又整天整天独自跑到地坛去，心里是没头没尾的沉郁和哀怨，走遍整个园子却怎么也想不通：母亲为什么就不能再多活两年？为什么在她儿子就快要碰撞开一条路的时候，她却忽然熬不住了？莫非她来此世上只是为了替儿子担忧，却不该分享我的一点点快乐？她匆匆离我去时才只有四十九呀！有那么一会儿，我甚至对世界对上帝充满了仇恨和厌恶。后来我在一篇题为《合欢树》的文章中写道："我坐在小公园安静的树林里，闭上眼睛，想，上帝为什么早早地召母亲回去呢？很久很久，迷迷糊糊的我听见了回答：'她心里太苦了，上帝看她受不住了，就召她回去。'我似乎得了一点安慰，睁开眼睛，看见风正从树林里穿过。"小公园，指的也是地坛。

只是到了这时候，纷纭的往事才在我眼前幻现得清晰，母亲的苦难与伟大才在我心中渗透得深彻。上帝的考虑，也许是对的。

摇着轮椅在园中慢慢走，又是雾罩的清晨，又是骄阳高悬的白昼，我只想着一件事：母亲已经不在了。在老柏树旁停下，在草地上在颓墙边停下，又是处处虫鸣的午后，又是鸟儿归巢的傍晚，我心里只默念着一句话：可是母亲已经不在了。把椅背放倒，躺下，似睡非睡挨到日没，坐起来，心神恍惚，呆呆地直坐到古祭坛上落满黑暗然后再渐渐浮起月光，心里才有点明白，母亲不能再来这园中找我了。

曾有过好多回，我在这园子里呆得太久了，母亲就来找我。她来找我又不想让我发觉，只要见我还好好地在这园子里，她就悄悄转身回去，我看见过几次她的背影。我也看见过几回她四处张望的情景，她视力不好，端着眼镜像在寻找海上的一条船，她没看见我时我已经看见她了，待我看见她也看见我了，我就不去看她，过一会儿我再抬头看她就又看见她缓缓离去的背影。我单是无法知道有多少回她没有找到我。有一回我坐在矮树丛中，树丛很密，我看见她没有找到我；她一个人在园子里走，走过我的身旁，走过我经常呆的一些地方，步履茫然又急迫。我不知道她已经找了多久还要找多久，我不知道为什么我决意不喊她——但这绝不是小时候的捉迷藏，这也许是出于长大了的男孩子的倔强或羞涩？但这倔强只留给我痛悔，丝毫也没有骄傲。我真想告诫所有长大了的男孩子，千万不要跟母亲来这套倔强，羞涩就更不必，我已经懂了，可我已经来不及了。

儿子想使母亲骄傲，这心情毕竟是太真实了，以致使"想出名"这一声名狼藉的念头也多少改变了一点形象。这是个复杂的问题，且不去管它了罢。随着小说获奖的激动逐日暗淡，我开始相信，我用纸笔在报刊上碰撞开的一条路，并不就是母亲盼望我找到的那条路。年年月月我都到这园子里来，年年月月我都要想，母亲盼望我找到的那条路到底是什么。母亲生前没给我留下过什么隽永的哲言，或要我恪守的教诲，只是在她去世之后，她艰难的命运，坚忍的意志和毫不张扬的爱，随光阴流转，在我的印象中愈加鲜明深刻。

有一年，十月的风又翻动起安详的落叶，我在园中读书，听见两个散步的老人说："没想到这园子有这么大。"我放下书，想，这么大一座园子，要在其中找到她的儿子，母亲走过了多少焦灼的路。多年来我头一次意识到，这园中不单是处处都有我的车辙，有过我的车辙的地方也都有过母亲的脚印。

【巩固训练】

1. 下列词语中加点字的注音全对的一组是（ ）。

    A. 宿命（sù）   熨帖（yù）   坍圮（tān）   祈祷（qí）

    B. 隽永（juàn）   恪守（gé）   慰藉（jiè）   蝉蜕（tuì）

    C. 譬如（pì）   雕琢（zhuó）   荒芜（wǔ）   剥蚀（shí）

    D. 荒僻（pì）   猝然（zú）   坎坷（kě）   亘古（gèn）

2. 下列词语中没有错别字的一组是（ ）。

    A. 沧桑   落寞   焦灼   一愁莫展

    B. 余暇   教诲   剥蚀   玉砌雕栏

    C. 纷纭   肆意   狼藉   莫明其妙

    D. 暴燥   恍惚   荒僻   急于求成

3. 在下面一段话中的三处横线上依次填入句子，与上下文衔接最恰当的一组是（ ）。

它等待我出生，然后又等待我活到最狂妄的年龄上忽地残废了双腿。四百多年里，它剥蚀了古殿檐头浮夸的琉璃，＿＿＿＿＿＿＿＿＿＿＿＿，祭坛四周的老柏树愈见苍幽，＿＿＿＿＿＿＿＿＿＿＿＿。

这时候想必我是该来了。

①门壁上炫耀着的朱红淡褪了

②淡褪了门壁上炫耀的朱红

③一段段高墙坍圮了，玉砌雕栏也散落了

④坍圮了一段段高墙，又散落了玉砌雕栏

⑤到处的野草荒藤也都茂盛得自在坦荡

⑥茂盛得自在坦荡的野草荒藤到处都是

    A. ①③⑤   B. ②④⑥   C. ①③⑥   D. ②④⑤

4. 判断正误，正确的打"√"，错误的打"×"。

（1）（2022·云南真题）《我与地坛》的作者是残疾作家史铁生，母亲给作者的启发是：面对艰难的命运，以"坚忍的意志和毫不张扬的爱"默默承受，顽强抗争。（ ）

（2）作者不幸致残，十分苦闷，命运不断捉弄，如此生命体验，因而言辞激烈，愤恨不平。（　　）

5．（2020•云南真题）《我与地坛》落笔地坛，却泼墨母爱，对"我"来说，地坛和母爱都是抚平创伤，焕发新生的源泉。这在整体上使用了（　　）。

　　A．比喻　　　　　B．拟人　　　　C．类比　　　　D．夸张

6．指出文中"母亲最低限度的祈求"的具体内容。

7．作者反复说"十五年了，我还是总得到那古园里去"，作者到园子里去做什么？

（六）故都的秋①

故都的秋

郁达夫

【课文导读】

本文是一篇借景抒情的优美散文，课文通过五幅有代表性的秋景图，突出了故都之秋"清""静""悲凉"的特点，表达了作者眷恋、热爱故都之秋的情感，并借助这些有意味的景物流露出孤寂、落寞的情怀。

秋天，无论在什么地方的秋天，总是好的；可是啊，北国的秋，却特别地来得清，来得静，来得悲凉。我的不远千里，要从杭州赶上青岛，更要从青岛赶上北平来的理由，也不过想饱尝一尝这"秋"，这故都的秋味。

江南，秋当然也是有的；但草木凋得慢，空气来得润，天的颜色显得淡，并且又时常多雨而少风；一个人夹在苏州上海杭州，或厦门香港广州的市民中间，混混沌沌地过去，只能感到一点点清凉，秋的味，秋的色，秋的意境与姿态，总看不饱，尝不透，赏玩不到十足。秋并不是名花，也并不是美酒，那一种半开、半醉的状态，在领略秋的过程上，是不合适的。

不逢北国之秋，已将近十余年了。在南方每年到了秋天，总要想起陶然亭的芦花，钓鱼台的柳影，西山的虫唱，玉泉的夜月，潭柘寺的钟声。在北平即使不出门去吧，就是在皇城人海之中，租人家一椽破屋来住着，早晨起来，泡一碗浓茶，向院子一坐，你也能看得到很高很高的碧绿的天色，听得到青天下驯鸽的飞声。从槐树叶底，朝东细数着一丝一丝漏下来的日光，或在破壁腰中，静对着像喇叭似的牵牛花（朝荣）的蓝朵，自然而然地也能够感觉到十分的秋意。说到了牵牛花，我以为以蓝色或白色者为佳，紫黑色次之，淡红者最下。最好，还要在牵牛花的花底，教长着几根疏疏落落的尖细且长的秋草，使作陪衬。

北国的槐树，也是一种能使人联想起秋来的点缀。像花而又不是花的那一种落蕊，早晨起来，会铺得满地。脚踏上去，声音也没有，气味也没有，只能感出一点点极微细极柔软的触觉。扫街的在树影下

———————————

① 选自《郁达夫全集》第三卷，浙江大学出版社，2007年版，有改动。

一阵扫后，灰土上留下来的一条条扫帚的丝纹，看起来既觉得细腻，又觉得清闲，潜意识下并且还觉得有点儿落寞，古人所说的梧桐一叶而天下知秋的遥想，大约也就在这些深沉的地方。

秋蝉的衰弱的残声，更是北国的特产；因为北平处处全长着树，屋子又低，所以无论在什么地方，都听得见它们的啼唱。在南方是非要上郊外或山上去才听得到的。这秋蝉的嘶叫，在北平可和蟋蟀耗子一样，简直像是家家户户都养在家里的家虫。

还有秋雨哩，北方的秋雨，也似乎比南方的下得奇，下得有味，下得更像样。

在灰沉沉的天底下，忽而来一阵凉风，便息列索落的下起雨来了。一层雨过，云渐渐地卷向了西去，天又青了，太阳又露出脸来了；着着很厚的青布单衣或夹袄的都市闲人，咬着烟管，在雨后的斜桥影里，上桥头树底去一立，遇见熟人，便会用了缓慢悠闲的声调，微叹着互答着的说：

"唉，天可真凉了——"（这了字念得很高，拖得很长。）

"可不是么？一层秋雨一层凉啦！"

北方人念阵字，总老像是层字，平平仄仄起来①，这念错的歧韵，倒来得正好。

北方的果树，到秋来，也是一种奇景。第一是枣子树；屋角，墙头，茅房边上，灶房门口，它都会一株株的长大起来。像橄榄又像鸽蛋似的这枣子颗儿，在小椭圆形的细叶中间，显出淡绿微黄的颜色的时候，正是秋的全盛时期，等枣树叶落，枣子红完，西北风就要起来了，北方便是尘沙灰土的世界，只有这枣子，柿子，葡萄，成熟到八九分的七八月之交，是北国的清秋的佳日，是一年之中最好也没有的 Golden Days。

有些批评家说，中国的文人学士，尤其是诗人，都带着很浓厚的颓废色彩，所以中国的诗文里，颂赞秋的文字特别的多。但外国的诗人，又何尝不然？我虽则外国诗文念得不多，也不想开出账来，做一篇秋的诗歌散文钞，但你若去一翻英德法意等诗人的集子，或各国的诗文的 Anthology 来，总能够看到许多关于秋的歌颂与悲啼。各著名的大诗人的长篇田园诗或四季诗里，也总以关于秋的部分，写得最出色而最有味。足见有感觉的动物，有情趣的人类，对于秋，总是一样的能特别引起深沉、幽远、严厉、萧索的感触来的。不单是诗人，就是被关闭在牢狱里的囚犯，到了秋天，我想也一定会感到一种不能自己的深情；秋之于人，何尝有国别，更何尝有人种阶级的区别呢？不过在中国，文字里有一个"秋士"②的成语，读本里又有着很普遍的欧阳子的《秋声》与苏东坡的《赤壁赋》等，就觉得中国的文人，与秋的关系特别深了。可是这秋的深味，尤其是中国的秋的深味，非要在北方，才感受得到底。

南国之秋，当然是也有它的特异的地方的，譬如廿四桥的明月，钱塘江的秋潮，普陀山的凉雾，荔枝湾的残荷等等，可是色彩不浓，回味不永。比起北国的秋来，正像是黄酒之与白干，稀饭之与馍馍，鲈鱼之与大蟹，黄犬之与骆驼。

秋天，这北国的秋天，若留得住的话，我愿意把寿命的三分之二折去，换得一个三分之一的零头。

1934 年 8 月，在北平

【巩固训练】

1. 下列词语中加点字的注音全对的一组是（　　　　）。

    A. 着衣（zhù）　　喇叭（lǎ）　　陶然亭（táo）

    B. 蟋蟀（shuài）　浑沌（hùn）　廿四桥（niàn）

    C. 落蕊（ruǐ）　　扫帚（zhou）　普陀山（tuó）

    D. 一椽（chuán）　夹袄（jiā）　潭柘寺（zhè）

2. 下列词语中没有错别字的一组是（　　　　）。

    A. 幽远　　歌颂　　橄榄　　颓费

    B. 譬如　　落寞　　遥想　　凋谢

---

① 平平仄仄起来：推敲起字的韵律来。

② 秋士：古时指到了暮年仍不得志的知识分子。

C. 点坠　　悲啼　　椭圆　　鲈鱼

D. 姿态　　领略　　训鸽　　细腻

3. 依次填入下列横线的词语，最恰当的一组是（　　）。

树木失去了根就会＿＿＿＿＿＿＿，江河失去了源头就会＿＿＿＿＿＿＿，灵魂失去了家园就会＿＿＿＿＿＿＿。世界无限广阔，我们渴望到广阔的天地去闯荡，但请记住，一定不要迷失了回家的路。拥有精神家园，才能获得心灵的宁静。

A. 枯萎　　干涸　　堕落　　　　B. 枯黄　　干涸　　堕落

C. 枯萎　　干旱　　陨落　　　　D. 枯黄　　干旱　　陨落

4. （2021·云南真题）判断正误，正确的打"√"，错误的打"×"。

（1）《故都的秋》的主旨是赞美北国之秋，而文中两次写到江南之秋，这是运用了对比反衬手法写作。（　　）

（2）作者从形、味、色等方面来描绘清晨在院中见到的景象，读来亲切感人。这是因为作者把个人的心情与故都的秋色自然地融化在一起，秋中有情，情中有秋。（　　）

5. 作者为什么在文中多次写到南国之秋呢？

6. 读第十二段，你认为本段的中心句应该是哪一句？作者为什么要写中外诗人甚至常人对秋都有深情呢？

（七）灯①

灯

巴　金②

【课文导读】

《灯》是现代文学家巴金于1942年在桂林写的一篇散文。文章以"灯光"为情感线索展开了丰富的联想——有现实的观察，有历史的回顾，也有传说故事的引证，表明了作者的一个信念："灯光是不会灭的"。作者运用象征的手法，以某一具体的事物来表现某种特殊的意义——描写和赞扬"灯光"，意在讴歌光明、迎接胜利。

我半夜从噩梦中惊醒，感觉到室闷，便起来到廊上去呼吸寒夜的空气。

夜是漆黑的一片，在我的脚下仿佛横着沉睡着的大海，但是渐渐地像浪花似的浮起来灰白色的马路。然后夜的黑色逐渐减淡。哪里是山，哪里是房屋，哪里是菜园，我终于分辨出来了。

在右边，傍山建筑的几处平房里射出来几点灯光，它们给我扫淡了黑暗的颜色。

---

① 选自《巴金散文》，浙江文艺出版社，有改动。

② 巴金：李尧棠，字芾甘。代表作有长篇小说《灭亡》，《家》《春》《秋》（合称"激流三部曲"），《雾》《雨》《电》（合称"爱情三部曲"），《火》之一、之二、之三（合称"抗战三部曲"），《憩园》《第四病室》《寒夜》（合称"人间三部曲"），散文集《随想录》等。

我望着这些灯，灯光带着昏黄色，似乎还在寒气的袭击中微微颤抖。有一两次我以为灯会灭了。但是一转眼昏黄色的光又在前面亮起来。这些深夜还燃着的灯，它们（似乎只有它们）默默地在散布一点点的光和热，不仅给我，而且还给那些寒夜里不能睡眠的人，和那些这时候还在黑暗中摸索的行路人。是的，那边不是起了一阵急促的脚步声吗？谁从城里走回乡下来了？过了一会儿，一个黑影在我眼前晃一下。影子走得极快，好像在跑，又像在溜，我了解这个人急忙赶回家去的心情。那么，我想，在这个人的眼里、心上，前面那些灯光会显得是更明亮、更温暖吧。

我自己也有过这样的经验。只有一点微弱的灯光，就是那一点仿佛随时都会被黑暗扑灭的灯光也可以鼓舞我多走一段长长的路。大片的飞雪飘打在我的脸上，我的皮鞋不时陷在泥泞的土路中，风几次要把我摔倒在污泥里。我似乎走进了一个迷阵，永远找不到出口，看不见路的尽头。但是我始终挺起身子向前迈步，因为我看见了一点豆大的灯光。灯光，不管是哪个人家的灯光，都可以给行人——甚至像我这样的一个异乡人——指路。

这已经是许多年前的事了。我的生活中有过了好些大的变化。现在我站在廊上望山脚的灯光，那灯光跟好些年前的灯光不是同样的么？我看不出一点分别！为什么？我现在不是安安静静地站在自己楼房前面的廊上么？我并没有在雨中摸夜路。但是看见灯光，我却忽然感到安慰，得到鼓舞。难道是我的心在黑夜里徘徊；它被噩梦引入了迷阵，到这时才找到归路？

我对自己的这个疑问不能够给一个确定的回答。但是我知道我的心渐渐地安定了，呼吸也畅快了许多。我应该感谢这些我不知道姓名的人家的灯光。

他们点灯不是为我，在他们的梦寐中也不会出现我的影子。但是我的心仍然得到了益处。我爱这样的灯光。几盏灯甚或一盏灯的微光固然不能照彻黑暗，可是它也会给寒夜里一些不眠的人带来一点勇气，一点温暖。

孤寂的海上的灯塔挽救了许多船只的沉没，任何航行的船只都可以得到那灯光的指引。哈里希岛上的姐姐为着弟弟点在窗前的长夜孤灯①，虽然不曾唤回那个航海远去的弟弟，可是不少捕鱼归来的邻人都得到了它的帮助。

再回溯到远古的年代去。古希腊女教士希洛点燃的火炬照亮了每夜泅过海峡来的利安得尔的眼睛②。有一个夜晚暴风雨把火炬弄灭了，让那个勇敢的情人溺死在海里。但是熊熊的火光至今还隐约地亮在我们的眼前，似乎那火炬并没有跟着殉情的古美人永沉海底。

这些灯光都不是为我燃着的，可是连我也分到了它们的一点恩泽——一点光，一点热。光驱散了我心灵里的黑暗，热促成它的发育。一个朋友说："我们不是单靠吃米活着。"我自然也是如此。我的心常常在黑暗的海上飘浮，要不是得着灯光的指引，它有一天也会永沉海底。

我想起了另一位友人的故事：他怀着满心难治的伤痛和必死之心，投到江南的一条河里。到了水中，他听见一声叫喊（"救人啊！"），看见一点灯光，模糊中他还听见一阵喧闹，以后便失去知觉。醒过来时他发觉自己躺在一个陌生人的家中，桌上一盏油灯，眼前几张诚恳、亲切的脸。"这人间毕竟还有温暖。"他感激地想着，从此他改变了生活态度。"绝望"没有了，"悲观"消失了，他成了一个热爱生命的积极的人。这已经是二三十年前的事了。我最近还见到这位朋友。那一点灯光居然鼓舞一个出门求死的人多活了这许多年，而且使他到现在还活得健壮。我没有跟他重谈起灯光的话。但是我想，那一点微光一定还在他的心灵中摇晃。

---

①　哈里希岛上的姐姐为着弟弟点在窗前的长夜孤灯：欧洲传说，在哈里希岛上住着姐弟二人，弟弟航海去了。姐姐爱尔克每夜在窗前点着一盏长夜孤灯，用这孤灯给她航海的弟弟照路，但弟弟一直没有回来，姐姐带着失望进了坟墓。

②　古希腊女教士……利安得尔的眼睛：这是希腊古代的传说中希洛和利安得尔的故事。希洛是塞斯塔斯地方一个侍奉爱神阿芙洛提忒的女教士。她长得美丽，被对岸阿拜多斯城的一位名叫利安得尔的少年所爱。希洛每晚在楼上挂盏灯，为利安得尔引路，使他安全游过赫里斯（现在的达达尼尔）海峡，来和自己相会。不幸，在一个暴风雨的夜里，希洛的灯被风吹熄了，利安得尔淹死在大海里。第二天早晨，海浪将利安得尔的尸体冲到对岸。希洛悲痛万分，也投海而死。

在这人间，灯光是不会灭的——我想着，想着，不觉对着山那边微笑了。

【巩固训练】

1. 填空。

（1）著名作家巴金，原名_____，他的长篇小说集"激流三部曲"，包括《_____》《_____》《_____》。

（2）本文结构严整而灵活，"_____"是着力表现的中心，为贯穿全文的线索，对灯的叙写虚实结合，丰富多样，极具象征意味，语言简约平实，含蓄隽永。

2. 判断正误，正确的打"√"，错误的打"×"。

（1）（2022·云南真题）《灯》这篇文章中的"灯"的象征意义主要是光明、温暖和希望。（　　）

（2）文中反复说"他们点灯不是为我""这些灯光都不是为我燃着的"，意在强调只有像作者这样满怀热忱和希望，才能从灯光中汲取走出黑暗的力量。（　　）

3. 下列字形与注音完全正确的一项是（　　）。

    A. 恶梦　　窒闷（zhì）　　袭击（xí）　　辨别

    B. 喧闹　　渲染（xuān）　　殉情（xùn）　　辩论

    C. 溺爱　　泗水（qiú）　　回溯（sù）　　梦寐以求

    D. 息灯　　颤抖（zhàn）　　颤栗（zhàn）　　泥泞

4. 找出作者情绪变化的词语，体会变化的原因。

5. "平房灯""雪夜灯"的寓意是什么？

（八）都江堰①

都江堰

余秋雨②

【课文导读】

《都江堰》是余秋雨文化散文系列中的一篇佳作。课文写都江堰，其实是写李冰，更是写一种文化，即通过"李冰的伟大精魂"来体现中国文化的精义——"贴近大地，贴近苍生""为民造福"。

本文主要运用了对比的手法，将历史文化遗迹都江堰与长城、李冰与秦始皇等一一对比，用现代文化意识观照历史文化踪迹，为古老的物象与峻伟的山水赋予了灵性。散文融情寓理，思辨色彩鲜明，语言酣畅、灵动，给人以审美的多维享受。

一

我以为，中国历史上最激动人心的工程不是长城，而是都江堰。

长城当然也非常伟大，不管孟姜女们如何痛哭流涕，站远了看，这个苦难的民族竟用人力在野山荒漠间修了一条万里屏障，为我们生存的星球留下了一种人类意志力的骄傲。长城到了八达岭一带已经没

---

① 选自《文化苦旅》，知识出版社，1992年版，有改动。

② 余秋雨：浙江省余姚市人，中国当代作家、学者。

有什么味道，而在甘肃、陕西、山西、内蒙①一带，劲厉的寒风在时断时续的颓壁残垣②间呼啸，淡淡的夕照、荒凉的旷野溶成一气，让人全身心地投入对历史、对岁月、对民族的巨大惊悸，感觉就深厚得多了。

但是，就在秦始皇下令修长城的数十年前，四川平原上已经完成了一个了不起的工程。它的规模从表面上看远不如长城宏大，却注定要稳稳当当地造福千年。如果说，长城占据了辽阔的空间，那么，它却实实在在地占据了邈远③的时间。长城的社会功用早已废弛，而它至今还在为无数民众输送汩汩清流。有了它，旱涝无常的四川平原成了天府之国，每当我们民族有了重大灾难，天府之国总是沉着地提供庇护和濡养。因此，可以毫不夸张地说，它永久性地灌溉了中华民族。

有了它，才有诸葛亮、刘备的雄才大略，才有李白、杜甫、陆游的川行华章。说得近一点，有了它，抗日战争中的中国才有一个比较安定的后方。

它的水流不像万里长城那样突兀在外，而是细细浸润、节节延伸，延伸的距离并不比长城短。长城的文明是一种僵硬的雕塑，它的文明是一种灵动的生活。长城摆出一副老资格等待人们的修缮，它却卑处一隅，像一位绝不炫耀、毫无所求的乡间母亲，只知贡献。一查履历，长城还只是它的后辈。

它，就是都江堰。

二

我去都江堰之前，以为它只是一个水利工程罢了，不会有太大的游观价值。连葛洲坝都看过了，它还能怎么样？只是要去青城山玩，得路过灌县县城，它就在近旁，就乘便看一眼吧。因此，在灌县下车，心绪懒懒的，脚步散散的，在街上胡逛，一心只想看青城山。

七转八弯，从简朴的街市走进了一个草木茂盛的所在。脸面渐觉滋润，眼前愈显清朗，也没有谁指路，只向更滋润、更清朗的去处走。忽然，天地间开始有些异常，一种隐隐然的骚动，一种还不太响却一定是非常响的声音，充斥周际。如地震前兆，如海啸将临，如山崩即至，浑身起一种莫名的紧张，又紧张得急于趋附。不知是自己走去的还是被它吸去的，终于陡然一惊，我已站在伏龙观前，眼前，急流浩荡，大地震颤。

即便是站在海边礁石上，也没有像这里这样强烈地领受到水的魅力。海水是雍容大度的聚会，聚会得太多太深，茫茫一片，让人忘记它是切切实实的水，可掬可捧的水。这里的水却不同，要说多也不算太多，但股股叠叠都精神焕发，合在一起比赛着飞奔的力量，踊跃着喧嚣的生命。这种比赛又极有规矩，奔着奔着，遇到江心的分水堤，刷地一下裁割为二，直窜出去，两股水分别撞到了一道坚坝，立即乖乖地转身改向，再在另一道坚坝上撞一下，于是又根据筑坝者的指令来一番调整……也许水流对自己的驯顺有点恼怒了，突然撒起野来，猛地翻卷咆哮，但越是这样越是显现出一种更壮丽的驯顺。已经咆哮到让人心魄俱夺，也没有一滴水溅错了方位。阴气森森间，延续着一场千年的收伏战。水在这里，吃够了苦头也出足了风头，就像一大拨翻越各种障碍的马拉松健儿，把最强悍的生命付之于规整，付之于企盼，付之于众目睽睽④。看云看雾看日出各有胜地，要看水，万不可忘了都江堰。

三

这一切，首先要归功于遥远得看不出面影的李冰。

四川有幸，中国有幸，公元前251年出现过一项毫不惹人注目的任命：李冰任蜀郡守。

此后中国千年官场的惯例，是把一批批有所执持⑤的学者遴选为无所专攻的官僚，而李冰，却因官位

---

① 内蒙：内蒙古。
② 颓壁残垣（yuán）：废弃不用、残缺不全的墙壁。这里形容历经岁月磨难、饱受战乱洗礼的长城风貌。
③ 邈远：遥远。
④ 众目睽睽：形容大家的眼睛都注视着。
⑤ 执持：这里指有理想、有追求。

而成了一名实践科学家。这里明显地出现了两种判然不同的政治走向，在李冰看来，政治的含义是浚理，是消灾，是滋润，是濡养，它要实施的事，既具体又质朴。他领受了一个连孩童都能领悟的简单道理：既然四川最大的困扰是旱涝，那么四川的统治者必须成为水利学家。

前不久我曾接到一位极有作为的市长的名片，上面的头衔只印了"土木工程师"，我立即追想到了李冰。

没有证据可以说明李冰的政治才能，但因有过他，中国也就有过一种冰清玉洁的政治纲领。

他是郡守，手握一把长锸，站在滔滔的江边，完成了一个"守"字的原始造型。那把长锸，千年来始终与金杖玉玺、铁戟钢锤反复辩论。他失败了，终究又胜利了。

他开始叫人绘制水系图谱。这图谱，可与今天的裁军数据、登月线路遥相呼应。

他当然没有在哪里学过水利。但是，以使命为学校，死钻几载，他总结出治水三字经（"深淘滩，低作堰"）、八字真言（"遇湾截角，逢正抽心"），直到20世纪仍是水利工程的圭臬①。他的这点学问，永远水汽淋漓，而后于他不知多少年的厚厚典籍，却早已风干松脆得无法翻阅。

他没有料到，他治水的韬略很快被替代成治人的计谋；他没有料到，他想灌溉的沃土将会时时成为战场，沃土上的稻谷将有大半充作军粮。他只知道，这个人种要想不灭绝，就必须要有清泉和米粮。

他大愚，又大智。他大拙，又大巧。他以田间老农的思维，进入了最澄澈的人类学的思考。

他未曾留下什么生平资料，只留下硬扎扎的水坝一座，让人们去猜详。人们到这儿一次次纳闷：这是谁呢？死于两千年前，却明明还在指挥水流。站在江心的岗亭前，"你走这边，他走那边"的吆喝声、劝诫声、慰抚声，声声入耳。没有一个人能活得这样长寿。

秦始皇筑长城的指令，雄壮、蛮吓、残忍；他筑堰的指令，智慧、仁慈、透明。

有什么样的起点就会有什么样的延续。长城半是壮胆半是排场，世世代代，大体是这样。直到今天，长城还常常成为排场。都江堰一开始就清朗可鉴，结果，它的历史也总显出超乎寻常的格调。李冰在世时已考虑事业的承续，命令自己的儿子作三个石人，镇于江间，测量水位。李冰逝世四百年后，也许三个石人已经损缺，汉代水官重造高及三米的"三神石人"测量水位。这"三神石人"其中一尊即是李冰雕像。这位汉代水官一定是承接了李冰的伟大精魂，竟敢于把自己尊敬的祖师，放在江中镇水测量。他懂得李冰的心意，唯有那里才是他最合适的岗位。这个设计竟然没有遭到反对而顺利实施，只能说都江堰为自己流泻出了一个独特的精神世界。

石像终于被岁月的淤泥掩埋，本世纪七十年代出土时，有一尊石像头部已经残缺，手上还紧握着长锸。有人说，这是李冰的儿子。即使不是，我仍然把他看成是李冰的儿子。一位现代作家见到这尊塑像怦然心动，"没淤泥而蔼然含笑，断颈项而长锸在握"，作家由此而向现代官场衮衮②诸公诘问：活着或死了应站在哪里？

出土的石像现正在伏龙观里展览。人们在轰鸣如雷的水声中向他们默默祭奠。在这里，我突然产生了对中国历史的某种乐观。只要都江堰不坍，李冰的精魂就不会消散，李冰的儿子会代代繁衍。轰鸣的江水便是至圣至善的遗言。

【巩固训练】

1. （2020·云南真题）《都江堰》的体裁是（　　）。

    A. 人物传记　　　　　　　　B. 寓言

    C. 游记　　　　　　　　　　D. 写人散文

2. 下列词语中加点字的注音全对的一组是（　　）。

---

① 圭臬：我国古代的一种天文仪器，在石座上放着一个尺（圭），南北两端各立一个标杆（臬），根据日影长短，可以测定节气和一年长短。这里喻指准则、法度。

② 衮衮：连续不断，众多。

A. 呼啸（xiào）　诟骂（gòu）　颓壁（tuí）　大地震颤（zhàn）

B. 修缮（shàn）　驯顺（xùn）　桎梏（gù）　怦然心动（pīng）

C. 履历（lǚ）　炫耀（xuàn）　盥洗（guàn）　众目睽睽（kuí）

D. 惊悸（jì）　粗犷（guǎng）　劲厉（jìn）　卑处一隅（bēi）

3. 下列词语中没有错别字的一组是（　　）。

    A. 劝诚　　慰抚　　废驰　　彪炳千古

    B. 韬略　　障碍　　骚动　　别出心才

    C. 咆哮　　驯服　　濡养　　兵荒马乱

    D. 宏大　　疏浚　　典籍　　彬彬有理

4. 下面四个句子中，有两个用了比喻的修辞手法，对此判断正确的一项是（　　）。

①它却卑处一隅，像一位绝不炫耀、毫无所求的乡间母亲，只知贡献。

②其实它根本就没有理睬过我们，就像鱼在水中争吵并不与水有关。

③站在特利尔小城这座灰色的小楼前，我好像听见他与恩格斯交谈的声音。

④春夏秋冬，四季的旋律各有不同，而夏天就是这样的一串音符……

    A. ①④　　　　　　　　　B. ②④

    C. ②③　　　　　　　　　D. ①③

5. 如何理解"长城当然也非常伟大"？

6. 文中是如何来表现都江堰及其修建者李冰的？

（九）我的空中楼阁[①]

我的空中楼阁

李乐薇[②]

【课文导读】

《我的空中楼阁》是一篇描写景物的精美散文，作者以清新优雅的笔调，充满诗意的想象，写景抒情，表现了热爱大自然的美好情怀和对自然风物的独特的观察、认识和感悟。文章题目一语双关，既指"我"所居的"小屋"建于山上，在"雾失楼台"的景色变幻中，犹如耸入天际的楼阁；又指作者心中向往的一块远离尘嚣、没有污染、没有倾轧的幻境中的净地，喻示一种独立的、自由的、美好的生活境界。

全文多用短句，节奏舒缓流畅，形成幽雅恬静的基调。适当地运用文言词汇、文言句式，如"山如眉黛""凌空而起""足以举目千里"等，使语言更显得隽永俊逸。巧妙地借用一些有固定内涵的词汇，并赋予独特的新意，达到寓庄于谐的效果，为文章注入了诙谐幽默的情趣，如"领土""领空""空中走廊"等。

---

① 选自《中国现代文学大系》，台湾巨人出版社，1972年版，有改动。

② 李乐薇：当代著名散文家。

山如眉黛①，小屋恰似眉梢的痣一点。

十分清新，十分自然，我的小屋玲珑地立于山脊一个柔和的角度上。

世界上有很多已经很美的东西，还需要一些点缀，山也是。小屋的出现，点破了山的寂寞，增加了风景的内容。山上有了小屋，好比一望无际的水面飘过一片风帆，辽阔无边的天空掠过一只飞雁，是单纯的底色上一点灵动的色彩，是山川美景中的一点生气，一点情调。

小屋点缀了山，什么来点缀小屋呢？那是树！

山上有一片纯绿色的无花树；花是美丽的，树的美丽也不逊于花。花好比人的面庞，树好比人的姿态。树的美在于姿势的清健或挺拔、苗条和婀娜②，在于活力，在于精神！

有了这许多树，小屋就有了许多特点。树总是轻轻摇动着。树的动，显出小屋的静；树的高大，显出小屋的小巧；而小屋别致出色，乃是由于满山皆树，为小屋布置了一个美妙的绿的背景。

小屋后面有一棵高过屋顶的大树，细而密的枝叶伸展在小屋的上面，美而浓的树荫把小屋笼罩起来。这棵树使小屋给予人另一种印象，使小屋显得含蓄而有风度。

换个角度，近看改为远观，小屋却又变换位置，出现在另一些树的上面，这个角度是远远地站在山下看。首先看到的是小屋前面的树，那些树把小屋遮掩了，只在树与树之间露出一些建筑的线条，一角活泼翘起的屋檐，一排整齐的图案式的屋瓦。一片蓝，那是墙；一片白，那是窗。我的小屋在树与树之间若隐若现，凌空而起，姿态翩然。本质上，它是一幢房屋；形式上，却像鸟一样，蝶一样，憩于枝头，轻灵而自由！

小屋之小，是受了土地的限制。论"领土"，只有有限的一点。在有限的土地上，房屋比土地小，花园比房屋小，花园中的路又比花园小，这条小路是我袖珍型的花园大道。和"领土"相对的是"领空"，论"领空"却又是无限的，足以举目千里，足以俯仰天地③，左顾有山外青山，右盼有绿野阡陌。适于心灵散步，眼睛旅行，也就是古人说的游目骋怀④。这个无限的"领空"，是我开放性的院子。

有形的围墙围住一些花，有紫藤、月季、喇叭花、圣诞红之类。天地相连的那一道弧线，是另一重无形的围墙，也围住一些花，那些花有朵状，有片状，有红，有白，有绚烂，也有飘落。也许那是上帝玩赏的牡丹或芍药，我们叫它云或霞。

空气在山上特别清新，清新的空气使我觉得呼吸的是香！

光线以明亮为好，小屋的光线是明亮的，因为屋虽小，窗很多。例外的只有破晓或入暮，那时山上只有一片微光，一片柔静，一片宁谧。小屋在山的怀抱中，犹如在花蕊中一般，慢慢地花蕊绽开了一些，好像群山后退了一些。山是不动的，那是光线加强了，是早晨来到了山中。当花瓣微微收拢，那就是夜晚来临了。小屋的光线既富于科学的时间性，也富于浪漫的文学性。

山上的环境是独立的，安静的。身在小屋享受着人间的清福，享受着充足的睡眠，以及一天一个美梦。

出入的环境要道，是一条类似苏花公路的山路，一边傍山，一边面临稻浪起伏的绿海和那高高的山坡。山路和山坡不便于行车，然而便于我行走。我出外，小屋是我快乐的起点；我归来，小屋是我幸福的终站。往返于快乐与幸福之间，哪儿还有不好走的路呢？我只觉得出外时身轻如飞，山路自动地后退；归来时带几分雀跃的心情，一跳一跳就跳过了那些山坡。我替山坡起了个名字，叫幸福的阶梯，山路被我唤做空中走廊！

我把一切应用的东西当做艺术，我在生活中的第一件艺术品就是小屋。白天它是清晰的，夜晚它是朦胧的。每个夜幕深垂的晚上，山下亮起灿烂的万家灯火，山上闪出疏落的灯光。山下的灯把黑暗照亮

① 眉黛：古代女子用黛画眉，所以称眉为眉黛。
② 婀娜：姿态柔软而美好。
③ 俯仰天地：为人正直坦荡，抬头无愧于人，不做任何有愧于人的事。
④ 游目骋怀：游目，目光由近到远，随意观览瞻望；骋怀，尽情开放胸怀。

了，山上的灯把黑暗照淡了，淡如烟，淡如雾，山也虚无，树也缥缈。小屋迷于雾失楼台的情景中，它不再是清晰的小屋，而是烟雾之中、星点之下、月影之侧的空中楼阁！

这座空中楼阁占了地利，可以省去许多室内设计和其他的装饰。

虽不养鸟，每天早晨有鸟语盈耳。

无须挂画，门外有幅巨画——名叫自然。

【巩固训练】

1. 下列词语中加点字的注音全对的一组是（　　　）。
   A. 点缀（zhuì）　　缥缈（piāo miǎo）　　宁谧（nìng nì）
   B. 休憩（qì）　　翘起（qiáo）　　走廊（láng）
   C. 楼阁（gé）　　逊色（xùn）　　含蓄（xù）
   D. 喇叭（lǎ ba）　　眉黛（dài）　　翩然（biān）

2. 下列词语中没有错别字的一组是（　　　）。
   A. 花密　　盈耳　　雀跃　　若隐若现
   B. 朦胧　　玲珑　　宣泄　　绿野阡陌
   C. 树荫　　笼罩　　竣工　　游目聘怀
   D. 袖珍　　阿娜　　凌空　　雾失楼台

3. 下列句子中，标点符号使用不正确的一项是（　　　）。
   A. 小屋点缀了山，什么来点缀小屋呢？那是树！
   B. 树总是轻轻摇动着。树的动，显出小屋的静；树的高大，显出小屋的小巧；而小屋的别致出色，乃是由于满山皆树，为小屋布置了一个美妙的绿的背景。
   C. 和"领土"相对的是"领空"，论"领空"却又是无限的。
   D. 无须挂画，门外有幅巨画……名叫自然。

4. 下列各句中有语病的一项是（　　　）。
   A. 虽不养鸟，每天早晨有鸟语盈耳。
   B. 山下的灯把黑暗照亮了，山上的灯把黑暗照淡了，淡如烟，淡如雾。
   C. 小屋迷于雾失楼台的情景中，它不再是清晰的小屋，而且是烟雾之中、星点之下、月影之侧的空中楼阁！
   D. 有形的围墙围住一些花，有紫藤、月季、喇叭花、圣诞红之类。

5. 对下列句子中，修辞手法的运用判断正确的一项是（　　　）。
   A. 山如眉黛，小屋恰似眉梢的痣一点。（借代）
   B. 小屋点缀了山，什么来点缀小屋呢？那是树！（反问）
   C. 这棵树使小屋予人另一种印象，使小屋显得含蓄而有风度。（拟人）
   D. 那时山上只有一片微光，一片柔静，一片宁谧。（反复）

6. 说说标题"我的空中楼阁"有几层含义，其中寄托了作者怎样的思想感情。

7. 作者在文中极力写树的目的是什么？字里行间流露出作者什么样的思想感情？

161

（十）世间最美的坟墓①

世间最美的坟墓
茨威格②

【课文导读】

奥地利作家斯蒂芬·茨威格于列夫·托尔斯泰诞辰100周年之际瞻仰了托尔斯泰墓。本文写的是他瞻仰托尔斯泰墓地时的所见、所闻和所感。列夫·托尔斯泰是俄国伟大的文学家，声名卓著。但是，他的坟墓却十分朴素，甚至连名字也没有。这是按照托尔斯泰本人的遗愿办的。

文章反复描写了托尔斯泰墓"逼人的朴素"，强调了"在俄国所见到的景物再没有比托尔斯泰墓更宏伟、更感人的了"，它是"世间最美的坟墓"，抒发了对托尔斯泰强烈的敬仰之情，使读者真切地感受到托尔斯泰品格的高洁与非同凡响。

全文言简意丰，简洁流畅；议论饱含激情，扣人心弦；描写细腻逼真，形神兼备。此外，衬托手法的大量运用，也增强了文章的艺术感染力。

我在俄国所见到的景物再没有比托尔斯泰墓更宏伟、更感人的了。这将被后代怀着敬畏之情朝拜的尊严圣地，远离尘嚣，孤零零地躺在林荫里。顺着一条羊肠小路信步走去，穿过林间空地和灌木丛，便到了墓冢③前：这只是一个长方形的土堆而已，无人守护，无人管理，只有几株大树荫庇。他的外孙女给我讲，这些高大挺拔、在初秋的风中微微摇动的树木是托尔斯泰亲手栽种的。小的时候，他的哥哥尼古莱和他听保姆或村妇讲过一个古老传说，提到亲手种树的地方会变成幸福所在。于是他们俩就在自己庄园的某块地上栽了几株树苗，这个儿童游戏不久也就被忘掉了。托尔斯泰晚年才想起这桩儿时往事和关于幸福的奇妙许诺，饱经忧患的老人突然从中获得了一个新的、更美好的启示。他当即表示愿意将来埋骨于那些他亲手栽种的树木之下。

后来就这样办了，完全按照托尔斯泰的愿望：他的坟墓成了世间最美的、给人印象最深刻的、最感人的坟墓。它只是树林中的一个小小的长方形土丘，上面开满鲜花——没有十字架，没有墓碑，没有墓志铭，连托尔斯泰这个名字也没有。这个比谁都感到受自己的声名所累的伟人，就像偶尔被发现的流浪汉、不为人知的士兵一般不留名姓地被人埋葬了。谁都可以踏进他最后的安息地，围在四周的稀疏的木栅栏是不关闭的——保护列夫·托尔斯泰得以安息的没有任何别的东西，唯有人们的敬意；而通常，人们却总是怀着好奇，去破坏伟人墓地的宁静。这里，逼人的朴素禁锢住任何一种观赏的闲情，并且不容许你大声说话。夏天，风儿在俯临这座无名者之墓的树木之间飒飒响着，和暖的阳光在坟头嬉戏；冬天，白雪温柔地覆盖这片幽暗的土地。无论你在夏天和冬天经过这儿，你都想象不到，这个小小的、隆起的长方形包容着当代最伟大的人物当中的一个。然而，恰恰是不留姓名，比所有挖空心思置办的大理石和奢华装饰更扣人心弦：在今天这个特殊的日子里，成百上千到他的安息地来的人间没有一个有勇气，哪怕仅仅从这幽暗的土丘上摘下一朵花留作纪念。人们重新感到，这个世界上再也没有比这最后留下的、纪念碑式的朴素更打动人心的了。残废者大教堂大理石穹隆底下拿破仑的墓穴，魏玛公侯之墓中歌德的灵寝，西敏司寺里莎士比亚的石棺，看上去都不像树林中的这个只有风儿低吟，甚至全无人语声，庄严肃穆，感人至深的无名墓冢那样能剧烈震撼每一个人内心深藏着的感情。

【巩固训练】

1. 下列词语中加点字的注音全对的一组是（　　）。

A. 载客（zǎi）　　遁词（dùn）　　尘嚣（xiāo）　　国殇（shāng）

B. 辐射（fú）　　贮存（chǔ）　　蚩尤（chī）　　墓冢（zhǒng）

---

① 选自《外国优秀散文选》，中国文联出版公司，1984年版，有改动。
② 茨威格：奥地利著名作家。
③ 冢：坟墓。

C. 膨胀（péng）　　炫目（xuàn）　　生吞活剥（bāo）　　惋惜（wǎn）

D. 一瞥（piē）　　灵寝（qǐn）　　良莠不齐（yǒu）　　缱绻（qiǎn）

2. 下列词语中有错别字的一组是（　　）。

　　A. 宁静　　朴素　　膝盖　　迷迷糊糊

　　B. 温柔　　观赏　　不朽　　曲曲折折

　　C. 覆盖　　穹隆　　戏谑　　声东击西

　　D. 弥望　　肃目　　呜咽　　丢三落四

3. 对下列句子中，修辞手法的运用判断有误的一项是（　　）。

　　A. 它只是树林中的一个小小的长方形土丘，上面开满鲜花——没有十字架，没有墓碑，没有墓志铭，连托尔斯泰这个名字也没有。（排比）

　　B. 这个比谁都感到受自己的声名所累的伟人，就像偶尔被发现的流浪汉，不为人知的士兵一般不留名姓地被人埋葬了。（比喻）

　　C. 看上去都不像树林中的这个只有风儿低吟，甚至全无人语声，庄严肃穆，感人至深的无名墓冢那样能剧烈震撼每一个人内心深藏着的感情。（拟人）

　　D. 风儿在俯临这座无名者之墓的树木之间飒飒响着，和暖的阳光在坟头嬉戏。（拟人）

4. 综观全文，题目"世界最美的坟墓"中的"美"在文中具有哪几层意思？

5. 文中曾提到拿破仑、歌德、莎士比亚墓地的奢华，其作用是什么？

（十一）纳谏与止谤[①]

纳谏与止谤
重读《邹忌讽齐王纳谏》有感

臧克家

【课文导读】

这是一篇读后感。文章从幼时熟读的两篇古文入题，通过对齐威王和周厉王这两个历史人物对谏谤的不同态度和导致的不同结果，联系现实，告诫各级领导同志要正确对待批评，敢于"纳谏"，改进自己的工作。本文借古论今，是非分明，言辞精练，运用比喻、排比、对仗、引用等修辞，层层推进，说理透彻，具有很强的现实针对性和说服力。

读好文章，如饮醇酒，其味无穷，久而弥笃。《邹忌讽齐王纳谏》，读初小时就成诵了，觉得它故事性强，有情趣，引人入胜。六十年后，再读一遍，如故人重逢，格外亲切。

古人说："人非圣贤，孰能无过？"即使君子，也难免有过，不同的是"过也，人皆见之，及其更也，人皆仰之"而已。古代帝王置谏官，自己有了错误，臣下可以进谏。帝王，自以为是"天之子"，富有四

---

① 选自《光明日报》，1980年6月8日，有改动。

海，臣服万民，行为万世师，言作万世法，坐在高高的宝座上，俯视一切，能倾听逆耳之言，采纳美芹之献①的，历史上并不多见。但是也不能一概而论。也有少数聪明一点的，为了坐稳江山，笼络人心，也能从谏如流。有圣君，有贤臣，使政治稳定，国泰民安，历史上称为太平盛世。像唐太宗与魏徵，就是一例。而最突出，最典型的，要数邹忌与齐威王了。

讽谏帝王，是冒险的事。批"龙鳞"②，逆"圣听"，需要大勇与大智。多少忠臣义士，赤心耿耿，尽忠进谏，结果呢，有的被挖心，有的被放逐。比干、屈原悲惨的故事，千古流传。

因此，对这位勇于纳谏的齐王，既佩服他的大智，也赞赏他的风度。这篇《邹忌讽齐王纳谏》的文章，给我们树立了一个宽大明智、精神高尚的形象，事隔几千年，栩栩如在眼前。想当年，他听了邹忌的讽谏之后，立即下令群臣，遍及全国，面刺错误，指陈弊病，不仅言者无罪，反而重赏，这是何等气度！何等磊落胸怀！千载而下，犹令人感奋不已。

事因难能，所以可贵。在同一本《古文释义》里，小时候也读过《召公谏厉王止谤》这篇古文，至今还能背出其中的名句。拿这位厉王和齐威王一比，真可谓天渊之别了。齐威王下令求谏，周厉王却以"能止谤"自喜，天下之人，满腹不平，他要钳住万民的口，自己也捂紧耳朵。"防民之口，甚于防川③"，"止谤"使得老百姓"道路以目④"。三年之后，土壅而川决，这个特大暴君——人民之敌，被"流于彘"。

齐王与厉王，那种对待谏谤的态度，得到的结果也截然相反。

历史是一面镜子。《邹忌讽齐王纳谏》《召公谏厉王止谤》这两篇古文，我们对照着读，大有可以借鉴之处。

追古思今。现在我们有些做负责工作的领导同志，在言行方面有明显的缺点和错误，文过饰非，怕听逆耳之言，一听到正中要害的话，立即火冒三丈，像阿Q听到别人说他头上的疮疤一样。有的甚至对批评自己的同志，打击报复，仗势凌人，以冰棍对付热情，什么批评与自我批评的原则，全成为过耳东风。这样做的结果如何呢？贻误工作，伤害同志，最后，自己也难免于垮台。

说到这里，我们自然会想到"四人帮"的所作所为。他们当道之时，得意忘形，凌驾一切。江青一句屁话，成为"圣旨"，顺我者昌，逆我者亡。以棒止谤，冤狱累累。人力无穷，天网恢恢，他们的滔天大罪，终于被清算。

谏难，纳谏尤难。要得到成果，需要双方合力。有敢直谏或讽谏的良臣，还要有能纳谏的明君。邹忌的譬喻再妙，辞令再巧，没有齐威王善听的耳朵，也是白费唇舌，枉运心机。

《邹忌讽齐王纳谏》这篇文章之所以动人，不仅由于它的意义，也还因为它那委婉而讽的进谏方法。这样关系国家命运的大事，邹忌并没有板起面孔，摆出义正词严的态度，反之，却以徐公比美、妻妾评议之闺房琐事出之，如果遇到一个暴君，责以亵渎之罪，也是责无旁贷的。这种构思，这样笔法，与《触詟说赵太后》如出一辙，而同样奏效。这么写，生动亲切，娓娓动听，饶也情趣。这篇文章，用了大半篇幅作了譬喻的描绘，三个人物的情态和心理，真实透切，入情入理，令人信服。譬喻止于"皆以美于徐公"，接下去，"今齐地方千里"来个陡转，入了正题。由于妻妾、朋友的"私臣"，联系全国上下"莫不私王"，譬喻与正题扣得极紧。谏议的结果是"战胜于朝廷"。

读罢这篇绝妙佳作，掩卷沉思，忽发奇想。如果现在我们的某个部门或机关，也来个"悬赏纳谏"，那该是"门庭若市"，批评、建议，雪片飞来。最后的结果呢，也可以想知。准是改进了工作，提高了效率，像不干净的身子洗了个清水澡，受到广大群众的鼓励与表扬，对四化的进展也起到了推动作用。

---

① 美芹之献：古人对自己的上书、建议表示自谦，称"芹献"或"献芹"。例如辛弃疾不顾自己官职低微，就宋金双方和与战的前途做具体分析，写成10篇论文，即名之为《美芹十论》。这里的"美芹之献"指的是地位低微的人提出的好意见。

② 批"龙鳞"：传说龙喉下有逆鳞径尺，有触之者必怒而杀人，因以批逆鳞或批龙鳞喻触怒帝王。批，触。

③ 防民之口，甚于防川：不可防民之口，如这样做，将比"防川"带来的后果还严重。

④ 道路以目：在路上相遇，只是互相看看，心里有怨怒，可什么话也不敢说。

如若不信，盍试为之。

1980 年 5 月 17 日

【巩固训练】

1. 下列词语中有错别字的一组是（　　）。

  A. 弥笃　　贻误　　譬喻　　文过是非

  B. 滔天　　笼络　　借鉴　　天网恢恢

  C. 亵渎　　纳谏　　醇酒　　天渊之别

  D. 俯视　　弊病　　磊落　　仗势欺人

2. "美芹之献"的典故出自（　　）。

  A. 邹忌向齐王进谏的故事

  B. 辛弃疾围绕宋金关系写成的论文《美芹十论》

  C. 没有什么典故，作者生造词汇

  D. 触替说服赵太后使用的香芹

3. 以"纳谏与止谤"为题，有什么好处？

4. 本文的中心论点是什么？

（十二）拿来主义①

拿来主义

鲁　迅

【课文导读】

这是一篇论述如何对待文化遗产问题的杂文，写于 20 世纪 30 年代。文章在批判闭关自守、盲目排外、全盘西化等对待外来文化错误态度的基础上，提出正确的"拿来主义"的新主张，指出批判地继承文化遗产是建设民族新文化必不可少的条件。

阅读时要结合现实生活，把握"拿来主义""闭关主义""送去主义"，以及"抛来""抛给""送来"等概念的意义。

文章语言生动形象，幽默犀利，集中体现了鲁迅杂文的特点。作者目光敏锐而长远，对问题有着深入的思考。

中国一向是所谓"闭关主义②"，自己不去，别人也不许来。自从给枪炮打破了大门之后，又碰了一串钉子③，到现在，成了什么都是"送去主义"了。别的且不说罢，单是学艺④上的东西，近来就先送一

---

 ① 选自《且介亭杂文》，《鲁迅全集》第六卷，人民文学出版社，2005 年版，有改动。

 ② 闭关主义：指清政府奉行的闭关自守政策。

 ③ 碰了一串钉子：指鸦片战争以后，清政府与英、法、俄、日、美、德、意等国家相继签订了一系列丧权辱国的不平等条约。

 ④ 学艺：泛指学术文艺。

165

批古董到巴黎去展览①，但终"不知后事如何"；还有几位"大师"们捧着几张古画和新画，在欧洲各国一路的挂过去，叫作"发扬国光②"。听说不远还要送梅兰芳博士到苏联去，以催进"象征主义③"，此后是顺便到欧洲传道。我在这里不想讨论梅博士演艺和象征主义的关系，总之，活人替代了古董，我敢说，也可以算得显出一点进步了。

但我们没有人根据了"礼尚往来④"的仪节⑤，说道：拿来！

当然，能够只是送出去，也不算坏事情，一者见得丰富，二者见得大度⑥。尼采⑦就自诩⑧过他是太阳，光热无穷，只是给与，不想取得。然而尼采究竟不是太阳，他发了疯。中国也不是，虽然有人说，掘起地下的煤来，就足够全世界几百年之用。但是，几百年之后呢？几百年之后，我们当然是化为魂灵，或上天堂，或落了地狱，但我们的子孙是在的，所以还应该给他们留下一点礼品。要不然，则当佳节大典之际，他们拿不出东西来，只好磕头贺喜，讨一点残羹冷炙⑨做奖赏。

这种奖赏，不要误解为"抛来"的东西，这是"抛给"的⑩，说得冠冕⑪些，可以称之为"送来"，我在这里不想举出实例⑫。

我在这里也并不想对于"送去"再说什么，否则太不"摩登"了。我只想鼓吹我们再吝啬一点，"送去"之外，还得"拿来"，是为"拿来主义"。

但我们被"送来"的东西吓怕了。先有英国的鸦片，德国的废枪炮，后有法国的香粉，美国的电影，日本的印着"完全国货⑬"的各种小东西。于是连清醒的青年们，也对于洋货发生了恐怖。其实，这正是因为那是"送来"的，而不是"拿来"的缘故。

所以我们要运用脑髓，放出眼光，自己来拿！

譬如罢，我们之中的一个穷青年，因为祖上的阴功（姑且让我这么说说罢），得了一所大宅子，且不问他是骗来的，抢来的，或合法继承的，或是做了女婿换来的⑭。那么，怎么办呢？我想，首先是不管三七二十一，"拿来"！但是，如果反对这宅子的旧主人，怕给他的东西染污了，徘徊不敢走进门，是孱头⑮；勃然大怒，放一把火烧光，算是保存自己的清白，则是昏蛋。不过因为原是羡慕这宅子的旧主人

---

① 送一批古董到巴黎去展览：指当时国民党政府在巴黎举办的中国古典艺术展览。

② 还有几位……叫作"发扬国光"：指当时国民党政府在西欧各国举办的中国绘画展览。

③ 听说不远……"象征主义"：1934 年 5 月 28 日，《大晚报》刊载了一则文艺新闻，说中国美术家徐悲鸿等在莫斯科举办中国书画展览会，"切合苏俄正在盛行之象征主义作品"，还说"因拟……邀中国戏曲名家梅兰芳前往奏艺"。鲁迅针对这一则新闻，在同年 5 月 30 日写了《谁在没落？》一文，指出象征主义已在苏联没落的事实，并斥责那种认为中国画和戏剧切合象征主义的说法。象征主义是 19 世纪末叶在法国兴起的文艺流派。

④ 礼尚往来：社会交往中应当有来有往。尚，崇尚、重视。

⑤ 仪节：礼节。

⑥ 大度：大方，气量宽宏。

⑦ 尼采：德国著名唯心主义哲学家。他主张唯意志论，提倡超人哲学，并以"太阳"自命。1889 年他精神失常，1900 年在德国魏玛去世。

⑧ 自诩：自夸。

⑨ 残羹冷炙：吃剩的饭菜借指权贵的施舍。炙，烤肉。

⑩ 不要误解……这是"抛给"的："抛来"是没有目标地扔来；"抛给"是针对特定对象给的，指国民党反动政府向帝国主义主子磕头之后接受他们有目的地给予的"嗟来之食"。下文中的"送来"一词，则是嘲弄国民党反动政府打肿脸充胖子，把接受主子抛来的残羹冷炙美其名曰"送来"。

⑪ 冠冕："冠冕堂皇"的省略语，意思是很体面，有气派。冕，古代帝王的礼帽。

⑫ 我在这里不想举出实例：暗指按 1933 年国民党政府与美国签订的"棉麦借款"协定运来的剩余的小麦、面粉和棉花。

⑬ 完全国货：五卅运动以后，我国人民普遍抵制日货，日本厂商在他们的商品上印上"完全国货"的字样，当中国货出售。

⑭ 做了女婿换来的：这里是讽刺做了富家翁的女婿而自我炫耀的邵洵美之流。

⑮ 孱（càn）头：懦弱无能的人。

的，而这回接受一切，欣欣然的蹩进卧室，大吸剩下的鸦片，那当然更是废物。"拿来主义"者是全不这样的。

他占有，挑选。看见鱼翅，并不就抛在路上以显其"平民化"，只要有养料，也和朋友们像萝卜白菜一样的吃掉，只不用它来宴大宾；看见鸦片，也不当众摔在毛厕里，以见其彻底革命，只送到药房里去，以供治病之用，却不弄"出售存膏①，售完即止"的玄虚②。只有烟枪和烟灯，虽然形式和印度，波斯，阿剌伯的烟具都不同，确可以算是一种国粹③，倘使背着周游世界，一定会有人看，但我想，除了送一点进博物馆之外，其余的是大可以毁掉的了。还有一群姨太太，也大以请她们各自走散为是，要不然，"拿来主义"怕未免有些危机。

总之，我们要拿来。我们要或使用，或存放，或毁灭。那么，主人是新主人，宅子也就会成为新宅子。然而首先要这人沉着，勇猛，有辨别，不自私。没有拿来的，人不能自成为新人，没有拿来的，文艺不能自成为新文艺。

六月四日④

【巩固训练】

1. 下列词语中加点字的注音全对的一组是（　　）。

    A. 自诩（yǔ）　　玄虚（xuán）　　宅子（zhái）　　鸦片（yā）

    B. 脑髓（suǐ）　　孱头（càn）　　国粹（cuì）　　徘徊（huái）

    C. 阐明（chǎn）　　冠冕（guàn）　　譬如（pì）　　女婿（xù）

    D. 吝啬（sè）　　蹩进（piē）　　鱼翅（chì）　　磕头（kē）

2. 下列词语中没有错别字的一组是（　　）。

    A. 萝卜　　辩别　　惟古是尚　　周游世界

    B. 国粹　　古董　　礼上往来　　出售存膏

    C. 自诩　　炫耀　　残羹冷炙　　拿来主义

    D. 遮蔽　　脑髓　　冠冕堂皇　　勃然大怒

3. 依次填入下列横线的词语，最恰当的一组是（　　）。

①桃花开了，在风中摇摆着她的笑靥，像在向人们＿＿＿＿＿＿她的妩媚。

②文化传统与传统文化不同，它不具备有形的实体，不可＿＿＿＿＿＿，仿佛无所在，但它却无所不在，既存在于一切传统文化之中，也存在于一切现实文化之中。

③＿＿＿＿＿＿背着周游世界，一定会有人看，＿＿＿＿＿＿我想，除了送一点进博物馆之外，其余的是大可以毁掉的了。

    A. 展示　　捉摸　　但是　　所以

    B. 展示　　捉摸　　倘使　　但

    C. 展览　　琢磨　　只要　　但

    D. 展览　　琢磨　　所以　　因此

4. 下列句子中，标点符号使用正确的一项是（　　）。

    A. 没有文化传统，我们很难想象一个民族如何能存在？一个社会如何能稳定？一个国家如何能巩固？

    B. 不同民族不同文化只要存在，便可能有接触。只要有接触，便有交流。只要有交流，便有变化。

---

① 存膏：鸦片烟膏。

② 玄虚：这里指用来掩盖真相、使人迷惑的手段。

③ 国粹：原指民族文化中的精华，这里是反语。

④ 六月四日：指1934年6月4日。

　　C. 然而首先要这人沉着，勇猛，有辨别，不自私。

　　D. 没有人根据了"礼尚往来"的仪节，说道：拿来。

5. "所以我们要运用脑髓，放出眼光，自己来拿"这句话在文中起什么作用？如何理解？

6. 作者要论说的是"拿来主义"，为什么却在文章前面花大量笔墨写"闭关主义""送去主义"？

（十三）读书人是幸福人[①]

读书人是幸福人

谢　冕[②]

【课文导读】

《读书人是幸福人》是谢冕教授有关读书的一篇随笔，后来收入《永远的校园》一书，由北京大学出版社出版。

本文从多方面论述了读书对人的影响，指出阅读能给人带来丰富的知识，使人得到精神的感化与陶冶，强调与书结缘就注定能与崇高追求和高尚情趣相联系。

我常想读书人是世间幸福人，因为他除了拥有现实的世界之外，还拥有另一个更为浩瀚也更为丰富的世界。现实的世界是人人都有的，而后一个世界却为读书人所独有。由此我又想，那些失去或不能阅读的人是多么的不幸，他们的丧失是不可补偿的。世间有诸多的不平等，如财富的不平等，权力的不平等，而阅读能力的拥有或丧失却体现为精神的不平等。

一个人的一生，只能经历自己拥有的那一份欣悦，那一份苦难，也许再加上他亲自闻知的那一些关于自身以外的经历和经验。然而，人们通过阅读，却能进入不同时空的诸多他人的世界。这样，具有阅读能力的人，无形间获得了超越有限生命的无限可能性。阅读不仅使他多识了草木虫鱼之名，而且可以上溯远古下及未来，饱览存在的与非存在的奇风异俗。

更为重要的是，读书加惠于人们的不仅是知识的增广，而且还在于精神的感化与陶冶。人们从读书学做人，从那些往哲先贤[③]以及当代才俊的著述中学得他们的人格。人们从《论语》中学得智慧的思考，从《史记》中学得严肃的历史精神，从《正气歌》学得人格的刚烈，从马克思学得入世的激情，从鲁迅学得批判精神，从列夫·托尔斯泰学得道德的执着；歌德的诗句刻写着睿智的人生，拜伦的诗句呼唤着奋斗的热情。一个读书人，是一个有机会拥有超乎个人生命体验的幸运人。

一个人一旦与书本结缘，极大的可能是注定了做一个与崇高追求和高尚情趣相联系的人。说"极大的可能"，指的是不排除读书人中也有卑鄙和奸诈。况且，并非凡书皆好，在流传的书籍中，并非全是劝善之作，也有无价值的甚而有负面影响的。但我们所指的书，总是指以其优良品质得以流传一类，这类

---

　　① 选自《永远的校园》，北京大学出版社，1997年版，有改动。

　　② 谢冕：北京大学中文系教授、文学评论家。

　　③ 往哲先贤：历代贤明、智慧之士。哲，有智慧的人。贤，有德行和才能的人。

书对人的影响总是良性的。我之所以常感读书幸福，是从喜爱文学书的亲身感受而发。一旦与此种嗜好结缘，人多半因而向往于崇高一类，对暴力的厌恶和对弱者的同情，使人心灵纯净而富正义感，人往往变得情趣高雅而趋避凡俗。或博爱，或温情，或抗争，大抵①总引导人从幼年到成人，一步一步向着人间的美好境界前行。笛卡儿②说"读一本好书，就是和许多高尚的人谈话"，这就是读书使人向善；雨果③说"各种蠢事，在每天阅读好书的影响下，仿佛被烤在火上一样渐渐熔化"，这就是读书使人避恶。

所以，我说，读书人是幸福人。

【巩固训练】

1. 下列词语中加点字的注音全对的一组是（　　）。

    A. 携带（xié）　　地壳（ké）　　劫难（nàn）　　迁徙（xǐ）

    B. 两栖（xī）　　狩猎（shòu）　　腐蚀（shí）　　浑浊（zhuó）

    C. 沉淀（diàn）　　粗糙（cāo）　　拙劣（zhuō）　　琥珀（pò）

    D. 皎洁（jiǎo）　　纨绔（wǎn）　　弥漫（mí）　　卑鄙（bì）

2. 下列词语中有错别字的一组是（　　）。

    A. 补偿　　企盼　　安详　　杞人忧天

    B. 绵延　　筹划　　轻捷　　骇人听闻

    C. 央求　　纯粹　　晕眩　　呼朋引伴

    D. 决别　　烘托　　烂漫　　明辩是非

3. 对下列词语在本文中的意思解释正确的一项是（　　）。

    A. "浩瀚"是"广大繁多"的意思。

    B. "饱览"是"充分品尝"的意思。

    C. "往哲先贤"中的"哲"是指"考证历史的人"。

    D. "睿智"中的"睿"是"明亮"的意思。

4. 为了论证"读书人是幸福人"这一中心论点，作者提出了哪些分论点？

5. 作者说："一个人一旦与书本结缘，极大的可能是注定了做一个与崇高追求和高尚情趣相联系的人。"为什么说"极大的可能"呢？

---

①　大抵：大多，大都，基本上。

②　笛卡儿：法国哲学家、数学家、物理学家。

③　雨果：法国作家，欧洲浪漫主义文学流派的主要代表。

（十四）青蒿素：人类征服疾病的一小步①

青蒿素：人类征服疾病的一小步

屠呦呦

【课文导读】

本文是一篇介绍科学发现成果、叙述科学研究过程的文章，作者是诺贝尔生理学或医学奖获得者屠呦呦。文章采用"总—分—总"的结构方式，在平实的叙述中，回顾了作者和她的团队多年执着的探索，最终发现青蒿素的治疟作用并拯救成千上万患者的历程，展示了科学发现之不易、科学家的担当精神以及科学发现道路的艰辛。

阅读本文要关注那些对科学发现有重要启示的节点，还要体会科学家的责任感及奉献精神。体会科学研究具有艰苦、漫长而又独具魅力和乐趣的特点。

非常荣幸在这里接受今年的拉斯克临床医学研究奖——这一生物医学领域最负盛名的奖项，衷心感谢评委会对我在发现青蒿素及其治疗疟疾的功效等方面贡献的肯定。

我在童年的时候，曾目睹民间中草药治病救人的事例。那时候，我完全没有想到，我的生命会和这些神奇的中草药紧密地联系在一起；我也从没梦想过有今天这样的隆重时刻，我的研究被国际科学界称颂。

1955 年，我从北京医学院药学系毕业，在卫生部中医研究院中药研究所开始了富有意义的工作，特别是在全脱产学习中国传统医学的那两年半中，我对中草药从好奇转化为热衷。那两年半的训练，使我发现了中医药学的丰富宝藏，领悟了中国传统哲学有关人体和宇宙的精妙思想。在中医药学和现代医药科学紧密结合的原则下，我的团队运用现代科学和技术，继承了中医药学的精髓，成功地从青蒿②中发现并提取出青蒿素。

奎宁③的发现，很大程度上得益于秘鲁历史上对金鸡纳树④的利用；青蒿素的发现，则是中医药学赠予人类的瑰宝。在研究最困难、最关键的时刻，我从传统中医文献中获得新的灵感和启示。青蒿素的发现是人类征服疾病进程中的一小步，基于青蒿素的联合疗法（ACT）已成为世界卫生组织推荐的一线抗疟方案，对此我深感鼓舞和欣慰。为此，我也衷心感谢为青蒿素发现和应用作出诸多贡献的中国同事们和国际友人们。长久以来，中医药服务于中国和亚洲人民，毫无疑问，对传统医药的继续探索，会给这个世界带来更多的良药。我呼吁大力加强国际合作，推动对中医以及其他传统医学的研究，使之最大程度地造福人类。

发现青蒿素的抗疟疗效

疟疾威胁人类健康长达数千年。20 世纪 50 年代，由于疟原虫抗药性的出现，疟疾重新开始肆虐，消灭疟疾的国际努力遭受重挫。1967 年，中国政府启动"523"项目来抗击疟疾。1969 年，中医研究院任命我领导抗疟药研究工作。我带领由植物化学和药理学专业研究者组成的团队，开始从中草药中寻找并提取可能具有抗疟疗效的成分。

在第一阶段，我收集了 2000 个方药，挑选出可能具有抗疟作用的 640 个，从其中的 200 个方药中提取了 380 余种提取物，在小白鼠身上测试抗疟效果，然而进展甚微。

研究的转折点出现在青蒿上，其提取物显示有一定的抗疟效果，然而，实验结果很难重复，而且似

---

① 本文根据屠呦呦 2011 年接受拉斯克奖时的演讲及同年发表于《自然医学》杂志的论文编写而成，经作者本人审定。屠呦呦因发现抗疟新疗法，先后获得 2011 年拉斯克临床医学研究奖、2015 年诺贝尔生理学或医学奖、2016 年国家最高科学技术奖，并于 2018 年和 2019 年先后荣获改革开放 40 周年"改革先锋"称号和"共和国勋章"。

② 青蒿：菊科植物黄花蒿，茎、叶可入药。

③ 奎宁：俗称"金鸡纳霜"，一种生物碱，可做抗疟疾药物。

④ 金鸡纳树：常绿灌木或小乔木，原产南美洲，树皮和根皮是提取奎宁的重要原料。

乎与文献记录相悖。

为了寻求答案，我们查阅了大量的文献。最早提到青蒿治疗疟疾的记录，出现在东晋葛洪所著的《肘后备急方》中，书中有这样的话：

又方，青蒿一握，以水二升渍，绞取汁，尽服之。

这句话让我深受启发：我们使用通常加热提取方式，也许恰恰破坏了青蒿的活性成分。因此考虑改为低温提取，以保存其抗疟有效成分。改变提取方式后，抗疟效果果然大幅度提升！

我们随后将青蒿提取物分为酸性和中性两大部分。在 1971 年 10 月 4 日，我们成功得到了安全性高的中性提取物，并获得对感染疟疾的小白鼠和猴子百分之百的抗疟药效！我们终于找到了发现青蒿素抗疟疗效的突破口！

从分子到药物

在 20 世纪 70 年代的历史环境下，新药的临床试验很难开展。为了战胜疟疾，我和我的同事勇敢地做志愿者，第一批尝试青蒿提取物，以确认其对人体的安全性。随后，我们赴海南对疟疾病人进行临床治疗，结果振奋人心：病人症状迅速消失！

受临床疗效的鼓舞，我们转向分离提纯，得到了抗疟的有效成分，于 1972 年 11 月 8 日，终于找到了这个熔点在 $156\sim157℃$ 的无色晶体——$C_{15}H_{22}O_5$。后来我们将其命名为"青蒿素"。

青蒿素的发现，是我们研究进展的第一步。我们随即转向第二步：将这个天然分子变为药物。

在这个过程中，我们发现生长在北方的青蒿的青蒿素含量比较低，药物生产需要青蒿素含量高的青蒿，"523"项目的大团队成员在四川找到了含量高的青蒿。

1973 年秋，我们在海南疟疾疫区试用青蒿素胶囊，取得了明确的疗效。这样，我们终于打开了开发新抗疟药物的大门。

影响世界

在中国科学院生物物理研究所等单位的协作下，我们确定了青蒿素分子的立体结构，1977 年在《科学通报》发表，并迅速被《化学文摘》收录。1979 年，国家科学技术委员会授予我们"国家发明奖"，表彰青蒿素的发现。

1981 年，联合国开发计划署、世界银行以及世界卫生组织赞助的疟疾化疗科学工作组第四次会议在北京召开。在这个会议上，我国关于青蒿素及其抗疟性的几个报告引起热烈反响。作为这个会议的第一个发言人，我作了题为《青蒿素的化学研究》的报告，随后这一报告在 1982 年公开发表。青蒿素的发现及其疗效开始引起世界关注。1986 年，青蒿素成为我国新药审批办法实施以来的第一个一类新药。

发展与超越

青蒿素与以往的抗疟药物相比，在化学结构和作用特点上有明显的差异，我们在研究评价的时候发现，比之青蒿素，双氢青蒿素①的疗效提高近十倍。更重要的是，用双氢青蒿素治疗的病人复发率很低。在分子中引入羟基，也给发展新的青蒿素衍生物创造了更多的机会。

我们团队后来将双氢青蒿素发展成新的药物。在过去十年，我们也尝试用青蒿素和双氢青蒿素治疗其他的疾病。《青蒿及青蒿素类药物》一书于 2009 年出版，这本书记录了青蒿素发现的历史及我们在研究进程中所学到的知识。

2002 年，世界卫生组织推荐采用青蒿素作为一线药物治疗疟疾。如今，青蒿素联合疗法在全世界广泛应用，这一疗法极大地减轻了疟疾的症状，拯救了许多人的生命，特别是非洲孩子们的生命。

中医药学的贡献

青蒿素是中医药学给予人类的一份珍贵礼物。和植物化学的其他发现在药物开发中的应用相比，从青蒿提取物到青蒿素的研发历程相当快速，然而，这绝不是中医药智慧的唯一果实。中国的基础和临床

---

① 双氢青蒿素：青蒿素的一种衍生物，是在青蒿素结构中引进羟（qiǎng）基的产物，比青蒿素多两个氢原子。它本身具有强于青蒿素的抗疟活性，是合成青蒿素类药物的基础。

研究还发现，具有悠久应用历史的中药砒霜①，用于治疗白血病颇具疗效，已经成为治疗白血病的重要选择。对治疗失忆有效的石杉碱甲②，也是从中草药"千层塔"中提取的，是我国用于治疗老年性精神障碍的一种临床用药。

然而，单一药物治疗某一特定疾病的现象在中医实践中非常少见，复方用药才是中医几千年来的主要用药形式。通常，中医师按中医理论和方法诊断病人症候，对症开出由多种中药按君臣佐使③组成的处方，并随着病情的发展和症候的变化，随时调整处方的药味和剂量，以达到良好的疗效。这样的辨证施治疗法和有效方药的积累对中华民族的繁衍昌盛作出了积极贡献。我们从中药青蒿研发出抗疟药物青蒿素，仅是发掘中医药宝库的努力之一。

心血管疾病的治疗也受益于中医药学，中医的一个治则是活血化瘀，这一治则也适用于冠心病的术后维护。中药提取的芍药苷④等被用于防止经皮冠状动脉介入治疗后的血管再狭窄，临床显示再狭窄率大幅降低。还有许多其他证据支持中医活血化瘀的临床疗效。

和心脑血管疾病相关的一个新领域也正在发展，所谓的生物力药理学，旨在将中药的药效和血流的生物力学影响相结合，用于防病治病。实验研究表明，保健运动可提高血流剪应力，再联合使用某些活血中药，可减少动脉粥样硬化的形成。

这里所举的中医药对人类健康的贡献，不过沧海一粟。我的梦想是：在同威胁人类健康与生命的疾病的斗争中，中医药学进一步发挥威力，为维护世界人民的健康与福祉作出新贡献！

【巩固训练】

1. 下列词语中加点字的注音全对的一组是（　　）。

    A. 青蒿（hāo）　　璀璨（càn）　　羟基（jǐng）　　撒手人寰（yuán）

    B. 目眩（xuàn）　　畏葸（sī）　　栅栏（zhà）　　孜孜不倦（zī）

    C. 疟疾（nüè）　　湮没（yān）　　福祉（zhǐ）　　自鸣得意（míng）

    D. 肘腋（zhǒu）　　杜撰（zuàn）　　褶皱（zhě）　　衍生物（qiǎn）

2. 下列不属于"为了寻求答案，我们查阅了大量的文献"中"查阅文献"工作的一项是（　　）。

    A. 青蒿提取物有一定程度的抗疟性，但实验结果很难重复，而且似乎与文献记录相悖，这是屠呦呦及其团队查找文献的初衷。

    B. 屠呦呦及其带领的由植物化学和药理学专业研究者组成的团队查找的文献包括东晋葛洪所著的《肘后备急方》。

    C. 由原来的加热提取方式改为低温提取方式，以保存青蒿的抗疟有效成分，这是屠呦呦及其团队查找文献寻求到的答案。

    D. 中国政府启动"523项目"并任命屠呦呦领导抗疟药研究工作就是为了查找大量的文献，尽快从中草药中找到具有抗疟疗效的成分。

3. 依次填入下面一段文字横线处的语句，衔接最恰当的一组（　　）。

屠呦呦，_____，_____，_____，_____，_____，_____，这一成就挽救了全球特别是发展中国家数百万人的生命，在世界抗疟史上具有里程碑意义。

    ①从现代科学技术中汲取创新手段

    ②从中医药这一伟大宝库中寻找创新源泉

    ③与她领导的研究团队坚持不懈，克服困难，联合攻关

---

①　砒霜：即三氧化二砷，常为白色粉末，有剧毒。

②　石杉碱甲：一种生物碱，从蕨类植物蛇足石杉（又名"千层塔"）中提取。

③　君臣佐使：中药方剂组成配伍的比拟词。

④　芍药苷：一种糖苷类化合物，从芍药科植物芍药、牡丹等的根中提取，具有扩张血管、抑制血栓形成、镇痛镇静等药理作用。

④成功地从中草药青蒿中提取出青蒿素，并研制出系列青蒿素类药品

⑤从浩瀚的古代医籍中汲取创新灵感

⑥几十年来致力于严重危害人类健康的世界性流行病疟疾的防治研究

    A. ①⑤⑥②④③

    B. ⑥②⑤①③④

    C. ③②①④⑤⑥

    D. ⑤①⑥②③④

4. 文中引用《肘后备急方》一书中"又方，青蒿一握，以水二升渍，绞取汁，尽服之"，这句话有何作用？

5. 屠呦呦及其团队能在艰苦的条件下发现青蒿素及其抗疟功效，原因有哪些？请结合文章简要分析。

（十五）中国建筑的特征①

中国建筑的特征

梁思成②

【课文导读】

本文通过对中国建筑的九大特征的阐述，总结了中国建筑的风格和手法。通过介绍中国建筑的"文法"和"词汇"理论，向我们展示了中国建筑在世界建筑史上的独特魅力和重大价值。文章同时指出了各民族建筑之间的"可译性"的问题，提出了每个建筑体系都有其自身的"文法"和"词汇"，法式的多样性造就了世界建筑的丰富性，进而表达了"用我们自己建筑上的优良传统来建造适合于今天我们中国的建筑"的热切愿望。

作为一篇自然科学小论文，本文语言简明严密，比喻说理形象生动，大量采用打比方、做比较的方法，力求将抽象的事物说得具体明白，使文章读起来既通俗易懂又不失专业水准。

中国的建筑体系是在世界各民族数千年文化史中一个独特的建筑体系。它是中华民族数千年来世代经验的累积所创造的。这个体系分布到很广大的地区：西起葱岭，东至日本、朝鲜，南至越南、缅甸，北至黑龙江，包括蒙古人民共和国③的区域在内。这些地区的建筑和中国中心地区的建筑，或是同属于一个体系，或是大同小异，如弟兄之同属于一家的关系。

考古学家所发掘的殷代遗址证明，至迟在公元前 15 世纪，这个独特的体系已经基本上形成了，它的基本特征一直保留到了近代。3500 年来，中国世世代代的劳动人民发展了这个体系的特长，不断地在技术上和艺术上把它提高，使之达到了高度水平，取得了辉煌成就。

中国建筑的基本特征可以概括为下列九点。

---

① 选自《建筑学报》1954 年第 1 期，有改动。

② 梁思成（1901—1972）：广东新会人，建筑学家。曾主持中华人民共和国国徽和人民英雄纪念碑的设计。著有《清式营造则例》《中国建筑史》等。

③ 蒙古人民共和国：1992 年改称"蒙古国"。

（一）个别的建筑物，一般地由三个主要部分构成：下部的台基、中间的房屋本身和上部翼状伸展的屋顶。

（二）在平面布置上，中国所称的一"所"房子是由若干座这种建筑物以及一些联系性的建筑物，如回廊、抱厦^①、厢、耳、过厅等等，围绕着一个或若干个庭院或天井建造而成的。在这种布置中，往往左右均齐对称，构成显著的轴线。这同一原则，也常应用在城市规划上。主要的房屋一般地都采取向南的方向，以取得最多的阳光。这样的庭院或天井里虽然往往也种植树木花草，但主要部分一般地都有砖石墁^②地，成为日常生活所常用的一种户外的空间，我们也可以说它是很好的"户外起居室"。

（三）这个体系以木材结构为它的主要结构方法。这就是说，房身部分是以木材做立柱和横梁，成为一副梁架。每一副梁架有两根立柱和两层以上的横梁。每两副梁架之间用枋、檩之类的横木把它们互相牵搭起来，就成了"间"的主要构架，以承托上面的重量。

两柱之间也常用墙壁，但墙壁并不负重，只是像"帷幕"一样，用以隔断内外，或划分内部空间而已。因此，门窗的位置和处理都极自由，由全部用墙壁至全部开门窗，乃至既没有墙壁也没有门窗（如凉亭），都不妨碍负重的问题；房顶或上层楼板的重量总是由柱承担。这种框架结构的原则直到现代的钢筋混凝土构架或钢骨架的结构才被应用，而我们中国建筑在三千多年前就具备了这个优点，并且恰好为中国将来的新建筑在使用新的材料与技术的问题上准备了极有利的条件。

（四）斗拱：在一副梁架上，在立柱和横梁交接处，在柱头上加上一层层逐渐挑出的称做"拱"的弓形短木，两层拱之间用称做"斗"的斗形方木块垫着。这种用拱和斗综合构成的单位叫做"斗拱"。它是用以减少立柱和横梁交接处的剪力，以减少梁的折断之可能的。更早，它还是用以加固两条横木接榫的，先是用一个斗，上加一块略似拱形的"替木^③"。斗拱也可以由柱头挑出去承托上面其他结构，最显著的如屋檐，上层楼外的"平坐"（露台），屋子内部的楼井、栏杆等。斗拱的装饰性很早就被发现，不但在木构上得到了巨大的发展，并且在砖石建筑上也充分应用，它成为中国建筑中最显著的特征之一。

（五）举折，举架：梁架上的梁是多层的；上一层总比下一层短；两层之间的矮柱（或柁墩）总是逐渐加高的。这叫做"举架"。屋顶的坡度就随着这举架，由下段的檐部缓和的坡度逐步增高为近屋脊处的陡斜，成了缓和的弯曲面。

（六）屋顶在中国建筑中素来占着极其重要的位置。它的瓦面是弯曲的，已如上面所说。当屋顶是四面坡的时候，屋顶的四角也就是翘起的。它的壮丽的装饰性也很早就被发现而予以利用了。在其他体系建筑中，屋顶素来是不受重视的部分，除掉穹窿顶得到特别处理之外，一般坡顶都是草草处理，生硬无趣，甚至用女儿墙把它隐藏起来。但在中国，古代智慧的匠师们很早就发挥了屋顶部分的巨大的装饰性。在《诗经》里就有"如鸟斯革，如翚斯飞^④"的句子来歌颂像翼舒展的屋顶和出檐。《诗经》开了端，两汉以来许多诗词歌赋中就有更多叙述屋子顶部和它的各种装饰的词句。这证明屋顶不但是几千年来广大人民所喜闻乐见的，并且是我们民族所最骄傲的成就。它的发展成为中国建筑中最主要的特征之一。

（七）大胆地用朱红作为大建筑物屋身的主要颜色，用在柱、门窗和墙壁上，并且用彩色绘画图案来装饰木构架的上部结构，如额枋^⑤、梁架、柱头和斗拱，无论外部内部都如此。在使用颜色上，中国建筑是世界各建筑体系中最大胆的。

（八）在木结构建筑中，所有构件交接的部分都大半露出，在它们外表形状上稍稍加工，使成为建筑

---

① 抱厦：围绕厅堂、正屋后面的房屋。

② 墁（màn）：用砖、石等铺地面。

③ 替木：联系桁（檩）与斗拱的短木枋。

④ 如鸟斯革，如翚（huī）斯飞：语出《诗经·小雅·斯干》。意思是屋宇高扬如同鸟翅，屋檐华美上翘，如同五彩野鸡展翅高飞。斯，语气助词。革，翅膀。翚，羽毛具五彩的野鸡。

⑤ 额枋：檐柱之间的联系梁，用以承托其上的斗拱。

本身的装饰部分。例如：梁头做成"桃尖梁头^①"或"蚂蚱头^②"；额枋出头做成"霸王拳"；昂的下端做成"昂嘴"，上端做成"六分头"或"菊花头"；将几层昂的上段固定在一起的横木做成"三福云"等等；或如整组的斗拱和门窗上的刻花图案、门环、角叶，乃至如屋脊、脊吻^③、瓦当^④等都属于这一类。它们都是结构部分，经过这样的加工而取得了高度的装饰效果。

（九）在建筑材料中，大量使用有色琉璃砖瓦，尽量利用各色油漆的装饰潜力。木上刻花，石面上作装饰浮雕，砖墙上也加雕刻。这些也都是中国建筑体系的特征。

这一切特点都有一定的风格和手法，为匠师们所遵守，为人民所承认，我们可以叫它做中国建筑的"文法"。建筑和语言文字一样，一个民族总是创造出他们世世代代所喜爱，因而沿用的惯例，成了法式。在西方，希腊、罗马体系创造了它们的"五种典范^⑤"，成为它们建筑的方式。中国建筑怎样砍割并组织木材成为梁架，成为斗拱，成为一"间"，成为个别建筑物的框架，怎样用举架的公式求得屋顶的曲面和曲线轮廓；怎样结束瓦顶；怎样求得台基、台阶、栏杆的比例；怎样切削生硬的结构部分，使同时成为柔和的、曲面的、图案型的装饰物；怎样布置并联系各种不同的个别建筑，组成庭院：这都是我们建筑上两三千年沿用并发展下来的惯例法式。无论每种具体的实物怎样地千变万化，它们都遵循着那些法式。构件与构件之间，构件和它们的加工处理装饰之间，个别建筑物和个别建筑物之间，都有一定的处理方法和相互关系，所以我们说它是一种建筑上的"文法"。至如梁、柱、枋、檩、门、窗、墙、瓦、槛、阶、栏杆、隔扇^⑥、斗拱、正脊^⑦、垂脊^⑧、正吻^⑨、戗兽^⑩、正房、厢房、游廊、庭院、夹道等等，那就是我们建筑上的"词汇"，是构成一座或一组建筑的不可少的构件和因素。

这种"文法"有一定的拘束性，但同时也有极大的运用的灵活性，能有多样性的表现。也如同做文章一样，在文法的拘束性之下，仍可以有许多体裁，有多样性的创作，如文章之诗、词、歌、赋、论著、散文、小说，等等。建筑的"文章"也可因不同的命题，有"大文章"或"小品"。"大文章"如宫殿、庙宇等等；"小品"如山亭、水榭、一轩、一楼。文字上有一面横额，一副对子，纯粹作点缀装饰用的。建筑也有类似的东西，如在路的尽头的一座影壁，或横跨街心的几座牌楼等等。它们之所以都是中国建筑，具有共同的中国建筑的特性和特色，就是因为它们都是用中国建筑的"词汇"，遵循着中国建筑的"文法"所组织起来的。运用这"文法"的规则，为了不同的需要，可以用极不相同的"词汇"构成极不相同的体形，表达极不相同的情感，解决极不相同的问题，创造极不相同的类型。

这种"词汇"和"文法"到底是什么呢？归根说来，它们是从世世代代的劳动人民在长期建筑活动的实践中所累积的经验中提炼出来的，经过千百年的考验，而普遍地受到承认而遵守的规则和惯例。它们是智慧的结晶，是劳动和创造成果的总结。它们不是一人一时的创作，它是整个民族和地方的物质和精神条件下的产物。

由这"文法"和"词汇"组织而成的这种建筑形式，既经广大人民所接受，为他们所承认、所喜爱，虽然原先是从木材结构产生的，但它们很快地就越过材料的限制，同样运用到砖石建筑上去，以表现那些建筑物的性质，表达所要表达的情感。这说明为什么在中国无数的建筑上都常常应用原来用在木材结构上的"词汇"和"文法"。这条发展的途径，中国建筑和欧洲希腊、罗马的古典建筑体系，乃至埃及和

---

① 桃尖梁头：桃尖梁尖状的端头。桃尖梁，檐柱等与金柱间的联系梁。

② 蚂蚱头：与下文的"霸王拳""六分头""菊花头""三福云"等都是斗拱的一些部件（如昂）的端头雕饰名称。

③ 脊吻：屋脊两端的一种装饰构件，往往做成鸟兽模样，突出部分为动物的嘴角，故称"吻"。

④ 瓦当：筒瓦的头部，上面多有装饰性的文字、图案。

⑤ 五种典范：这里指希腊、罗马建筑体系中五种常见柱式，分别是塔斯干、多立克、爱奥尼、科林斯和混合式。

⑥ 隔扇：也称"格扇""长窗"，用木制成的柱与柱之间的隔断窗，周围有框架，中间划分为花心、绦环板、裙板等五道，可透光通气。

⑦ 正脊：屋顶前后两斜坡相交而成的脊，位于屋顶最高处。

⑧ 垂脊：也称"重戗脊""斜脊"，从正脊沿屋面下垂的脊。

⑨ 正吻：正脊上的鸟兽形装饰构件。

⑩ 戗（qiàng）兽：垂脊上的兽形装饰构件。戗，支撑斜脊的斜梁。

两河流域的建筑体系是完全一样的，所不同者，是那些体系很早就舍弃了木材而完全代以砖石为主要材料。在中国，则因很早就创造了先进的科学的梁架结构法，把它发展到高度的艺术和技术水平，所以虽然也发展了砖石建筑，但木框架同时也被采用为主要结构方法。这样的框架实在为我们的新建筑的发展创造了无比有利的条件。

在这里，我打算提出一个各民族的建筑之间的"可译性"的问题。

如同语言和文学一样，为了同样的需要，为了解决同样的问题，乃至为了表达同样的情感，不同的民族，在不同的时代是可以各自用自己的"词汇"和"文法"来处理它们的。简单的如台基、栏杆、台阶等等，所要解决的问题基本上是相同的，但许多民族创造了许多形式不同的台基、栏杆和台阶。例如热河普陀拉的一个窗子，就与无数文艺复兴时代的窗子"内容"完全相同，但是各用不同的"词汇"和"文法"，用自己的形式把这样一句"话"说出来了。又如天坛皇穹宇①与罗马的布拉曼提②所设计的圆亭子，虽然大小不同，基本上是同一体裁的"文章"。又如罗马的凯旋门与北京的琉璃牌楼，罗马的一些纪念柱与我们的华表，都是同一性质、同样处理的市容点缀。这许多例子说明各民族各有自己不同的建筑手法，建造出来各种各类的建筑物，就如同不同的民族使用不同的文字所写出来的文学作品和通俗文章一样。

我们若想用我们自己建筑上的优良传统来建造适合于今天我们新中国的建筑，我们就必须首先熟悉自己建筑上的"文法"和"词汇"，否则我们是不可能写出一篇中国"文章"的。关于这方面深入一步的学习，我介绍同志们参考《清工部工程做法则例》和宋李明仲③的《营造法式》。关于前书，中国营造学社④出版的《清式营造则例》可作为一部参考用书。关于后书，我们也可以从营造学社一些研究成果中得到参考的图版。

【巩固训练】

1. 下列词语中加点字的注音全对的一组是（　　）。

  A. 遗址（yì） 围绕（rào） 帷幕（wéi） 屋檐（yán）

  B. 穹宇（qióng） 蚂蚱（zà） 轮廓（kuò） 框架（kuàng）

  C. 琉璃（lí） 影壁（bì） 斗拱（gǒng） 饯兽（qiàng）

  D. 点缀（zhuì） 雕刻（diāo） 柁墩（duò） 墁地（màn）

2. 下列词语中没有错别字的一组是（　　）。

  A. 轩榭 殉情 潺媛 勾心斗角

  B. 琉璃 厢房 遵循 鳞次栉比

  C. 浮雕 蚂蚱 纰谬 雕梁画栋

  D. 弘扬 矜持 银铛 美仑美奂

3. 下列句子中，标点符号使用有误的一句是（　　）。

  A. 在《诗经》里就有"如鸟斯革，如翚斯飞"的句子来歌颂像翼舒展的屋顶和出檐。

  B. 中国建筑怎样用举架的公式求得屋顶的曲面和曲线轮廓；怎样结束瓦顶；怎样求得台基、台阶、栏杆的比例；怎样切削生硬的结构部分；这都是我们建筑上两三千年沿用并发展下来的

---

①　天坛皇穹宇：即北京天坛公园的"泰神殿"，位于北京天坛圜（yuán）丘坛北面，为圆形攒尖顶建筑，用于平日收藏、供奉祭天大典所用的神牌。

②　布拉曼提（1444—1514）：一般译作"布拉曼特"，意大利建筑师和画家。善于在圆形的古典柱廊上置小圆顶，曾参与意大利一些重要建筑的设计。

③　李明仲：李诚（？—1110），字明仲，郑州（今属河南）人，北宋建筑家。曾任主管营造工程的将作少监、将作监，主持了当时许多重大工程的建设工作。所著《营造法式》一书，是我国古代较完备的建筑学专著之一。

④　中国营造学社：研究中国古建筑的学术团体，1930年在北平（今北京）成立，抗战时期南迁至昆明，后又迁往四川李庄。梁思成曾任学社法式组主任。这个学社用文献考证和实地调查相结合的方法，对中国古建筑进行了调查研究，整理出版了一些古代建筑著作。

惯例法式。

  C. 这个体系分布到很广大的地区：西起葱岭，东至日本、朝鲜，南至越南、缅甸，北至黑龙
   江，包括蒙古人民共和国的区域在内。

  D. 我国月球探测工程将分三步实施：一是"绕"，即卫星绕月飞行；二是"落"，即探测装置登
   上月球；三是"回"，即采集月壤样品返回地球。

4. 下列各句中加点的成语使用恰当的一组是（ ）。

  A. 梁思成先生对中国古典建筑的熟悉到了出神入化的程度，每一梁每一柱的作用他都能讲得头
   头是道。

  B. 针对古建筑上信笔涂鸦的问题，市政府管理部门制定了一系列措施，以期从根本上彻底解决
   这个痼疾。

  C. 文明礼貌，和气待人，这种与人为善的美德，不仅商业活动中需要提倡，其他行业活动中也
   要提倡。

  D. 在清静的街道上，在鳞次栉比的住宅区，有一处很不引人注意的房舍，它正是我们所要寻找
   的目标。

5. 下列判断有误的一项是（ ）。

  A. 梁思成（1901—1972），广东省新会县人。中国近现代建筑史上的一代宗师，著名的建筑史
   学家、建筑教育家。

  B. 梁思成教授长期从事建筑教育事业，对建筑教育事业做出了重要贡献。

  C. 梁思成教授还以巨大的政治热情，对北京市的城市规划和建筑设计提出很多重要的建议，并
   参加了北京市城市规划工作，参加了国徽的设计和人民英雄纪念碑、扬州鉴真和尚纪念堂等
   建筑的设计工作，对建筑设计的民族形式进行了探索。

  D. 梁思成教授是我国最早用科学方法调查研究古代建筑和整理建筑文献的学者之一。他的学术
   著述，引起了中外学者的重视，他的著述是我国建筑界的一份宝贵遗产。著有《清式营造则
   例》《欧洲建筑史》等。

6. 下列各句中，没有语病的一句是（ ）。

  A. 文章重点概括了中国建筑在结构和装饰上的基本特征，提出了中国建筑学的"文法"理论，
   以及世界各民族建筑之间的"可译性"问题，是梁思成建筑美学思想的具体体现。

  B. 不仅中国古代建筑是我国现代建筑设计的借鉴，而且早已产生了世界性的影响，成为举世瞩
   目的文化遗产。

  C. 斗拱这个词在谈论中国古建筑中不可不提，由于它在历代建筑中的做法极富变化，因而成为
   古建筑鉴定的最主要依据。

  D. 中国古代建筑优美柔和的轮廓和变化多样的形式而引人注意，令人赞赏。

7. 依次填入下面一段文字横线处的语句，衔接最恰当的一项是（ ）。

遍布华夏的古村落，作为乡土建筑的精华，_____，_____，_____，_____，
_____，_____，承载着丰富的历史文化信息，对中国人的价值观念、生活方式的形成产生过深
刻的影响。

  ①却辉映着辉煌的过去
  ②鲜明地折射出中国悠久的历史
  ③具有很高的文物价值
  ④它们看似陈旧
  ⑤生动地展现着民族文化的丰富多样
  ⑥成为了解中国文化和历史的一个重要窗口

  A. ④①③⑥②⑤   B. ③⑤②⑥④①

C. ②⑤⑥①④③　　　　　　　D. ⑥④①③②⑤

8. 中国建筑的九大特征是什么？

（十六）南州六月荔枝丹①

南州六月荔枝丹
贾祖璋②

【课文导读】

本文是一篇介绍荔枝的科学小品，属说明文。作者从幼年读《荔枝图序》产生的疑惑写起，详尽地说明了荔枝的果形、果实以及储运情况，介绍了荔枝的习性、产地、栽培史等有关科学知识，最后展望了荔枝生产的发展前景。文章引用了很多古诗文、谚语和文献资料，使它具有科学性的同时，又增添了艺术趣味。文章结构严密，语言准确、生动。阅读文章，可以通过编列全文的结构提纲，厘清说明的顺序；可以选取几个段落，仔细揣摩说明的语言，分析其中运用的说明方法，体会其表达效果；也可深入作者引用的古诗文、史料、故事中，体味其中蕴含的理趣美。

幼年时只知道荔枝干，壳和肉都是棕褐色的。上了小学，老师讲授白居易的《荔枝图序》，读到"壳如红缯③，膜如紫绡④，瓤肉莹白如冰雪，浆液甘酸如醴酪⑤"时，实在无法理解，荔枝哪里会是红色的，荔枝肉像冰雪那样洁白，不是更可怪吗？向老师提出疑问，老师也没有见过鲜荔枝，无法说明白，只好不了了之。假如是现在，老师纵然没有见过鲜荔枝，也可以找出科学的资料，给有点钻牛角尖的小学生解释明白吧。

白居易用比喻的笔法来描写荔枝的形态，的确也有不足之处。缯是丝织物，丝织物滑润，荔枝壳却是粗糙的。用果树学的术语来说，荔枝壳表面有细小的块状裂片，好像龟甲，特称龟裂⑥片。裂片中央有突起部分，有的尖锐如刺，这叫作片峰。裂片大小疏密，片峰尖平，都因品种而不同。

成熟的荔枝，大多数是深红色或紫色。生在树头，从远处当然看不清它壳面的构造，只有红色映入眼帘，因而把它比作"绛囊""红星""珊瑚珠"都很逼真。至于整株树以至成片树林，那就成为"飞焰欲横天⑦""红云几万重⑧"的绚丽景色了。荔枝的成熟，广东是四月下旬到七月，福建是六月下旬到八月，都以七月为盛期，"南州六月荔枝丹"指的是阴历六月，正当阳历七月。荔枝也有淡红色的，如广东产的"三月红"和"挂绿"等。又有黄荔，淡黄色而略带淡红。

荔枝呈心脏形、卵圆形或圆形，通常蒂部大，顶端稍小。蒂部周围微微突起，称为果肩。有的一边高，一边低。顶端叫果顶，浑圆或尖圆。两侧从果顶到蒂部有一条沟，叫作缝合线，显隐随品种而不同。旧记载中还有一些稀奇的品种，如细长如指形的"龙牙"、圆小如珠的"珍珠"，因为缺少经济价值，现在已经绝种了。

荔枝大小，通常是直径三四厘米，重十多克到二十多克。二十世纪六十年代，广东调查得知，有鹅

---

① 选自《生物学碎锦》，福建科学技术出版社，1980年版，有改动。"南州六月荔枝丹"是明朝陈辉《荔枝》诗中的句子。南州，泛指我国南部地区。

② 贾祖璋：浙江省海宁市人，著名科普作家。

③ 缯（zēng）：古代对丝织品的统称。

④ 绡（xiāo）：生丝织的绸子。

⑤ 醴（lǐ）酪（lào）：甜酒和奶酪。酪，用牛、羊、马的乳汁制成的半凝固状食品。

⑥ 龟（jūn）裂：呈现许多裂纹。

⑦ 飞焰欲横天：出自明郭子章《荔枝》诗。飞焰，形容远看荔枝如一片红色的火焰。横天，横布于天边。

⑧ 红云几万重：出自北宋邓肃《看荔枝》诗。

蛋荔和丁香大荔，重达四五十克。还有四川合江产的"楠木叶"，《四川果树良种图谱》说它重十九克左右，《中国果树栽培学》则说大的重六十克。

所谓"膜如紫绡"，是指壳内紧贴壳的内壁的白色薄膜。说它"如紫绡"，是把壳内壁的花纹误作膜的花纹了。明代徐𤊹有一首《咏荔枝膜》诗，描写吃荔枝时把壳和膜扔在地上，好似"盈盈荷瓣风前落，片片桃花雨后娇"，是夸张的说法。

荔枝的肉大多数白色半透明，说它"莹白如冰雪"，完全正确。有的则微带黄色。从植物学的观点看，它不是果肉，而是种子外面的一层膜发育而成的，应称作假种皮。真正的果肉倒是前面说的连同果壳扔掉的那一层膜。荔枝肉的细胞壁特别薄，所以入口一般都不留渣滓。味甜微酸，适宜于生食。有的纯甜。早熟品种则酸味较强。荔枝晒干或烘干，肉就变成红褐色，完全失去洁白的面貌。

荔枝不耐贮藏，正如白居易说的："一日而色变，二日而香变，三日而味变，四五日外，色香味尽去矣。"现经研究证实，温度保持在 1 ℃到 5 ℃，可贮藏三十天左右。还应进一步设法延长贮藏期，以利于长途运输，因为荔枝不耐贮藏，古代宫廷想吃荔枝，就要派人兼程飞骑从南方远送长安或洛阳，给人民造成许多痛苦。唐明皇为了宠幸杨贵妃，就干过这样的事，唐代杜牧诗云："长安回望绣成堆，山顶千门次第开。一骑红尘妃子笑，无人知是荔枝来。①"就是对这件事的嘲讽。

荔枝的核就是种子，长圆形，表面光滑，棕褐色，少数品种为绿色。优良的荔枝，种子发育不全，形状很小，有似丁香，也叫焦核。现在海南岛有无核荔枝，核就更加退化了。

荔枝花期是二月初到四月初，早晚随品种而不同。广东有双季荔枝，一年开花两次。又有四季荔枝，一年开花四次之多。花形小，绿白色或淡黄色，不耀眼。花分雌雄，仅极少数品种有完全花②。雌雄花往往不同时开放，宜选择适当的品种混栽在一起，以增加授粉的机会。一个荔枝花序，生花可有一二千朵，但结实总在一百以下，所以有"荔枝十花一子"的谚语。荔枝花多，花期又长，是一种重要的蜜源植物③。

荔枝原产于我国，是我国的特产。海南岛和廉江有野生的荔枝林，可为我国是原产地的明证。据记载，南越王尉佗④曾向汉高祖进贡荔枝，足见当时广东已有荔枝。它的栽培历史，就从那个时候算起，也已在两千年以上了。唐代对四川荔枝多有记述。自从蔡襄的《荔枝谱》（1059）成书以后，福建荔枝也为所重视。广西和云南也产荔枝，却少有人说起。

古代讲荔枝的书，包括蔡襄的在内，现在知道的共有十三种，以记福建所产的为多，尚存八种；记载广东所产的仅存一种。清初陈鼎一谱，则对川、粤、闽三省所产都有记载。蔡谱不仅是我国，也是世界的果树志中，著作年代最早的一部。内容包括荔枝的产地、生态、功用、加工、运销以及有关荔枝的史事，并记载了荔枝的三十二个品种。其中"陈紫"一种现在在仍然广为栽培。"宋公荔枝"现名"宋家香"，有老树一株，尚生长在莆田宋氏祠堂里，依然每年开花结实。这株千年古树更足珍惜。

荔枝是亚热带果树，性喜温暖，成都、福州是它生长的北限。汉武帝曾筑扶荔宫⑤，把荔枝移植到长安，没有栽活，迁怒于养护的人，竟然对他们施以极刑。宋徽宗时，福建"以小株结实者置瓦器中，航

---

① 长安回望绣成堆，山顶千门次第开。一骑红尘妃子笑，无人知是荔枝来：这首诗是《过华清宫绝句》的第一首，华清宫故址在今陕西省西安市临潼区的骊山上，唐玄宗李隆基和妃子杨玉环常来游乐，这首诗的第一、二句写诗人在长安回头望见骊山一片锦绣，想到骊山华清宫的盛时，在清晨很多门陆续打开了，第三、四句写杨贵妃在骊山上见快马飞驰而来，知道荔枝送到，满心欢喜，却无人知道如此奔忙的驿马原来是送荔枝的（还以为有什么军国大事呢）。其中含有吊古和讽刺的意味，一骑红尘，形容运送荔枝快马如飞，尘土飞扬。骑，指驿使和他骑的马。

② 完全花：花的花萼、花冠、雄蕊群和雌蕊群 4 部分俱全的花。

③ 蜜源植物：能供给蜜蜂采集花蜜和花粉的植物。

④ 尉佗：即赵佗，真定（今河北省正定县）人，秦时任南海尉，所以又称尉佗。秦亡后，汉高祖封他为南越王。

⑤ 扶荔宫：汉武帝元鼎六年（前 119）建，在上林苑中，上林苑遗址在今西安市西面。

海至阙下，移植宣和殿①"。徽宗写诗吹嘘说："密移造化出闽山，禁御新栽荔枝丹。"实际上不过当年成熟一次而已。明代文徵明有《新荔篇》诗，说常熟顾氏种活了几株，"仙人本是海山姿，从此江乡亦萌蘖②。"但究竟活了多少年，并无下文。现在科学发达，使荔枝北移，将来也许不是完全不可能的事。

我国幅员广阔，不同地区有不同的特产。因地制宜，努力发展本地区的特产，是切合实际的做法。盛产荔枝的地区，应该大力发展荔枝的生产。苏轼有诗云："罗浮山下四时春，卢橘杨梅次第新。日啖③荔枝三百颗，不妨④长作岭南人。"但日啖三百颗，究竟能有几人呢？社会主义现代化的荔枝生产，应该能够逐步满足广大人民的生活需要。

【巩固训练】

1. 下列词语中加点字的注音全对的一组是（　　）
   A. 龟甲（guī）　疏密（shū）　薄膜（bó）　雌雄（cí）
   B. 荔枝（lì）　讲授（shòu）　珊瑚（shān）　醴酪（luǒ）
   C. 兼程（jiān）　飞骑（qí）　嘲讽（fěng）　贮藏（chù）
   D. 吹嘘（xū）　岭南（lǐng）　宠幸（xìng）　进贡（gòng）

2. 下列词语中没有错别字的一组是（　　）。
   A. 褐色　记载　福员　　B. 渣宰　花期　祠堂
   C. 吹虚　盈盈　烘干　　D. 养护　极刑　浆液

3. 对下列词语解释不当的一项是（　　）。
   A. 兼程：日夜不停。
   B. 造化：①自然界的创造者，也指自然；②福气、运气。
   C. 幅员：领土面积。地广狭为"幅"，周围为"员"，员即圆。
   D. 逼真：①极像真的；②真切。

4. 下列有关知识判断有误的一项是（　　）。
   A. 南州六月荔枝丹，南州泛指我国南部地区，六月指的是农历。
   B. 本文与平实说明文不同，既有科学性，又有文学趣味，属于文学小品。
   C. "大多数""有的""少数"等限制语的运用，增强了本文语言的准确性。
   D. 本文的文学性主要体现在引用诗文、故事和史料方面。

5. 下列句子中，标点使用不正确的一句是（　　）。
   A. 说它"如紫绡"，是把壳内壁的花纹误作膜的花纹了。
   B. 苏轼有诗云："罗浮山下四时春，卢橘杨梅次第新。日啖荔枝三百颗，不妨长作岭南人"。
   C. 送去之外，还得"拿来"，是为"拿来主义"。
   D. 这就是他们的全部语言："有道明君！伟大的主上啊！"

6. 文章介绍荔枝的生态是按怎样的顺序进行的？为什么不按先花后果的生长成熟的顺序说明，而要先说果实后说花？

---

① 以小株结实者置瓦器中，航海至阙下，移植宣和殿：出自《三山志》。三山就是现在福建省福州市。《三山志》是福州地方志。阙下，即都下，指宋王朝的首都开封。阙，本来是宫门前两边供瞭望用的楼，又泛指帝王的宫殿。
② 萌蘖：指植物长出新芽。萌，生芽、发芽。蘖，树木砍去后又长出的新芽。
③ 啖（dàn）：吃。
④ 妨：一作"辞"。

7. 本文是一篇科学小品，除了具有科学性，还使用生动、形象的语言，突出了文章的文艺性和形象性。全文有十多处引用了古代诗文，不仅丰富了内容，而且增强了表达效果，试举一两例说明。

8. 将倒数第二段中的"但究竟活了多少年，并无下文"删去，并将倒数第二段"将来也许不是完全不可能的事"改为"将来是完全可能的事"，你以为怎样？

（十七）项链①

项　链
莫泊桑

【课文导读】

《项链》是19世纪后半期法国优秀的批判现实主义作家，与契诃夫、欧·亨利并列世界三大短篇小说巨匠的莫泊桑的经典作品。莫泊桑的文学成就以短篇小说最为突出，对后世产生了极大影响，被誉为"短篇小说之王"。

《项链》描写了醉心奢华生活的小职员的妻子，为了出席教育部长的家庭宴会而借项链、丢项链、赔项链，饱尝艰辛的故事。女主人公生活道路上的不幸遭遇被巧妙地安排在一系列既出人意料又在情理之中的故事中。因此，故事虽平，但情节曲折；事件虽小，但动人心弦。

《项链》在艺术构思和人物心理描写方面，既有外部的渲染，又有内部的刻画，匠心独运，造诣极深；语言简洁明快，生动活泼，字字珠玑，让人赞叹不绝；结构严谨，环环相扣，井然有序，扣人心弦；开头精彩，结尾奇妙，堪称经典之作。

她也是一个美丽动人的姑娘，好像由于命运的差错，生在一个小职员的家里。她没有陪嫁的资产，也没有什么法子让一个有钱的体面人认识她，了解她，爱她，娶她；最后只得跟教育部的一个小书记②结了婚。

她不能够讲究打扮，只好穿得朴朴素素，但是她觉得很不幸，好像这降低了她的身份似的。因为在妇女，美丽、丰韵、娇媚，就是她们的出身；天生的聪明、优美的资质、温柔的性情，就是她们唯一的资格。

她觉得她生来就是为着过高雅和奢华的生活，因此她不断地感到痛苦。住宅的寒伧，墙壁的黯淡，家具的破旧，衣料的粗陋，都使她苦恼。这些东西，在别的跟她一样地位的妇人，也许不会挂在心上，然而她却因此痛苦，因此伤心。她看着那个替她做琐碎家事的勃雷大涅省③的小女仆，心里就引起悲哀的感慨和狂乱的梦想。她梦想那些幽静的厅堂，那里装饰着东方的帷幕，点着高脚的青铜灯，还有两个穿短裤的仆人，躺在宽大的椅子里，被暖炉的热气烘得打盹儿；她梦想那些宽敞的客厅，那里张挂着古式的壁衣，陈设着精巧的木器，珍奇的古玩；她梦想那些华美的香气扑鼻的小客室，在那里，下午五点钟

---

① 选自《莫泊桑短篇小说集》，黑龙江科学技术出版社，2018年版，有改动。本文发表于1884年，原题"首饰"。"项链"这个译名是由英译本转译过来的。

② 书记：旧时在机关里做抄写工作的职员。

③ 勃雷大涅省：法国西部靠海的一个省区。

的时候，她跟最亲密的男朋友闲谈，或者跟那些一般女人所最仰慕最乐于结识的男子闲谈。

　　每当她在铺着一块三天没洗的桌布的圆桌边坐下来吃晚饭的时候，对面，她的丈夫揭开汤锅的盖子，带着惊喜的神气说："啊！好香的肉汤！再没有比这更好的了！……"这时候，她就梦想到那些精美的晚餐，亮晶晶的银器；梦想到那些挂在墙上的壁衣，上面绣着古装人物，仙境般的园林，奇异的禽鸟；梦想到盛在名贵的盘碟里的佳肴；梦想到一边吃着粉红色的鲈鱼或者松鸡翅膀，一边带着迷人的微笑听客人密谈。

　　她没有漂亮服装，没有珠宝，什么也没有。然而她偏偏只喜爱这些，她觉得自己生在世上就是为了这些。她一向就向往着得人欢心，被人艳羡，具有诱惑力而被人追求。

　　她有一个有钱的女朋友①，是教会女校的同学，可是她再也不想去看望她了，因为看望回来就会感到十分痛苦。由于伤心、悔恨、失望、困苦，她常常整日地哭好几天。

　　然而，有一天傍晚，她丈夫得意扬扬地回家来，手里拿着一个大信封。

　　"看呀，"他说，"这里有点东西给你。"

　　她高高兴兴地拆开信封，抽出一张请柬，上面印着这些字：

　　"教育部部长乔治·郎伯诺及夫人，恭请路瓦栽先生与夫人于一月十八日（星期一）光临教育部礼堂，参加夜会。"

　　她不像她丈夫预料的那样高兴，她懊恼地将请柬丢在桌上，咕哝着：

　　"你叫我拿着这东西怎么办呢？"

　　"但是，亲爱的，我原以为你一定很喜欢的。你从来不出门，这是一个机会，这个，一个好机会！我费了多大力气才弄到手。大家都希望得到，可是很难得到，一向很少发给职员。你在那儿可以看见所有的官员。"

　　她用恼怒的眼睛瞧着他，不耐烦地大声说：

　　"你打算让我穿什么去呢？"

　　他没有料到这个，结结巴巴地说：

　　"你上戏园子穿的那件衣裳，我觉得就很好，依我……"

　　他住了口，惊慌失措，因为看见妻子哭起来了，两颗大大的泪珠慢慢地顺着眼角流到嘴角来了。他吃吃地说：

　　"你怎么了？你怎么了？"

　　她费了很大的力，才抑制住悲痛，擦干她那润湿的两腮，用平静的声音回答：

　　"没有什么。只是，没有件像样的衣服，我不能去参加这个夜会。你的同事，谁的妻子打扮得比我好，就把这请柬送给谁去吧。"

　　他难受了，接着说：

　　"好吧，玛蒂尔德②。做一身合适的衣服，你在别的场合也能穿，很朴素的，得多少钱呢？"

　　她想了几秒钟，合计出一个数目，考虑到这个数目可以提出来，不会招致这个俭省的书记立刻的拒绝和惊骇的叫声。

　　末了，她迟疑地答道：

　　"准数呢，我不知道，不过我想，有四百法郎就可以办到。"

　　他脸色有点发白了。他恰好存着这么一笔款子，预备买一杆猎枪，好在夏季的星期天，跟几个朋友到南代尔平原去打云雀。

　　然而他说：

　　"就这样吧，我给你四百法郎。不过你得把这件长衣裙做得好看些。"

　　————————————

　　① 一个有钱的女朋友：指下文的佛来思节夫人。
　　② 玛蒂尔德：路瓦栽夫人的名字。

夜会的日子近了，但是路瓦栽夫人显得郁闷、不安、忧愁。她的衣服却做好了。她丈夫有一天晚上对她说：

"你怎么了？看看，这三天来你非常奇怪。"

她回答说：

"叫我发愁的是一粒珍珠、一块宝石都没有，没有什么戴的。我处处带着穷酸气，很不想去参加这个夜会。"

他说：

"戴上几朵鲜花吧。在这个季节里，这是很时新的。花十个法郎，就能买两三朵别致的玫瑰。"

她还是不依。

"不成……在阔太太中间露穷酸相，再难堪也没有了。"

她丈夫大声说：

"你多么傻啊！去找你的朋友佛来思节夫人，向她借几样珠宝。你跟她很有交情，这点事满可以办到。"

她发出惊喜的叫声。

"真的！我倒没想到这个。"

第二天，她到她的朋友家里，说起自己的烦闷。

佛来思节夫人走近她那个镶着镜子的衣柜，取出一个大匣子，拿过来打开了，对路瓦栽夫人说：

"挑吧，亲爱的。"

她先看了几副镯子，又看了一挂珍珠项圈，随后又看了一个威尼斯式的镶着宝石的金十字架，做工非常精巧。她在镜子前边试这些首饰，犹豫不决，不知道该拿起哪件，放下哪件。她不断地问着：

"再没有别的了吗？"

"还有呢。你自己找吧，我不知道哪样合你的意。"

忽然她在一个青缎子盒子里发现一挂精美的钻石项链，她高兴得心也跳起来了。她双手拿着那项链发抖。她把项链绕着脖子挂在她那长长的高领上，站在镜前对着自己的影子出神好半天。

随后，她迟疑而焦急地问：

"你能借给我这件吗？我只借这一件。"

"当然可以。"

她跳起来，搂住朋友的脖子，狂热地亲她，接着就带着这件宝物跑了。

夜会的日子到了，路瓦栽夫人得到成功。她比所有的女宾都漂亮、高雅、迷人，她满脸笑容，兴高采烈。所有的男宾都注视她，打听她的姓名，求人给介绍；部里机要处的人员都想跟她跳舞，部长也注意她了。

她狂热地兴奋地跳舞，沉迷在欢乐里，什么都不想了。她陶醉于自己的美貌胜过一切女宾，陶醉于成功的光荣，陶醉在人们对她的赞美、羡慕和妒忌所形成的幸福的云雾里，陶醉在妇女们所认为最美满最甜蜜的胜利里。

她是早晨四点钟光景离开的。她丈夫从半夜起就跟三个男宾在一间冷落的小客室里睡着了。那时候，这三个男宾的妻子也正舞得快活。

她丈夫把那件从家里带来预备给她临走时候加穿的衣服，披在她的肩膀上。这是件朴素的家常衣裳，这件衣服的寒伧味儿跟舞会上的衣服的豪华气派很不相称。她感觉到这一点，为了避免那些穿着珍贵皮衣的女人看见，想赶快逃走。

路瓦栽把她拉住，说：

"等一等，你到外边要着凉的。我去叫一辆马车来。"

但是她一点也不听，赶忙走下台阶。他们到了街上，一辆车也没看见，他们到处找，远远地看见车夫就喊。

他们在失望中顺着塞纳河走去，冷得发抖，终于在河岸上找着一辆拉晚儿的破马车。这种车，巴黎只有夜间才看得见；白天，它们好像自惭形秽①，不出来。

车把他们一直拉到马丁街寓所门口，他们惆怅地进了门。在她，一件大事算是完了。她丈夫呢，就想着十点钟得到部里去。

她脱下披在肩膀上的衣服，站在镜子前边，为的是趁这荣耀的打扮还在身上，再端详一下自己。但是，她猛然喊了一声。脖子上的钻石项链没有了。

她丈夫已经脱了一半衣服，就问：

"什么事情？"

她吓昏了，转身向着他说：

"我……我……我丢了佛来思节夫人的项链了。"

他惊慌失措地直起身子，说：

"什么！……怎么啦！……哪儿会有这样的事！"

他们在长衣裙褶里、大衣褶里寻找，在所有口袋里寻找，竟没有找到。

他问：

"你确实相信离开舞会的时候它还在吗？"

"是的，在教育部走廊上我还摸过它呢。"

"但是，如果是在街上丢的，我们总听得见声响。一定是丢在车里了。"

"是的，很可能。你记得车的号码吗？"

"不记得。你呢，你没注意吗？"

"没有。"

他们惊惶地面面相觑。末后，路瓦栽重新穿好衣服。

"我去，"他说，"把我们走过的路再走一遍，看看会不会找着。"

他出去了。她穿着那件参加舞会的衣服，连上床睡觉的力气也没有，只是倒在一把椅子里发呆，精神一点也提不起来，什么也不想。

七点钟光景，她丈夫回来了。什么也没找着。

后来，他到警察厅去，到各报馆去，悬赏招寻，也到所有车行去找。总之，凡有一线希望的地方，他都去过了。

她面对着这不幸的灾祸，整天等候着，整天在惊恐的状态里。

晚上，路瓦栽带着瘦削苍白的脸回来了，一无所得。

"应该给你的朋友写信，"他说，"说你把项链的搭钩②弄坏了，正在修理。这样，我们才有周转的时间。"

她照他说的写了封信。

过了一个星期，他们所有的希望都断绝了。

路瓦栽，好像老了五年，他决然说：

"应该想法赔偿这件首饰了。"

第二天，他们拿了盛项链的盒子，照着盒子上的招牌字号找到那家珠宝店。老板查看了许多账簿，说：

"太太，这挂项链不是我卖出的；我只卖出这个盒子。"

———

① 自惭形秽：看到自己不如别人而感到羞愧。形秽，形态丑陋，引申为感到自身的缺点或者不足。
② 搭钩：这里指项链两头连接的钩子。

于是他们就从这家珠宝店到那家珠宝店，凭着记忆去找一挂同样的项链。两个人都愁苦不堪，快病倒了。

在皇宫街一家铺子里，他们看见一挂钻石项链，正跟他们找的那一挂一样，标价四万法郎。老板让了价，只要三万六千。

他们恳求老板，三天之内不要卖出去。他们又订了约，如果原来那一挂在二月底以前找着，那么老板可以拿三万四千收回这一挂。

路瓦栽现有父亲遗留给他的一万八千法郎。其余的，他得去借。

他开始借钱了，向这个借一千法郎，向那个借五百法郎，从这儿借五个路易，从那儿借三个路易。他签了好些债券，订了好些使他破产的契约。他跟许多放高利贷的人和各种不同国籍的放债人打交道。他顾不得后半世的生活了，冒险到处签着名，却不知道能保持信用不能。未来的苦恼，将要压在身上的残酷的贫困，肉体的苦楚，精神的折磨，在这一切的威胁之下，他把三万六千法郎放在商店的柜台上，取来那挂新的项链。

路瓦栽夫人送还项链的时候，佛来思节夫人带着一种不满意的神情对她说：

"你应当早一点还我，也许我早就要用它了。"

佛来思节夫人没有打开盒子。她的朋友正担心她打开盒子。如果她发觉是件代替品，她会怎样想呢？会怎样说呢？她不会把她的朋友当作一个贼吗？

路瓦栽夫人懂得穷人的艰难生活了。她一下子显出了英雄气概，毅然决然打定了主意。她要偿还这笔可怕的债务。她就设法偿还。她辞退了女仆，迁移了住所，租赁了一个小阁楼住下。

她懂得家里的一切粗笨活儿和厨房里的讨厌的杂事了。她刷洗杯盘碗碟，在那油腻的盆沿上和锅底上磨粗了她那粉嫩的手指。她用肥皂洗衬衣，洗抹布，晾在绳子上。每天早晨，她把垃圾从楼上提到街上，再把水从楼下提到楼上，走上一层楼，就站住喘气。她穿得像一个穷苦的女人，胳膊上持着篮子，到水果店里，杂货店里，肉铺里，争价钱，受嘲骂，一个铜子一个铜子地节省她那艰难的钱。

月月都得还一批旧债，借一些新债，这样来延缓清偿的时日。

她丈夫一到晚上就给一个商人誊写账目，常常到了深夜还在抄写五个铜子一页的书稿。

这样的生活继续了十年。

第十年年底，债都还清了，连那高额的利息和利上加利滚成的数目都还清了。

路瓦栽夫人现在显得老了。她成了一个穷苦人家的粗壮耐劳的妇女了。她胡乱地挽着头发，歪斜地系着裙子，露着一双通红的手，高声大气地说着话，用大桶的水刷洗地板。但是有时候，她丈夫办公去了，她一个人坐在窗前，就回想起当年那个舞会来，那个晚上，她多么美丽，多么使人倾倒啊！

要是那时候没有丢掉那挂项链，她现在是怎样一个境况呢？谁知道呢？谁知道呢？人生是多么奇怪，多么变幻无常啊，极细小的一件事可以败坏你，也可以成全你！

有一个星期天，她到极乐公园去走走，舒散一星期来的疲劳。这时候，她忽然看见一个妇人领着一个孩子在散步。原来就是佛来思节夫人，她依旧年轻，依旧美丽动人。

路瓦栽夫人无限感慨。她要上前去跟佛来思节夫人说话吗？当然，一定得去。而且现在她把债都还清，她完全可以告诉她了。为什么不呢？

她走上前去。

"你好，珍妮①。"

那一个竟一点也不认识她了。一个平民妇人这样亲昵地叫她，她非常惊讶。她磕磕巴巴地说：

"可是……太太……我不知道……你一定是认错了。"

————————————

① 珍妮：佛来思节夫人的名字。

"没有错。我是玛蒂尔德·路瓦栽。"

她的朋友叫了一声：

"啊！……我可怜的玛蒂尔德，你怎么变成这样了！……"

"是的，多年不见面了，这些年来我忍受着许多苦楚，……而且都是因为你！……"

"因为我？……这是怎么讲的？"

"你一定记得你借给我的那挂项链吧，我戴了去参加教育部夜会的那挂。"

"记得。怎么样呢？"

"怎么样？我把它丢了。"

"哪儿的话！你已经还给我了。"

"我还给你的是另一挂，跟你那挂完全相同。你瞧，我们花了十年工夫，才付清它的代价。你知道，对于我们这样什么也没有的人，这可不是容易的啊！……不过事情到底了结了，我倒很高兴了。"

佛来思节夫人停下脚步，说：

"你是说你买了一挂钻石项链赔我吗？"

"对呀，你当时没有看出来？简直是一模一样的啊。"

于是她带着天真的得意的神情笑了。

佛来思节夫人感动极了，抓住她的双手，说：

"唉！我可怜的玛蒂尔德！可是我那一挂是假的，至多值五百法郎！……"

【巩固训练】

1. 下列词语中加点字的注音全对的一组是（　　）。

    A. 佳肴（yáo）　寒伧（chen）　自惭形秽（suì）

    B. 账簿（bó）　丰韵（yùn）　面面相觑（qù）

    C. 契约（qì）　赝品（yīng）　惊惶失措（huáng）

    D. 亲昵（nì）　租赁（lìn）　惟妙惟肖（xiào）

2. 下列句子中没有错别字的一组是（　　）。

    A. 她不想在阔太太中间露出穷酸像。

    B. 她高高兴兴地拆开信封，抽出一张请谏。

    C. 忽然她在一个青锻子盒子里发现一挂精美的钻石项链。

    D. 她费了很大的力，才抑制住悲痛。

3. 判断正误，正确的打"√"，错误的打"×"。

(1)（2020·云南真题）莫泊桑是19世纪法国杰出的批判现实主义作家，世界著名的短篇小说大师。（　　）

(2)"我只借这一件"表现了玛蒂尔德想马上借到项链又怕不能如愿的心情。（　　）

4. 依次填入下列各句横线处的词语，最恰当的一项是（　　）。

中国古代的儒家经典，莫不是古圣人深思熟虑_____的结晶。如果把经典仅仅当作一场_____的说教，那你永远进不了圣学大门。必得躬亲实践，才能切实_____圣人的心得，如此我们的修为才能日有所进。

    A. 特立独行　　耳提面命　　顿悟

    B. 特立独行　　耳濡目染　　领悟

    C. 身体力行　　耳提面命　　领悟

    D. 身体力行　　耳濡目染　　顿悟

5. 小说最后才告诉读者项链是赝品，这大大出乎人的意料，但细细想来又在情理之中。这是为什么呢？

6. 丢项链对玛蒂尔德来说，到底是成全了她呢，还是败坏了她呢？

（十八）祝福①

祝　福

鲁　迅

【课文导读】

《祝福》是鲁迅小说的代表作之一，它通过塑造一个勤劳、质朴、善良，又受尽侮辱与愚弄，最终被社会抛弃的农村劳动妇女的典型形象——祥林嫂，反映了辛亥革命以后黑暗的社会现实，深刻地揭露了封建地主阶级对劳动妇女的摧残与迫害，揭露了封建制度的罪恶和封建礼教吃人的本质，指出了反封建的必要性和迫切性。

旧历的年底毕竟最像年底，村镇上不必说，就在天空中也显出将到新年的气象来。灰白色的沉重的晚云中间时时发出闪光，接着一声钝响，是送灶②的爆竹；近处燃放的可就更强烈了，震耳的大音还没有息，空气里已经散满了幽微的火药香。我是正在这一夜回到我的故乡鲁镇的。虽说故乡，然而已没有家，所以只得暂寓在鲁四老爷的宅子里。他是我的本家，比我长一辈，应该称之曰"四叔"，是一个讲理学③的老监生④。他比先前并没有什么大改变，单是老了些，但也还未留胡子，一见面是寒暄，寒暄之后说我"胖了"，说我"胖了"之后即大骂其新党⑤。但我知道，这并非借题在骂我：因为他所骂的还是康有为。但是，谈话是总不投机的了，于是不多久，我便一个人剩在书房里。

第二天我起得很迟，午饭之后，出去看了几个本家和朋友；第三天也照样。他们也都没有什么大改变，单是老了些；家中却一律忙，都在准备着"祝福"。这是鲁镇年终的大典，致敬尽礼，迎接福神，拜求来年一年中的好运气的。杀鸡、宰鹅，买猪肉，用心细细的洗，女人的臂膊都在水里浸得通红，有的还带着绞丝银镯子。煮熟之后，横七竖八的插些筷子在这类东西上，可就称为"福礼"了，五更天陈列起来，并且点上香烛，恭请福神们来享用；拜的却只限于男人，拜完自然仍然是放爆竹。年年如此，家家如此，——只要买得起福礼和爆竹之类的，——今年自然也如此。天色愈阴暗了，下午竟下起雪来，雪花大的有梅花那么大，满天飞舞，夹着烟霭和忙碌的气色，将鲁镇乱成一团糟。我回到四叔的书房里

---

① 选自《彷徨》，《鲁迅全集》第二卷，人民文学出版社，2005年版，有改动。

② 送灶：旧俗以农历十二月二十四日为祭送灶神升天奏事的日子，在这天或前一天祭送灶神，称为"送灶"。

③ 理学：又称"道学"，是宋元明清时期以探讨理气、心性等问题为核心的哲学思潮。它吸收佛学和道教思想，将儒家伦理道德观念与对宇宙本原、人的本质问题的阐释融会贯通，成为宋元以后中国封建社会占统治地位的思想体系。

④ 监（jiàn）生：国子监生员的简称，指明清两代在国子监（我国封建时代的中央最高学府）读书的人。清代乾隆以后，国子监只存空名，地主豪绅可以凭祖先"功业"或捐钱取得监生资格。

⑤ 新党：清末对主张或倾向维新的人的称呼。辛亥革命前后，也用它称呼革命党人和拥护革命的人。

时，瓦楞上已经雪白，房里也映得较光明，极分明的显出壁上挂着的朱拓①的大"壽"字，陈抟老祖写的；一边的对联已经脱落，松松的卷了放在长桌上，一边的还在，道是"事理通达心气和平②"。我又无聊赖的到窗下的案头去一翻，只见一堆似乎未必完全的《康熙字典》，一部《近思录集注》③和一部《四书衬》④。无论如何，我明天决计要走了。

况且，一想到昨天遇见祥林嫂的事，也就使我不能安住。那是下午，我到镇的东头访过一个朋友，走出来，就在河边遇见她；而且见她瞪着的眼睛的视线，就知道明明是向我走来的。我这回在鲁镇所见的人们中，改变之大，可以说无过于她的了：五年前的花白的头发，即今已经全白，全不像四十上下的人；脸上瘦削不堪，黄中带黑，而且消尽了先前悲哀的神色，仿佛是木刻似的；只有那眼珠间或一轮⑤，还可以表示她是一个活物。她一手提着竹篮，内中一个破碗，空的；一手拄着一支比她更长的竹竿，下端开了裂：她分明已经纯乎是一个乞丐了。

我就站住，豫备⑥她来讨钱。

"你回来了？"她先这样问。

"是的。"

"这正好。你是识字的，又是出门人，见识得多。我正要问你一件事——"她那没有精采的眼睛忽然发光了。

我万料不到她却说出这样的话来，诧异的站着。

"就是——"她走近两步，放低了声音，极秘密似的切切的说，"一个人死了之后，究竟有没有魂灵的？"

我很悚然，一见她的眼钉⑦着我的，背上也就遭了芒刺一般，比在学校里遇到不及豫防的临时考，教师又偏是站在身旁的时候，惶急得多了。对于魂灵的有无，我自己是向来毫不介意的；但在此刻，怎样回答她好呢？我在极短期的踌蹰⑧中，想，这里的人照例相信鬼，然而她，却疑惑了，——或者不如说希望：希望其有，又希望其无……。人何必增添末路的人的苦恼，为她起见，不如说有罢。

"也许有罢，——我想。"我于是吞吞吐吐的说。

"那么，也就有地狱了？"

"阿！地狱？"我很吃惊，只得支梧⑨着，"地狱？——论理，就该也有。——然而也未必，……谁来管这等事……。"

"那么，死掉的一家的人，都能见面的？"

"唉唉，见面不见面呢？……"这时我已知道自己也还是完全一个愚人，什么踌蹰，什么计画⑩，都挡不住三句问。我即刻胆怯起来了，便想全翻过先前的话来，"那是，……实在，我说不清……。其实，究竟有没有魂灵，我也说不清。"

---

① 朱拓（tà）：用银朱等红颜料从碑刻上摹印下的文字或图形。

② 事理通达心气和平：语出南宋朱熹《论语集注》。朱熹在《季氏》篇"不学诗，无以言"下作注云："事理通达而心气和平，故能言。"意思是，理解了孔孟之道，待人接物就能通情达理，心平气和。这是理学家所宣扬的自我修养的标准。

③ 《近思录集注》：清代学者为《近思录》作的集注。有两部，一为茅星来著，一为江永著。《近思录》，朱熹、吕祖谦选编的宋代几个理学家的文章和语录，是一部理学的入门书。

④ 《四书衬》：清代骆培解说"四书"的一部书。

⑤ 间（jiàn）或一轮：偶尔转动一下。

⑥ 豫备：现在写作"预备"。下文"豫防""豫感"，现在写作"预防""预感"。

⑦ 钉：现在写作"盯"。

⑧ 踌蹰：犹豫。现在写作"踌躇"。

⑨ 支梧：用含混的话搪塞。现在写作"支吾"。

⑩ 计画：现在写作"计划"。

我乘她不再紧接的问，迈开步便走，匆匆的逃回四叔的家中，心里很觉得不安逸。自己想，我这答话怕于她有些危险。她大约因为在别人的祝福时候，感到自身的寂寞了，然而会不会含有别的什么意思的呢？——或者是有了什么豫感了？倘有别的意思，又因此发生别的事，则我的答话委实该负若干的责任……。但随后也就自笑，觉得偶尔的事，本没有什么深意义，而我偏要细细推敲，正无怪教育家要说是生着神经病；而况明明说过"说不清"，已经推翻了答话的全局，即使发生什么事，于我也毫无关系了。

"说不清"是一句极有用的话。不更事①的勇敢的少年，往往敢于给人解决疑问，选定医生，万一结果不佳，大抵反成了怨府②，然而一用这说不清来作结束，便事事逍遥自在了。我在这时，更感到这一句话的必要，即使和讨饭的女人说话，也是万不可省的。

但是我总觉得不安，过了一夜，也仍然时时记忆起来，仿佛怀着什么不祥的豫感；在阴沉的雪天里，在无聊的书房里，这不安愈加强烈了。不如走罢，明天进城去。福兴楼的清燉鱼翅，一元一大盘，价廉物美，现在不知增价了否？往日同游的朋友，虽然已经云散，然而鱼翅是不可不吃的，即使只有我一个……。无论如何，我明天决计要走了。

我因为常见些但愿不如所料，以为未必竟如所料的事，却每每恰如所料的起来，所以很恐怕这事也一律③。果然，特别的情形开始了。傍晚，我竟听到有些人聚在内室里谈话，仿佛议论什么事似的，但不一会，说话声也就止了，只有四叔且走而且高声的说：

"不早不迟，偏偏要在这时候，——这就可见是一个谬种！"

我先是诧异，接着是很不安，似乎这话于我有关系。试望门外，谁也没有。好容易待到晚饭前他们的短工来冲茶，我才得了打听消息的机会。

"刚才，四老爷和谁生气呢？"我问。

"还不是和祥林嫂？"那短工简捷的说。

"祥林嫂？怎么了？"我又赶紧的问。

"老了。"

"死了？"我的心突然紧缩，几乎跳起来，脸上大约也变了色。但他始终没有抬头，所以全不觉。我也就镇定了自己，接着问：

"什么时候死的？"

"什么时候？——昨天夜里，或者就是今天罢。——我说不清。"

"怎么死的？"

"怎么死的？——还不是穷死的？"他淡然的回答，仍然没有抬头向我看，出去了。

然而我的惊惶却不过暂时的事，随着就觉得要来的事，已经过去，并不必仰仗我自己的"说不清"和他之所谓"穷死的"的宽慰，心地已经渐渐轻松；不过偶然之间，还似乎有些负疚。晚饭摆出来了，四叔俨然的陪着。我也还想打听些关于祥林嫂的消息，但知道他虽然读过"鬼神者二气之良能也④"，而忌讳仍然极多，当临近祝福时候，是万不可提起死亡疾病之类的话的；倘不得已，就该用一种替代的隐语⑤，可惜我又不知道，因此屡次想问，而终于中止了。我从他俨然的脸色上，又忽而疑他正以为我不早不迟，偏要在这时候来打搅他，也是一个谬种，便立刻告诉他明天要离开鲁镇，进城去，趁早放宽了他的心。他也不很留。这样闷闷的吃完了一餐饭。

---

① 不更（gēng）事：经历世事不多，即缺乏社会经验，不懂世故人情。更，经历。

② 怨府：怨恨集中的所在。这里指埋怨的对象。

③ 我因为常见……所以很恐怕这事也一律：这几句话的意思是，我常常见到这样一些事，本来不希望它像自己所料的那样发生，也以为未必真会发生，却往往还是那样发生了，所以我一再担心的祥林嫂会死的事，恐怕也要发生。

④ 鬼神者二气之良能也：语出北宋张载《张子全书·正蒙》，也见《近思录》。意思是说，鬼神是阴阳二气自然变化而成的。良能，先天就具有的能力。

⑤ 隐语：为了避讳，不明确说出要说的意思，而借用别的话来表示。如用"老了"代替"死了"，就是隐语。

冬季日短，又是雪天，夜色早已笼罩了全市镇。人们都在灯下匆忙，但窗外很寂静。雪花落在积得厚厚的雪褥上面，听去似乎瑟瑟有声，使人更加感得沉寂。我独坐在发出黄光的菜油灯下，想，这百无聊赖的祥林嫂，被人们弃在尘芥堆中的，看得厌倦了的陈旧的玩物，先前还将形骸露在尘芥里，从活得有趣的人们看来，恐怕要怪讶她何以还要存在，现在总算被无常打扫得干干净净了。魂灵的有无，我不知道；然而在现世，则无聊生者不生，即使厌见者不见，为人为己，也还都不错①。我静听着窗外似乎瑟瑟作响的雪花声，一面想，反而渐渐的舒畅起来。

然而先前所见所闻的她的半生事迹的断片，至此也联成一片了。

她不是鲁镇人。有一年的冬初，四叔家里要换女工，做中人的卫老婆子带她进来了，头上扎着白头绳，乌裙，蓝夹袄，月白背心，年纪大约二十六七，脸色青黄，但两颊却还是红的。卫老婆子叫她祥林嫂，说是自己母家的邻舍，死了当家人，所以出来做工了。四叔皱了皱眉，四婶已经知道了他的意思，是在讨厌她是一个寡妇。但看她模样还周正，手脚都壮大，又只是顺着眼，不开一句口，很像一个安分耐劳的人，便不管四叔的皱眉，将她留下了。试工期内，她整天的做，似乎闲着就无聊，又有力，简直抵得过一个男子，所以第三天就定局，每月工钱五百文。

大家都叫她祥林嫂；没问她姓什么，但中人是卫家山人，既说是邻居，那大概也就姓卫了。她不很爱说话，别人问了才回答，答的也不多。直到十几天之后，这才陆续的知道她家里还有严厉的婆婆；一个小叔子，十多岁，能打柴了；她是春天没了丈夫的；他本来也打柴为生，比她小十岁：大家所知道的就只是这一点。

日子很快的过去了，她的做工却毫没有懈，食物不论，力气是不惜的。人们都说鲁四老爷家里雇着了女工，实在比勤快的男人还勤快。到年底，扫尘，洗地，杀鸡，宰鹅，彻夜的煮福礼，全是一人担当，竟没有添短工。然而她反满足，口角边渐渐的有了笑影，脸上也白胖了。

新年才过，她从河边淘米回来时，忽而失了色，说刚才远远地看见一个男人在对岸徘徊，很像夫家的堂伯，恐怕是正为寻她而来的。四婶很惊疑，打听底细，她又不说。四叔一知道，就皱一皱眉，道：

"这不好。恐怕她是逃出来的。"

她诚然是逃出来的，不多久，这推想就证实了。

此后大约十几天，大家正已渐渐忘却了先前的事，卫老婆子忽而带了一个三十多岁的女人进来了，说那是祥林嫂的婆婆。那女人虽是山里人模样，然而应酬很从容，说话也能干，寒暄之后，就赔罪，说她特来叫她的儿媳回家去，因为开春事务忙，而家中只有老的和小的，人手不够了。

"既是她的婆婆要她回去，那有什么话可说呢。"四叔说。

于是算清了工钱，一共一千七百五十文，她全存在主人家，一文也还没有用，便都交给她的婆婆。那女人又取了衣服，道过谢，出去了。其时已经是正午。

"阿呀，米呢？祥林嫂不是去淘米的么？……"好一会，四婶这才惊叫起来。她大约有些饿，记得午饭了。

于是大家分头寻淘箩。她先到厨下，次到堂前，后到卧房，全不见淘箩的影子。四叔踱出门外，也不见，直到河边，才见平平正正的放在岸上，旁边还有一株菜。

看见的人报告说，河里面上午就泊了一只白篷船，篷是全盖起来的，不知道什么人在里面，但事前也没有人去理会他。待到祥林嫂出来淘米，刚刚要跪下去，那船里便突然跳出两个男人来，像是山里人，一个抢住她，一个帮着，拖进船去了。祥林嫂还哭喊了几声，此后便再没有什么声息，大约给用什么堵住了罢。接着就走上两个女人来，一个不认识，一个就是卫婆子。窥探舱里，不很分明，她像是捆了躺在船板上。

---

① 然而在现世……也还都不错：意思是，然而在现在这样的人世间，无所依靠而活不下去的人，不如干脆死去，使讨厌见他的人不再见到他，这样一来，对人对己，也还都不错。这是"我"愤激而沉痛的反语。

"可恶！然而……。"四叔说。

这一天是四婶自己煮午饭；他们的儿子阿牛烧火。

午饭之后，卫老婆子又来了。

"可恶！"四叔说。

"你是什么意思？亏你还会再来见我们。"四婶洗着碗，一见面就愤愤的说，"你自己荐她来，又合伙劫她去，闹得沸反盈天①的，大家看了成个什么样子？你拿我们家里开玩笑么？"

"阿呀阿呀，我真上当。我这回，就是为此特地来说说清楚的。她来求我荐地方，我那里料得到是瞒她的婆婆的呢。对不起，四老爷，四太太。总是我老发昏不小心，对不起主顾。幸而府上是向来宽洪大量，不肯和小人计较的。这回我一定荐一个好的来折罪……。"

"然而……。"四叔说。

于是祥林嫂事件便告终结，不久也就忘却了。

只有四婶，因为后来雇用的女工，大抵非懒即馋，或者馋而且懒，左右不如意，所以也还提起祥林嫂。每当这些时候，她往往自言自语的说，"她现在不知道怎么样了？"意思是希望她再来。但到第二年的新正②，她也就绝了望。

新正将尽，卫老婆子来拜年了，已经喝得醉醺醺的，自说因为回了一趟卫家山的娘家，住下几天，所以来得迟了。她们问答之间，自然就谈到祥林嫂。

"她么？"卫老婆子高兴的说，"现在是交了好运了。她婆婆来抓她回去的时候，是早已许给了贺家墺的贺老六的，所以回家之后不几天，也就装在花轿里抬去了。"

"阿呀，这样的婆婆！……"四婶惊奇的说。

"阿呀，我的太太！你真是大户人家的太太的话。我们山里人，小户人家，这算得什么？她有小叔子，也得娶老婆。不嫁了她，那有这一注钱③来做聘礼？她的婆婆倒是精明强干的女人呵，很有打算，所以就将她嫁到里山④去。倘许给本村人，财礼就不多；惟独肯嫁进深山野墺里去的女人少，所以她就到手了八十千⑤。现在第二个儿子的媳妇也娶进了，财礼只花了五十，除去办喜事的费用，还剩十多千。吓，你看，这多么好打算？……"

"祥林嫂竟肯依？……"

"这有什么依不依。——闹是谁也总要闹一闹的；只要用绳子一捆，塞在花轿里，抬到男家，捺上花冠，拜堂，关上房门，就完事了。可是祥林嫂真出格，听说那时实在闹得利害⑥，大家还都说大约因为在念书人家做过事，所以与众不同呢。太太，我们见得多了：回头人⑦出嫁，哭喊的也有，说要寻死觅活的也有，抬到男家闹得拜不成天地的也有，连花烛都砸了的也有。祥林嫂可是异乎寻常，他们说她一路只是嚎，骂，抬到贺家墺，喉咙已经全哑了。拉出轿来，两个男人和她的小叔子使劲的擒住她也还拜不成天地。他们一不小心，一松手，阿呀，阿弥陀佛，她就一头撞在香案角上，头上碰了一个大窟窿，鲜血直流，用了两把香灰，包上两块红布还止不住血呢。直到七手八脚的将她和男人反关在新房里，还是骂，阿呀呀，这真是……"她摇一摇头，顺下眼睛，不说了。

"后来怎么样呢？"四婶还问。

"听说第二天也没有起来。"她抬起眼来说。

---

① 沸反盈天：形容极度喧闹，乱成一片。

② 新正（zhēng）：农历新年正月。

③ 一注钱：一笔钱。

④ 里山：深山里面。

⑤ 八十千：即八十吊钱。千，一千文钱。

⑥ 利害：现在写作"厉害"。

⑦ 回头人：指再嫁的寡妇。

"后来呢?"

"后来?——起来了。她到年底就生了一个孩子,男的,新年就两岁了。我在娘家这几天,就有人到贺家墺去,回来说看见他们娘儿俩,母亲也胖,儿子也胖;上头又没有婆婆;男人所有的是力气,会做活;房子是自家的。——唉唉,她真是交了好运了。"

从此之后,四婶也就不再提起祥林嫂。

但有一年的秋季,大约是得到祥林嫂好运的消息之后的又过了两个新年,她竟又站在四叔家的堂前了。桌上放着一个荸荠式的圆篮,檐下一个小铺盖。她仍然头上扎着白头绳,乌裙,蓝夹袄,月白背心,脸色青黄,只是两颊上已经消失了血色,顺着眼,眼角上带些泪痕,眼光也没有先前那样精神了。而且仍然是卫老婆子领着,显出慈悲模样,絮絮的对四婶说:

"……这实在是叫作'天有不测风云',她的男人是坚实人,谁知道年纪青青,就会断送在伤寒上?本来已经好了的,吃了一碗冷饭,复发了。幸亏有儿子;她又能做,打柴摘茶养蚕都来得,本来还可以守着,谁知道那孩子又会给狼衔去的呢?春天快完了,村上倒反来了狼,谁料到?现在她只剩了一个光身了。大伯来收屋,又赶她。她真是走投无路了,只好来求老主人。好在她现在已经再没有什么牵挂,太太家里又凑巧要换人,所以我就领她来。——我想,熟门熟路,比生手实在好得多……。"

"我真傻,真的,"祥林嫂抬起她没有神采的眼睛来,接着说,"我单知道下雪的时候野兽在山墺里没有食吃,会到村里来;我不知道春天也会有。我一清早起来就开了门,拿小篮盛了一篮豆,叫我们的阿毛坐在门槛上剥豆去。他是很听话的,我的话句句听;他出去了。我就在屋后劈柴,淘米,米下了锅,要蒸豆。我叫阿毛,没有应,出去一看,只见豆撒得一地,没有我们的阿毛了。他是不到别家去玩的;各处去一问,果然没有。我急了,央人出去寻。直到下半天,寻来寻去寻到山墺里,看见刺柴上挂着一只他的小鞋。大家都说,糟了,怕是遭了狼了。再进去;他果然躺在草窠里,肚里的五脏已经都给吃空了,手上还紧紧的捏着那只小篮呢。……"她接着但是呜咽,说不出成句的话来。

四婶起初还踌蹰,待到听完她自己的话,眼圈就有些红了。她想了一想,便教拿圆篮和铺盖到下房去。卫老婆子仿佛卸了一肩重担似的嘘一口气,祥林嫂比初来时候神气舒畅些,不待指引,自己驯熟的安放了铺盖。她从此又在鲁镇做女工了。

大家仍然叫她祥林嫂。

然而这一回,她的境遇却改变得非常大。上工之后的两三天,主人们就觉得她手脚已没有先前一样灵活,记性也坏得多,死尸似的脸上又整日没有笑影,四婶的口气上,已颇有些不满了。当她初到的时候,四叔虽然照例皱过眉,但鉴于向来雇用女工之难,也就并不大反对,只是暗暗地告诫四婶说,这种人虽然似乎很可怜,但是败坏风俗的,用她帮忙还可以,祭祀时候可用不着她沾手,一切饭菜,只好自己做,否则,不干不净,祖宗是不吃的。

四叔家里最重大的事件是祭祀,祥林嫂先前最忙的时候也就是祭祀,这回她却清闲了。桌子放在堂中央,系上桌帏①,她还记得照旧的去分配酒杯和筷子。

"祥林嫂,你放着罢!我来摆。"四婶慌忙的说。

她讪讪②的缩了手,又去取烛台。

"祥林嫂,你放着罢!我来拿。"四婶又慌忙的说。

她转了几个圆圈,终于没有事情做,只得疑惑的走开。她在这一天可做的事是不过坐在灶下烧火。

镇上的人们也仍然叫她祥林嫂,但音调和先前很不同;也还和她讲话,但笑容却冷冷的了。她全不理会那些事,只是直着眼睛,和大家讲她自己日夜不忘的故事:

"我真傻,真的,"她说,"我单知道雪天是野兽在深山里没有食吃,会到村里来;我不知道春天也会

---

① 桌帏(wéi):悬挂在桌子前面用来遮挡的饰物,多用布或绸缎制成,常用于办婚丧事或祭祀时。

② 讪(shàn)讪:难为情的样子。

有。我一大早起来就开了门，拿小篮盛了一篮豆，叫我们的阿毛坐在门槛上剥豆去。他是很听话的孩子，我的话句句听；他就出去了。我就在屋后劈柴，淘米，米下了锅，打算蒸豆。我叫，'阿毛！'没有应。出去一看，只见豆撒得满地，没有我们的阿毛了。各处去一问，都没有。我急了，央人去寻去。直到下半天，几个人寻到山坳里；看见刺柴上挂着一只他的小鞋。大家都说，完了，怕是遭了狼了。再进去；果然，他躺在草窠里，肚里的五脏已经都给吃空了，可怜他手里还紧紧的捏着那只小篮呢。……"她于是淌下眼泪来，声音也呜咽了。

这故事倒颇有效，男人听到这里，往往敛起笑容，没趣的走了开去；女人们却不独宽恕了她似的，脸上立刻改换了鄙薄的神气，还要陪出许多眼泪来。有些老女人没有在街头听到她的话，便特意寻来，要听她这一段悲惨的故事。直到她说到呜咽，她们也就一齐流下那停在眼角上的眼泪，叹息一番，满足的去了，一面还纷纷的评论着。

她就只是反复的向人说她悲惨的故事，常常引住了三五个人来听她。但不久，大家也都听得纯熟了，便是最慈悲的念佛的老太太们，眼里也再不见有一点泪的痕迹。后来全镇的人们几乎都能背诵她的话，一听到就烦厌得头痛。

"我真傻，真的，"她开首说。

"是的，你是单知道雪天野兽在深山里没有食吃，才会到村里来的。"他们立即打断她的话，走开去了。

她张着口怔怔的站着，直着眼睛看他们，接着也就走了，似乎自己也觉得没趣。但她还妄想，希图从别的事，如小篮，豆，别人的孩子上，引出她的阿毛的故事来。倘一看见两三岁的小孩子，她就说：

"唉唉，我们的阿毛如果还在，也就有这么大了。……"

孩子看见她的眼光就吃惊，牵着母亲的衣襟催她走。于是又只剩下她一个，终于没趣的也走了。后来大家又都知道了她的脾气，只要有孩子在眼前，便似笑非笑的先问她，道：

"祥林嫂，你们的阿毛如果还在，不是也就有这么大了么？"

她未必知道她的悲哀经大家咀嚼赏鉴了许多天，早已成为渣滓，只值得烦厌和唾弃；但从人们的笑影上，也仿佛觉得这又冷又尖，自己再没有开口的必要了。她单是一瞥他们，并不回答一句话。

鲁镇永远是过新年，腊月二十以后就忙起来了。四叔家里这回须雇男短工，还是忙不过来，另叫柳妈做帮手，杀鸡，宰鹅；然而柳妈是善女人[①]，吃素，不杀生的，只肯洗器皿。祥林嫂除烧火之外，没有别的事，却闲着了，坐着只看柳妈洗器皿。微雪点点的下来了。

"唉唉，我真傻。"祥林嫂看了天空，叹息着，独语似的说。

"祥林嫂，你又来了。"柳妈不耐烦的看着她的脸，说。"我问你：你额角上的伤疤，不就是那时撞坏的么？"

"唔唔。"她含胡[②]的回答。

"我问你：你那时怎么后来竟依了呢？"

"我么？……"

"你呀。我想：这总是你自己愿意了，不然……。"

"阿阿，你不知道他力气多么大呀。"

"我不信。我不信你这么大的力气，真会拗他不过。你后来一定是自己肯了，倒推说他力气大。"

"阿阿，你……你倒自己试试看。"她笑了。

柳妈的打皱的脸也笑起来，使她蹙缩[③]得像一个核桃；干枯的小眼睛一看祥林嫂的额角，又钉住她的眼。祥林嫂似乎很局促了，立刻敛了笑容，旋转眼光，自去看雪花。

---

① 善女人：旧时指吃斋念佛的女人。

② 含胡：现在写作"含糊"。

③ 蹙（cù）缩：皱缩。

"祥林嫂，你实在不合算。"柳妈诡秘的说。"再一强，或者索性撞一个死，就好了。现在呢，你和你的第二个男人过活不到两年，倒落了一件大罪名。你想，你将来到阴司去，那两个死鬼的男人还要争，你给了谁好呢？阎罗大王只好把你锯开来，分给他们。我想，这真是……。"

她脸上就显出恐怖的神色来，这是在山村里所未曾知道的。

"我想，你不如及早抵当。你到土地庙里去捐一条门槛，当作你的替身，给千人踏，万人跨，赎了这一世的罪名，免得死了去受苦。"

她当时并不回答什么话，但大约非常苦闷了，第二天早上起来的时候，两眼上便都围着大黑圈。早饭之后，她便到镇的西头的土地庙里去求捐门槛。庙祝起初执意不允许，直到她急得流泪，才勉强答应了。价目是大钱十二千。

她久已不和人们交口，因为阿毛的故事是早被大家厌弃了的；但自从和柳妈谈了天，似乎又即传扬开去，许多人都发生了新趣味，又来逗她说话了。至于题目，那自然是换了一个新样，专在她额上的伤疤。

"祥林嫂，我问你：你那时怎么竟肯了？"一个说。

"唉，可惜，白撞了这一下。"一个看着她的疤，应和道。

她大约从他们的笑容和声调上，也知道是在嘲笑她，所以总是瞪着眼睛，不说一句话，后来连头也不回了。她整日紧闭了嘴唇，头上带着大家以为耻辱的记号的那伤痕，默默的跑街，扫地，洗菜，淘米。快够一年，她才从四婶手里支取了历来积存的工钱，换算了十二元鹰洋①，请假到镇的西头去。但不到一顿饭时候，她便回来，神气很舒畅，眼光也分外有神，高兴似的对四婶说，自己已经在土地庙捐了门槛了。

冬至的祭祖时节，她做得更出力，看四婶装好祭品，和阿牛将桌子抬到堂屋中央，她便坦然的去拿酒杯和筷子。

"你放着罢，祥林嫂！"四婶慌忙大声说。

她像是受了炮烙②似的缩手，脸色同时变作灰黑，也不再去取烛台，只是失神的站着。直到四叔上香的时候，教她走开，她才走开。这一回她的变化非常大，第二天，不但眼睛窈陷③下去，连精神也更不济了。而且很胆怯，不独怕暗夜，怕黑影，即使看见人，虽是自己的主人，也总惴惴的，有如在白天出穴游行的小鼠；否则呆坐着，直是一个木偶人。不半年，头发也花白起来了，记性尤其坏，甚而至于常常忘却了去淘米。

"祥林嫂怎么这样了？倒不如那时不留她。"四婶有时当面就这样说，似乎是警告她。

然而她总如此，全不见有伶俐④起来的希望。他们于是想打发她走了，教她回到卫老婆子那里去。但当我还在鲁镇的时候，不过单是这样说；看现在的情状，可见后来终于实行了。然而她是从四叔家出去就成了乞丐的呢，还是先到卫老婆子家然后再成乞丐的呢？那我可不知道。

我给那些因为在近旁而极响的爆竹声惊醒，看见豆一般大的黄色的灯火光，接着又听得毕毕剥剥的鞭炮，是四叔家正在"祝福"了；知道已是五更将近时候。我在蒙胧⑤中，又隐约听到远处的爆竹声联绵不断，似乎合成一天音响的浓云，夹着团团飞舞的雪花，拥抱了全市镇。我在这繁响的拥抱中，也懒散

---

①　鹰洋：指墨西哥银元，币面铸有鹰的图案（墨西哥国徽）。鸦片战争后大量流入我国，曾与我国自铸的银元同在市场上流通。

②　炮（páo）烙：相传是商朝的一种酷刑。用炭烧热铜柱，将有罪者炙烙而死。

③　窈陷：深陷。窈，深。

④　伶俐：现在写作"伶俐"。

⑤　蒙胧：现在写作"朦胧"。

而且舒适，从白天以至初夜①的疑虑，全给祝福的空气一扫而空了，只觉得天地圣众歆享了牲醴和香烟②，都醉醺醺的在空中蹒跚，豫备给鲁镇的人们以无限的幸福。

一九二四年二月七日

【巩固训练】

1. 下列词语中加点字的注音全对的一组是（　　）。

  A. 间或（jiàn）　　形骸（hái）　　谬种（miù）　　沸反盈天（fèi）

  B. 监生（jiàn）　　惴惴（zhuì）　　悚然（sǒng）　　少不更事（gèng）

  C. 寒暄（xuān）　　新正（zhēng）　　朱拓（tuò）　　百无聊赖（lài）

  D. 门槛（kǎn）　　歆享（xīn）　　炮烙（pào）　　咀嚼（jǔ）

2. 下列各句中加点的成语使用正确的一组是（　　）。

  A. 百米决赛开始了，我们班的李强迅速冲到了最前面，顿时，同学们沸反盈天，好不激动。

  B. 这几个人一坐到一起就谈吃谈穿，真是百无聊赖。

  C. 面对这突如其来的灾难，少不更事的小丽呆坐在那里，大脑一片空白。

  D.《红楼梦》篇幅较长，真是长篇大论。

3.（2020·云南真题）《祝福》这篇小说高潮部分在（　　）。

  A. 第一次到鲁镇　　　　　　　B. 第二次到鲁镇

  C. 祥林嫂之死　　　　　　　　D. 祥林嫂被卖改嫁

4. 下列各项中，对相关文化常识的表述，不正确的一项是（　　）。

  A. 送灶：旧俗以农历十二月二十三日或二十四日为灶神升天奏事的日子，在这天或前一天祭送灶神，叫"送灶"。

  B. 理学：又称"道学"，是宋代周敦颐、朱熹等人阐释儒家学说而形成的思想体系。它认为"理"是宇宙的本体，把"三纲五常"等封建伦理道德说成是"天理"，提出"存天理，灭人欲"的主张。

  C. 监生：国子监生员的简称，指明清两代在国子监（我国封建时代的中央最高学府）读书的人。清代乾隆以后，国子监只存空名，地主豪绅可以凭祖先"功业"或捐钱取得监生资格。

  D.《四书衬》：清代骆培解说"四书"的一部书。宋代朱熹抽取《礼记》中的《大学》《中庸》两篇，和《论语》《易经》编在一起，称为"四书"。

5. 文章使用倒叙手法有何作用？

6. 根据小说，简析祥林嫂重回鲁镇，在最忙的祭祀的时候"却清闲了"的原因。

---

  ①　初夜：指进入夜晚不久的时段，上半夜。

  ②　天地圣众歆（xīn）享了牲醴（lǐ）和香烟：（祝福的时候）天地间的众神享用了祭祀的酒肉和香火。歆，这里指神灵享用祭品。牲，原指祭祀用的牛、羊、猪三牲，后来也泛指祭祀用的肉类。醴，甜酒。香烟，燃着的香所生的烟。

（十九）最后一片叶子①

最后一片叶子

欧·亨利②

【课文导读】

本文构思精巧，情节动人。小说以时间为线索，记述了年过六旬的老画家贝尔门为了帮助琼西战胜病魔，在凄风苦雨的夜晚于砖墙的高处创作了"最后的杰作"，唱响了一支舍己救人的生命之歌。通过这个故事，我们既可以看出小人物的美好心灵，又可以看出不同人物对待生命的态度。

在华盛顿广场西边的一个小区里，街道都横七竖八地伸展开去，又分裂成一小条一小条的"胡同"。这些"胡同"稀奇古怪地拐着弯子。一条街有时自己本身就交叉了不止一次。有一回一个画家发现这条街有一种优越性：要是有个收账的跑到这条街上，来催要颜料、纸张和画布的钱，他就会突然发现自己两手空空，原路返回，一文钱的账也没有要到！

所以，不久之后不少画家就摸索到这个古色古香的老格林尼治村来，寻求朝北的窗户、18 世纪的尖顶山墙、荷兰式的阁楼，以及低廉的房租。然后，他们又从第六街买来一些锡镴酒杯和一两只火锅，这里便成了"艺术区"。

苏和琼西的画室设在一所又宽又矮的三层楼砖房的顶楼上。"琼西"是琼娜的爱称。她俩一个来自缅因州，一个是加利福尼亚州人。她们是在第八街"台尔蒙尼歌之家"吃份饭时碰到的，她们发现彼此对艺术、生菜沙拉和服装的爱好非常一致，便合租了那间画室。

那是五月里的事。到了十一月，一个冷酷的、肉眼看不见的、医生们叫作"肺炎"的不速之客，在艺术区里悄悄地游荡，用他冰冷的手指头这里碰一下那里碰一下。在广场东头，这个破坏者明目张胆地踏着大步，一下子就击倒几十个受害者，可是在迷宫一样、狭窄而铺满青苔的"胡同"里，他的步伐就慢了下来。

肺炎先生不是一个你们心目中行侠仗义的年老绅士。一个身子单薄，被加利福尼亚州的西风刮得没有血色的弱女子，本来不应该是这个有着红拳头的、呼吸急促的老家伙打击的对象。然而，琼西却遭到了打击；她躺在一张油漆过的铁床上，一动也不动，凝望着小小的荷兰式玻璃窗外对面砖房的空墙。

一天早晨，那个忙碌的医生扬了扬他那毛茸茸的灰白色眉毛，把苏叫到外边的走廊上。

"我看，她的病只有十分之一的恢复希望，"他一面把体温表里的水银柱甩下去，一面说，"这一分希望就是她想要活下去的念头。有些人好像不愿意活下去，喜欢照顾殡仪馆的生意，简直让整个医药界都无能为力。你的朋友断定自己是不会痊愈的了。她是不是有什么心事呢？"

"她——她希望有一天能够去画那不勒斯的海湾。"苏说。

"画画？——真是瞎扯！她脑子里有没有什么值得她想了又想的事——比如说，一个男人？"

"男人？"苏像吹口琴似的扯着嗓子说，"男人难道值得——不，医生，没有这样的事。"

"哦，那么就是她病得太衰弱了，"医生说，"我一定尽我的努力用科学所能达到的全部力量来治疗她。可要是我的病人开始算计会有多少辆马车送她出丧，我就得把治疗的效果减掉百分之五十。只要你能想法让她对冬季大衣袖子的时新式样感到兴趣而提出一两个问题，那我可以向你保证把医好她的机会从十分之一提高到五分之一。"

医生走后，苏走进工作室里，把一条日本餐巾哭成一团湿。后来她手里拿着画板，装作精神抖擞的样子走进琼西的屋子，嘴里吹着爵士音乐调子。

琼西躺着，脸朝着窗口，被子底下的身体纹丝不动。苏以为她睡着了，赶忙停止吹口哨。

她架好画板，开始给杂志里的故事画一张钢笔插图。年轻的画家为了铺平通向艺术的道路，不得不

---

① 选自《外国短篇小说选》，天津人民出版社，1981 年版，有改动。

② 欧·亨利：美国短篇小说家。

给杂志里的故事画插图，而这些故事又是年轻的作家为了铺平通向文学的道路而不得不写的。

苏正在给故事主人公，一个爱达荷州牧人的身上，画上一条马匹展览会穿的时髦马裤和一片单眼镜时，忽然听到一个重复了几次的低微的声音。她快步走到床边。

琼西的眼睛睁得很大。她望着窗外，数着……倒过来数。

"十二，"她数道，歇了一会儿又说，"十一，"然后是"十"和"九"；接着几乎同时数着"八"和"七"。

苏关切地看了看窗外。那儿有什么可数的呢？只见一个空荡阴暗的院子，二十英尺以外还有一所砖房的空墙。一棵老极了的常春藤，枯萎的根纠结在一块，枝干攀在砖墙的半腰上。秋天的寒风把藤上的叶子差不多全都吹掉了，只有几乎光秃的枝条还缠附在剥落的砖块上。

"什么呀，亲爱的？"苏问道。

"六，"琼西几乎用耳语低声说道，"它们现在越落越快了。三天前还有差不多一百片。我数得头都疼了。但是现在好数了。又掉了一片。只剩下五片了。"

"五片什么呀，亲爱的。告诉你的苏娣吧。"

"叶子。常春藤上的。等到最后一片叶子掉下来，我也就该去了。这件事我三天前就知道了。难道医生没有告诉你？"

"哼，我从来没听过这种傻话，"苏十分不以为然地说，"那些破常春藤叶子和你的病好不好有什么关系？你以前不是很喜欢这棵树吗？你这个淘气孩子。不要说傻话了。瞧，医生今天早晨还告诉我，说你迅速痊愈的机会是，让我一字不改地照他的话说吧——他说有九成把握。噢，那简直和我们在纽约坐电车或者走过一座新楼房的把握一样大。喝点汤吧，让苏娣去画她的画，好把它卖给编辑先生，换了钱来给她的病孩子买点红葡萄酒，再给她自己买点猪排解解馋。"

"你不用买酒了，"琼西的眼睛直盯着窗外说道，"又落了一片。不，我不想喝汤。只剩下四片了。我想在天黑以前等着看那最后一片叶子掉下去。然后我也要去了。"

"琼西，亲爱的，"苏俯着身子对她说，"你答应我闭上眼睛，不要瞧窗外，等我画完，行吗？明天我非得交出这些插图。我需要光线，否则我就拉下窗帘了。"

"你不能到那间屋子里去画吗？"琼西冷冷地问道。

"我愿意待在你跟前，"苏说，"再说，我也不想让你老看着那些讨厌的常春藤叶子。"

"你一画完就叫我，"琼西说着，便闭上了眼睛。她脸色苍白，一动不动地躺在床上，就像是座横倒在地上的雕像。"因为我想看那最后一片叶子掉下来，我等得不耐烦了，也想得不耐烦了。我想摆脱一切，飘下去，飘下去，像一片可怜的疲倦了的叶子那样。"

"你睡一会儿吧，"苏说道，"我得下楼把贝尔门叫上来，给我当那个隐居的老矿工的模特儿。我一会儿就回来的。不要动，等我回来。"

老贝尔门是住在她们这座楼房底层的一个画家。他年过六十，有一把像米开朗基罗①的摩西②雕像那样的大胡子，这胡子长在一个像半人半兽的森林之神的头颅上，又鬈曲地飘拂在小鬼似的身躯上。贝尔门是个失败的画家。他操了四十年的画笔，还远没有摸着艺术女神的衣裙。他老是说就要画他的那幅杰作了，可是直到现在他还没有动笔。几年来，他除了偶尔画点商业广告之类的玩意儿以外，什么也没有画过。他给艺术区里穷得雇不起职业模特儿的年轻画家们当模特儿，挣一点钱。他喝酒毫无节制，还时常提起他要画的那幅杰作。除此以外，他是一个火气十足的小老头子，十分瞧不起别人的温情，却认为自己是专门保护楼上画室里那两个年轻女画家的一只看家狗。

苏在楼下他那间光线黯淡的斗室里找到了嘴里酒气扑鼻的贝尔门。一幅空白的画布绷在一个画架上，摆在屋角里，等待那幅杰作已经二十五年了，可是连一根线条还没等着。苏把琼西的胡思乱想告诉了他，

---

① 米开朗基罗：意大利文艺复兴时期的雕塑家、画家、建筑师。

② 摩西：以色列的先知、解放者。摩西雕像是米开朗基罗为教皇陵墓而做的塑像。

还说她害怕琼西自个儿瘦小柔弱得像一片叶子一样，对这个世界的留恋越来越微弱，恐怕真会离世飘走了。

老贝尔门两只发红的眼睛显然在迎风流泪，他十分轻蔑地嗤笑这种痴呆的胡思乱想。

"什么，"他喊道，"世界上真会有人蠢到因为那些该死的常春藤叶子落掉就想死？我从来没有听说过这种怪事。不，我才不给你那隐居的矿工糊涂虫当模特儿呢。你干吗让她胡思乱想？唉，可怜的琼西小姐。"

"她病得很厉害很虚弱，"苏说，"发高烧发得她神经昏乱，满脑子都是古怪想法。好吧，贝尔门先生，你不愿意给我当模特儿，就拉倒，我看你是个讨厌的老——老啰唆鬼。"

"你简直太婆婆妈妈了！"贝尔门喊道，"谁说我不愿意当模特儿？走，我和你一块去。我不是讲了半天愿意给你当模特儿吗？老天爷，琼西小姐这么好的姑娘真不应该躺在这种地方生病。总有一天我要画一幅杰作，我们就可以都搬出去了。一定的！"

他们上楼以后，琼西正睡着觉。苏把窗帘拉下，一直遮住窗台，做手势叫贝尔门到隔壁屋子里去。他们在那里提心吊胆地瞅着窗外那棵常春藤。后来他们默默无言，彼此对望了一会儿。寒冷的雨夹杂着雪花不停地下着。贝尔门穿着他的旧的蓝衬衣，坐在一把翻过来充当岩石的铁壶上，扮作隐居的矿工。

第二天早晨，苏只睡了一个小时的觉，醒来了，她看见琼西无神的眼睛睁得大大地注视着拉下的绿窗帘。

"把窗帘拉起来，我要看看。"她低声地命令道。

苏疲倦地照办了。

然而，看呀！经过了漫长一夜的风吹雨打，在砖墙上还挂着一片藤叶。它是常春藤上最后的一片叶子了。靠近茎部仍然是深绿色，可是锯齿形的叶子边缘已经枯萎发黄，它傲然挂在一根离地二十多英尺的藤枝上。

"这是最后一片叶子。"琼西说道，"我以为它昨晚一定会掉落的。我听见风声的。今天它一定会落掉，我也会死的。"

"哎呀，哎呀，"苏把疲乏的脸庞挨近枕头边上对她说，"你不肯为自己着想，也得为我想想啊。我可怎么办呢？"

可是琼西不回答。当一个灵魂正在准备走上那神秘的、遥远的死亡之途时，她是世界上最寂寞的人了。那些把她和友谊及大地联结起来的关系逐渐消失以后，她那个狂想越来越强烈了。

白天总算过去了，甚至在暮色中她们还能看见那片孤零零的藤叶仍紧紧地依附在靠墙的枝上。后来，夜的到临带来了呼啸的北风，雨点不停地拍打着窗子，雨水从低垂的荷兰式屋檐上流泻下来。

天刚蒙蒙亮，琼西就毫不留情地吩咐拉起窗帘来。

那片藤叶仍然在那里。

琼西躺着对它看了许久。然后她招呼正在煤气炉上给她煮鸡汤的苏。

"我是一个坏女孩子，苏娣，"琼西说，"天意让那片最后的藤叶留在那里，证明我是多么坏。想死是有罪过的。你现在就给我拿点鸡汤来，再拿点掺葡萄酒的牛奶来，再——不，先给我一面小镜子，再把枕头垫垫高，我要坐起来看你做饭。"

过了一个钟头，她说道：

"苏娣，我希望有一天能去画那不勒斯的海湾。"

下午医生来了，他走的时候，苏找了个借口跑到走廊上。

"有五成希望，"医生一面说，一面把苏细瘦的颤抖的手握在自己的手里，"好好护理，你会成功的。现在我得去看楼下另一个病人。他的名字叫贝尔门——听说也是个画家。也是肺炎。他年纪太大，身体又弱，病势很重。他是治不好的了；今天要把他送到医院里，让他更舒服一点。"

第二天，医生对苏说："她已经脱离危险，你成功了。现在只剩下营养和护理了。"

下午苏跑到琼西的床前，琼西正躺着，安详地编织着一条毫无用处的深蓝色毛线披肩。苏用一只胳臂连枕头带人一把抱住了她。

"我有件事要告诉你，小家伙，"她说，"贝尔门先生今天在医院里患肺炎去世了。他只病了两天。头一天早晨，门房发现他在楼下自己那间房里痛得动弹不了。他的鞋子和衣服全都湿透了，冰凉冰凉的。他们搞不清楚在那个凄风苦雨的夜晚，他究竟到哪里去了。后来他们发现了一盏没有熄灭的灯笼，一把挪动过地方的梯子，几支扔得满地的画笔，还有一块调色板，上面涂抹着绿色和黄色的颜料，还有——亲爱的，瞧瞧窗子外面，瞧瞧墙上那最后一片藤叶。难道你没有想过，为什么风刮得那样厉害，它却从来不摇一摇，动一动呢？唉，亲爱的，这片叶子才是贝尔门的杰作——就是在最后一片叶子掉下来的晚上，他把它画在那里的。"

【巩固训练】

1. 下列词语中加点字的注音全对的一组是（　　　）。
   A. 抖擞（sǒu）　　痊愈（quán）　　颈部（jìng）
   B. 黯淡（àn）　　羼杂（chān）　　撼动（hàn）
   C. 嗤笑（chī）　　枯萎（wěi）　　瞥见（piē）
   D. 时髦（máo）　　颤抖（chàn）　　鬈曲（juǎn）

2. 下列词语中没有错别字的一组是（　　　）。
   A. 耻笑　枯萎　蓬松　撼人心魄
   B. 账簿　暴燥　出殡　不速之客
   C. 砖砌　苔藓　安祥　凄风苦雨
   D. 寂寞　藤枝　毛茸茸　牢骚满腹

3. 小说最震撼人心的是哪一个情节？

4. 贝尔门画常春藤叶子本应是小说的重要情节，作者却没有实写。这样处理好不好？

（二十）我的老师[①]

我的老师

海伦·凯勒[②]

【课文导读】

本文通过写莎利文老师教"我"学知识、教导"我"认识具体事物，教"我"热爱大自然和教"我"懂得什么是爱，高度地赞扬了老师的教育技巧与爱心，表达了"我"对老师的感激与崇敬之情。

[①] 选自《海伦·凯勒》，未来出版社，2007年版，有改动。

[②] 海伦·凯勒：美国女作家、教育家、慈善家、社会活动家。《假如给我三天光明》是她的代表作，《我的人生故事》是她的自传性作品。

我一生中最重要的一天，就是安妮·莎利文①老师来到我身边的那一天——1887年3月3日。

在那个激动人心的下午，从母亲示意的动作以及人们进进出出、忙个不停的迹象中，我猜到会有不寻常的事发生。我走到大门边，坐在石阶上等待。温暖的阳光照在我的脸上，我的手指触到了鲜花和叶子，我意识到春天来临了。一连好几个星期我都感到纳闷和痛苦，感到疲倦和寂寞。我不能预测未来将带给我什么。

我感到有人朝我走来，我以为是母亲，就把手伸出去。忽然，有人拉着我的手，然后把我紧紧搂在怀里。就是这个人莎利文老师，在我以后的生活中深深地爱着我，向我揭示了一切。

第二天早晨，莎利文老师带我到她的房间，给我一个洋娃娃。我拿着玩了一会儿以后，她慢慢地在我手上拼写了四个字母："d—o—l—l"（洋娃娃）。这种用手指拼写的方式使我很感兴趣。我不断模仿老师的做法，后来也学会了拼写，我感到很自豪。

一天，我正在玩一个新洋娃娃，老师给我拿来了旧洋娃娃，以此表明两样东西都可用"洋娃娃"这个词来指称。莎利文老师很耐心地教我，可是我自己发了脾气，随手把一个新洋娃娃摔得粉碎。我整天仍处于黑暗世界之中，感到很痛苦，对任何事情都不感兴趣，缺少强烈的爱。

老师把帽子拿给我，我知道我们要出去了，要到温暖的阳光中去。我们走到井边，有人在吊水，老师把我的手放到水里。清凉的水涌到我的手上，老师在我的手心中拼写了"w—a—t—e—r"（水）这个词。开始她拼得慢，后来越拼越快。我的注意力全凝聚在她的手指上。突然，灵光一闪，我领悟了"water"这个词，它指称的正是这种奇妙的、清凉的、从我手上流过的东西。就是这个词唤醒了我的心灵，使我的心灵得到了自由，因为这个词是活生生的。

我懂得了每样东西都有名称，每一个名称在我的脑海中都产生新的概念。回到家，我触摸到的每一样东西似乎都充满了生气和活力。我开始用这种新奇的观点观察事物。我想起了被我摔破的洋娃娃，我摸着洋娃娃的碎片，想把它拼凑起来。我的眼眶里充满了泪水，我意识到自己干了错事，我第一次感到后悔和难过。

就在那一天我学会了很多新词。我记不太清楚了，但是"母亲""父亲""姐妹""老师"等这些词肯定是其中的一部分。那天晚上睡在床上，我感到自己是世界上最幸福的孩子，我热切地盼望着新的一天来临。

春天到了，莎利文老师搀着我的手，穿过人们正在播种的田野。我们坐在河边的草地上，在大自然中很自然地开始了我的启蒙课程的学习。我懂得了阳光和雨露能使植物生长，鸟儿会为自己筑巢，松鼠、鹿、狮子等动物会为自己觅食做窝。随着知识的增长，我感到周围的世界越来越多的东西给我带来了兴奋和愉快。莎利文老师教我从森林中散发的芳香，从青草丛的叶片中体会大自然的美。她还向我描绘地球的形状。她从一开始就这样使我胸怀大自然，使得自然界成为我思想的一部分。

但是，也就在这时候，我体会到大自然对人并不总是善的、美的。早晨出门时天气很好，但很热。因为走的路程较长，我们坐在树荫下休息过两三次，最后一次是在离家不远的一棵果树下。果树给我们提供了一块凉爽的遮阴地。我在老师的帮助下，很容易地爬到树上去了。我一直往上爬，在树枝丛中找到一块能坐的地方。莎利文老师建议，我们就在树荫下吃午饭，叫我等她拿来午饭后，再从树上下来。

突然间天气起了变化，太阳一下子没有了。我知道天空已是乌云密布，因为我已感觉不到阳光照射的热量，还闻到一股从大地散发出来的奇异的味道，我意识到这是雷雨的预兆。离开了老师，我一个人高高地坐在树枝上，感到非常害怕，感到非常孤单。周围是无垠的空间，一切都是那么陌生。我坐在树枝上静静地等待着，我想只有等老师来，我才能从树上下来，否则别无办法。

周围死一般的沉寂。树叶开始骚动，然后整个树都在颤抖。要不是我使劲地抓牢树枝的话，一阵强风早就把我从树上刮下来了。狂风怒吼，树不停地、猛烈地摇晃着。一阵倾盆大雨把我周围的小树枝都

---

① 安妮·莎利文：出生于美国。1887年，安妮·莎利文来到海伦·凯勒家做家庭老师。她用极大的爱心、耐心和毅力，在没有任何教育经验可以遵循的情况下，将海伦·凯勒培养成一个知书达理、才华横溢的少女，直至进入大学。

打断了，我想从树上跳下来，但周围的恐怖气氛使我动弹不得，我只好仍留在树上。我感到一阵轰鸣声，似乎有什么重物掉下来，我坐的树枝摇晃得更厉害了。我想树和我会一起倒下来。正巧这时，老师来了，她一把抓住我的手，扶我从树上下来。我紧紧搂住老师，感到非常高兴，我的脚又重新踏在坚实的土地上了。这件事给我上了一堂生动的课：自然并不总是对你微笑，给你仁慈。

我有了学习语言的钥匙，我热切希望运用学到的东西。

记得有一天早晨，我第一次问老师"love"（爱）这个词的意思。我在花园里找了不少早春的鲜花，我把这些花拿给老师。她想吻我一下，但是那时候，除了母亲以外，我不喜欢别人吻我。莎利文老师用手臂温存地围着我的脖子，在我手上拼写了"我爱海伦"。

我问："'爱'是什么东西？"

她把我拉得更近，用手指着我的心说："爱就在这里。"她的话使我迷惑不解，因为当时除了手能摸得到的东西以外，我不能理解任何别的东西。

我闻着她手上的花，打着手势问："花的香味是'爱'吗？"

"不是。"我的老师说。

我想了一下又问："温暖的阳光照在我的身上，射向四面八方，这是'爱'吗？"

我认为没有什么比太阳更美丽的东西，因为它温暖的光能使万物生长。但是莎利文老师还是认为不是。我感到困惑和失望，我想我的老师真怪，为什么不把"爱"拿给我看看，让我摸摸。

大概一天以后，老师要我把大小不同的珠子穿成两颗大珠和三颗小珠相间隔的式样。我穿错了很多，莎利文老师并没责怪我，而是耐心和蔼地指出我的错误，叫我再仔细地按正确的次序排列。莎利文老师用手触着我的前额，拼写了"think"（思考）这个词。

刹那间，我懂得了事物的名称是在人们的脑子里通过思考产生的。我第一次意识到某些东西不一定都是我的手能摸到的。

我花了很长的时间琢磨"爱"这个词。现在我知道这个词是什么意思了。太阳被云覆盖，下了一场阵雨。忽然云开日出，阳光又带来了南方特有的炎热。

我又问老师："这是不是'爱'呢？"

老师回答说："'爱'就像云一样，在太阳出来之前布满天空。"接着她又解释说，"你知道，你不能摸到云，但你会感觉到雨。同样的，你不能摸到'爱'，但是你知道人的温情可以灌注到每一样东西中去。没有爱你就没有欢乐，你就不愿游玩。"

我的脑子里充满了美妙的真理。我感到我的心跟我看不见的东西，跟别人的心，都是紧紧地连接在一起的。

我是通过生活本身开始我的学习生涯的。起初，我只是个有可能学习的毛坯，是我的老师帮我开了眼界，使我这块毛坯有可能发展进步。她一来到我的身边，就给我带来爱，带来欢乐，给我的生活增添绚丽的色彩。她把一切事物的美展现在我的面前，她总是设法使我生活得充实、美满而有价值。

【巩固训练】

1. 填空。

（1）海伦·凯勒是＿＿＿＿＿国女作家、教育家、慈善家、社会活动家。

（2）安妮·莎利文老师对海伦·凯勒的教育方式有独特之处，表现在她教海伦·凯勒认识＿＿＿＿＿、水、＿＿＿＿＿和思考等内容上。

2. 下列词语中有错别字的一组是（　　　）。

    A. 奥秘　　斑斓　　懊恼　　呵护

    B. 光芒　　浅显　　暴晒　　甜密

    C. 瞬间　　手势　　惬意　　踪影

    D. 繁殖　　筑巢　　闷热　　花蕾

3. 下列句子中，标点符号使用有误的一项是（　　　）。

A. 那天深夜，我独自一人躺在床上，心中充满了喜悦与感恩，我在心里默默地大喊："这世上的孩子没有谁比我更幸福啦!"

B. 我当时仿佛本能地觉察到，她就是那个来引导我认识真理、带给我光明和关爱的人——安妮·莎利文老师。

C. 洋娃娃的衣服还是由"美国札记"中提到的萝拉女士亲自缝制的。

D. 莎利文老师一声不响地把可怜的洋娃娃的残骸扫到了壁炉旁，给我戴上帽子，我明白我又可以跟老师到春日里温暖的阳光下去玩耍了。

4. 本文题目是"我的老师"，但为什么要花那么多笔墨写自己?

5. 你觉得莎利文老师是怎样一位老师?

四、现代文精练（课外）

1.（2020·云南真题）阅读下面材料，根据材料完成后面题目。

老栓也向那边看，却只见一堆人的后背；颈项都伸得很长，仿佛许多鸭子，被无形的手捏住了的，向上提着。静了一会，似乎有点声音，便又动摇起来，轰的一声，都向后退；一直散到老栓立着的地方，几乎将他挤倒了。

"喂! 一手交钱，一手交货!"一个浑身黑色的人，站在老栓面前，眼光正像两把刀，刺得老栓缩小了一半。那人一只大手，向他摊着；一只手却撮着一个鲜红的馒头，那红的还是一点一点的往下滴。

老栓慌忙摸出洋钱，抖抖的想交给他，却又不敢去接他的东西。那人便焦急起来，嚷道，"怕什么? 怎的不拿!"老栓还踌躇着；黑的人便_____过灯笼，一把_____下纸罩，_____了馒头，_____与老栓；一手_____过洋钱，_____一捏，转身去了，嘴里哼着说，"这老东西……"

（1）第三段的横线上依次填入的词最恰当的一项是（　　）。

A. 扯　抢　裹　塞　捏　抓

B. 抢　扯　裹　塞　抓　捏

C. 抓　扯　塞　裹　抢　捏

D. 抢　抓　裹　塞　捏　扯

（2）第一段描写了革命者夏瑜受刑的场面，它采用的描写方式是（　　）。

A. 正面描写　　　　　　　B. 反面描写

C. 侧面描写　　　　　　　D. 正反描写

（3）第一段对一群围观者的神态作了形象描绘，其作用是（　　）。

A. 揭露反动统治者残酷杀害革命者

B. 反映"人血馒头能治病"的迷信思想严重毒害着广大群众

C. 揭示旧民主主义革命者严重脱离群众

D. 讽刺批评了围观者喜欢看热闹

（4）文中画线的句子所使用的修辞手法是（　　　）。

    A．比喻、借代　　　　　　　　B．通感、夸张

    C．借代、通感　　　　　　　　D．比喻、夸张

（5）文段中对人物描写栩栩如生，其运用的描写方法有（　　　）。

    A．神态描写　　　语言描写　　　行动描写

    B．神态描写　　　心理描写　　　肖像描写

    C．语言描写　　　肖像描写　　　行动描写

    D．心理描写　　　语言描写　　　神态描写

（6）给下列加点的字注音。

捏住（　　　）　　　撮着（　　　）

（7）在横线上所填写的动词，刻画出怎样的形象？

2．（2020·云南真题）阅读下面材料，根据材料完成后面题目。

    光线以明亮为好，小屋的光线是明亮的，因为屋虽小，窗很多。例外的只有破晓或入暮，那时山上只有一片 ___①___ ，一片 ___②___ ，一片 ___③___ 。小屋在山的怀抱中，犹如在花蕊中一般，慢慢地花蕊绽开了一些，好像群山后退了一些。山是不动的，那是光线加强了，是早晨来到了山中。当花瓣微微收拢，那就是夜晚来临了。小屋的光线 ___④___ 高于科学的时间性， ___⑤___ 高于浪漫的文学性。

（1）文段中的①②③横线上填入的词语，正确的一组是（　　　）。

    A．微光　　柔静　　宁谧　　　B．柔静　　微光　　宁谧

    C．微光　　宁谧　　柔静　　　D．宁谧　　柔静　　微光

（2）文段中的④⑤横线上填入的关联词，正确的一组是（　　　）。

    A．既　　　又　　　　　　　　B．一方面　　另一方面

    C．只有　　才能　　　　　　　D．既　　　也

（3）语段中画线的句子在文中起到了什么作用？

（4）为什么说小屋的光线富有"科学的时间性"？

（5）为什么说小屋的光线富有"浪漫的文学性"？

（6）概括本段大意。

（7）本段从什么角度表现小屋的美？

（8）文中画线的句子运用了什么修辞手法？

3. 阅读下面材料，根据材料完成后面题目。

①我常想读书人是世间的幸福人，因为他除了拥有现实的世界之外，还拥有另一个更为浩瀚也更为丰富的世界。现实世界是人人都有的，而后一个世界却为读书人所独有。由此我又想，那些失去或不能阅读的人是多么的不幸，他们的丧失是不可补偿的。世间有诸多的不平等，如财富的不平等，权利的不平等，而阅读能力的拥有或丧失却体现为精神的不平等。

②一个人的一生，只能经历自己拥有的那一份欣悦，那一份苦难，也许再加上他亲自闻知的那一些关于自身以外的经历和经验。然而，人们通过阅读，却能进入不同时空的诸多他人的世界。这样，具有阅读能力的人，无形间获得了超越有限生命的无限可能性。阅读不仅使他多识了草木虫鱼之名，而且可以上溯远古下及未来，饱览存在的与非存在的奇风异俗。

③更为重要的是，读书加惠于人们的不仅是知识的增广，而且还在于精神的感化与陶冶。人们从读书学做人，从那些往哲先贤以及当代才俊的著述中学得他们的人格。人们从《论语》中学得智慧的思考，从《史记》中学得严肃的历史精神，从《正气歌》学得人格的刚烈，从马克思学得入世的激情，从鲁迅学得批判精神，从列夫·托尔斯泰学得道德的执着；歌德的诗句刻写着睿智的人生，拜伦的诗句呼唤着奋斗的热情。一个读书人，是一个有机会拥有超乎个人生命体验的幸运人。

④一个人一旦与书本结缘，极大的可能是注定了做一个与崇高追求和高尚情趣相联系的人。说"极大的可能"，指的是不排除读书人中也有卑鄙和奸诈。况且，并非凡书皆好，在流传的书籍中，并非全是劝善之作，也有无价值的甚而有负面影响的。但我们所指的书，总是指以其优良品质得以流传一类，这类书对人的影响总是良性的。我之所以常感读书幸福，是从喜爱文学书的亲身感受而发。一旦与此种嗜好结缘，人多半因而向往崇高一类，对暴力的厌恶和对弱者的同情，使人心灵纯净而富正义感，人往往变得情趣高雅而趋避凡俗。或博爱，或温情，或抗争，大抵总引导人从幼年到成人，一步一步向着人间的美好境界前行。笛卡儿说"读一本好书，就是和许多高尚的人谈话"，这就是读书使人向善；雨果说"各种蠢事，在每天阅读好书的影响下，仿佛被烤在火上一样渐渐熔化"，这就是读书使人避恶。

⑤所以，我说，读书人是幸福人。

（1）以上文段是一篇＿＿＿＿＿＿＿＿＿＿（体裁），作者是谢冕。

（2）给下列词语中加点字注音。

陶冶（　　）　　　睿智（　　）　　　嗜好（　　）

（3）第①段第一句话中"更为浩瀚也更为丰富的世界"指的是＿＿＿＿＿＿世界。作者认为失去阅读机会或不能阅读的人是不幸的，这是因为＿＿＿＿＿＿＿＿＿＿＿＿。

（4）第③段文字主要使用了的修辞手法是（　　）。

　　A．排比　　　　B．比喻　　　　C．通感　　　　D．拟人

（5）第③段文字有四个句子，第二句和第三句是（　　）。

　　A．分总　　　　B．总分　　　　C．因果　　　　D．递进

（6）第③段画线句子有什么作用？

（7）请用简要的语言概括第④段的论证思路。

（8）文中说："人们从《论语》中学得智慧的思考。"我们在课内也学过《论语十则》。请任意引用其中一则，结合自己的实际，谈谈你的思考和体会。

引文：＿＿＿

思考和体会：＿＿＿＿＿＿＿＿＿＿＿＿＿＿＿＿＿＿＿＿＿＿＿＿＿＿＿＿＿＿＿＿＿＿＿＿

＿＿＿

＿＿＿

4．阅读下面材料，根据材料完成后面题目。

在盛夏的信义路上，常常会看到一位流浪的老人，即使热到摄氏三十八度的盛夏，他着一件很厚的中山装，中山装里还有一件毛衣。那么厚的衣物使他肥胖笨重有如木桶。平常他就蹲坐在街角歪着脖子，看来往的行人，也不说话，只是轻轻地摇动手里的奖券。

很少的时候，他会站起来走动。当他站起，才发现他的椅子绑在皮带上，走的时候，椅子摇过来，又摇过去。他脚上穿着一双老式的牛伯伯打游击的大皮鞋，摇摇晃晃像陆上的河马。

如果是中午过后，他就走到卖自助餐摊子的前面一站，想买一些东西来吃，摊贩看到他，通常会盛一盒便当送给他。他就把吊在臀部的椅子对准臀部，然后坐下去。吃完饭，他就地睡午觉，仍是歪着脖子，嘴巴微张。

到夜晚，他会找一块干净挡风的走廊睡觉，把椅子解下来当枕头，和衣，甜甜地睡去了。

我观察老流浪汉很久了，他全部的家当都带在身上，几乎终日不说一句话，可能他整年都不洗澡的。从他的相貌看来，应该是北方人，流落到这南方热带的街头，连最燠热的夏天都穿着家乡的厚衣。

对于街头的这位老人，大部分人都会投以厌恶与疑惑的眼光，小部分人则投以同情。

我每次经过那里，总会向老人买两张奖券，虽然我知道即使每天买两张奖券，对他也不能有什么帮助，但买奖券使我感到心安，并使同情找到站立的地方。

记得第一次向他买奖券那一幕，他的手、他的奖券、他的衣服同样的油腻污秽，他缓缓地把奖券撕下，然后在衣袋中摸索着，摸索半天掏出一个小小的红色塑胶套，这套子竟是崭新的，美艳的无法和他相配。

老人小心地把奖券装进红色塑胶套，由于手的笨拙，使这个简单动作也十分艰困。

"不用装套子了。"我说。

"不行的，讨个喜气，祝你中奖！"老人终于笑了，露出缺几颗牙的嘴，说出充满乡音的话。

他终于装好了，慎重地把红套子交给我，红套子上写着八个字："一券在手，希望无穷。"

后来我才知道，不管是谁买奖券，他总会努力地把奖券装进红套子里。慢慢我理解到了，小红套原来是老人对买他奖券的人一种感激的表达。每次，我总是沉默耐心等待，看他把心情装进红套子，温暖四处流动着。

和老人逐渐认识后，有一年冬天黄昏，我向他买奖券，他还没有拿奖券给我，先看见我穿了单衣，最上面的两个扣子没有扣。老人说："你这样会冷吧！"然后，他把奖券夹在腋下，伸出那双油污的手，要来帮我扣扣子，我迟疑一下，但没有退避。

老人花了很大的力气，才把我的扣子扣好，那时我真正感觉到人明净的善意，不管外表是怎么样的污秽，都会从心的深处涌出，在老人为我扣扣子的那一刻，我想起了自己的父亲，鼻子因而酸了。

老人依然是街头的流浪汉，把全部的家当带在身上，我依然是我，向他买着＿＿＿＿＿＿的奖券。但在我们之间，有一些友谊，装在小红套，装在眼睛里，装在不可测的心之角落。

我向老人买过很多很多奖券，多未中过奖，但每次接过小红套时，我觉得那一时刻已经中奖了，真的是"一券在手，希望无穷"。我的希望不是奖券，而是人的好本质，不会被任何境况所淹没。我想到伟大的禅师庞蕴说的："好雪片片，不落别处！"我们生活中的好雪，明净之雪也是如此，在某时某地当下即见，美丽的落下，落下的雪花不见了，但灌溉了我们的心田。

（1）以上文段选自《好雪片片》，是一篇＿＿＿＿＿＿＿＿＿＿（文体），作者是林清玄。

（2）给下列词语中加点字注音。

奖券（　　）　　　污秽（　　）

（3）文中填入的成语最恰当的一项是（　　　）。

　　A．无关紧要　　　B．举重若轻　　　C．轻如鸿毛　　　D．细枝末节

（4）文中说："每次，我总是沉默耐心等待，看他把心情装进红套子，温暖四处流动着。"这句话中，"心情""温暖"各有什么深刻的内涵？试理解。

"心情"指：＿＿＿＿＿＿＿＿＿＿＿＿＿＿＿＿＿＿＿＿＿＿＿＿＿＿＿＿＿＿＿＿＿＿＿

"温暖"指：＿＿＿＿＿＿＿＿＿＿＿＿＿＿＿＿＿＿＿＿＿＿＿＿＿＿＿＿＿＿＿＿＿＿＿

（5）文中写"我"通过在老人那里买奖券"感到心安""并使同情找到站立的地方"，为什么感到心安？"并使同情找到站立的地方"是什么意思？从中可以看出"我"是一个什么样的人？

（6）文章以"好雪片片"为题，又以"好雪片片，不落别处"收束全文，你觉得有什么好处？

（7）阅读全文后，你觉得文中这位流浪老人心灵美在何处？你对美有什么新的感悟？

5. 阅读下面材料，根据材料完成后面题目。

月亮升起来，院子里凉爽得很，干净得很，白天破好的苇眉子潮润润的，正好编席。女人坐在小院当中，手指上缠绞着柔滑修长的苇眉子。苇眉子又薄又细，在她怀里跳跃着。

要问白洋淀有多少苇地？不知道。每年出多少苇子？不知道。只晓得，每年芦花飘飞苇叶黄的时候，全淀的芦苇收割，垛起垛来，在白洋淀周围的广场上，就成了一条苇子的长城。女人们，在场里院里编着席。编成了多少席？六月里，淀水涨满，有无数的船只，运输银白雪亮的席子出口。不久，各地的城市村庄，就全有了花纹又密、又精致的席子用了。大家争着买："好席子，白洋淀席！"

这女人编着席。不久，在她的身子下面就编成了一大片。＿＿＿＿＿＿＿＿＿＿，也像坐在一片洁白的云彩上。她有时望望淀里，＿＿＿＿＿＿＿＿。水面笼起一层薄薄透明的雾，＿＿＿＿＿＿＿＿，带着新鲜的荷叶荷花香。但是大门还没关，丈夫还没回来。

很晚丈夫才回来了。这年轻人不过二十五六岁，头戴一顶大草帽，上身穿一件洁白的小褂，黑单裤卷过了膝盖，光着脚。他叫水生，小苇庄的游击组长，党的负责人。今天领着游击组到区上开会去了。

女人抬头笑着问："今天怎么回来的这么晚？"站起来要去端饭。

水生坐在台阶上说："吃过饭了，你不要去拿。"

女人就又坐在席子上。她望着丈夫的脸，她看出他的脸有些红胀，说话也有些气喘。她问："他们几个呢？"

水生说："还在区上。爹哩？"

女人说："睡了。"

"小华哩？"

"和他爷爷去收了半天虾篓，早就睡了。他们几个为什么还不回来？"

水生笑了一下。女人看出他笑的不像平常，"怎么了，你？"

水生小声说："明天我就到大部队上去了。"

女人的手指震动了一下，想是叫苇眉子划破了手。她把一个手指放在嘴里吮了一下。

水生说："今天县委召集我们开会。假若敌人再在同口安上据点，那和端村就成了一条线，淀里的斗争形势就变了。会上决定成立一个地区队。我第一个举手报了名的。"

女人低着头说："你总是很积极的。"

(1) 文段选自课文，作者是＿＿＿＿＿＿＿＿＿＿＿小说创始人。

(2) 给下列字注音。

淀（　　）　　篓（　　）

(3) 下列文句在横线处最合理的语序是（　　）。

①她像坐在一片洁白的雪地上　　②风吹过来　　③淀里也是一片银白世界

　　A. ①②③　　　　B. ①③②　　　　C. ③①②　　　　D. ②③①

(4) 这几段的景物写得很美，作用也是多方面的。比如，展示荷花淀的地域风貌，勾画恬静的充满诗情画意的艺术境界；为"话别"提供时间、地点和谐的氛围，为荷花淀伏击战的环境作铺垫。请你再从塑造人物的角度谈谈开头几节景物描写的作用。

（5）通过传神的细节描写来展现人物的心理世界，是刻画人物常用的手法之一，请在以上文段中举出一个典型的例子，并作简要分析。

（6）"你总是很积极的"一句反映了水生嫂对丈夫报名参军的复杂感情，请你试作具体分析。

（7）你喜欢水生吗？为什么？

6．阅读下面材料，根据材料完成后面题目。

①在人的生长发育过程中，细胞往往由于高度分化而失去了再分裂的能力，最终衰老死亡，而在长期的发展适应过程中，人体保留了一部分未分化的原始细胞——干细胞。干细胞，即起源细胞，它是一类具有多项分化潜能和自我复制能力的未分化细胞，是形成哺乳动物各组织器官的原始细胞。全球目前已经开展了上万例的干细胞移植，经临床证实的可采用干细胞移植治疗的疾病达 92 种，包括脑瘫、老年痴呆、糖尿病、肝脏疾病、肿瘤、烧伤、衰老等。

②按照发育状态，干细胞可以分为成体干细胞和胚胎干细胞。成年动物的许多组织和器官，比如表皮和造血系统，具有修复和再生的能力，成体干细胞在其中起着关键的作用。在特定条件下，成体干细胞（　　）产生新的干细胞，（　　）按一定的程序分化形成新的功能细胞，从而使组织和器官保持生长和衰退的动态平衡。胚胎干细胞（简称"ES"或"EK"细胞）是从早期胚胎或原始性腺中分离出来的一类全能性细胞。无论在体内还是体外环境，胚胎干细胞都能被诱导分化为机体几乎所有的细胞类型。在科学家的不断尝试下，人体的胚胎干细胞可分化成多种细胞，比如神经元、心肌细胞、胰岛细胞和血细胞等。

③最近，中国科学家对胚胎干细胞研究的一项新突破走在世界前列。

④2013 年 5 月，复旦大学张素春教授领军的科研团队首次将人类胚胎干细胞成功地转化成特定的神经细胞，并将转化后的中间细胞注入小鼠大脑中，使已丧失学习和记忆能力的小鼠恢复了学习和记忆能力。该成果第一次证明人类干细胞可以成功植入大脑中，对治愈各种神经功能缺陷疾病有重大意义。

⑤张素春团队选中了一种不会排斥其他物种移植物的特殊品种的小鼠，他们首先"蓄意破坏"了小鼠大脑中掌握"学习和记忆"、被称为"内侧隔阂"的大脑区域的线路，使小鼠暂时丧失"学习和记忆"能力。植入后的干细胞立刻形成两种常见的、重要的神经类型，它们分别与大脑中"指挥"行为、情感、学习、记忆、成瘾和许多其他神经问题的化学物质氨基丁酸或乙酰胆碱能神经元进行有效沟通，并响应来自大脑的化学指令，开始特化并与海马体中的适当细胞相连接。测试证实，这些接受干细胞移植后"连接"成功的小鼠，常规学习和记忆能力得到了有效恢复，评分明显优于那些依然丧失"学习和记忆"能力的小鼠。尤其在"水迷宫"测试中，干细胞移植成功的小鼠对迷宫的设置记忆清晰，应对自如，而对照组小鼠面临迷宫则慌作一团，不知所措。

⑥干细胞移植研究的终极目标是通过细胞替代来修复大脑损伤，前景诱人。但张教授指出，目前干细胞治疗还不大可能立即产生效应，因为许多精神疾病仍难以确定是大脑的哪部分出现了问题。

（1）给下列加点字注音。

脑瘫（　　）　　　胚胎（　　）

（2）用简练的语言概括干细胞和其他几种细胞之间的关系。

（3）在括号内填入的关联词语，最恰当的一组是（　　）。

  A．或者　　或者　　　　　　　B．即使　　也

  C．因为　　而且　　　　　　　D．虽然　　但是

（4）怎样理解第③自然段句子中的"新突破"？

（5）文章第⑤自然段画横线句子主要运用了什么说明方法？请说明其作用。

（6）文章第⑥自然段加点的"目前"和"不大可能"在句子中有什么作用？

（7）如果可以修复大脑，你会进行修复吗？

五、例文练习

（一）故都的秋

  秋天，无论在什么地方的秋天，总是好的；可是啊，北国的秋，却特别地来得清，来得静，来得悲凉。我的不远千里，要从杭州赶上青岛，更要从青岛赶上北平来的理由，也不过想饱尝一尝这"秋"，这故都的秋味。

  江南，秋当然也是有的；但草木凋得慢，空气来得润，天的颜色显得淡，并且又时常多雨而少风；一个人夹在苏州上海杭州，或厦门香港广州的市民中间，混混沌沌地过去，只能感到一点点清凉，秋的味，秋的色，秋的意境与姿态，总看不饱，尝不透，赏玩不到十足。秋并不是名花，也并不是美酒，那一种半开、半醉的状态，在领略秋的过程上，是不合适的。

  不逢北国之秋，已将近十余年了。在南方每年到了秋天，总要想起陶然亭的芦花，钓鱼台的柳影，西山的虫唱，玉泉的夜月，潭柘寺的钟声。在北平即使不出门去吧，就是在皇城人海之中，租人家一椽破屋来住着，早晨起来，泡一碗浓茶，向院子一坐，你也能看得到很高很高的碧绿的天色，听得到青天下驯鸽的飞声。从槐树叶底，朝东细数着一丝一丝漏下来的日光，或在破壁腰中，静对着像喇叭似的牵牛花（朝荣）的蓝朵，自然而然地也能够感觉到十分的秋意。说到了牵牛花，我以为以蓝色或白色者为佳，紫黑色次之，淡红者最下。最好，还要在牵牛花的花底，教长着几根疏疏落落的尖细且长的秋草，使作陪衬。

209

北国的槐树，也是一种能使人联想起秋来的点缀。像花而又不是花的那一种落蕊，早晨起来，会铺得满地。脚踏上去，声音也没有，气味也没有，只能感出一点点极微细极柔软的触觉。扫街的在树影下一阵扫后，灰土上留下来的一条条扫帚的丝纹，看起来既觉得细腻，又觉得清闲，潜意识下并且还觉得有点儿落寞，古人所说的梧桐一叶而天下知秋的遥想，大约也就在这些深沉的地方。

秋蝉的衰弱的残声，更是北国的特产；因为北平处处全长着树，屋子又低，所以无论在什么地方，都听得见它们的啼唱。在南方是非要上郊外或山上去才听得到的。这秋蝉的嘶叫，在北平可和蟋蟀耗子一样，简直像是家家户户都养在家里的家虫。

还有秋雨哩，北方的秋雨，也似乎比南方的下得奇，下得有味，下得更像样。

在灰沉沉的天底下，忽而来一阵凉风，便息列索落的下起雨来了。一层雨过，云渐渐地卷向了西去，天又晴了，太阳又露出脸来了；着着很厚的青布单衣或夹袄的都市闲人，咬着烟管，在雨后的斜桥影里，上桥头树底下去一立，遇见熟人，便会用了缓慢悠闲的声调，微叹着互答着的说：

"唉，天可真凉了——"（这了字念得很高，拖得很长。）

"可不是吗？一层秋雨一层凉啦！"

北方人念阵字，总老像是层字，平平仄仄起来，这念错的歧韵，倒来得正好。

北方的果树，到秋来，也是一种奇景。第一是枣子树；屋角，墙头，茅房边上，灶房门口，它都会一株株的长大起来。像橄榄又像鸽蛋似的这枣子颗儿，在小椭圆形的细叶中间，显出淡绿微黄的颜色的时候，正是秋的全盛时期，等枣树叶落，枣子红完，西北风就要起来了，北方便是沙尘灰土的世界，只有这枣子，柿子，葡萄，成熟到八九分的七八月之交，是北国的清秋的佳日，是一年之中最好也没有的Golden Days。

有些批评家说，中国的文人学士，尤其是诗人，都带着很浓厚的颓废色彩，所以中国的诗文里，颂赞秋的文字特别的多。但外国的诗人，又何尝不然？我虽则外国诗文念得不多，也不想开出账来，做一篇秋的诗歌散文钞，但你若去一翻英德法意等诗人的集子，或各国的诗文的Anthology来，总能够看到许多关于秋的歌颂与悲啼。各著名的大诗人的长篇田园诗或四季诗里，也总以关于秋的部分，写得最出色而最有味。足见有感觉的动物，有情趣的人类，对于秋，总是一样的能特别引起深沉、幽远、严厉、萧索的感触来的。不单是诗人，就是被关闭在牢狱里的囚犯，到了秋天，我想也一定会感到一种不能自己的深情；秋之于人，何尝有国别，更何尝有人种阶级的区别呢？不过在中国，文字里有一个"秋士"的成语，读本里又有着很普遍的欧阳子的《秋声》与苏东坡的《赤壁赋》等，就觉得中国的文人，与秋的关系特别深了。可是这秋的深味，尤其是中国的秋的深味，非要在北方，才感受得到底。

南国之秋，当然是也有它的特异的地方的，譬如廿四桥的明月，钱塘江的秋潮，普陀山的凉雾，荔枝湾的残荷等等，可是色彩不浓，回味不永。比起北国的秋来，正像是黄酒之与白干，稀饭之与馍馍，鲈鱼之与大蟹，黄犬之与骆驼。

秋天，这北国的秋天，若留得住的话，我愿把寿命的三分之二折去，换得一个三分之一的零头。

1934年8月，在北平

1. 作者主要通过哪些景物来写故都的秋的？

2. 这些景物的共同特点是什么？

3. 故都北京，即使是在郁达夫那个时代，秋天里，明艳之色有，繁市之境在，作者为何避而不写？

4. 思考第 12 自然段的议论有无必要？（试从议论的落脚点上考虑）

5. 体会文章写作特色。

6. 本文的写作方法是什么？

7. 本文倒数第二段用了什么修辞手法？有什么作用？

（二）荷塘月色

这几天心里颇不宁静。今晚在院子里坐着乘凉，忽然想起日日走过的荷塘，在这满月的光里，总该另有一番样子吧。月亮渐渐地升高了，墙外马路上孩子们的欢笑，已经听不见了；妻在屋里拍着闰儿，迷迷糊糊地哼着眠歌。我悄悄地披了大衫，带上门出去。

沿着荷塘，是一条曲折的小煤屑路。这是一条幽僻的路；白天也少人走，夜晚更加寂寞。荷塘四面，长着许多树，蓊蓊郁郁的。路的一旁，是些杨柳，和一些不知道名字的树。没有月光的晚上，这路上阴森森的，有些怕人。今晚却很好，虽然月光也还是淡淡的。

路上只我一个人，背着手踱着。这一片天地好像是我的；我也像超出了平常的自己，到了另一世界里。我爱热闹，也爱冷静；爱群居，也爱独处。像今晚上，一个人在这苍茫的月下，什么都可以想，什么都可以不想，便觉是个自由的人。白天里一定要做的事，一定要说的话，现在都可不理。这是独处的妙处，我且受用这无边的荷香月色好了。

曲曲折折的荷塘上面，弥望的是田田的叶子。叶子出水很高，像亭亭的舞女的裙。层层的叶子中间，零星地点缀着些白花，有袅娜地开着的，有羞涩地打着朵儿的；正如一粒粒的明珠，又如碧天里的星星，又如刚出浴的美人。微风过处，送来缕缕清香，仿佛远处高楼上渺茫的歌声似的。这时候叶子与花也有一丝的颤动，像闪电般，霎时传过荷塘的那边去了。叶子本是肩并肩密密地挨着，这便宛然有了一道凝碧的波痕。叶子底下是脉脉的流水，遮住了，不能见一些颜色；而叶子却更见风致了。

月光如流水一般，静静地泻在这一片叶子和花上。薄薄的青雾浮起在荷塘里。叶子和花仿佛在牛乳中洗过一样，又像笼着轻纱的梦。虽然是满月，天上却有一层淡淡的云，所以不能朗照；但我以为这恰是到了好处——酣眠固不可少，小睡也别有风味的。月光是隔了树照过来的，高处丛生的灌木，落下参差的斑驳的黑影，峭楞楞如鬼一般；弯弯的杨柳的稀疏的倩影，却又像是画在荷叶上。塘中的月色并不均匀；但光与影有着和谐的旋律，如梵婀玲上奏着的名曲。

荷塘的四面，远远近近，高高低低都是树，而杨柳最多。这些树将一片荷塘重重围住；只在小路一旁，漏着几段空隙，像是特为月光留下的。树色一例是阴阴的，乍看像一团烟雾；但杨柳的丰姿，便在烟雾里也辨得出。树梢上隐隐约约的是一带远山，只有些大意罢了。树缝里也漏着一两点路灯光，没精打采的，是渴睡人的眼。这时候最热闹的，要数树上的蝉声与水里的蛙声；但热闹是它们的，我什么也没有。

忽然想起采莲的事情来了。采莲是江南的旧俗，似乎很早就有，而六朝时为盛；从诗歌里可以约略知道。采莲的是少年的女子，她们是荡着小船，唱着艳歌去的。采莲人不用说很多，还有看采莲的人。那是一个热闹的季节，也是一个风流的季节。梁元帝《采莲赋》里说得好：

于是妖童媛女，荡舟心许；鹢首徐回，兼传羽杯；棹将移而藻挂，船欲动而萍开。尔其纤腰束素，迁延顾步；夏始春余，叶嫩花初，恐沾裳而浅笑，畏倾船而敛裾。

可见当时嬉游的光景了。这真是有趣的事，可惜我们现在早已无福消受了。

于是又记起《西洲曲》里的句子：

采莲南塘秋，莲花过人头；低头弄莲子，莲子清如水。

今晚若有采莲人，这儿的莲花也算得"过人头"了；只不见一些流水的影子，是不行的。这令我到底惦着江南了。——这样想着，猛一抬头，不觉已是自己的门前；轻轻地推门进去，什么声息也没有，妻已睡熟好久了。

1927年7月，北京清华园。

1. 对下列句子或加点词语的表达效果解说不正确的一项是（　　）。
   A. "田田的叶子""亭亭的舞女的裙""层层的叶子"，这些语句用叠词法描绘景物，音韵和谐，突出月下荷塘景物的朦胧。
   B. "叶子底下是脉脉的流水"，"脉脉"原指用眼神或行动表情达意的样子，这里既写流水无声，又用拟人手法赋予水以人的情意。
   C. "正如一粒粒的明珠，又如碧天里的星星，又如刚出浴的美人"，用博喻的手法写出荷花的动人之处。
   D. "这时候叶子与花也有一丝的颤动，像闪电般，霎时传过荷塘的那边去了"，用比喻的手法，侧面描写荷风的轻柔。

2. "微风过处，送来缕缕清香，仿佛远处高楼上渺茫的歌声似的。"运用了什么修辞手法？有何好处？

3. "但我以为这恰是到了好处"中的"这"指代什么？作者为什么这样说？

4. 下列对《荷塘月色》分析理解有误的两项是（　　）。
   A. 全文行文脉络是从"不宁静""寻独处"到"见荷塘月色""忆采莲"，最终"归家复回现实"，作者在寻求内心短暂安宁的同时，并未真正忘却现实的烦闷。

    B.　选文第四段塘中的微风吹开密密地挨着的叶子和花，见到叶子底下脉脉的流水，水声如远处高楼渺茫的歌声，清幽动人。

    C.　选文第五段中，"酣眠固不可少，小睡也别有风味的"，作者以"小睡"来形容当时的略为黯淡的月光，认为它也有动人的地方。

    D.　文中的《西洲曲》本是用来描写一个年轻女子思念情人的痛苦，作者在此借用它来表达对自己妻子的深深思念之情，委婉含蓄。

    E.　最后一段，作者以"猛一抬头"来形容自己从荷塘月色、江南采莲的梦境中惊醒，重新面对现实；而"轻轻"一词反映出其内心的孤寂。

5.　请结合作者的心理活动，分析选文第三段"我且受用这无边的荷香月色好了"句中"且"字的表达效果。

6.　选文第七段，作者追忆的六朝时的采莲场景有何特点；并结合上下文谈谈它的作用。

7.　全文首句在文中有什么作用？

8.　第二段写荷塘的环境，写这一环境描写的主要目的是什么？请简要分析。

9.　第三段中路上的一段独白："路上只我一个人……这是独处的妙处。"此段心理描写照应上文中哪一句话？

10.　文章第四段所写的景物依次是：＿＿＿＿＿＿＿、＿＿＿＿＿＿＿、＿＿＿＿＿＿＿、＿＿＿＿＿＿＿、＿＿＿＿＿＿＿。

11.　第四段文字结尾写叶下流水时，用的词语是"脉脉"而不是"静静"，这样写的作用主要是（　　）。

    A.　写出流水默默无声，衬托荷花柔美风韵。

    B.　写出流水含有情义，衬托荷花柔美风韵。

    C.　写出流水默默无声，衬托荷花艳丽照人。

    D.　写出流水含有情义，衬托荷花艳丽照人。

12. 下面句子加点字分析错误的一项是（　　）。

　　A. 月光如流水一般，静静地泻在这一片叶子和花上。（"泻"字富有动感）

　　B. 叶子和花仿佛在牛乳中洗过一样。（"洗"字显出牛乳之清）

　　C. 弯弯的杨柳的稀疏的倩影，却又像是画在荷叶上。（"画"字赋予主动意识，写出倩影之真）

　　D. 曲曲折折的荷塘上面，弥望的是田田的叶子。（"弥"字突出荷叶之广、之密）

13. "酣眠"和"小睡"分别指（　　）。

　　A. 熟睡和较少时间的浅睡

　　B. 满月和淡淡的云

　　C. 朗照和淡云遮掩的朦胧的月照

　　D. 黑影和残月

14. 第六段描写荷塘四周月色，其作用至少有二，请简要分析。

15. 关于第五段，下面判断错误的一项是（　　）。

　　A. 本段描写的是月下的荷叶、荷花、荷香和流水。

　　B. 本段描写的是月下的荷塘。

　　C. 本段描写的是荷塘上的月色。

　　D. 本段描写了月下荷塘的静态美和动态美。

16. 作者将荷花比作"明珠"和"星星"，选出分析正确的一项（　　）。

　　A. 荷塘上的荷花呈圆形而且闪闪发光。

　　B. 塘上的荷花是名贵的品种，而且朵儿不大。

　　C. 这种荷花能像"明珠"和"星星"那样光芒四射。

　　D. 在月光的照射下，白色的荷花给人一种如"明珠"般润泽的感觉，在绿叶的映衬下，又像碧天里的星星了。

17. 作者将荷花的清香比作远处高楼上渺茫的歌声，请指出二者的相似点。

18. 从全文看，第六段文字表达了作者怎样的思想感情？

（三）项链

　　她也是一个美丽动人的姑娘，好像由于命运的差错，生在一个小职员的家里。她没有陪嫁的资产，也没有什么法子让一个有钱的体面人认识她，了解她，爱她，娶她；最后只得跟教育部的一个小书记结了婚。

　　她不能够讲究打扮，只好穿得朴朴素素，但是她觉得很不幸，好像这降低了她的身份似的。因为在妇女，美丽、丰韵、娇媚，就是她们的出身；天生的聪明、优美的资质、温柔的性情，就是她们唯一的资格。

她觉得她生来就是为着过高雅和奢华的生活，因此她不断地感到痛苦。住宅的寒伧，墙壁的黯淡，家具的破旧，衣料的粗陋，都使她苦恼。这些东西，在别的跟她一样地位的妇人，也许不会挂在心上，然而她却因此痛苦，因此伤心。她看着那个替她做琐碎家事的勃雷大涅省的小女仆，心里就引起悲哀的感慨和狂乱的梦想。她梦想那些幽静的厅堂，那里装饰着东方的帷幕，点着高脚的青铜灯，还有两个穿短裤的仆人，躺在宽大的椅子里，被暖炉的热气烘得打盹儿；她梦想那些宽敞的客厅，那里张挂着古式的壁衣，陈设着精巧的木器，珍奇的古玩；她梦想那些华美的香气扑鼻的小客室，在那里，下午五点钟的时候，她跟最亲密的男朋友闲谈，或者跟那些一般女人所最仰慕最乐于结识的男子闲谈。

每当她在铺着一块三天没洗的桌布的圆桌边坐下来吃晚饭的时候，对面，她的丈夫揭开汤锅的盖子，带着惊喜的神气说："啊！好香的肉汤！再没有比这更好的了！……"这时候，她就梦想到那些精美的晚餐，亮晶晶的银器；梦想到那些挂在墙上的壁衣，上面绣着古装人物，仙境般的园林，奇异的禽鸟；梦想到盛在名贵的盘碟里的佳肴；梦想到一边吃着粉红色的鲈鱼或者松鸡翅膀，一边带着迷人的微笑听客人密谈。

她没有漂亮服装，没有珠宝，什么也没有。然而她偏偏只喜爱这些，她觉得自己生在世上就是为了这些。她一向就向往着得人欢心，被人艳羡，具有诱惑力而被人追求。

她有一个有钱的女朋友，是教会女校的同学，可是她再也不想去看望她了，因为看望回来就会感到十分痛苦。由于伤心、悔恨、失望、困苦，她常常整日地哭好几天。

然而，有一天傍晚，她丈夫得意扬扬地回家来，手里拿着一个大信封。

"看呀，"他说，"这里有点东西给你。"

她高高兴兴地拆开信封，抽出一张请柬，上面印着这些字：

"教育部部长乔治·郎伯诺及夫人，恭请路瓦栽先生与夫人于一月十八日（星期一）光临教育部礼堂，参加夜会。"

她不像她丈夫预料的那样高兴，她懊恼地将请柬丢在桌上，咕哝着：

"你叫我拿着这东西怎么办呢？"

"但是，亲爱的，我原以为你一定很喜欢的。你从来不出门，这是一个机会，这个，一个好机会！我费了多大力气才弄到手。大家都希望得到，可是很难得到，一向很少发给职员。你在那儿可以看见所有的官员。"

她用恼怒的眼睛瞧着他，不耐烦地大声说：

"你打算让我穿什么去呢？"

他没有料到这个，结结巴巴地说：

"你上戏园子穿的那件衣裳，我觉得就很好，依我……"

他住了口，惊慌失措，因为看见妻子哭起来了，两颗大大的泪珠慢慢地顺着眼角流到嘴角来了。他吃吃地说：

"你怎么了？你怎么了？"

她费了很大的力，才抑制住悲痛，擦干她那润湿的两腮，用平静的声音回答：

"没有什么。只是，没有件像样的衣服，我不能去参加这个夜会。你的同事，谁的妻子打扮得比我好，就把这请柬送给谁去吧。"

他难受了，接着说：

"好吧，玛蒂尔德。做一身合适的衣服，你在别的场合也能穿，很朴素的，得多少钱呢？"

她想了几秒钟，合计出一个数目，考虑到这个数目可以提出来，不会招致这个俭省的书记立刻的拒绝和惊骇的叫声。

末了，她迟疑地答道：

"准数呢，我不知道，不过我想，有四百法郎就可以办到。"

他脸色有点发白了。他恰好存着这么一笔款子，预备买一杆猎枪，好在夏季的星期天，跟几个朋友到南代尔平原去打云雀。

然而他说：

"就这样吧，我给你四百法郎。不过你得把这件长衣裙做得好看些。"

夜会的日子近了，但是路瓦栽夫人显得郁闷、不安、忧愁。她的衣服却做好了。她丈夫有一天晚上对她说：

"你怎么了？看看，这三天来你非常奇怪。"

她回答说：

"叫我发愁的是一粒珍珠、一块宝石都没有，没有什么戴的。我处处带着穷酸气，很不想去参加这个夜会。"

他说：

"戴上几朵鲜花吧。在这个季节里，这是很时新的。花十个法郎，就能买两三朵别致的玫瑰。"

她还是不依。

"不成……在阔太太中间露穷酸相，再难堪也没有了。"

她丈夫大声说：

"你多么傻啊！去找你的朋友佛来思节夫人，向她借几样珠宝。你跟她很有交情，这点事满可以办到。"

她发出惊喜的叫声。

"真的！我倒没想到这个。"

第二天，她到她的朋友家里，说起自己的烦闷。

佛来思节夫人走近她那个镶着镜子的衣柜，取出一个大匣子，拿过来打开了，对路瓦栽夫人说：

"挑吧，亲爱的。"

她先看了几副镯子，又看了一挂珍珠项圈，随后又看了一个威尼斯式的镶着宝石的金十字架，做工非常精巧。她在镜子前边试这些首饰，犹豫不决，不知道该拿起哪件，放下哪件。她不断地问着：

"再没有别的了吗？"

"还有呢。你自己找吧，我不知道哪样合你的意。"

忽然她在一个青缎子盒子里发现一挂精美的钻石项链，她高兴得心也跳起来了。她双手拿着那项链发抖。她把项链绕着脖子挂在她那长长的高领上，站在镜前对着自己的影子出神好半天。

随后，她迟疑而焦急地问：

"你能借给我这件吗？我只借这一件。"

"当然可以。"

她跳起来，搂住朋友的脖子，狂热地亲她，接着就带着这件宝物跑了。

夜会的日子到了，路瓦栽夫人得到成功。她比所有的女宾都漂亮、高雅、迷人，她满脸笑容，兴高采烈。所有的男宾都注视她，打听她的姓名，求人给介绍；部里机要处的人员都想跟她跳舞，部长也注意她了。

她狂热地兴奋地跳舞，沉迷在欢乐里，什么都不想了。她陶醉于自己的美貌胜过一切女宾，陶醉于成功的光荣，陶醉在人们对她的赞美、羡慕和妒忌所形成的幸福的云雾里，陶醉在妇女们所认为最美满最甜蜜的胜利里。

她是早晨四点钟光景离开的。她丈夫从半夜起就跟三个男宾在一间冷落的小客室里睡着了。那时候，这三个男宾的妻子也正舞得快活。

她丈夫把那件从家里带来预备给她临走时候加穿的衣服，披在她的肩膀上。这是件朴素的家常衣裳，这件衣服的寒伧味儿跟舞会上的衣服的豪华气派很不相称。她感觉到这一点，为了避免那些穿着珍贵皮衣的女人看见，想赶快逃走。

路瓦栽把她拉住，说：

"等一等，你到外边要着凉的。我去叫一辆马车来。"

但是她一点也不听，赶忙走下台阶。他们到了街上，一辆车也没看见，他们到处找，远远地看见车夫就喊。

他们在失望中顺着塞纳河走去，冷得发抖，终于在河岸上找着一辆拉晚儿的破马车。这种车，巴黎只有夜间才看得见；白天，它们好像自惭形秽，不出来。

车把他们一直拉到马丁街寓所门口，他们惆怅地进了门。在她，一件大事算是完了。她丈夫呢，就想着十点钟得到部里去。

她脱下披在肩膀上的衣服，站在镜子前边，为的是趁这荣耀的打扮还在身上，再端详一下自己。但是，她猛然喊了一声。脖子上的钻石项链没有了。

她丈夫已经脱了一半衣服，就问：

"什么事情？"

她吓昏了，转身向着他说：

"我……我……我丢了佛来思节夫人的项链了。"

他惊慌失措地直起身子，说：

"什么！……怎么啦！……哪儿会有这样的事！"

他们在长衣裙褶里、大衣褶里寻找，在所有口袋里寻找，竟没有找到。

他问：

"你确实相信离开舞会的时候它还在吗？"

"是的，在教育部走廊上我还摸过它呢。"

"但是，如果是在街上丢的，我们总听得见声响。一定是丢在车里了。"

"是的，很可能。你记得车的号码吗？"

"不记得。你呢，你没注意吗？"

"没有。"

他们惊惶地面面相觑。末后，路瓦栽重新穿好衣服。

"我去，"他说，"把我们走过的路再走一遍，看看会不会找着。"

他出去了。她穿着那件参加舞会的衣服，连上床睡觉的力气也没有，只是倒在一把椅子里发呆，精神一点也提不起来，什么也不想。

七点钟光景，她丈夫回来了。什么也没找着。

后来，他到警察厅去，到各报馆去，悬赏招寻，也到所有车行去找。总之，凡有一线希望的地方，他都去过了。

她面对着这不幸的灾祸，整天等候着，整天在惊恐的状态里。

晚上，路瓦栽带着瘦削苍白的脸回来了，一无所得。

"应该给你的朋友写信，"他说，"说你把项链的搭钩弄坏了，正在修理。这样，我们才有周转的时间。"

她照他说的写了封信。

过了一个星期，他们所有的希望都断绝了。

路瓦栽，好像老了五年，他决然说：

"应该想法赔偿这件首饰了。"

第二天，他们拿了盛项链的盒子，照着盒子上的招牌字号找到那家珠宝店。老板查看了许多账簿，说：

"太太，这挂项链不是我卖出的；我只卖出这个盒子。"

于是他们就从这家珠宝店到那家珠宝店，凭着记忆去找一挂同样的项链。两个人都愁苦不堪，快病倒了。

在皇宫街一家铺子里，他们看见一挂钻石项链，正跟他们找的那一挂一样，标价四万法郎。老板让了价，只要三万六千。

他们恳求老板，三天之内不要卖出去。他们又订了约，如果原来那一挂在二月底以前找着，那么老板可以拿三万四千收回这一挂。

路瓦栽现有父亲遗留给他的一万八千法郎。其余的，他得去借。

他开始借钱了，向这个借一千法郎，向那个借五百法郎，从这儿借五个路易，从那儿借三个路易。他签了好些债券，订了好些使他破产的契约。他跟许多放高利贷的人和各种不同国籍的放债人打交道。他顾不得后半世的生活了，冒险到处签着名，却不知道能保持信用不能。未来的苦恼，将要压在身上的残酷的贫困，肉体的苦楚，精神的折磨，在这一切的威胁之下，他把三万六千法郎放在商店的柜台上，取来那挂新的项链。

路瓦栽夫人送还项链的时候，佛来思节夫人带着一种不满意的神情对她说：

"你应当早一点还我，也许我早就要用它了。"

佛来思节夫人没有打开盒子。她的朋友正担心她打开盒子。如果她发觉是件代替品，她会怎样想呢？会怎样说呢？她不会把她的朋友当作一个贼吗？

路瓦栽夫人懂得穷人的艰难生活了。她一下子显出了英雄气概，毅然决然打定了主意。她要偿还这笔可怕的债务。她就设法偿还。她辞退了女仆，迁移了住所，租赁了一个小阁楼住下。

她懂得家里的一切粗笨活儿和厨房里的讨厌的杂事了。她刷洗杯盘碗碟，在那油腻的盆沿上和锅底上磨粗了她那粉嫩的手指。她用肥皂洗衬衣，洗抹布，晾在绳子上。每天早晨，她把垃圾从楼上提到街上，再把水从楼下提到楼上，走上一层楼，就站住喘气。她穿得像一个穷苦的女人，胳膊上持着篮子，到水果店里，杂货店里，肉铺里，争价钱，受嘲骂，一个铜子一个铜子地节省她那艰难的钱。

月月都得还一批旧债，借一些新债，这样来延缓清偿的时日。

她丈夫一到晚上就给一个商人誊写账目，常常到了深夜还在抄写五个铜子一页的书稿。

这样的生活继续了十年。

第十年年底，债都还清了，连那高额的利息和利上加利滚成的数目都还清了。

路瓦栽夫人现在显得老了。她成了一个穷苦人家的粗壮耐劳的妇女了。她胡乱地挽着头发，歪斜地系着裙子，露着一双通红的手，高声大气地说着话，用大桶的水刷洗地板。但是有时候，她丈夫办公去了，她一个人坐在窗前，就回想起当年那个舞会来，那个晚上，她多么美丽，多么使人倾倒啊！

要是那时候没有丢掉那挂项链，她现在是怎样一个境况呢？谁知道呢？谁知道呢？人生是多么奇怪，多么变幻无常啊，极细小的一件事可以败坏你，也可以成全你！

有一个星期天，她到极乐公园去走走，舒散一星期来的疲劳。这时候，她忽然看见一个妇人领着一个孩子在散步。原来就是佛来思节夫人，她依旧年轻，依旧美丽动人。

路瓦栽夫人无限感慨。她要上前去跟佛来思节夫人说话吗？当然，一定得去。而且现在她把债都还清，她完全可以告诉她了。为什么不呢？

她走上前去。

"你好，珍妮。"

那一个竟一点也不认识她了。一个平民妇人这样亲昵地叫她，她非常惊讶。她磕磕巴巴地说：

"可是……太太……我不知道……你一定是认错了。"

"没有错。我是玛蒂尔德·路瓦栽。"

她的朋友叫了一声：

"啊！……我可怜的玛蒂尔德，你怎么变成这样了！……"

"是的，多年不见面了，这些年来我忍受着许多苦楚，……而且都是因为你！……"

"因为我？……这是怎么讲的？"

"你一定记得你借给我的那挂项链吧，我戴了去参加教育部夜会的那挂。"

"记得。怎么样呢？"

"怎么样？我把它丢了。"

"哪儿的话！你已经还给我了。"

"我还给你的是另一挂，跟你那挂完全相同。你瞧，我们花了十年工夫，才付清它的代价。你知道，对于我们这样什么也没有的人，这可不是容易的啊！……不过事情到底了结了，我倒很高兴了。"

佛来思节夫人停下脚步，说：

"你是说你买了一挂钻石项链赔我吗？"

"对呀，你当时没有看出来？简直是一模一样的啊。"

于是她带着天真的得意的神情笑了。

佛来思节夫人感动极了，抓住她的双手，说：

"唉！我可怜的玛蒂尔德！可是我那一挂是假的，至多值五百法郎！……"

1. 小说最后说出项链是赝品，作者这样安排的用意是（   ）

    A. 唤起读者对玛蒂尔德的深切同情，真是极小的一件事败坏了她的命运，使她连遭不幸。

    B. 债务还清，节奏平缓下来，忽又奇峰突起，使得情节跌宕起伏。

    C. 表现出玛蒂尔德性格当中的另一面：诚实、好强，看不透资本主义社会的虚伪。

    D. 突出主题，为一晚上的虚荣付出十年的艰辛；而这挂项链竟是假的，多么不值得。

2. 路瓦栽对玛蒂尔德说这是"一个好机会"，正确的理解是（   ）

    A. 因为妻子从来不出门，这是一次夫妻出门娱乐的机会。

    B. 这是赢得漂亮妻子欢心的好机会。平日妻子常常不高兴，甚至困苦。

    C. 这是可以看见所有的官员，结交场面上人物的好机会。

    D. 这是难得出门的妻子，向周围人展现自己美貌、丰韵的好机会。

3. 文中画线部分句子描写人物的方法是（   ）

    A. 行动描写

    B. 肖像和心理描写

    C. 肖像和语言描写

    D. 行动和语言描写

4. 文中画线部分描写极有层次地展现出玛蒂尔德在借项链时的心理状态，合理的一项是（   ）

    A. 迟疑不决　　　惊喜　　焦急而担心　　欣喜若狂

    B. 贪婪、挑剔　　意外　　焦急　　　　狂热

    C. 慎重而犹豫　　高兴　　迟疑焦急　　狂喜而得意

    D. 犹豫不决　　　意外　　焦急　　　　得意

5. 选出对"我只借这一件"分析正确的一项（   ）

    A. 一个"只"字，强调给对方听，表现玛蒂尔德怕对方不同意，自己失去好机会。

    B. 突出"只"和"一"，强调自己借得少，表现玛蒂尔德想马上借到又怕不能如愿的心情。

    C. 强调"只"和"一"，表明自己决不多拿，表现玛蒂尔德坚决要把这挂项链借到手。

    D. 突出"只"和"一"，说给对方听，表现玛蒂尔德急不可待又怕在朋友面前丢了面子的心情。

6. "佛来思节夫人感动极了，抓住她的双手，说：'唉！我可怜的玛蒂尔德！可是我那一挂是假的，至多值五百法郎！……'"这句话的作用是（   ）

    A. 发人深思，深化主题，揭露了资本主义社会的虚伪性。

B.　说明佛来思节夫人被玛蒂尔德的诚实所感动，两人的友情将进一步加深。

C.　强化了玛蒂尔德的悲剧的命运。

D.　流露出作者对历尽艰辛偿还债务的玛蒂尔德的同情和怜悯。

7.　"她一下子显出了英雄气概，毅然决然打定了主意。"这句话的含义是（　　　）

A.　哪里摔倒哪里爬起来，她决心在生活中改变自己的性格。

B.　这是虚荣心在支撑着她，不能垮下去。

C.　她下决心忍受精神上的痛苦，承受经济上的压力，去过穷人的生活，这是她性格中刚强一面的体现。

D.　事已至此，别无他途，只有面对现实，她认命了。

8.　小说结尾才道出项链是赝品，这样写的作用是（　　　）

A.　深化了主题，既嘲讽了小资产阶级的虚荣心理，又对受害者玛蒂尔德寄予了深切的同情。

B.　充分证明了一件偶然的小事使玛蒂尔德吃尽了苦头。

C.　揭露了佛来思节夫人一伙资产阶级的虚伪，批判了资本主义社会金钱统治的罪恶。

D.　掀起波澜，揭露了资产阶级社会的种种丑恶的行径以及他们的虚伪，教育人们要谨防上当。

9.　判断下列说法的正误，对的打"√"，错的打"×"。

（1）"人生是多么奇怪，多么变幻无常啊，极细小的一件事可以败坏你，也可以成全你！"这句话从一个侧面表明了在当时资本主义社会金钱万能、尔虞我诈的竞争中，小资产阶级生活的艰难，命运的不稳定。（　　　）

（2）崇尚虚荣，羡慕豪华生活的心理是造成玛蒂尔德生活悲剧的唯一原因。（　　　）

（3）作者以项链的借、丢、赔为线索，展开情节，构思新颖，故事情节曲折有致，人物心理描写很有特色。（　　　）

（4）莫泊桑是19世纪法国杰出的批判现实主义作家，世界闻名的短篇小说大师，《羊脂球》《项链》都是他的短篇精品。（　　　）

（5）一夜豪华，十年艰辛，玛蒂尔德的不幸遭遇正反映了资产阶级思想对人的腐蚀。作者对她的态度是批评其虚荣，同情其不幸。（　　　）

（四）景泰蓝的制作

一天下午，我们去参观北京市手工业公司实验工厂，粗略地看了景泰蓝的制作过程。景泰蓝是多数人喜爱的手工艺品，现在把它的制作过程说一下。

景泰蓝拿红铜做胎，为的红铜富于延展性，容易把它打成预先设计的形式，要接合的地方又容易接合。一个圆盘子是一张红铜片打成的，把红铜片放在铁砧上尽打尽打，盘底就注了下去。一个比较大的花瓶的胎分作几截，大概瓶口、瓶颈的部分一截，瓶腹鼓出的部分一截，瓶腹以下又是一截。每一截原来都是一张红铜片。把红铜片圈起来，两边重叠，用铁锤尽打，两边就接合起来了。要圆筒的哪一部分扩大，就打哪一部分，直到符合设计的意图为止。于是让三截接合起来，成为整个的花瓶。瓶底可以焊上去，也可以把瓶腹以下的一截打成盘子的形状，那就有了底，不用另外焊了。瓶底下面的座子，瓶口上的宽边，全是焊上去的。至于方形或是长方形的东西，像果盒、烟卷盒之类，盒身和盖子都用一张红铜片折成，只要把该接合的转角接合一下就是，也不用细说了。

制胎的工作其实就是铜器作的工作，各处城市大都有这种铜器作，重庆还有一条街叫打铜街。不过铜器作打成一件器物就完事，在景泰蓝的作场里，这只是个开头，还有好多繁复的工作在后头呢。

第二步工作叫掐丝，就是拿扁铜丝（横断面是长方形的）粘在铜胎表面上。这是一种非常精细的工作。掐丝工人心里有谱，不用在铜胎上打稿，就能自由自在地粘成图画。譬如粘一棵柳树吧，干和枝的每条线条该多长，该怎么弯曲，他们能把铜丝恰如其分地剪好曲好，然后用钳子夹着，在极稠的白芨浆里蘸，粘到铜胎上去。柳树的每个枝子上长着好些叶子，每片叶子两笔，像一个左括号和一个右括号，那太细小了，可是他们也要细磨细琢地粘上去。他们简直是在刺绣，不过是绣在铜胎上而不是绣在缎子上，用的是铜丝而不是丝线、绒线。

他们能自由地在铜胎上粘成山水、花鸟、人物种种图画，当然也能按照美术家的设计图样工作。反正他们对于铜丝好像画家对于笔下的线条，可以随意驱遣，到处合适。美术家和掐丝工人的合作，使景泰蓝器物推陈出新，博得多方面人士的爱好。

粘在铜胎上的图画全是线条画，而且一般是繁笔，没有疏疏朗朗只用少数几笔的。这里头有道理可说。景泰蓝要涂上色料，铜丝粘在上面，涂色料就有了界限。譬如柳条上的每片叶子由两条铜丝构成，绿色料就可以填在两条铜丝中间，不至于溢出来。其次，景泰蓝内里是铜胎，表面是涂上的色料，铜胎和色料，膨胀率不相同。要是色料的面积占得宽，烧过以后冷却的时候就会裂。还有，一件器物的表面要经过几道打磨的手续，打磨的时候着力重，容易使色料剥落。现在在表面粘上繁笔的铜丝图画，实际上就是把表面分成无数小块，小块面积小，无论热胀冷缩都比较细微，又比较禁得起外力，因而就不至于破裂、剥落。通常谈文艺有一句话，叫内容决定形式。咱们在这儿套用一下，是制作方法和物理决定了景泰蓝掐丝的形式。咱们看见有些景泰蓝上面的图案画，在图案画以外，或是红地，或是蓝地，只要占的面积相当宽，那里就嵌几条曲成图案形的铜丝。为什么一色中间还要嵌铜丝呢？无非使较宽的表面分成小块罢了。

粘满了铜丝的铜胎是一件值得惊奇的东西。且不说自在画怎么生动美妙，图案画怎么工整细致，单想想那么多密密麻麻的铜丝没有一条不是专心一志粘上去的，粘上去以前还得费尽心思把它曲成最适当的笔画，那是多么大的工夫！一个二尺半高的花瓶，掐丝就要花四五十个工。咱们的手工艺品往往费大工夫，刺绣，刻丝，象牙雕刻，全都在细密上显能耐。掐丝跟这些工作比起来，可以说不相上下，半斤八两。

刚才说铜丝是蘸了白芨浆粘在铜胎上的，白芨浆虽然稠，却经不住烧，用火一烧就成了灰，铜丝就全都落下来了，所以还得焊。现在沾满了铜丝的铜胎上喷水，然后拿银粉、铜粉、硼砂三种东西拌和，均匀地筛在上边，放到火里一烧，白芨成了灰，铜丝就牢牢地焊在铜胎上了。

随后就是放到稀硫酸里煮一下，再用清水洗。洗过以后，表面的氧化物和其他脏东西得去掉了，涂上的色料才可以紧贴着红铜，制成品才可以结实。

于是轮到涂色料的工作了，他们管这个工作叫点蓝。图上的色料有好些种，不只是一种蓝色料，为什么单叫点蓝呢？原来这种制作方法开头的时候多用蓝色料，当时叫点蓝，就此叫开了（我们苏州管银器上涂色料叫发蓝，大概是同样的理由）。这种制品从明朝景泰年间（十五世纪中叶）开始流行，因而总名叫景泰蓝。

用的色料就是制颜色玻璃的原料，跟涂在瓷器表面的釉料相类。我们在作场里看见的是一块块不整齐的硬片，从山东博山运来的。这里头基本质料是硼砂、硝石和碱，因所含的金属矿质不同，颜色也就各异，大概含铁的作褐色，含铀的作黄色，含铬的作绿色，含锌的作白色，含铜的作蓝色，含金含硒的作红色……

他们把那些硬片放在铁臼里捣碎研细，筛成细末应用。细末里头不免掺和着铁臼上磨下来的铁屑，他们利用吸铁石除掉它。要是吸得不干净，就会影响制成品的光彩。看来研磨色料的方法得讲求改良。

各种色料的细末都盛在碟子里，和着水，像画家的画桌上一样，五颜六色的碟子一大堆。点蓝工人用挖耳似的家伙舀着色料，填到铜丝界成的各种形式的小格子里。大概是熟极了的缘故，不用看什么图样，自然知道哪个格子里该填哪种色料。湿的色料填在格子里，比铜丝高一些。整个表面填满了，等它干燥以后，就拿去烧。一烧就低了下去，于是再填，原来红色的地方还是填红色料，原来绿色的地方还是填绿色料。要填到第三回，烧过以后，色料才跟铜丝差不多高低。

现在该说烧的工作了。涂色料的工作既然叫点蓝，不用说，烧的工作当然叫烧蓝。一个烧得挺旺的炉子，燃料用煤，炉膛比较深，周围不至于碰着等着烧的铜胎。烧蓝工人把涂好色料的铜胎放在铁架子上，拿着铁架子的弯柄，小心地把它送到炉膛里去。只要几分钟工夫，提起铁架子来，就看见铜胎全体通红，红得发亮，像烧得正旺的煤。可是不大工夫红亮就退了，涂上的色料渐渐显出它的本色，红是红绿是绿的。

涂了三回烧了三回以后，就是打磨的工作了。先用金刚砂石水磨，目的在使成品的表面平整。所谓平整，一是铜丝跟涂上的色料一样高低，二是色料本身也不许有一点儿高高洼洼。磨过以后又烧一回，再用磨刀石水磨。最后用椴木炭水磨，目的在使成品的表面光润。椴木木质匀净，用它的炭来水磨，成品的表面不起丝毫纹路，越磨越显得鲜明光滑。旁的木炭都不成。

椴木炭磨过，看来晶莹灿烂，没有一点儿缺憾，成一件精制品了，可是全部工作还没完，还得镀金。金镀在全部铜丝上，方法用电镀。镀了金，铜丝就不会生锈了。

全部工作是手工，只有待打磨的成品套在转轮上，转轮由马达带队的皮带转动，算是借一点儿机械力。可是拿着蘸水的木炭、磨刀石挨着转动的成品，跟它摩擦，还得靠打磨工人的两只手。起瓜楞的花瓶就不能套在转轮上打磨，因为表面有高有低，洼下去的地方磨不着。那非纯用手工打磨不可。

1. 作者在写景泰蓝的制作步骤时，有的详写，有的略写，请说说哪两个步骤详写了，为什么要详写？

2. 阅读文章，写出以下文段所用的说明方法。
（1）第二步工作叫掐丝，就是拿扁铜丝（横断面是长方形的）粘在铜胎表面上。

（2）每片叶子两笔，像一个左括号和一个右括号……

（3）他们简直是在刺绣，不过是绣在铜胎上而不是绣在缎子上，用的是铜丝而不是丝线、绒线。

（4）一个二尺半高的花瓶，掐丝就要花四五十个工。

（5）这种制品从明朝景泰年间（十五世纪中叶）开始流行，因而总名叫景泰蓝。

3．文章最后为什么要强调景泰蓝的全部工作是手工？

第九章　作文写作专题

一、写好作文的要求

（1）强烈的得分意识（重视、认真、布局谋篇）。

（2）工整的卷面（字迹、篇幅）。

（3）内容和形式上的创新。

（4）精彩的开头。

（5）警策的结尾。

（6）扎实的语言功底。

近年来，云南省高等职业技术招生考试语文试卷多以话题作文的形式出现。所谓话题作文，指的是以提供一个有约束力话题的方式，限定写作范围、启发思考、激活想象的一种命题形式。话题作文的本质是鼓励创新，是让学生在同一个谈话中心下，陈述从不同角度、不同立场产生的观点，或联想到的经历、体验。

二、话题作文

（一）解析话题作文的构成

话题作文一般由四个部分组成，即材料＋提示语＋话题＋要求。

（二）怎样写好话题作文

1．了解材料的限制性

限制性包括对写作内容、中心思想、人称、时空范围、表达方式等方面的限制，要根据提供的材料和写作要求去定向写作。

2．掌握话题作文的步骤

（1）读懂材料的内容。

（2）从材料中提炼出中心思想。

（3）根据材料给定的内容和由材料中提炼出来的中心，联系生活实际展开由此及彼的联想，借"料"引申和发挥。或记人叙事记叙文，或因事因人议理议论文，或介绍说明说明文。

（4）按照自定的文体安排文章结构，确定符合文体要求的表达方式。

（5）认真审读写作要求，按要求作文。

3．写作技巧之结构

（1）五段法（优先采用）。

首段：引出话题，展示文采。

二段：表达观点，尽量用肯定句。

三段：举例说明观点态度。

四段：承上启下，并再一次出现话题原词原句，紧扣主题。

五段：再现第二段中的观点，并展望、号召。

（2）七段法。

首段：引出话题，展示文采。

二段：说理，对话题进行发散。

三段：举例说明观点、态度。

四段：承上启下，并再一次出现话题原词原句，紧扣主题。

五段：再一次例证。（也可直接说理）

六段：再一次过渡，并总结观点、态度。

七段：来一个精彩的结尾，并再一次出现话题原词原句。

4. 写作技巧之文体

议论文或议论性散文多采用"三四五"作文法，即主体部分安排三个层次（三个分论点），每个层次按四个步骤来写，全文共分出五个自然段。

"三"指主体部分安排三个层次（三个分论点）。议论文一般包括引论、本论、结论三个部分。据此可安排如下。引论是开头，是提出中心论点部分。观点要明确，语言应该简洁精练，所以写一小段。本论是主体，是具体论证中心论点的部分。设计三个分论点，即用三个自然段分别展开议论，此为"三层"。结论是结尾，是归结论述的部分。归结忌讳拖泥带水，应干净利落总结得出结论、发出号召等，用一小段来完成。

"四"指每个层次按四个步骤来写。第一步：分论点。首先要列出分论点。遵循论述规律，论述中心论点时应从几个方面来具体阐释，一般选择三个角度，也就是三个分论点。第二步：引语。在提出一个概括性、抽象性很强的分论点后，一定要对这个分论点进行扣题性的解说。第三步：叙例。就是摆事实，即使用事例论据来阐述前面列出的分论点。第四步：归纳。即由个别到一般，就是将前面三个步骤归结起来，挖掘出事物的普遍性，归纳到抽象的规律性上来。

"五"指全文共分出五个自然段。

三、议论文写作精讲精练

（1）了解议论文的基本要素。

（2）掌握的论证方法（方式）。

（3）掌握议论文的结构。

作文是考生的语文素养尤其是书面表达能力的集中体现，是在特定情境下为满足特定的要求而写作的。云南省高等职业技术院校招生考试语文考试大纲对议论文写作的考试要求是：了解议论文的基本要素，会写立论与驳论的议论文。做到论点鲜明，论据充足，论证方法得当，层次清楚，合乎逻辑。命题方式上，多为话题作文，要求自拟题目，自定立意，不限文体，不少于800字。

1.（2022·云南真题）阅读下面的材料，按要求作文。

毕淑敏在其散文《提醒幸福》中说道："请从此注意幸福""幸福是需要学习的""当幸福即将来临的时候需要提醒""幸福绝大多数是朴素的"。作者笔下的幸福是没有痛苦的时刻。

有人用古诗词多维度地诠释了幸福的含义：幸福是"临行密密缝，意恐迟迟归"的牵挂；幸福是"春种一粒粟，秋收万颗子"的收获；幸福是"但愿人长久，千里共婵娟"的祝愿；幸福是"常记溪亭日暮，沉醉不知归路"的回忆；幸福是"衣带渐宽终不悔，为伊消得人憔悴"的追求。那么你心中的幸福是什么？

要求：请结合所给材料的内容，以"幸福"为话题，写一篇不少于800字的文章。题目自拟，不要套作，不得抄袭；除诗歌外，文体不限。

【写作指导】"幸福"指使人心情舒畅的境遇和生活。材料围绕"幸福是什么"展开讨论，通过作家毕淑敏以及不同古诗中表达的内容，展现出幸福的多种含义：没有痛苦、牵挂、收获、祝愿、回忆、追求。

可以写成议论文，写作时展现考生对"幸福""是什么"的理解，可以利用材料给出的含义来展开陈述，也可结合个人生活经历阐述。除站在自己的角度行文外，也可以使用第三人称，站在其他人的角度去思考。

2.（2021·云南真题）阅读下面的材料，按要求作文。

俗话说："留得青山在，不怕没柴烧。"只要生命存在，希望就会随之而在。即使在人生最为灰暗，极为绝望的情况下，希望也会与生命同在。

奥斯特洛夫斯基说："人的生命似洪水在奔流，不遇着岛屿和暗礁，难以激起美丽的浪花。"要经得住社会考验，只有善待生命，勇于拼搏，才会有富有希望的人生。

要求：请结合所给材料的内容，以"生命"为话题，写一篇不少于800字的文章。题目自拟，不要套作，不得抄袭；除诗歌外，文体不限。

【写作指导】本次写作的话题是"生命"。材料中的俗语与奥斯特洛夫斯基的话都说明了生命与希望的关系，不管遇到什么艰难险阻，生命存在希望就在，在困境中不断拼搏，生命才会变得丰富多彩，未来就会有无限可能。

本次作文可以写成议论文，围绕"有生命就有希望"这一中心论点，用史铁生的生命感悟、保尔的名言、蒙田的《热爱生命》、张晓风的《敬畏生命》等作为论据，表达对生命价值的看法，赞颂生命，肯定生命的价值、意义和作用。

3.（2020·云南真题）阅读下面的材料，按要求作文。

他们是"90后"小哥哥，也是身披"战袍"抗疫斗士；她们是"90后"萌妹子，更是坚守在战"疫"一线的白衣天使，他们向疫情一线勇敢逆行，这正是青春的模样。在支援湖北的医务人员中，"90后"与"00后"，总数有12000多人，差不多占整个队伍的三分之一，他们用实际行动证明了自己的担当和价值。

请结合所给材料的内容，以"青春的底色"为话题，写一篇不少于800字的文章。题目自拟，不要套作，不得抄袭；除诗歌外，文体不限。

【写作指导】话题"青春的底色"的关键词是"青春"，而"青春的底色"中"底色"二字指的是"青春"应有的模样、应有的品质等，如材料给出的关于"青春的底色"可以是勇敢逆行、担当、实现自己的价值，也可以是自信、自强、团结、坚韧、进取、乐观、勤奋等。文章须围绕正处于青春时期的人物来写，如"90后"和"00后"。

该话题作文不限文体，可以写成议论文，把写作的重点放在"底色"上，论述青春的真正内涵，诠释青春的意义和价值，表达不辜负美好的青春年华的意愿。

（一）议论文的基本要素

1. 论点

论点是作者对所议论的问题所持的见解和主张，应该是一句表示判断的陈述性质的完整的话。中心论点，指文章的主要思想观点。分论点，指各部分用以补充和论证中心论点的分支论点。中心论点是全文的灵魂，分论点是为证明中心论点服务的。

2. 论据

在议论文中，论点是灵魂，论据是为论点服务的。论据是用来证明论点的根据，分为事实论据和理论论据两大类。事实论据是用来证明论点的事实，一般包括有代表性的、确凿的事例，历史事实以及统计数字，使用事实论据能使文章具有很强的说服力。理论论据是引用名人名言、俗语或科学原理、定理、公式等对某个问题或观点进行论证，说明其正误的材料，使用理论论据能使论证更概括，更深入。

3. 论证

论证是用论据来证明论点的过程和方法。论证方法主要有举例论证、比喻论证、对比论证、道理论证等。常见论证方法及其作用见下表。

论证方法	举例论证	通过列举确凿、充分、有代表性的事例证明论点。 作用：可以增强文章的说服力
	比喻论证	用人们熟知的事物比喻来证明论点。 作用：把抽象的道理讲得具体、生动、形象
	对比论证	拿正反两方面的论点或论据作对比，在对比中证明论点。 作用：运用这种方式，使正确错误分明，给人留下深刻的印象
	道理论证	运用讲道理的方法，用经典著作中的精辟见解、古今中外名人的名言警句以及公认的定理、公式等来证明论点。有时作者的分析论述也是道理论证。 作用：经验的总结，具有权威性、科学性，使论证具有说服力

（二）议论文的论证方式

1. 立论

立论是就一定的事件或问题，提出自己的见解和主张，概括来讲，就是以正面提出和论证自己的观点为主的议论文。

2. 驳论

驳论是就一定的事件或问题发表议论，批驳片面的、错误的，甚至反动的见解、主张或倾向，设法证明对方的观点是错误的，从而驳倒对方，树立正确的观点。

（1）驳论点。

先举出对方的荒谬论点，然后用正确的道理和确凿的事实，直接加以批驳，揭示谎言与事实、谬论与真理之间的矛盾。

（2）驳论据。

论据是论点的根据，是支持论点的。错误或反动的论点，往往是建立在虚假的论据之上的。论据驳倒了，论点就站不住脚了。

（3）驳论证。

论述一个问题，论点由论据来证明，论点和论据之间必须有内在的逻辑关系，否则论点就站不住脚。驳论证的实质就是揭穿对方的论据与论点之间缺乏内在的逻辑关系，所持论据证明不了论点，其论点并不能由论据推出。逻辑错误还表现为前提与结论矛盾和推理不合规则等。指出其论证过程的逻辑错误，就能驳倒对方的论点。

议论文虽然有立论、驳论两种方式，但两者不是截然分开的。破和立是辩证的统一。立论和驳论常常是相互联系、交错使用的。在立论性文章中，有时也要批驳错误论点，以充分申述正确论点。在驳斥性的文章中，一般也要在批驳错误论点的同时，阐明正确的观点。

（三）议论文的结构

1. 议论文的基本结构形式

议论文的基本结构形式是引论—本论—结论。在思路上体现为：提出问题—分析问题—解决问题。

（1）引论—本论—结论。

①引论。

引论即提出问题，要求简明扼要，观点鲜明。

②本论。

本论即分析问题，要求逻辑严密，生动准确。

③结论。

结论即解决问题，要求紧扣论点，发人深省。

（2）提出问题—分析问题—解决问题。

①如何提出问题。议论文一般在开头部分提出要议论的问题。提出问题的方法是多种多样的。一般可以先叙述某些事实或提出某些现象，引出问题；引用警句、格言，导出问题；运用设问或反问，引出问题或巧设比喻，提出问题。具体地说，立论的引论部分主要是提出论证的中心论点，驳论则是要树立批驳的靶子：摆出要批判的论点、倾向；摆出要批判的论点、倾向和支持其论点倾向的论据、理由；摆出要批判的论点、倾向及其论据、理由和二者之间的逻辑关系。

②如何分析问题。议论的中间部分是分析问题，这是议论文的主体。一篇议论文的优劣在一定程度上取决于分析、论证问题是否充分透彻，令人信服。分析问题的过程就是运用论据去证明论点的过程。分析问题的方法，实际也是论证方法。立论的本体主要说明自己的观点是正确的，驳论的本体则要证明对方的观点是错误的、站不住脚的。驳论的本体就是批驳部分，可直接或间接地证明对方的论点、论据和论证的错误。

③如何解决问题。"解决问题"是议论文的结尾，既是文章的总结，也是中心思想的延伸。议论文的结尾，有的照应开头，总结全文强化中心论点；有的提出要求和希望；有的以发人深思的问题做总结。在驳论中，还可就反面论点做总结，或揭露其错误的实质与危害。

2. 议论文的常见论证结构

（1）并列式。

文章的层次、段落之间，论据是平行的、并重的。

（2）对照式。

论述中把两种性质相反的事物（或一正一反的两种意思）加以对照，或用一种事物来烘托另一种事物，以见其是非美丑。

（3）层进式。

层进式即"层层深入"式，采用层层推进、步步深入、一环扣一环的论证方式，由小到大、由浅入深地把道理说深、说透。

（4）总分式。

总分式分为总—分、分—总、总—分—总三种。

（四）议论文写作的基本要求

1. 确立论点的要求

（1）正确。

论点要正确，这是由写作议论文的目的决定的。论点的正确，既表现为科学地反映客观事物的本质和规律，又表现为鲜明地表达积极正面的思想感情。论点是否正确，与作者的立场、观点、写作方法密切相关。这就要求写作者必须有较高的思想水平，必须始终坚持理论联系实际的原则，一切从实际出发，做深入细致的调查研究。

（2）深刻。

所谓论点深刻，就是提出的论点要揭示事物的本质，见解要有独到之处，能给人以有益的启发。论点深刻，还表现在有的放矢，能击中问题的要害等方面。这就要求考生必须具有敏锐的观察力和严密、深入的认识力、思考力。思考力强，善于分析问题，才能透过现象发现本质，发人深思。

（3）鲜明。

议论文中提出的论点必须明确，是非分明。赞成什么，反对什么，肯定什么，否定什么，要说得清楚明白，明快锋利，绝对不能吞吞吐吐，模棱两可。

2. 选择论据的要求

（1）真实性。

论据真实，就是指用作论据的事实必须符合客观实际，确凿可靠，而不是臆造或虚构的。议论文是针对现实生活中某些现象、问题进行评论的文章，目的是使读者认同作者的思想观点。因此，论据必须以真实的材料作为立论的依据。否则，论点很难站住脚，就不能让读者信服。

（2）典型性。

典型材料是最有代表性的、最能反映事物本质的材料，它能够起到以一当十的作用。鲁迅的《论"费厄泼赖"应该缓行》一文，论证"不打'落水狗'是误人子弟的"这一论点时，仅举了一个事例，就是辛亥革命时绍兴革命军都督王金发，捉住了杀害秋瑾的谋主，要为秋瑾报仇，但终因所谓"不应该再修旧怨"而释放了那谋主，最后王金发被袁世凯的走狗枪决了，而力主枪毙他的就是他释放的那个谋主。这个事例很典型，雄辩地证明了论点。

（3）针对性。

选择论据要有针对性。这个问题可以从两个方面认识：一方面，论据与论点之间应该有必然的联系，能够合乎逻辑地推出论点；另一方面，选用论据要看说服的对象，根据不同对象的具体情况，选用他们所熟悉、所了解的事例作论据，这样才能有的放矢，更有说服力。

（五）议论文写作的四个关键点

1. 列提纲的方法

考场上写议论文列提纲时一般要明确：标题、总论点、分论点及其对应的材料，论证方法，论证结构，开头、结尾、各部分大体字数等。

2. 拟标题的方法

议论文的标题必须是中心论点或反映中心论点，而且要力求贴切、简明、精练。标题的形式有以下五种。

（1）论点型。

题目本身就是中心论点。如《解决矛盾和问题关键靠发展》。

（2）批驳型。

题目摆出一个错误观点，作者据此加以批驳。如《绝不允许有"特殊公民"》《岂能"吃贫"》。

（3）寓意型。

寓意指暗含的深意。如《"杀鸡给猴看"质疑》《变"五指张开"为"拳头紧攥"》。

（4）范围型。

题目本身不是中心论点，仅限定了写作范围。如《珍爱生命还是珍惜财富》《谈诚信》《得与失》。

（5）感想型。

从某事某人谈起。如《从公车拍卖说起》。

对于应试作文，最好采用论点型或批驳型标题，其次为寓意型标题，再次为范围型，最好不要使用感想型标题。

3. 写开头的方法

（1）叙开。

先概述原材料的主要内容或反映的主要问题，然后亮明观点。

（2）顺开。

开门见山，直接提出论点。

（3）引言。

用名人名言、名句等引出论点。

（4）设喻。

用比喻的方法引出论点。

（5）对比。

用正反对照的方法引出论点。

（6）设问。

用设问起笔引出论点。

在考试中，对于常考的材料作文题，我们提倡先以叙开的方式概括材料主要问题，然后运用引言、设喻、对比或者设问等方式中的一种提出论点；或者先运用引言、设喻、对比或者设问等方式中的一种提出论点，然后再引出材料反映的主要问题。

4. 写结尾的方法

（1）概括总结，收束全文。

对全文进行概括总结，要准确无误，文字简洁。

（2）深化主题。

在收尾时，对题目或开头说的话加以发挥或强调，使文章一脉相承，结构紧凑，起到深化主题的作用。

（3）提出建议，满怀期待。

结尾时表示感召或期待，要有启发性和感染力。

（4）引用名言，强化主题。

在结尾中引用名言或诗句，以加强文章说服力和感染力。

（5）借意抒情。

在结尾抒情，可表明观点、态度，引起读者的共鸣，增强文章的感染力。

对结尾的最低要求是完整。即使时间再紧张，也要设法结尾，哪怕只有一句话也好。注意要另起一段，用总结性的语言（把第一段或全文压缩）写一句话作为结尾。

四、扩展训练

1. 阅读下面的材料，按要求作文。

屈原一生主要活动于楚怀王时期。这个时期正是中国即将实现大一统的前夕，"横则秦帝，纵则楚王"。屈原出身贵族，又明于治乱，娴于辞令，故而早年深受楚怀王的宠信，位为左徒、三闾大夫。屈原为实现楚国的统一大业，对内积极辅佐楚怀王变法图强，对外坚决主张联齐抗秦，使楚国一度出现了国富兵强、威震诸侯的局面。但是在内政外交上屈原与楚国腐朽贵族集团发生了尖锐的矛盾，由于上官大夫等人的嫉妒，屈原后来遭到群小的诬陷和楚怀王的疏远。他被流放江南，辗转流离于沅、湘二水之间。秦将白起攻破郢都后，屈原万分悲愤，遂自沉汨罗江，以身殉国。

要求：请结合所给材料的内容，以"责任"为话题，写一篇不少于800字的文章。题目自拟，不要套作，不得抄袭；除诗歌外，文体不限。

2. 阅读下面的材料，按要求作文。

春天来了，小草沐浴着阳光，生命散发着绿色的光泽。小草高兴地说："谢谢你，春天。"在我们的生命中，一定也有许多值得感谢的人或事。

要求：请结合所给材料的内容，以"感谢"为话题，写一篇不少于800字的文章。题目自拟，不要套作，不得抄袭；除诗歌外，文体不限。

3. 阅读下面的材料，按要求作文。

　　著名教育家陶行知当小学校长时，看到一个小男孩用泥块砸同学，当即制止了他，并要求他放学后到校长室去。放学后小男孩等在校长室门口准备挨训，陶行知却拿出一块糖送给他，并对他说："这是奖给你的，因为你按时来到了这里，而我却迟到了！"陶行知又拿出一块糖说："这块糖也是奖给你的，因为当我不让你打人时，你立即就住手了。这说明你尊重我！"这时，陶行知又拿出第三块糖送到他的手里说："我调查过了，你用泥块砸那些男生，是因为他们欺负女生，说明你正直善良，有跟坏人做斗争的勇气！"孩子感动极了，哭着说：

　　"校长，您打我两下吧！我错了，我打的不是坏人，而是我的同学呀！"

　　要求：请结合所给材料的内容，以"感动"为话题，写一篇不少于800字的文章。题目自拟，不要套作，不得抄袭；除诗歌外，文体不限。

　　4. 阅读下面的材料，按要求作文。

　　这是一个信息化的时代，互联网深刻影响着我们的生活；这是一个创新的时代，新理念、新成果、新现象、新词汇体现了社会的巨变；这是一个开放包容的时代，"一带一路"搭建了中国与诸多国家互惠共赢的平台；这是一个多元多彩的时代，有梦想就能找到适合自己的发展空间……

　　要求：请结合所给材料的内容，以"充实而圆满的时代"为话题，写一篇不少于800字的文章。题目自拟，不要套作，不得抄袭；除诗歌外，文体不限。

　　5. 阅读下面的材料，按要求作文。

　　树的梦最多，每粒细小而坚实的种子，都蕴藏着一个伟大的梦，藏得太深太隐秘。被禽兽吞吃，它却暗自高兴。经过牙齿粗暴地咀嚼，胃液无情地消磨，它还是完完整整地回归大地。由于禽的飞翔，兽的奔跑，它被带到了梦也梦不到的地方。因此，树的后代遍及天涯海角。

　　要求：请结合所给材料的内容，以"种子"为话题，写一篇不少于800字的文章。题目自拟，不要套作，不得抄袭；除诗歌外，文体不限。

　　6. 阅读下面的材料，按要求作文。

　　家是温暖的，是可以供人遮风挡雨的地方，家有有形的，也有无形的，有形的家有我们最爱的亲人，无形的家有我们心灵的港湾。

　　要求：请结合所给材料的内容，以"回家"为话题，写一篇不少于800字的文章。题目自拟，不要套作，不得抄袭；除诗歌外，文体不限。

　　7. 读下面的材料，按要求作文。

　　有人说，成功的人不是赢在起点，而是赢在转折点。

　　有人说，"跳槽"是一个起点，也是一个转折点。

　　要求：请结合所给材料的内容，以"转折点"为话题，写一篇不少于800字的文章。题目自拟，不要套作，不得抄袭；除诗歌外，文体不限。

　　8. 阅读下面的材料，按要求作文。

　　孔子说："三人行，必有我师焉。择其善者而从之，其不善者而改之。"

　　韩愈说："吾师道也，夫庸知其年之先后生于吾乎？"

　　要求：请结合所给材料的内容，以"老师"为话题，写一篇不少于800字的文章。题目自拟，不要套作，不得抄袭；除诗歌外，文体不限。

附　录

一、古代诗词

1.《诗经》二首

关　雎

关关雎鸠，在河之洲。窈窕淑女，君子好逑。
参差荇菜，左右流之。窈窕淑女，寤寐求之。
求之不得，寤寐思服。悠哉悠哉，辗转反侧。
参差荇菜，左右采之。窈窕淑女，琴瑟友之。
参差荇菜，左右芼之。窈窕淑女，钟鼓乐之。

蒹葭（秦风）

蒹葭苍苍，白露为霜。所谓伊人，在水一方。溯洄从之，道阻且长。溯游从之，宛在水中央。
蒹葭萋萋，白露未晞。所谓伊人，在水之湄。溯洄从之，道阻且跻。溯游从之，宛在水中坻。
蒹葭采采，白露未已。所谓伊人，在水之涘。溯洄从之，道阻且右。溯游从之，宛在水中沚。

2．古诗二首

短歌行

曹　操

对酒当歌，人生几何？譬如朝露，去日苦多。
慨当以慷，忧思难忘。何以解忧？唯有杜康。
青青子衿，悠悠我心。但为君故，沉吟至今。
呦呦鹿鸣，食野之苹。我有嘉宾，鼓瑟吹笙。
明明如月，何时可掇？忧从中来，不可断绝。
越陌度阡，枉用相存。契阔谈䜩，心念旧恩。
月明星稀，乌鹊南飞。绕树三匝，何枝可依？
山不厌高，海不厌深。周公吐哺，天下归心。

归园田居

陶渊明

少无适俗韵，性本爱丘山。
误落尘网中，一去三十年。
羁鸟恋旧林，池鱼思故渊。
开荒南野际，守拙归园田。
方宅十余亩，草屋八九间。
榆柳荫后檐，桃李罗堂前。
暧暧远人村，依依墟里烟。

狗吠深巷中，鸡鸣桑树颠。

户庭无尘杂，虚室有余闲。

久在樊笼里，复得返自然。

3. 唐诗二首

黄鹤楼送孟浩然之广陵

李　白

故人西辞黄鹤楼，烟花三月下扬州。

孤帆远影碧空尽，唯见长江天际流。

登　高

杜　甫

风急天高猿啸哀，渚清沙白鸟飞回。

无边落木萧萧下，不尽长江滚滚来。

万里悲秋常作客，百年多病独登台。

艰难苦恨繁霜鬓，潦倒新停浊酒杯。

4. 宋词二首

雨铃霖

柳　永

寒蝉凄切，对长亭晚，骤雨初歇。都门帐饮无绪，留恋处，兰舟催发。执手相看泪眼，竟无语凝噎。念去去，千里烟波，暮霭沉沉楚天阔。

多情自古伤离别，更那堪，冷落清秋节！今宵酒醒何处？杨柳岸，晓风残月。此去经年，应是良辰好景虚设。便纵有千种风情，更与何人说？

永遇乐·京口北固亭怀古

辛弃疾

千古江山，英雄无觅孙仲谋处。舞榭歌台，风流总被雨打风吹去。斜阳草树，寻常巷陌，人道寄奴曾住。想当年，金戈铁马，气吞万里如虎。

元嘉草草，封狼居胥，赢得仓皇北顾。四十三年，望中犹记，烽火扬州路。可堪回首，佛狸祠下，一片神鸦社鼓。凭谁问：廉颇老矣，尚能饭否？

5. 元曲二首

天净沙·秋思

马致远

枯藤老树昏鸦，小桥流水人家，古道西风瘦马。夕阳西下，断肠人在天涯。

山坡羊·潼关怀古

张养浩

峰峦如聚，波涛如怒，山河表里潼关路。望西都，意踌躇。伤心秦汉经行处，宫阙万间都做了土。兴，百姓苦；亡，百姓苦。

6.《烛之武退秦师》

烛之武退秦师

《左传》

晋侯、秦伯围郑，以其无礼于晋，且贰于楚也。晋军函陵，秦军氾南。

佚之狐言于郑伯曰："国危矣，若使烛之武见秦君，师必退。"公从之。辞曰："臣之壮也，犹不如人；今老矣，无能为也已。"公曰："吾不能早用子，今急而求子，是寡人之过也。然郑亡，子亦有不利焉。"许之。

夜缒而出，见秦伯，曰："秦、晋围郑，郑既知亡矣。若亡郑而有益于君，敢以烦执事。越国以鄙远，君知其难也。焉用亡郑以陪邻？邻之厚，君之薄也。若舍郑以为东道主，行李之往来，共其乏困，君亦无所害。且君尝为晋君赐矣，许君焦、瑕，朝济而夕设版焉，君之所知也。夫晋，何厌之有？既东封郑，又欲肆其西封，若不阙秦，将焉取之？阙秦以利晋，唯君图之。"秦伯说，与郑人盟。使杞子、逢孙、杨孙戍之，乃还。

子犯请击之，公曰："不可。微夫人之力不及此。因人之力而敝之，不仁；失其所与，不知；以乱易整，不武。吾其还也。"亦去之。

7.《论语》《孟子》二章

子路、曾皙、冉有、公西华侍坐

《论语》

子路、曾皙、冉有、公西华侍坐。子曰："以吾一日长乎尔，毋吾以也。居则曰：'不吾知也。'如或知尔，则何以哉？"

子路率尔而对曰："千乘之国，摄乎大国之间，加之以师旅，因之以饥馑；由也为之，比及三年，可使有勇，且知方也。"

夫子哂之。

"求，尔何如？"

对曰："方六七十，如五六十，求也为之，比及三年，可使足民。如其礼乐，以俟君子。"

"赤，尔何如？"

对曰："非曰能之，愿学焉。宗庙之事，如会同，端章甫，愿为小相焉。"

"点，尔何如？"

鼓瑟希，铿尔，舍瑟而作，对曰："异乎三子者之撰。"

子曰："何伤乎？亦各言其志也。"

曰："莫春者，春服既成，冠者五六人，童子六七人，浴乎沂，风乎舞雩，咏而归。"

夫子喟然叹曰："吾与点也。"

三子者出，曾皙后。曾皙曰："夫三子者之言何如？"

子曰："亦各言其志也已矣！"

曰："夫子何哂由也？"

曰："为国以礼，其言不让，是故哂之。唯求则非邦也与？安见方六七十，如五六十而非邦也者？唯赤则非邦也与？宗庙会同，非诸侯而何？赤也为之小，孰能为之大？"

鱼我所欲也

《孟子》

鱼，我所欲也；熊掌，亦我所欲也。二者不可得兼，舍鱼而取熊掌者也。生，亦我所欲也；义，亦我所欲也。二者不可得兼，舍生而取义者也。生亦我所欲，所欲有甚于生者，故不为苟得也；死亦我所恶，所恶有甚于死者，故患有所不辟也。如使人之所欲莫甚于生，则凡可以得生者何不用也？使人之所恶莫甚于死者，则凡可以辟患者何不为也？由是则生而有不用也，由是则可以辟患而有不为也。是故所欲有甚于生者，所恶有甚于死者。非独贤者有是心也，人皆有之，贤者能勿丧耳。

一箪食，一豆羹，得之则生，弗得则死。呼尔而与之，行道之人弗受；蹴尔而与之，乞人不屑也。万钟则不辩礼义而受之，万钟于我何加焉！为宫室之美，妻妾之奉，所识穷乏者得我与？乡为身死而不受，今为宫室之美为之；乡为身死而不受，今为妻妾之奉为之；乡为身死而不受，今为所识穷乏者得我而为之；是亦不可以已乎？此之谓失其本心。

8.《秋水》

秋　水
《庄子》

秋水时至，百川灌河。泾流之大，两涘渚崖之间，不辩牛马。于是焉河伯欣然自喜，以天下之美为尽在己。顺流而东行，至于北海。东面而视，不见水端。于是焉河伯始旋其面目，望洋向若而叹曰："野语有之曰：'闻道百，以为莫己若者'。我之谓也。且夫我尝闻少仲尼之闻而轻伯夷之义者，始吾弗信；今吾睹子之难穷也，吾非至于子之门则殆矣，吾长见笑于大方之家。"

9.《劝学》

劝　学
《荀况》

君子曰：学不可以已。

青，取之于蓝，而青于蓝；冰，水为之，而寒于水。木直中绳，𫐓以为轮，其曲中规。虽有槁暴，不复挺者，𫐓使之然也。故木受绳则直，金就砺则利，君子博学而日参省乎己，则知明而行无过矣。

吾尝终日而思矣，不如须臾之所学也；吾尝跂而望矣，不如登高之博见也。登高而招，臂非加长也，而见者远；顺风而呼，声非加疾也，而闻者彰。假舆马者，非利足也，而致千里；假舟楫者，非能水也，而绝江河。君子生非异也，善假于物也。

积土成山，风雨兴焉；积水成渊，蛟龙生焉；积善成德，而神明自得，圣心备焉。故不积跬步，无以至千里；不积小流，无以成江海。骐骥一跃，不能十步；驽马十驾，功在不舍。锲而舍之，朽木不折；锲而不舍，金石可镂。蚓无爪牙之利，筋骨之强，上食埃土，下饮黄泉，用心一也。蟹六跪而二螯，非蛇鳝之穴无可寄托者，用心躁也。

10.《师说》

师　说
韩　愈

古之学者必有师。师者，所以传道受业解惑也。人非生而知之者，孰能无惑？惑而不从师，其为惑也，终不解矣。生乎吾前，其闻道也固先乎吾，吾从而师之；生乎吾后，其闻道也亦先乎吾，吾从而师之。吾师道也，夫庸知其年之先后生于吾乎？是故无贵无贱，无长无少，道之所存，师之所存也。

嗟乎！师道之不传也久矣！欲人之无惑也难矣！古之圣人，其出人也远矣，犹且从师而问焉；今之众人，其下圣人也亦远矣，而耻学于师。是故圣益圣，愚益愚；圣人之所以为圣，愚人之所以为愚，其皆出于此乎？爱其子，择师而教之，于其身也，则耻师焉，惑矣。彼童子之师，授之书而习其句读者，非吾所谓传其道解其惑者也。句读之不知，惑之不解，或师焉，或不焉，小学而大遗，吾未见其明也。巫医乐师百工之人，不耻相师；士大夫之族，曰师曰弟子云者，则群聚而笑之。问之，则曰："彼与彼年相若也，道相似也，位卑则足羞，官盛则近谀。"呜呼！师道之不复，可知矣。巫医乐师百工之人，君子不齿，今其智乃反不能及，其可怪也欤！

圣人无常师。孔子师郯子、苌弘、师襄、老聃。郯子之徒，其贤不及孔子。孔子曰：三人行，则必有我师。是故弟子不必不如师，师不必贤于弟子，闻道有先后，术业有专攻，如是而已。

李氏子蟠，年十七，好古文，六艺经传皆通习之，不拘于时，学于余。余嘉其能行古道，作《师说》以贻之。

11.《赤壁赋》

赤壁赋
苏　轼

壬戌之秋，七月既望，苏子与客泛舟游于赤壁之下。清风徐来，水波不兴。举酒属客，诵明月之诗，歌窈窕之章。少焉，月出于东山之上，徘徊于斗牛之间。白露横江，水光接天。纵一苇之所如，凌万顷之茫然。浩浩乎如冯虚御风，而不知其所止；飘飘乎如遗世独立，羽化而登仙。

于是饮酒乐甚，扣舷而歌之。歌曰："桂棹兮兰桨，击空明兮溯流光。渺渺兮予怀，望美人兮天一方。"客有吹洞箫者，倚歌而和之。其声呜呜然，如怨如慕，如泣如诉，余音袅袅，不绝如缕。舞幽壑之潜蛟，泣孤舟之嫠妇。

苏子愀然，正襟危坐而问客曰："何为其然也？"客曰："'月明星稀，乌鹊南飞'，此非曹孟德之诗乎？西望夏口，东望武昌，山川相缪，郁乎苍苍，此非孟德之困于周郎者乎？方其破荆州，下江陵，顺流而东也，舳舻千里，旌旗蔽空，酾酒临江，横槊赋诗，固一世之雄也，而今安在哉？况吾与子渔樵于江渚之上，侣鱼虾而友麋鹿，驾一叶之扁舟，举匏樽以相属。寄蜉蝣于天地，渺沧海之一粟。哀吾生之须臾，羡长江之无穷。挟飞仙以遨游，抱明月而长终。知不可乎骤得，托遗响于悲风。"

苏子曰："客亦知夫水与月乎？逝者如斯，而未尝往也；盈虚者如彼，而卒莫消长也。盖将自其变者而观之，则天地曾不能以一瞬；自其不变者而观之，则物与我皆无尽也，而又何羡乎！且夫天地之间，物各有主，苟非吾之所有，虽一毫而莫取。惟江上之清风，与山间之明月，耳得之而为声，目遇之而成色，取之无禁，用之不竭，是造物者之无尽藏也，而吾与子之所共适。"

客喜而笑，洗盏更酌。肴核既尽，杯盘狼籍。相与枕藉乎舟中，不知东方之既白。

12.《爱莲说》

爱莲说
周敦颐

水陆草木之花，可爱者甚蕃。晋陶渊明独爱菊。自李唐来，世人甚爱牡丹。予独爱莲之出淤泥而不染，濯清涟而不妖，中通外直，不蔓不枝，香远益清，亭亭净植，可远观而不可亵玩焉。

予谓菊，花之隐逸者也；牡丹，花之富贵者也；莲，花之君子者也。噫！菊之爱，陶后鲜有闻。莲之爱，同予者何人？牡丹之爱，宜乎众矣。

13.《鸟鸣涧》

鸟鸣涧
王　维

人闲桂花落，夜静春山空。
月出惊山鸟，时鸣春涧中。

14.《望岳》

望　岳
杜　甫

岱宗夫如何？齐鲁青未了。
造化钟神秀，阴阳割昏晓。
荡胸生曾云，决眦入归鸟。
会当凌绝顶，一览众山小。

15.《将进酒》

将进酒
李　白

君不见黄河之水天上来，奔流到海不复回。

君不见高堂明镜悲白发，朝如青丝暮成雪。

人生得意须尽欢，莫使金樽空对月。

天生我材必有用，千金散尽还复来。

烹羊宰牛且为乐，会须一饮三百杯。

岑夫子，丹丘生，将进酒，杯莫停。

与君歌一曲，请君为我倾耳听。

钟鼓馔玉不足贵，但愿长醉不用醒。

古来圣贤皆寂寞，惟有饮者留其名。

陈王昔时宴平乐，斗酒十千恣欢谑。

主人何为言少钱，径须沽取对君酌。

五花马，千金裘，呼儿将出换美酒，与尔同销万古愁。

16.《琵琶行》

琵琶行
白居易

浔阳江头夜送客，枫叶荻花秋瑟瑟。

主人下马客在船，举酒欲饮无管弦。

醉不成欢惨将别，别时茫茫江浸月。

忽闻水上琵琶声，主人忘归客不发。

寻声暗问弹者谁，琵琶声停欲语迟。

移船相近邀相见，添酒回灯重开宴。

千呼万唤始出来，犹抱琵琶半遮面。

转轴拨弦三两声，未成曲调先有情。

弦弦掩抑声声思，似诉平生不得志。

低眉信手续续弹，说尽心中无限事。

轻拢慢捻抹复挑，初为《霓裳》后《六幺》。

大弦嘈嘈如急雨，小弦切切如私语。

嘈嘈切切错杂弹，大珠小珠落玉盘。

间关莺语花底滑，幽咽泉流冰下难。

冰泉冷涩弦凝绝，凝绝不通声暂歇。

别有幽愁暗恨生，此时无声胜有声。

银瓶乍破水浆迸，铁骑突出刀枪鸣。

曲终收拨当心画，四弦一声如裂帛。

东船西舫悄无言，唯见江心秋月白。

沉吟放拨插弦中，整顿衣裳起敛容。

自言本是京城女，家在虾蟆陵下住。

十三学得琵琶成，名属教坊第一部。

曲罢曾教善才服，妆成每被秋娘妒。

五陵年少争缠头，一曲红绡不知数。

钿头银篦击节碎，血色罗裙翻酒污。

今年欢笑复明年，秋月春风等闲度。

弟走从军阿姨死，暮去朝来颜色故。

门前冷落鞍马稀，老大嫁作商人妇。

商人重利轻别离，前月浮梁买茶去。

去来江口守空船，绕船月明江水寒。
夜深忽梦少年事，梦啼妆泪红阑干。
我闻琵琶已叹息，又闻此语重唧唧。
同是天涯沦落人，相逢何必曾相识！
我从去年辞帝京，谪居卧病浔阳城。
浔阳地僻无音乐，终岁不闻丝竹声。
住近湓江地低湿，黄芦苦竹绕宅生。
其间旦暮闻何物？杜鹃啼血猿哀鸣。
春江花朝秋月夜，往往取酒还独倾。
岂无山歌与村笛，呕哑嘲哳难为听。
今夜闻君琵琶语，如听仙乐耳暂明。
莫辞更坐弹一曲，为君翻作《琵琶行》。
感我此言良久立，却坐促弦弦转急。
凄凄不似向前声，满座重闻皆掩泣。
座中泣下谁最多？江州司马青衫湿。

二、现代诗歌

1.《雨巷》

雨　巷
戴望舒

撑着油纸伞，独自
彷徨在悠长、悠长
又寂寥的雨巷，
我希望逢着
一个丁香一样的
结着愁怨的姑娘。

她是有
丁香一样的颜色，
丁香一样的芬芳，
丁香一样的忧愁，
在雨中哀怨，
哀怨又彷徨。

她彷徨在这寂寥的雨巷，
撑着油纸伞
像我一样，
像我一样地
默默彳亍着，
冷漠、凄清、又惆怅。
她静默地走近
走近，又投出

太息一般的眼光，
她飘过
像梦一般的，
像梦一般的凄婉迷茫。

像梦中飘过
一枝丁香的，
我身旁飘过这女郎；
她静默地远了，远了，
到了颓圮的篱墙，
走尽这雨巷。

在雨的哀曲里，
消了她的颜色，
散了她的芬芳
消散了，甚至她的
太息般的眼光，
丁香般的惆怅。

撑着油纸伞，独自
彷徨在悠长、悠长
又寂寥的雨巷，
我希望飘过
一个丁香一样的
结着愁怨的姑娘。

2. 《面朝大海，春暖花开》

面朝大海，春暖花开
海　子
从明天起，做一个幸福的人
喂马、劈柴，周游世界
从明天起，关心粮食和蔬菜
我有一所房子，面朝大海，春暖花开

从明天起，和每一个亲人通信
告诉他们我的幸福
那幸福的闪电告诉我的
我将告诉每一个人

给每一条河每一座山取一个温暖的名字
陌生人，我也为你祝福
愿你有一个灿烂的前程
愿你有情人终成眷属
愿你在尘世获得幸福

我只愿面朝大海，春暖花开

我愿意是急流

裴多菲

我愿意是急流，
是山里的小河，
在崎岖的路上、
岩石上经过……
只要我的爱人
是一条小鱼，
在我的浪花中
快乐地游来游去。

我愿意是荒林，
在河流的两岸，
对一阵阵的狂风，
勇敢地作战……
只要我的爱人
是一只小鸟，
在我的稠密的
树枝间做窠，鸣叫。

我愿意是废墟，
在峻峭的山岩上，
这静默的毁灭
并不使我懊丧……
只要我的爱人
是青青的常春藤，
沿着我荒凉的额，
亲密地攀援上升。

我愿意是草屋，
在深深的山谷底，
草屋的顶上
饱受风雨的打击……
只要我的爱人
是可爱的火焰，
在我的炉子里，
愉快地缓缓闪现。

我愿意是云朵，
是灰色的破旗，
在广漠的空中，

懒懒地飘来荡去，
只要我的爱人
是珊瑚似的夕阳，
傍着我苍白的脸，
显出鲜艳的辉煌。

4.《豹》

豹

里尔克

它的目光被那走不完的铁栏
缠得这般疲倦，什么也不能收留。
它好像只有千条的铁栏杆，
千条的铁栏后便没有宇宙。

强韧的脚步迈着柔软的步容，
步容在这极小的圈中旋转，
仿佛力之舞围绕着一个中心，
在中心一个伟大的意志昏眩。

只有时眼帘无声地撩起。——
于是有一幅图像浸入，
通过四肢紧张的静寂——
在心中化为乌有。